国家社科基金后期资助项目

道德理由与正确行动

张 曦 著

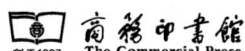

图书在版编目(CIP)数据

道德理由与正确行动/张曦著.—北京：商务印书馆，2020.12（2021.7 重印）
ISBN 978-7-100-19046-6

Ⅰ.①道… Ⅱ.①张… Ⅲ.①伦理学—研究 Ⅳ.① B82

中国版本图书馆 CIP 数据核字（2020）第 173322 号

权利保留，侵权必究。

道德理由与正确行动
张　曦　著

商　务　印　书　馆　出　版
（北京王府井大街 36 号 邮政编码 100710）
商　务　印　书　馆　发　行
江苏凤凰数码印务有限公司印刷
ISBN　978-7-100-19046-6

2020 年 12 月第 1 版　　　开本 700×1000　1/16
2021 年 7 月第 2 次印刷　　印张 18¾
定价：88.00 元

国家社科基金后期资助项目
出版说明

后期资助项目是国家社科基金设立的一类重要项目，旨在鼓励广大社科研究者潜心治学，支持基础研究多出优秀成果。它是经过严格评审，从接近完成的科研成果中遴选立项的。为扩大后期资助项目的影响，更好地推动学术发展，促进成果转化，全国哲学社会科学工作办公室按照"统一设计、统一标识、统一版式、形成系列"的总体要求，组织出版国家社科基金后期资助项目成果。

全国哲学社会科学工作办公室

献给我的女儿不谩

序

写作本书的过程，像极了蜘蛛织网。

2009年的春天，当时还是北京大学政府管理学院的一名硕士生的我，因为选修了哲学系开设的"规范伦理学：后果主义"课程，而提交了一份课程作业。这份课程作业探讨了后果主义的道德思维方式：最大化合理性。作业完成后发表在《哲学分析》的创刊号上。由于这篇文章，我也受邀参加了同年在香港中文大学举行的"东西之际：华人青年哲学会议"。当年参加会议的青年人中，如今很多都已成长为知名学者。

然而，对当时的我来说，这篇作业和这次会议，开启的是一大堆困惑。通过写作和会议交流，我开始对相关议题的某些底层预设和关键论证技术产生怀疑。对诉诸"日常直觉"、例子和"常识道德"的论证方式，对后果主义者与道义论者之间的各执一词、互相攻击，对当代英美道德哲学中的知识板块切割方式，感到怀疑、不满和不安。我开始尝试获取一种更为完整系统的知识视角，来理解当代道德哲学中一些重要理论争论的意义。一场跨越十余年的探索之旅，就这样展开了。

从探讨最大化合理性的那篇论文开始，海量的文献和不曾停歇的好奇心，引领我无数次进出不同的问题领域，产生了无数个令我困惑的问题点。围绕这些问题点的穿梭往复，最终编织出如今这样一个关于人类道德对错之事的论述。由十余年前那篇作业引发的怀疑、不满和不安，加强、翻转、平息、成长，最终成为见识和信心。

写作本书的这段旅程于我而言也是一段"分析时代"。在此期间，我对"分析风格"的当代英美伦理学领域的许多重要问题开展过深入的学习了解，不少甚至达到了研究的程度。这些问题范围涵盖元伦理学、规范伦理学、道德心理学、社会-政治哲学、法哲学、应用伦理学和分析的马克思主义伦理学等领域。在所有这些工作中，我都对自己提出了"有效阅读"的要求，它包括了三条标准：（1）如其所是地清晰重构相关论证逻辑；（2）如其所是地将相关论证坐落到争论背景或学术史脉络中考察；（3）公允、准确地评价一篇文献的价值和意义。在严苛的自我训练压力下，我逐渐获得了自己所期待的那种知识视角。

分析风格的哲学写作，有自身的独特性。它鼓励一种"论题"导向的写作风格，敦促写作者在作品中放弃不必要的铺陈、堆砌和旁征博引，要求写作者能够高密度地提炼和重组背景文献和参考资料，以使论证能够尽可能显得锋利。分析风格提倡哲学写作在表述上"水晶般清澈"、在论证上"刀锋般犀利"。十几年中严苛的分析风格训练，使我深深感到，这两条标准也许应该是一切好的哲学作品共同具有的优点。

但分析风格的哲学训练对我产生的最为深远的影响还是在于帮助我建立了一种"问题探索式"写作方法，将学术写作当作一个问题意识不断建立、不断获得澄清、不断拓宽发展、不断走向深入的过程。这种写作方法并不在写作之初预设任何"框架"，而是鼓励写作者在写作过程中通过不断地自我尝试，以"提出-解决问题"的方式，建立起一个复杂的"问题网络"（the web of questions）。然后以此为基础优化组合，在不同的子问题之间建立关联，建构起"问题的秩序"（the order of questions），从而赋予作品以系统性，使整个探索之旅中的收获得以汇聚成理论整体。

这种系统性是蛛网结构的。它与某些哲学伦理学作品所体现的"线性系统性"有别，不是从某个"阿基米德点"出发搭建的"体系"。坦率地讲，我不认为"线性体系性"是哲学伦理学作品的一种结构优点，因为任何理论的"线性体系性"都不可避免地诱导我们忽视伦理生活本身在结构和内容上的双重复杂性。复线化纠缠、复线化往复，可能是所有希望捕获某种现实主义精神的伦理学作品无法摆脱的共同特征。

复线系统性是本书的一个特色，它不仅反映在结构特征中，也反映在本书对批判性和构建性要素的平衡方面。本书共四个部分，每一个部分在论题上都具有相对的独立性。如果读者只是拆解出这些相对独立的部分来阅读，那么在他的视域中，批判性色彩可能远大于构建性色彩。然而，如果读者将本书作为整体，那么也许某种互相支撑、互相印证、互相强化的系统性就有机会呈现在他的面前。

为了在无边的"问题"海洋中建立起"问题的秩序"，大量阅读是必不可少的辛劳。但辛劳之外，建构"问题的秩序"的过程也充满偶然性。这是因为，人文学科的学术问题从根本上来说，不是自然的构造物，而是理智的构造物。因此，"问题探索式"写作并不是对客观存在的"问题链"的揭示，而只能是写作者依靠自己的兴趣、洞察、品味乃至文献获取的方式和范围所开展的一种理论"建构"活动。所以，这种写法的作品，不可能提供任何"理论定见"（the theory），而最多只能提供在写作者自己看来相对比较周全的"一种理论"（a theory）。

就本书而言，尽管每一个论证的推进、每一个问题的刻画、每一个解决方案的阐述，都得到了充分而审慎的权衡评估，尽管各个子问题的提炼、深化和解决，以及子问题之间关联的"秩序化"建构，都建立在对背景文献的较为充分的把握基础之上，但它成为现在的样子，也仍然是"机运"的后果，是作者主体性的某种理论表达。我相信，还存在着对本书主题的其他许多种构思角度，还存在着其他许多种"问题秩序化"模式，所以我真诚期待不断读到同行们更好的同主题著作。

写作本书的初衷，现在回想起来，大约莫过于"做个好人"的生活信念和理想。十余年前，"做个好人"对我而言就是做"对"的事情。要做"对"的事情，首先就要知道什么是"对"，为什么"对"，在什么情况下"对"也会变得不那么"对"甚至"不对"。所有的这一切，要求建立一种独特的伦理思维方式："法条模型"的伦理思维方式。写作这本书的过程，在很长一段时间中，就是这样一个努力获取有关"对"与"错"的知识、坚定过"对"的生活的信心的过程。

在这个过程中，某种天生的现实感最终引导我拒绝了"阳春白雪"式的道德理性主义进路。我对"下里巴人"的自然主义式论证进路的爱好，十余年来一点也没有改变过。相反，如果说十余年前世界对还在读书阶段的我来说，复杂性还没有呈现出它真实的样子，那么如今，随着生活阅历的增加，某种我所理解的自然主义进路，对我来说大概是唯一可靠的东西。在这一点上，我也越来越感到，苏格兰启蒙思想中，蕴藏着面对这种复杂性的深刻方法论见解。

对一个"好人"来说，哲学训练的最高意义，就是帮助他的灵魂始终带着爱的目光去凝视美和善良。阅历和经验对这种人来说，只会磨刻灵魂，使之变得更加深沉，而绝不会使之扭曲乃至变异。十余年中所经历的许多事、见识的许多人，对坚持"做个好人"这条理想来说，唯一的影响就是改变了我对什么是"好"的理解。走出简单草率的现代"义务"思维，走出自恋而盲目的"他人关切"，我开始尝试探索一种更为宽泛、更为根本，也更为重要的伦理思维方式。这种伦理思维方式的核心精神，在《阿尔喀比亚德篇》中，经由苏格拉底之口说了出来：关心你自己。

关心你自己，并不是不要去做"对"的事情，并不是不要去关心正义、关心义务、关心与他人相关的事情。这项教谕真正试图告诉我们的是，自身灵魂的结构、自身看待和对待世界的方式，对每一位只能活一次的人类存在者来说，是最根本、最重要的。只有当一个人获得了结构平衡和比例恰当的灵魂，获得了看待和对待世界的内在的公正方式时，他的生活才可能是真正"对"的，他才可能真正成为一个好人。在这个意义上，"做个好人"远比"做对的事情"艰难。

这些思想，是我在本书写作进入第六个年头后，逐渐获得的。从那时起，我就在写作本书之外，开始了另一条复线工作，并逐渐步入自己的"后分析时代"。现在，我的学问抱负，指向的是探索和构筑那种不仅能够而且也应当"与灵魂长在一起"（συμφυσάω，柏拉图：《会饮》，190e—191d）

的知识。我在回归"大书"，回归当初驱使我对哲学和政治学产生了无法摆脱的热忱的那种朴素的知性爱欲。在这种"回归"中，我努力将自己在"分析时代"所收获的技术训练，转变成与生活和日常经验结合得更为有机、更为紧密的新工具。经过数年的尝试，我提出了"做伦理学"的学术构想，提倡以探寻和成就自我为目的的哲学-伦理学研究。我开始探索各种各样的"自我技术"问题，探讨散落在人文学各领域中的伦理知识对一个人过好只有一次的此生的意义，推动"作为一门人文学的伦理学"事业。

知识并不总是教人智慧，有的时候它也会使人傲慢。一如在"分析时代"我反复提醒自己好哲学的最大敌人是"高尔吉亚式"傲慢那样，在未来获取新知的旅程中，我也将始终警惕"知性傲慢"的危险，反复体会苏格拉底式"无知"的意义。我曾在博士论文后记中说过："哲学作为一种对人类知识和人类生活的探寻事业，也是一个不可能有终点的事业。在理解我们人类生活和人本身的过程中，保持一颗向未来开放、向未知开放的谦逊的心，是从事这个行业的人所应当有的态度。"如今，我更加坚信这一点。

这本书记录了一个人思考的旧历史。于世界，它可能无足轻重，但对作者本人来说却并不普通寻常。写作这本书的十余年，是我的学术事业发展的起步阶段。这些年里，许许多多的可敬长辈给予我教导和帮助、赏识和提携，我将永远铭记。这些年里，许许多多的新朋旧友竭力帮助、成全我，给予我温暖和鼓励，我将永远珍惜。这些年里，爸爸、妈妈和太太为了我的学术事业付出得实在太多，我将永远感激。

这些年的成长故事，反复向我说明一个有关人性生活的真相：没有人能离群索居寻求属人的幸福。我们点滴进步的另一面，注定要刻下对身边之人的歉疚。从另一个方面说，这个真相也告诉我们，只要人依然是会感恩的动物、是会宽恕的动物，那么道德就绝不只是我们头脑中的一个幻觉。这个道理，我想或许也是对本书主题的最终刻画。

"做个好人"，是驱动我走上哲学研究道路的内在动力，也是我热爱哲学、视之为使命和志业的根本原因所在。有关"做个好人"的知识，和我们充满质地感的生活相缠绕，隐藏在我们日常扮演的一个个"角色"里。"织造"本书的十余年中，我完成了一系列身份的转变：为人师、为人夫，以及最重要的，为人父。如今，对我来说，"做个好人"的核心，就是"做个好爸爸"。我把这本书献给我的女儿不谩小朋友，谢谢她每天都在教给我那些关于爱的人性道理。

2019 年 6 月 24 日初稿于广州
2020 年 6 月 18 日改定于广州

目 录

导论 1

第一部分 道德理由的元理论

第一章 道德理由理论的元结构 15
第一节 合理性评价与道德理由理论 15
第二节 基本问题和三条主要进路 17
第三节 休谟主义道德理由理论的任务 23

第二章 道德理由的价值论基础 27
第一节 道德价值与道德判断 27
第二节 道德理由的可能性 31
第三节 道德和政治 34

第三章 道德理由的规范力量 39
第一节 "绝对律令性"的神话 40
第二节 非假言律令性 44
第三节 休谟主义的对与错 48

第四章 道德理由的规范源泉 52
第一节 构成性论证的成因 53
第二节 构成性目标 56
第三节 构成性目标与普遍动机 61
第四节 康德主义者的失败 64

第五章 道德理由的规范标志 66
第一节 "错误的可能性":哲学涵义 66
第二节 "错误的可能性"与规范性的本质 68
第三节 工具理性思想 70
第四节 休谟主义者的反击 74

第六章 道德理由的能力基础 78
第一节 理性认知主义解释 78

第二节　双通道模式：基于经验研究的新解释 ………………… 83

第二部分　正面理由：善及其促进

第七章　生活之善：快乐 ……………………………………………… 91
　　第一节　快乐与快乐主义 ………………………………………… 92
　　第二节　现象学理论与态度理论 ………………………………… 94
　　第三节　命题态度理论 …………………………………………… 97

第八章　生活之善：欲望 ……………………………………………… 102
　　第一节　欲望 ……………………………………………………… 102
　　第二节　欲望的满足 ……………………………………………… 105
　　第三节　充分信息条件下的欲望满足 …………………………… 108

第九章　生活之善：态度 ……………………………………………… 113
　　第一节　道德理由与个人观点 …………………………………… 113
　　第二节　行动者中心特权 ………………………………………… 117
　　第三节　促进生活之善 …………………………………………… 123

第三部分　负面理由：恶及其避免

第十章　道德约束的证成：行动者中心进路 ……………………… 131
　　第一节　行动者中心约束：哲学涵义 …………………………… 132
　　第二节　行动者中心约束：概念分析 …………………………… 134
　　第三节　行动者中心约束：三种论证方式 ……………………… 137

第十一章　道德约束的证成：牺牲者中心进路 …………………… 151
　　第一节　不可违背性的违背 ……………………………………… 151
　　第二节　道德资格 ………………………………………………… 154
　　第三节　人的脆弱性与道义论的局限 …………………………… 160

第十二章　道德约束的证成：后果主义进路 ……………………… 164
　　第一节　二阶设置 ………………………………………………… 164
　　第二节　实质后果主义 …………………………………………… 167
　　第三节　福祉与约束：一个价值二元论 ………………………… 169

第四部分　遭遇具体：道德理由的公共应用

第十三章　自由 ………………………………………………………… 177
　　第一节　自由的两种面向 ………………………………………… 177

- 第二节　自由价值 …… 180
- 第三节　在正面理由与负面理由之间 …… 186
- 第四节　重思自由价值 …… 190

第十四章　责任 …… 194
- 第一节　自由的形而上学 …… 194
- 第二节　能动性与行动自由 …… 202
- 第三节　自由的约束 …… 206
- 第四节　政治自由再思考 …… 214

第十五章　权利 …… 220
- 第一节　权利与权利泛化 …… 220
- 第二节　辩护权利款项 …… 222
- 第三节　重新理解权利泛化论 …… 226

第十六章　援助贫困 …… 228
- 第一节　贫困与正义 …… 228
- 第二节　过分要求与正确行动 …… 232
- 第三节　公平分配责任 …… 237
- 第四节　朝向一种集体性公平原则 …… 241

附录：价值、理由与后果 …… 245
- 一、元伦理学与道德实在论 …… 246
- 二、道德理由与规范性的本质 …… 253
- 三、道德心理学 …… 262
- 四、规范伦理学 …… 264
- 五、方法论问题 …… 271

参考文献 …… 274

索引 …… 282

导　论

　　形形色色的道德怀疑论，是困扰我们时代的一大精神病症。从症候上看，这种精神病症从怀疑道德规则在具体实践情形中的应用开始，到怀疑道德规则内容的合理性和恰当性，再到怀疑道德规则是不是能够真正调节和规制行动者的实践活动，最终达到对人类道德本身的怀疑。这些道德怀疑论不仅质疑人类存在者作为理智动物的本性，而且也质疑人是出于理由而行动的生灵。如果不能彻底打消它们，那么人类道德也许就只是我们头脑中的一种幻觉，和一切借口（excuses）、迷信乃至一厢情愿（wishful thinking），没有什么根本的区别。

　　道德怀疑论的甚嚣尘上，与现代道德世界的世俗化境况紧密联系。与古代或中世纪道德哲学最为不同的是，现代道德哲学诞生于一个以世俗化和科学化为根本特征的现代道德世界。它无法诉诸古典伦理学的内在目的论或犹太-基督教神学的外在目的论来解释"人为什么应该是道德的"这个问题。作为启蒙的遗产，为了在世俗化背景下回答这个问题，现代道德哲学只能诉诸一种人类事实上所普遍具有的能力：理性。

　　不同的哲学家对理性的概念当然会有不同理解。但不管怎样，诉诸理性的一个前提，是要把人看作"讲道理"的动物。因为，在现代道德世界的世俗化、科学化背景下，为了挫败形形色色的道德怀疑论，道德哲学家别无他法，只能以"讲道理"的方式，通过给出理由来论证"人为什么应该是道德的"这个问题。所以，自早期现代以来，"辩护"（justification）一词，就成了西方道德哲学、政治哲学、法哲学乃至认识论问题的最核心的关键词。

　　辩护的本质是提供理由。辩护既预告了启蒙的理想，也依靠启蒙的理想来自我增强。它将人普遍地看作"出于理由而行动"的动物，是经过充分的证据暴露和推理思考而最终能够识别和接受某些关于人性的真理的生灵。辩护就像一座失落的道德哲学"圣杯"。它的崇高目标，就是在现代心智条件下，重新照亮人类对过一种合乎道德的生活的信心。

　　正因此，作为一种辩护设施，道德理由理论就成了整个现代道德哲学的根基。早期近代以来，一代代的道德哲学家们，正是通过对道德理由的本质、内容和实践运用等问题的系统研究，来回答"人为什么应该是道德的"这个古老而常新的伦理问题的。

在当代盎格鲁-撒克逊道德哲学[①]中,这个问题更是学术热点中的热点,吸引了一大批杰出学者的参与,产生了规模浩大的学术成果。不幸的是,由于当代学术分工和学术生产体制的原因,经过数十年的论辩,一个本该完整获得呈现的道德理由理论系统,如今已经被高度条块切割,呈现出严重的分散化、碎片化。当前,在盎格鲁-撒克逊道德哲学文献中,对道德理由理论的研究,散落在元伦理学、道德心理学、规范伦理学、社会-政治哲学和应用伦理学五大知识板块之中。这就导致,无论是对英语世界的后学者,还是对相对英语学术世界而言的"局外人",在盎格鲁-撒克逊道德哲学研究中,往往容易陷入某个枝节问题而无法自拔,一叶障目而看不到某种带有全局性、统一性的根本问题所在。

本书的目的,就是试图通过紧紧抓住"道德理由"这个带有根本性、贯穿性的概念,将当代研究文献中由于某些原因而高度分割的知识线索,尽可能重新统一起来,以还原出现代西方道德哲学研究本应具有的完整性和系统性。

通过近十年的文献追踪、梳理和批判性重构,我发现,一种系统的道德理由理论,应当包括三个方面的内容。第一个方面,是对道德理由的"元"层次研究,探讨道德理由的本质、地位、力量、源泉、心理工作机制等问题。这方面的研究,主要涉及元伦理学和道德心理学领域。第二个方面,是对道德理由的"规范"层次研究,探讨道德理由的具体实质内容及其背后的思想根据。这方面的研究,主要涉及规范伦理学领域。第三个方面,是对道德理由的"应用"层次研究,探讨各种各样的人类实践活动中,存在什么样的道德理由,各种道德理由怎样发挥行动调节功能等问题。这方面的研究,涉及面非常宽广,不仅涵盖了社会-政治哲学领域,而且涵盖了应用伦理学的各个领域。道德理由理论的这三个方面内容,也是它的三个内涵层次。理解这一点,就避免了长期以来将当代盎格鲁-撒克逊道德哲学的各个问题域扁平化处理为"板块"关系的做法,也更有助

[①] 学界有时候以"英美道德哲学"作为"盎格鲁-撒克逊道德哲学"的同义词。这一做法有失准确。比如说,一方面,从学术地缘上看,澳大利亚道德哲学研究的问题意识和研究方法,也属于盎格鲁-撒克逊道德哲学系统。另一方面,作为建制的英美道德哲学学术圈中,一些学者则无论学术风格还是问题意识都颇有"大陆"风格,从而与盎格鲁-撒克逊道德哲学有所区别。另外,我讨论的文献,都来自盎格鲁-撒克逊道德哲学。但必须指出的是,无论是盎格鲁-撒克逊道德哲学还是大陆道德哲学,作为早期近代以来西方道德哲学基本问题意识的继承者,都以某种方式分享某些共同的根本问题,特别是此处提到的辩护问题。正是这些共同的根本问题,才将西方近现代道德哲学的不同运思路径和学术潮流收敛为一个整体性的思想存在。不能理解这一点,我们就无法理解一个具体的西方哲学或道德哲学流派(如20世纪现象学家)的贡献究竟在哪里。

于我们理解当代盎格鲁-撒克逊道德哲学各个分支问题之间的层次关系和逻辑结构。

按照这样的想法，在本书中，我将从"道德理由的规范本质""道德理由的实质内容""道德理由的实践运用"三个角度，通过批判重构的研究方法，论证：（1）一种亲和于休谟主义的道德理由理论；（2）一种在"善"与"正当"、"福祉"与"约束"之间寻求"平衡"的规范伦理学观点；以及（3）一种探讨道德理由在公共生活中的内容表现和调节机制等问题的具有"现实感"的应用性观点。

下面对整本书的结构和主要内容做一些说明。

一

在"元"层次上，"康德主义-休谟主义"方案之争是道德理由理论的"世纪之争"。尽管一些理论家试图另辟蹊径，从亚里士多德伦理学传统中找到一些替代性论证要素，来超越这个"二元"对立，但在文献中占据支配地位、对我们理解道德理由理论的"元问题"具有不可替代的意义的学理资源，主要还是汇集在"康德主义-休谟主义"之争中。① 因此，在这本书中，除第一章在文献概述中有某些必要的涉及外，我主要是通过"康德主义-休谟主义"之争来揭示道德理由理论在"元"层次上的主要问题和相关思路，并探索某种更具有可靠性的解决方案。

在"康德主义-休谟主义"之争中，康德主义者秉持道德理性主义的论证思路，认为道德理由在规范力量上是"绝对的"，其规范力量不依赖于行动者的主观动机状态；休谟主义方案则秉持道德情感主义论证思路，认为道德理由在规范力量上不可能是绝对的，因为任何实践理由如果不是行动者主观动机所启动的，根本不可能成为理由，所以其规范力量受行动者主观动机状态影响（如果不是前者取决于后者的话）。康德主义者坚决反对休谟主义者的观点：在道德理由的规范力量问题上，康德主义者指责休谟主义者无法说明道德理由的"绝对律令性"；在道德理由的规范源泉问题上，康德主义者指责休谟主义者无法说明道德理由的普遍必然性来源；在道德理由的规范标志问题上，康德主义者指责休谟主义者无法解释道德理由作为一种规范性理由据说必须要具备的"错误的可能性"特征。双方开展了旷日持久的争论。

---

① 更重要的原因，参见第 6 页注释①。

本书的第一部分将以"道德理由的元理论"为主题，试图达成三项论证目标：（1）梳理道德理由规范性问题上的康德主义方案；（2）反思、批判康德主义方案，找出这个方案的不足；（3）发展一种亲和于休谟主义的替代方案。

第一章带有文献综述的性质。但它不是对文献和相关观点的简单罗列，而是严格以问题为中心，来提炼和概括相关文献所涉及的主要问题。这些问题同时也是本书第一章所要处理的。在这一章中，我将揭示康德主义、休谟主义以及亚里士多德主义方案各自在道德理由的规范性本质、源泉、来源、特征、力量、心理调节机制等问题上的基本立场和主张。厘清休谟主义者长期受康德主义者攻击的原因，概括休谟主义方案如果要摆脱批评、重建可靠性就必须加以克服的几个问题，为第一部分后几章的论述提供了一个基本框架。

以第一章所勾勒的问题框架为背景，第二章首先考察了道德理由的价值论基础问题。一直以来，康德主义者总是指责休谟主义者据说因为预设了一个特殊的"理性"概念，并受到"实践理性的怀疑论"的牵连，而最终没有机会谈论道德理由和道德实践能力概念。我试图通过论证表明，这个观点本身建立在一种对休谟思想的误解之上。根据这种误解，休谟在价值（包括道德价值）上承诺了一种主观主义。而这个理解是错误的。通过对休谟思想的一种更为恰当的解读，我们就会发现，休谟关于价值和规范性理由的思想更适宜被理解为一种"客观化的主观主义"思想。由此出发，休谟主义者所能发展出的关于理由的公共性、人类能动性、道德和道德权威性的本质的思想，反而将最终有助于我们重新考虑康德主义观点的恰当性。

第三章考察了道德理由的规范力量问题。我试图表明，尽管当代许多哲学家受康德主义影响认为道德理由具有"绝对律令性"，但通过考察我们就可以发现，这个思想本身包含两个具体成分：一方面是道德理由的规范特征，另一方面则是道德理由的规范力量。就像富特（Philippa Foot）早前的一项论证所表明的，我们无法从作为道德理由规范特征的绝对性中，推导出作为道德理由规范力量的绝对性。因此，道德理由最多只是一种在规范特征上表现出"非假言律令性"的实践规则体系。同时，我也将论证，将道德理由体系视为一种"非假言律令性"实践规则体系并不会削弱道德理由的规范力量，更不会倒向全局性的道德怀疑论。为了理解这一点，我们恰恰需要去重新审视被富特本人认为是一个错误的休谟主义行动理由理论。

第四章考察了道德理由的规范源泉问题。"构成性论证"是当代康德主义者为了说明规范性的源泉所采取的一个主要论证策略，也长期被看作当代康德主义者的一个主要论证优势。考斯伽（Christine Korsgaard）最为系统地提出了一个构成性论证方案，威勒曼（David Velleman）则通过"具体化构成性目标"和"论证普遍动机"这两个关键步骤，修正了考斯伽论证的缺陷，为当代康德主义者全面挫败"实践理由的怀疑论"提供了一种更为精致的可能性。但是，通过论证我将表明，从根本上来说，对更加彻底的"实践理由的怀疑论"来说，即对那种在"为什么要成为行动者"这个问题上产生怀疑的观点来说，康德主义的构成性论证是完全无力的。这是因为，康德主义的构成性论证本身不具有挫败这种更加彻底的"实践理由的怀疑论"的资源。

第五章考察了道德理由的规范标志问题。当代康德主义者在反对休谟主义时经常采用的另一个重要论证工具是"错误的可能性"论证。这一章则试图表明，尽管大多数理论家都正确地认识到，实践规范性必须具有"错误的可能性"或者说"可违反性"的特征，因为"错误的可能性"特征实际上标志了规范性概念所具有的规范律令性特征，但是康德主义者在构想"错误的可能性"特征时，预设了一些值得质疑的哲学观点。正是通过理解"错误的可能性"论证所蕴含的这个实质涵义，我们才有机会去进一步发现，康德主义论证本身存在内部一致性方面的问题，并因此才会发现，恰恰是休谟主义论证反而更能够有效地表征出"错误的可能性"这个道德理由的实践规范标志。

第六章考察了道德理由理论的一个前提性问题：如何理解"道德能力"概念。道德能力概念在道德哲学中占据着基础性地位。传统上，理性主义认为，道德能力概念本质上是一种以认知、推理和判断为核心特征的理性能力，是理性能动性在道德实践中的发挥和运用。受罗尔斯等康德主义者的影响，这种理解在当代道德-政治哲学中占据着支配性地位，并且它也似乎能够获得经验证据的证明。然而，最近的一些经验科学证据表明，支持理性主义理解的经验证据是存在问题的，建基于其上的哲学理解因而也值得怀疑。通过分析新证据，我们将获得重新理解道德能力概念的契机，从而重新认识情感能力在人类道德能力构成中所占据的地位。我们通过考察道德能力概念理解上的这一新变化，试图更加完整地进一步表明为什么一个自然主义式"道德理由"理论，相比较于以康德主义为代表的理性主义理论家所理解的图式而言，更具有可信性。

二

"规范"层次的争论和"元"层次争论之间并不是截然断裂的。在某种意义上,"规范"层次的讨论既延续了"元"层次争论,又丰富和扩大了"元"层次争论的问题域。比方说,具体而言,如果说康德伦理学天然支持某种道义论观点,那么休谟伦理学显然更亲和某种后果主义观点,或者更准确地说,某种"基于后果的规范伦理学观点"。

在"规范"层次上,后果主义与道义论向来被视为规范伦理学两大对立阵营。[①] 后果主义要求行动者总是促进一个更好的可能事态在现实世界中的实现;道义论要求行动者避免犯下道德上应受责备的错行。在道德行动的对与错问题上,两种理论各有偏重。数十年来,不同学者分别从各自立场出发,或捍卫自己的方案,或攻击对方的论证,形成了浩瀚的文献。

但是,如果我们以"道德理由"为视点,将规范伦理学的这些争论视作对"道德理由的实质内容"的争论,视作围绕"何为正确的行动理由"这一问题展开的争论,我们就会发现,过分强调后果主义与道义论之间的差异,在两种理论之间"选边站队",也许远没有实现它们之间的融合来得更为紧迫。这是因为就日常道德生活而言,我们所生活于其中的,是一个资源中等匮乏、人性水平呈现出中等程度的自私倾向、现代平等观念也得到了中等程度实现的社会世界。认识到这些被罗尔斯称为"正义的环境"的特征,就意味着我们所面对的,是一个不断向我们提出双重道德要求的世界:一方面,这个道德世界要求我们通过事工,去实现某些价值,帮助我们所生活的时代、人性和社会变得更好;另一方面,这个道德世界也要求我们不要因为私人欲望和利益而犯下错行,防止造就负价值,杜绝某些危害时代、人性和社会的邪恶。因此,道德理由在实质内容上,就必

[①] 许多当代美德伦理学家认为,美德伦理学是一种规范伦理理论。我反对这一观点。在《"做"伦理学:"做法"革命与美德复兴》一文中,我通过对当代美德伦理学诞生之初的关键几份文献的考察试图表明,美德伦理学的真正目标是超越现代道德哲学研究方法、回归古典伦理学研究方法。美德伦理学与后果主义、道义论、现代契约主义之间,不仅不是并行的关系,而且真正深刻体现了伦理探寻方法上的"古今之争",参见张曦:《"做"伦理学:"做法"革命与美德复兴》,《哲学动态》2018年第5期。将美德伦理学视作一条替代性的规范伦理学进路,实际上是如赫斯特豪斯(Rosalind Hursthouse)等第二代美德伦理学家对安斯科姆(G. E. M. Anscombe)和富特等第一代美德伦理学家的颠覆性修正,遮蔽了当代美德伦理学的真正目标和雄心。出于类似的原因,我也不认为道德理由元理论中的亚里士多德主义是一个与康德主义、休谟主义并行的东西;相反,亚里士多德主义关键性地改造了思考"道德理由"的现代方式。正因为有这样的考虑,所以在本书中,我只讨论元理论中的"康德主义-休谟主义"之争和规范层次中的"后果主义-道义论"之争。

然有两个侧重不同但同等重要的基本组成部分：一方面，存在着一类正面的道德理由，它们要求我们促进基本人类价值、促进各种各样的善好的实现；另一方面，也存在着一类负面的道德理由，它们要求我们防止某些邪恶、约束倾向于邪恶的人类行动。

如此一来，我们就能够看到，一旦跳出不少盎格鲁-撒克逊学者因为在"后果主义-道义论"之间偏执一端而构造的"非此即彼"的立场预设，采取一种全新的视角，将"后果主义-道义论"之争放到"道德理由的实质内容"视点下重新审视，我们就会发现：后果主义理论实际上只是一种侧重于强调正面道德理由的重要性，强调"促进善"的重要性的理论；而道义论理论则只是一种侧重于强调负面道德理由的重要性，强调"约束恶"的重要性的道德理论。依靠这样一个新视角，我们就有机会探索一种统一了后果主义和道义论各自优点的新型规范伦理学了。

出于主题发展的需要，我通过两个部分的篇幅，分别考察了"促进善"和"约束恶"这两种实质性道德理由的辩护策略，指出传统处理方式的偏差，以及突破"后果主义-道义论"思维框架来重新理解规范伦理学的必要性和可能性，以便为今后的深入研究创造基础。

本书的第二部分讨论了"促进善"这个正面道德理由的内容和主要理据，对各种有关善的理论做了分析和探讨，对后果主义对待善的道德要求和实践态度做了辨析和反思。

受 19 世纪古典功利主义的影响，快乐和欲望的满足被当代规范伦理学视为"促进善"的两个重要依据。为此，理论家们提出了"快乐主义"和"欲望满足理论"来解释为什么要"促进善"。

在第七章中，我考察了快乐主义的"善好"概念及其论证理据。作为一种价值理论，快乐主义有着悠久的历史。对快乐概念的理解，决定了快乐主义的理论内涵。一些理论家对快乐概念采取了感官主义定义。从这个定义出发，依据对快乐的发生学根据的不同理解，分别形成了"现象学理论"和"态度理论"。但是，"现象学理论"无法克服"同质化问题"；"态度理论"则无法应对"楚门的世界"思想实验。为了获得一个更可信的快乐主义理论，一些当代理论家以"命题态度理论"来解释快乐的发生学根据，并通过相应地阐发一种"命题态度快乐主义"，来克服"楚门的世界"思想实验所带来的挑战。但新的方案并不能恰当兼容我们对快乐的某种日常理解。因此，快乐主义理论发展的前景，就寄托于能否发展出一个兼容认知性和意动性特征的快乐概念。

第八章讨论了欲望满足理论的"善好"概念及其论证理据。欲望满足理论发展成熟于20世纪。比起快乐主义方案，欲望满足理论更有助于实现"善好"的主体间的可公度。我认为，虽然欲望满足理论经过充分修正和发展，能够逐步获得可信性，但是在最深的意义上，就人类福祉源泉来说，不可能是欲望满足所决定的。恰恰相反，只有意识到欲望对象本身已经具有某种"非主观主义基础的可欲性"，欲望满足才不会是一件空洞的事情。因此，欲望满足理论要求逻辑在先地获得客观主义价值理论（参见本书第二章）的补充。

"善"是后果主义者要"促进"的对象，"促进"则是后果主义者对"善"的态度。后果主义理论不仅依赖于特定的"善"观念，而且依赖于特定的"态度"理论。正是依靠这两方面的理论，后果主义才成为一种既包含了道德正确性标准，又包含了行动者决策程序的全局性的规范伦理理论。

第九章专门考察了后果主义对待"善"的道德要求和实践态度问题，分析了后果主义对待"善"的"最大化合理性"思想的成因。一种标准结构的后果主义理论，必须满足两个最基本的要求：（1）必须坚持从一种不偏不倚的评价立场出发来评价事态；（2）必须将道德正确性唯一地赋予在指定事态中总是能够带来最好的可用总体后果的那样一些行动。因此，标准后果主义提出了一个"最大化合理性"的要求，也就是说，要求行动者在行动的实践慎思过程中总是采取"最大化"的道德思维方式，并且认为这种道德思维方式是产生具有实践合理性的行动的唯一方式。在此基础上，这一章论证了"最大化合理性"思想的合理内容，分析了在理论上继续坚持"最大化合理性"要求的论证方式。

第三部分讨论了"约束恶"这个正面道德理由的内容和主要理据，对各种有关"约束"的解释和辩护理论做了分析和探讨，对道义论的"约束"思想做了辨析和批判。

第十章考察了道义论的"行动者中心"进路对"约束"的论证。很多道义论者试图采取"行动者中心"进路来解释"道德约束"的本质。在他们看来，对一个行动的开展来说，决定其道德上正确或错误的主要根据，完全可以通过行动者方面的因素来得到说明。也就是说，在这些理论家看来，为了说明道义论约束的辩护根据，我们只需要去深入考察行动者自身所拥有的某种至关重要的因素，也就是行动者的能动性。因为，根据他们的观点，行动者能动性的保有和维护，负载了某种重要的人类价值，以至于任何最终使得这种人类价值遭受关键性损失的行动，都是道德上不可允许的。这些理论家因此宣称，道义论约束是一种所谓的"行动者中心"约束。具体而言，这些理论家认为，在行动者的能动性方面，能够为辩护道义论约束提供论证资源有两个主要特征：能动性的意图特征和能动性的行动特征。根据这两个主要特征所分别形成的论证思路，被相应地称为"能动性的意图观点"和"能动性的行动观点"。这一章考察了这两种论证思路的成败，解释了为什么"行动者中心"进路不是理解"约束"的一种恰当思路。

第十一章考察了道义论的"牺牲者中心"进路对"约束"的论证。"牺牲者中心"进路的支持者宣称，存在一些道德事实或道德属性，这些事实或性质一般而论地为人所占有，而且，道德在功能上主要为每一个人提供"庇护所"，以保护我们免于丧失这些道德事实或道德属性，避免成为道德牺牲者。这种道德事实或道德属性，也决定了以某些方式去对待人是被严格禁止的。总之，按照"牺牲者中心"进路的思想，居于"约束"思想核心地位的是这样一项道德关切：我们人类存在者应该不受误待。这一章通过论证表明，"牺牲者中心"进路通过"人的不可违背性"思想和"人的道德地位"概念，为理解"约束"提供了概念资源和理论依据。但是，由于一方面在形式上承诺了一种会导致道义论在实际应用上出现僵局的有关辩护的规范个人主义思想，另一方面在实质内容上又立足于一种对个人自主性思想的误读之上，"牺牲者中心"进路存在着严重的缺陷。

第十二章考察了后果主义进路对"约束"的论证。在当代盎格鲁-撒克逊伦理学领域，非后果主义者一直以来都认为，由于后果主义在理论结构和价值论预设方面存在严重缺陷，因此无法恰当解释"道德约束"概念的规范意蕴。我将论证，一方面，后果主义者有办法克服非后果主义围绕其理论结构和价值论预设两个方面问题所展开的批判；但另一方面，后果主义在元伦理学层面的某些核心观点，导致其最终仍然无法完备解释"约束"概念的规范意蕴。通过规范伦理学和元伦理学领域的论证穿梭，我试图表明：正是通过审视道义论"约束"思想的失败和后果主义"约束"思想的局限，我们才能够发现，在构造规范伦理理论时，正面道德理由和负面道德理由在道德上具有彼此不可替代的规范意蕴。人类行动者在道德行动中受到"双重理由"的规范调节。

三

康德主义在言说道德理由的规范源泉、规范特征、规范力量、规范方式和规范标志时，隐含了深刻的伦理绝对主义立场。这种伦理绝对主义立场忽略人类道德生活的复杂性。相反，休谟主义贯彻了一种彻底的自然主义立场，把道德生活的复杂性摆在理论构建的突出位置去理解，能够更好地解释真实世界中道德理由的源泉、本质和功能，因而更具有现实感。

以一种富有现实感的姿态进入"规范"问题层面，我们就发现，偏执于"促进善"或"约束恶"的任何一端而构造出来的规范理论，在实践中不可能承担起指引行动者开展正确行动的理论职责。实践生活所坐落的真实道德世界，内在地要求我们既"增加善"又"阻止恶"。所以，一个道德理由理论能不能对行动开展正确指引，首先就取决于它能不能恰当地对待这两方面的实践要求。

第四部分将进入"应用"层次，考察四种在当代世界具有代表性的道德理由在公共生活中的实践运用问题。我们知道，对现代世界来说，自由、责任、权利、反贫困（繁荣）是公共生活中基本的道德理由。人们或用这些理由来促进经济社会发展，或用这些理由来批判社会现状。它们既是现代国际法的辩护基础、国家行动和国际合作的核心目标，也时不时被某些人用来作为破坏社会团结、实施霸权支配的工具和借口。但是，自由有没有价值？自由价值是不是绝对的正价值？对自由的约束，是不是绝对的负价值？权利是不是越多越好？是不是人们享有越多权利，他们的生活就越能得到改善？援助穷人时是不是个人牺牲越大越有道德光彩？利他主义的仁慈是不是毫无限度？对这些问题，一旦采取伦理绝对主义的姿态，忽略人类价值生活的复杂性，我们就会落入形形色色的"自由神话""权利神话""人道主义神话"之中。这个教益显然来自人类历史和现实之中。我们所生活的真实道德世界要求我们将这种现实感带到"应用"层面，去平衡理解道德理由在实际生活各个领域特别是在公共生活领域的实践运用问题。

第十三章批判考察了伯林提出的"消极-积极自由"二分法。我认为这个二分法建立在一系列误解之上，夸大了自由主义的消极自由的价值地位。如果我们对伯林的"不受他人故意干涉"思想做出反思，就会发现并不能将其当作具有内在善性的价值的一个要件。伯林的误解根源于他对客观价值观念的某种过度焦虑和对自由价值的无条件地位的过分夸大。

第十四章接着第十三章的内容，探讨了"自由价值的条件性"和"对自由的约束"。自由的概念与能动性的约束之间不仅是相互兼容的，而且是必须相兼容的。只要我们对自由意志的发挥条件有一个恰当的理解，我们就会发现，信念、欲望和行动的响应依赖特征，最终要求一个相应的责任概念。责任概念内在地约束自由概念。正是理解了人类能动性的这一受约束特征，我们才有必要去采取彼此相兼容的自由概念和责任概念。对有约束的能动性思想的接受，以及对与此相应的行动自由概念的接受，最终也要求我们拒斥伯林那种对政治自由概念的流行一时但纯属虚构的"二分法"，从而将行动自由和政治自由的发挥，看作一个受到历史条件和行动者能动性制约的事情。

第十五章讨论了我国法理学领域一个核心问题："权利"作为一种道德理由。一些学者认为，"权利"特别是与民生福祉相关的"权利"越多越好。但另一些学者则认为，"权利"过多，会导致"权利泛化"问题，对我国建设法治国家的努力有消极作用，因而主张收缩对不必要的民生"权利"的立法促进和保护工作。那么，"权利"到底是多了还是少了，标准究竟该怎么定？为此，我们就必须深入"权利"和"权利款项"的辩护问题当中，也就是去考察每一项福祉"权利"背后的道德理由。就像第十二章论证的那样，福祉和约束是两项并行的价值，因此后果思维和约束思想也是"权利款项"辩护的平行有效的基本思路。对这两套思路的综合和"衡平"式理解，要求我们必须从一个合理的角度去思考"权利泛化"论观点，从权利款项设置和保护的具体时空历史条件背景中来评价"权利泛化"的影响问题。

第十六章讨论了全球反贫困问题。在面对全球贫困的现状时，标准的后果主义明确认为"我们亏欠全球穷人一种道德责任"。比起与之竞争的其他道德理论的观点，标准后果主义确实提出了有吸引力的理论主张。这是因为，后果主义的正面道德理由性质把握到了"促进善"是全球反贫困的关键所在，而不像道义论方案那样，仅仅把"约束恶"当作唯一可以奉行的道德理由。不过，为了保持后果主义这个主张的合理性，也需要处理标准后果主义所遭受的"过分要求"异议和"不公平分配道德责任"的指责。一个更为可信的论证策略，应当朝向"集体性"方向努力。也正是在这个意义上，富裕国家和新兴经济体国家无条件援助第三世界欠发达国家，努力在全球范围实现人类命运共同体的普遍繁荣，才不仅是一个义务问题，而且也是一个正义问题。

哲学伦理学是一门实践性很强的学问。从根本上说，我们理解当代西方伦理学进展，始终是为了加深对自身和时代伦理处境的理解。为了获得这种理解，我们在面对汗牛充栋的文献时，就必须摆脱那种不自觉地追随西方学者"选边站队"的治学方式。我们必须意识到，知识探寻事业的唯一约束，是真理，而不是哲学思潮的党派性（partisanship）。正因此，我始终坚持面向问题本身的学术态度，始终把现实感和常识性放在理论探索的核心位置。修正所偏好的立场中不足取信之处，吸收所反对的立场中合理可取之处。不断寻求某种具有调和性和现实感的理论表达。这种立场上的温和折中，也许不仅不是一种缺陷，反而有助于将我们的学术视野带向一个更加宽广的地平线，从而对提高我们自己的道德生活质量发挥促进作用。这也恰是这本费时多年的著作的写作初衷所在。

第一部分
道德理由的元理论

第一章　道德理由理论的元结构

道德理由理论（theories of moral reason）对整个现代道德哲学事业来说极为重要，以至于一些学者不无夸张地说：构造道德理由理论的工作，无异于是在为整个现代道德哲学寻找一个"圣杯"。[①] 这是因为，如果缺乏一种合理而可信的道德理由理论，那么不仅我们无法在世俗化条件下理解道德理由的本质，而且现代道德哲学所构想的那样一种人类道德（human morality）观念本身也将失去辩护基础。形形色色的"实践唯我论"和"伦理-心理的道德怀疑论"最终将甚嚣尘上。所以，对现代道德哲学来说，道德理由理论是一个根基性的东西。

在整个实践理由（practical reason）系统中，道德理由最为特殊。在日常道德生活中，我们总是希望能够按照道德上正确的方式去开展行动；如果某些行动被认为是道德上错误的，那么我们即使不受社会的责罚，也至少会受良心的惩处。不仅如此，一旦道德理由与其他类型的实践理由发生冲突，道德理由在实践慎思（practical deliberation）中应当具有优先和压倒性的分量。道德理由"像法一样"（law-like），以"应该"（ought to）的方式在我们的实践慎思和行动开展过程中发挥规范调节性（regulative）作用，是一种带有"律令性"的规范性理由。

那么，为什么道德理由是一种"律令性"实践理由呢？它的"律令性"是从哪里来的、力量有多强、有什么样的特征？它的内容是什么样的？在真实人类的道德生活中，又是怎样发挥实践调节功能的？为了系统回答这些问题，就需要发展一种道德理由理论。

第一节　合理性评价与道德理由理论

为了充分理解道德理由理论的重要性，我们不妨从考察一项极其特殊的人类活动入手：合理性评价。合理性评价是我们人类行动者（human agent）在漫长的自然历史进化和社会文明发展进程中创造出来的一个极其重要的实践活动方式。在这一实践活动中，如果我们将一个现实的或者潜

[①] 参见 Simon Blackburn, *Spreading the Word*, Oxford: Oxford University Press, 1984, p. 222。

在的对象评价为合理的（rational），就意味着这个对象吻合它被我们认为所应当吻合的样子。因此，实践合理性评价是以人类行动为对象，运用某种体现了"应该"色彩的实践原则或实践规则来开展的规范性评价。在实践合理性评价中，最重要的事情是要存在着一套规范性实践理由（也就是"规范性理由"），作为我们对实际产生的或正在构想的人类行动加以评价的"参照系"。

根据规范性实践理由的效力范围、所具有的强度和力度，又可以区分出两种不同类型的规范性理由：出于道德合理性评价而产生的道德理由（moral reason）和出于审慎合理性评价而产生的审慎理由（prudential reason）。相应地，实践合理性评价从结构上来说，就区分为道德合理性评价和审慎合理性评价两层内容。

通常认为，道德理由是一种非常特殊的实践理由，它们不仅可以"像法一样"对人类行动起规范、调节和约束作用，而且具有特殊的规范力量：道德理由的规范力量在效力上不依赖于任何个别行动者的主观动机状态；不管行动者主观上是否愿意接受道德理由的规范，道德理由的规范力量都丝毫不会受到削弱。换句话说，道德理由的规范力量是"绝对的"（categorical，或译为"定言式的"），具有"绝对律令性"（categorical imperative）。不仅如此，相对于其他类型的实践理由而言，道德理由也具有压倒性特征。如果在行动者的实践慎思中，存在着其他类型的实践理由与之竞争，那么道德理由应该总是胜出，从而成为行动者最终的行动理由。这些看法，是犹太-基督教传统留给西方现代道德哲学的观念遗产。

然而，文艺复兴以来，宗教蒙昧的枷锁被打碎，个体欲望和自我利益（self-interest）不再被当作只是需要受到压制和克服的东西；相反，它们被看作为人类行动提供动机激发（motivational）力量的关键要素。以个体欲望和自我利益的满足为要旨的审慎合理性（prudential rationality）原则获得了合法地位。这样，对一个行动者来说，为了正确地开展行动，就必须谨慎考察行动环境、构思行动目标、谋划行动手段、瞄准行动时机，从而通过一个或一系列行动来满足自己的个体欲望和自我利益。所有为行动者在实践慎思中所采纳的，以实现个体欲望和自我利益为根本目标的行动理由，就是审慎理由。

如果道德理由和审慎理由总是一致的，那么在实践合理性评价中，我们实际上就始终能够得到一个道德合理性和审慎合理性相协调的评价结果。然而，不幸就在于，在个体行动者的实践慎思中，道德理由和审慎理由并不总是协调一致的。理解这一点十分容易,因为从本质上说,审慎理由是一种以自我关切(self-regarding)为基础的实践理由,而道德理由则是一种以他人关切(others-regarding)为基础的实践理由。于是,人类个体在实践关切上广泛存在的"'自我-他人'不对称",使得"审慎合理性"评价与"道德合理性"评价之间、"审慎理由"与"道德理由"之间,存在着内在张力。

中世纪以来,哲学家们通常诉诸道德理由据说所拥有的那种"绝对律令性"特征,通过论证道德合理性评价在实践合理性评价中的优先地位和压倒性分量,来化解这个张力。但是,就像安斯科姆已经指出的,在支撑中世纪道德哲学的神命论(divine-command theory)前提和支撑早期现代道德哲学的本体论和认识论前提已经被放弃的情况下,这一论证形式本身就失去了正当性。[1] 那么,在现代性条件下、在一个以世俗化为主要特征的文化背景中,究竟如何去化解道德理由和审慎理由的冲突?更进一步地说,如何使一个具有自我利益意识的行动者,在其实践慎思过程中,认肯道德的最高权威性,并自觉接受其规范调节?道德理由理论的雄心,就在于试图全面回答这些问题。由此可见,道德理由理论对现代道德哲学来说具有何等的重要性。

第二节 基本问题和三条主要进路

现在,我们就来进一步考察,如何构造一个道德理由理论。

道德理由理论,包含"元"(meta-)层次、"规范"(normative)层次和"应用"(applying)层次三个方面的内容。在"元"层次上,道德理由理论必须对道德理由的本质给出恰当说明。就"元"层次来说,一个完备的道德理由理论,必须回答三个方面的子问题:(1)道德理由的规范性来源;(2)道德理由的规范特征和规范力量;(3)道德理由在行动者实践慎思中的规范方式和调节机制。这三个问题结合在一起,既能解释道德理由的规范性涵义,又能解释道德理由的激发性涵义,缺一不可。对这些问题的处理,牵涉到当代盎格鲁-撒克逊哲学中元伦理学和道德心理学领域诸多根本问题,受到了广泛关注,持续成为盎格鲁-撒克逊伦理学界的热点问题。

最近四十年来,围绕这些问题,受康德主义、亚里士多德主义和休谟

---

[1] 参见 G. E. M. Anscombe, "Modern Moral Philosophy", *Philosophy*, 33 (124), 1958。

主义三大哲学传统的影响,当代哲学家们形成了三种学理进路,产生了三种道德理由理论的"理想型",开展了密集讨论。

第一,关于道德理由的规范性来源问题。

休谟主义、康德主义和亚里士多德主义进路都认为,实践理由的地位和力量,来源于实践活动所承载的价值(这种价值既可能体现在实践活动即行动本身之中,也可能体现在实践活动所产生的效应即后果之中)。因此,道德理由之所以具有特殊的规范特征和规范力量,正是因为道德行动所指向的价值具有特殊的价值地位。只要说明了道德价值的源泉,也就说明了道德理由所具有的规范性的来源。① 然而,由于三条理论进路对道德价值的形成原因的理解完全不同,因而导致它们对道德理由的规范性来源的看法也完全不同。

休谟主义在说明道德理由的规范性来源问题时,坚持一种建构主义的价值论。② 休谟主义进路认为,价值构成于实践目标之中,是通过人类实践活动而建构出来的。在实践活动中,人类心理结构中的意动性因素首先根据实践目标来启动行动动机;随后,理性因素发挥有限的工具性调节作用,从而将价值从人类心灵中"投射"出来,"赠予"(confer)到世界之中。在休谟主义看来,虽然拥有理性能力是我们开展理性选择活动的一个前提,但是真正使得我们启动一个具体价值"赠予"活动的,是我们人类心理中的那些意动性因素(比如欲望)。这些意动性因素的一个共同特点,就是受到对象目标的调控和引导。理性能力只是一种工具推理的能力,因此理性活动仅仅是一个在"手段-目的"框架中起作用的事情。所以,人类价值的形成,在根本上来说,就是人类行动者出于某些意动性心理,为了实现某些特定的目标,通过开展理性选择活动,来创造或者说"赠予"价值的过程。③ 这样,一切实践理由从本质上来说,都是工具合理性原则所产生出来的理由。所以,相应地,道德价值从根本上来说是我们人类存在者为了某种实践目标而创造或者说"赠予"给我们所生活的世界的东西;道德理由则归根到底只是一种以工具性为根本特点的实践理由;而其所具有的规范性,从根本上来说,也只是出自某种工具合理性要求之中。

康德主义则认为,尽管建构主义的价值论(axiology)从模式上说是

---

① 参见 Garrett Cullity and Berys Gaut (eds.), *Ethics and Practical Reason*, Oxford: Clarendon Press, 1997, "Introduction"。

② 参见 James Lenman, "Humean Constructivism in Moral Theory", *Oxford Studies in Metaethics*, Vol. 5, 2010。

③ 参见 Simon Blackburn, *Ruling Passions: A Theory of Practical Reasoning*, Oxford: Oxford University Press, 2001, chap. 3。

正确的，但是价值建构过程并不是以休谟主义者所设想的"投射论"的方式来完成的。相反，价值是通过人类存在者在实践活动中积极运用理性本质而构造出来的。换句话说，价值（包括道德价值）是理性存在者积极运用理性本质"赠予"世界的。因此，道德理由的规范性只是来源于人类存在者的理性能动性（rational agency）之中。① 具体来说，我们人类存在者作为"理性存在者"所拥有的"一般而论的理性本质"（rational nature as such），是一切人类价值的根源，因此具有最根本的价值地位。通过行动，人类存在者积极运用蕴含着意志能力的"理性本质"，将价值"赠予"我们所生活的世界。这既是实践活动的根本目的和意义所在，也是人类行动最根本的实践理由。在所有类型的实践活动中，合道德性的活动是"理性本质"最完备的发挥和运用；因此，在所有类型的实践理由中，道德理由也就占据着最高的调节性地位。所以，道德理由的规范源泉（normative source）就在于我们人类存在者的"理性能动性"之中；拥有"理性能动性"，就意味着我们拥有一种根本的实践能力，从而能够克服其他类型的实践理由对道德理由的僭越。②

亚里士多德主义则反对在价值及其本质问题上的建构主义说明模式本身，转而从一种实在论（realism）的价值论出发来论证道德理由规范性的来源。亚里士多德主义认为，道德理由规范性的最终源泉存在于道德生活所具有的某种客观实在的内在价值之中。这一进路认为，对我们人类来说，存在着一种对应于人类功能（ergon）的"好生活"状态。这种状态是"卓越"的人类实践活动所内在指向的，它的价值是独立于心灵活动的（mind-independent），因而是客观实在的。在所有类型的人类生活中，"过道德所要求的那样一种人类生活"内在地具有最高的客观价值，因而具有调节行动者实践活动的最高的权威性。③

第二，关于道德理由的规范力量和规范特征问题。

受犹太-基督教道德文化传统的影响，人们在现代日常道德实践活动中对道德理由的规范特征确实形成了一些常识性看法。通常认为，道德理由在规范力量和规范特征两个维度上都是特殊的：（1）在规范力量上，它对行动者实践慎思的调节，不依赖于任何个别行动者的主观动机状态，因

---

① 因此，康德主义这一思想也被称为"康德式建构主义"，参见 John Rawls, "Kantian Constructivism in Moral Theory", *The Journal of Philosophy*, 77 (9), 1980。
② 关于这一点，代表性论证参见 Christine Korsgaard, *The Sources of Normativity*, Cambridge: Cambridge University Press, 1996。
③ 参见 John McDowell, *Mind, Value, and Reality*, Cambridge, Mass.: Harvard University Press, 1998, pp. 131–150。

而是"绝对的";(2) 在规范特征上,它像律令一样,以"像法一样"的方式,对我们的实践慎思和行动开展发挥调节性作用,具有"绝对律令性"。由此出发,根据道德实践活动的不同类型,道德理由也具有如下派生特征:道德判断中的一般性(generality)特征,道德评价中的不偏不倚性(impartiality)特征,道德原则体系在内容上的客观性(objectivity)和融贯性(coherence)特征,道德原则在适用上的普遍性(universalizability)特征,等等。

康德主义进路在道德理由的规范力量和规范特征方面,最好地捕捉了日常道德生活中形成的上述常识性看法。亚里士多德主义进路普遍同意道德理由在规范力量方面具有"绝对律令性",但一些亚里士多德主义学者不认为道德理由的规范性具有一般性、不偏不倚性、客观性和融贯性以及普遍性特征。休谟主义进路与之恰好相反,正如我们将在本章第三节以及第二章看到的,休谟主义者并不同意这个见解,不认为道德理由在规范力量方面具有"绝对律令性"特征。但休谟主义者坚信,即便道德理由不具备"绝对律令性"规范力量,也仍然可以说明道德理由的一般性、不偏不倚性、客观性和融贯性,以及普遍性特征,从而避免道德主观主义、道德相对主义乃至道德虚无主义的困扰。让我们用一个表格来概括三大进路的相应观点:

	绝对规范力量	绝对律令性	一般性	不偏不倚性	客观性和融贯性	普遍性
休谟主义	×	×	√	√	√	√
康德主义	√	√	√	√	√	√
亚里士多德主义	√	√	×	×	×	×

第三,关于道德理由的规范方式和调节机制问题。

这个问题本质上属于道德心理学领域,是最近三十年来在英语学术世界相关领域讨论得最多的问题。之所以如此,是因为哲学家们普遍注意到,无论道德理由具有什么样的规范特征和规范力量,无论这种规范特征和规范力量源自何处,在现实道德实践活动中,道德理由都必须具有"动机效力"(motivational effect),都必须能够进入每一个行动者的实践慎思之中而被行动者采纳,并最终通过行动者的行动转化为道德实践活动。哲学家们普遍认为,如果一种有关道德理由的规范特征、规范力量和规范源泉的理论,无法恰当地解释道德理由如何进入行动者心理结构之中,成为他行动的激发性因素,那么这种理论就不具有充分的解释力。因此,考察道德理由的心理工作机制,恰恰有助于我们检验一项道德理由理论在回答前两个问题时是否恰当。

休谟主义者设想，道德理由是以一种"动机整合"（motivational integration）机制来调节行动者的实践慎思的。休谟主义者认为，既然道德理由是工具性的，那么一个行动者能不能总是服从道德理由的调节，关键就取决于他能不能总是将某个特定的承载了道德价值的实践目标当作自己主观上必须欲求的东西。只要行动者能够意识到，这个特定的实践目标与他自己所打算经历的真正有意义的人类生活之间具有不可分离的关系，且相对于他自己的其他行动目标来说，这个特定的实践目标具有某种终极性，那么他就能够将这个特定的实践目标看作自己在个体行动中所必须遵循的。所以，在休谟主义者看来，道德理由对个体行动的调节，是通过行动者将人类实践活动的某种终极性实践目标整合进自己的个体行动意图之中来实现的。[1]

康德主义者设想，道德理由是以一种"反思采纳"（reflective endorsement）的机制来调节行动者的实践慎思的。按照康德主义者的看法，道德理由既然是一种"绝对律令"，那么它不仅在规范效力上不依赖于行动者的动机，而且恰恰应当成为每一个理性行动者的行动动机本身。换句话说，在康德主义者看来，道德理由不仅普遍必然地适用于每一个理性行动者，而且也应当普遍必然地成为每一个理性行动者的行动动机。康德本人实际上已经为这个观点提供过两次论证。一次是在《道德形而上学基础》中，康德论证说，一个行动者，只要是拥有意愿能力的，那么通过反思自己的理性能动性、反思自己赖以开展实践活动的那种理性能力，就必然地会认识到自己是一个先验上（a priori）自由的存在者，为了维护这种先验自由，他就必然要在动机上去服从道德理由的要求、接受道德理由的调节。在《实践理性批判》中，康德放弃了这个论证，转而提供了一个"互惠性论证"。他认为，一个自由的意志和一个服从道德法则的意志是同样的东西，而由于理性行动者作为一个自由行动者的自我观念是理性上不可逃避的，因此服从道德理由的要求和条件对理性行动者来说也是理性上不可逃避的。在这个论证中，康德本人对"自由"这一概念的先验理解饱受当代学者诟病。为此，当代康德主义者试图继承康德的第二次论证，并做出了一些改良。在这些改良方案中，最引人注目的是"构成性论证"。

---

[1] 这一论证思路参见 Peter Railton, "On the Hypothetical and Non-Hypothetical in Reasoning about Belief and Action", in Garrett Cullity and Berys Gaut (eds.), *Ethics and Practical Reason*; James Dreier, "Humean Doubts about the Practical Justification of Morality", in Garrett Cullity and Berys Gaut (eds.), *Ethics and Practical Reason*。

根据构成性论证，一个行动者是"理性的"，就意味着这个行动者的行动要接受道德理由的要求和调节；理性能动性的概念本身已经蕴含了行动者动机上对道德理由加以"反思采纳"的要求，只要行动者试图去使自己的行动接受合理性评价，那么经过充分的理性反思，他就必然能够接受道德理由在自己的实践慎思中对行动动机发挥规范调节功能。① 此外，另一些康德主义者则试图发挥康德思想中的契约主义因素，来论证一种契约主义式说明。根据这个说明，一个有能力成为政治-道德共同体生活的有效参与者的人类行动者，必须是一个"理性而自由的行动者"，这就使得拥有共同体成员资格（status）的个体，经过某种程序的充分理性反思，能够识别到服从道德原则（它的具体内容则根据不同契约主义版本有所区别）的规范调节是理性上不可逃避的事情。②

亚里士多德主义者设想，道德理由是以一种"认知识别"（recognitive identification）的机制来调节行动者的实践慎思的。亚里士多德主义者认为，既然那些客观实在的道德价值是构成人类"好生活"观念的重要部分，是人类在"功能"上所指向的生活目的，那么服从道德理由的规范和调节，实际上是每一个人类行动者为了过真正属于人类本质的那种"好生活"的一个必要条件。为此，只要行动者能够识别一个潜在的行动与客观实在的道德价值之间的关系，他就能够生发出一个恰当的动机去开展这个行动。所以，能不能在实践活动中始终使得道德理由保持"动机效力"、规范和调节行动者的行动，本质上来说，是一个"实践智慧"（phronesis）问题。根据亚里士多德主义者的看法，掌握实践智慧，正确地将道德理由施加到行动动机之中，就需要在经验条件下通过教育和训练来增强行动者的道德敏感性（moral sensitivity）。③ 所以，道德理由能不能在实践慎思中起规范作用，如何在实践慎思中起规范作用，取决于我们是不是已经通过大量的实践活动充分掌握了一种成熟的道德敏感性，而不是像康德主义者所说的那样，只要我们充分意识到我们的理性本质，就能够产生出一个服从道德理由的内在动机来。

---

① 关于这一点，参见本书第三章。

② 参见 Thomas Scanlon, *What We Owe to Each Other*, Cambridge, Mass.: Harvard University Press, 2000; Stephen Darwall, *The Second-Person Standpoint: Morality, Respect, and Accountability*, Cambridge, Mass.: Harvard University Press, 2009; 张曦：《第二人称观点、规范性与道德可说明性》，《世界哲学》2010 年第 2 期。

③ 参见 John McDowell, *Mind, Value, and Reality*, pp. 131 - 150; David Wiggins, *Needs, Values, Truth*, Oxford: Oxford University Press, 1998, pp. 185 - 214。

第三节 休谟主义道德理由理论的任务

我们已经看到三大进路各自所持有的基本观点。就文献来看,四十年来,构造道德理由理论的事业,长期受康德主义和亚里士多德主义这两条进路所支配。但是,这一趋势最近受到了某种程度的纠正:一些同情休谟思想的学者试图表明,通过澄清和重构休谟的某些观点,可以得到一种休谟主义道德理由理论。但批评者却坚持认为,休谟主义方案无论如何都是不可信的,因为休谟主义从根本上无法避免道德主观主义、道德相对主义和道德怀疑论的前景。现在,我们就来考察,休谟主义是怎样受到康德主义和亚里士多德主义的双面攻击的。

第一,在道德理由规范性的来源问题上,我们已经看到,休谟主义者相信道德价值是我们人类存在者为了某种特定实践目标而创造或者说"赠予"世界的东西,认为道德理由归根到底也只是一种为了实现那个特定的实践目标而设定的工具性理由。因此,在休谟主义者看来,道德理由的规范性一方面是一个必须依赖人类的实践活动才能获得理解的概念;但另一方面,这种实践活动又不是康德主义者所设想的那种彻头彻尾的理性活动,而是受人类心理的意动性因素所驱动的。意动性因素本质上来说,坐落于行动者的"主观动机状态"之中,所以休谟主义在解释道德价值和道德理由规范性的本质问题时,实际上蕴含了某种程度的主观主义色彩,相信道德理由之所以具有规范性从根本上来说与真实人类心理条件密切相关。[1] 正是在这一点上,康德主义者和亚里士多德主义者坚决反对休谟主义者。他们批评道,既然休谟主义者认为价值存在于实践目标之中,而实践本身又是个体欲望这样的意动性因素所启动的东西,因此一切价值本质上都是主观的,道德价值也毫不例外。所以,休谟主义者根本无法解释道德价值的普遍性和客观性,并因此将导向道德主观主义和道德相对主义。[2]

第二,我们知道,休谟在自己的著作中,确实将理性能力仅仅理解为一种认知能力,认为理性能力在激发动机方面具有"惰性",欲望和情感能力在行动指引和目标评价上发挥基本作用,而欲望和情感能力也确实总是个别化地分布在具体行动者的真实心理结构之中。因此,按照休谟的

---

[1] 参见本书第五章。
[2] 考斯伽为此提供了一些代表性的论证,参见 Christine Korsgaard, "Acting for a Reason", in *The Constitution of Agency*, Oxford: Oxford University Press, 2008; Christine Korsgaard, "The Normativity of Instrumental Reason", in *The Constitution of Agency*。

这些观点，道德是否对一个行动者具有规范效力，取决于这个行动者的主观动机状态是否已经产生出服从道德要求的动机。这个观点，也被称为"心理现实主义"。如果"心理现实主义"是正确的，那么道德在规范力量上就是"假言律令性"（hypothetical imperative）的。[1] 所以，对休谟主义者来说，道德理由在规范力量上不可能是"绝对律令性"的。但康德主义者和亚里士多德主义者则认为，道德理由对人类行动的调节效力，不应受制于特定行动者的心理结构本身。换句话说，在他们看来，无论一个行动者是否有动机去服从道德要求，道德都总是对这个行动者具有规范力量。按照这个观点，道德在规范力量上必须是"绝对律令性"的。因此，康德主义者和亚里士多德主义者都认为，既然休谟主义者无法承认道德原则体系的"绝对律令性"特征，而只能将其解释为一种"假言律令性"体系，那么休谟主义者实际上也就抹杀了道德原则与其他实践理由的根本区别，区分不出道德原则与（比方说）礼仪规则、审美规定这样的"建议式"实践理由之间的根本差异。如果休谟主义观点是对的，那么道德原则不过是一种"实践建议"，而不像我们在日常道德生活中通常认为的那样，是一种"实践命令"。因此，他们认为，休谟主义必然会导向针对道德本身的怀疑论。[2]

第三，在道德理由的规范方式和调节机制问题上，康德主义者和亚里士多德主义者对休谟主义观点的质疑主要在于：既然从休谟主义观点出发，理性在本质上是动机上具有"惰性"的因素，本身不具有任何"动机效力"，那么包括道德理由在内的一切实践理由实际上都只是工具性理由。但是，工具性理由的最重要特征就是理由所指向的目标本身不受理由和理性的评判。[3] 如此一来，休谟主义者又如何说明特定实践目标本身据说所具有的"道德性"？此外，只要信念不具有动机激发力，那么我们面对休谟所说的"头脑清楚的恶棍"（sensible knave）[4] 时，即使我们能够迫使他相信，道德性实践目标是一个应该被整合进其主观动机中去的东西，我们也无法迫使他按照道德要求行动。因此，休谟主义的"动机整

---

[1] 承认"心理现实主义"，就意味着我们要放弃现代道德哲学赋予人类道德的那样一种"绝对律令性"特征。不仅如此，"心理现实主义"也意味着，人类道德在观念上不应当是外在于人类行动者真实心理状态的东西。这一观点得到了威廉斯的充分论证，参见 Bernard Williams, *Moral Luck*, Cambridge: Cambridge University Press, 1981, pp. 101–113。

[2] 参见 Philippa Foot, "Morality as a System of Hypothetical Imperatives", *Philosophical Review*, 81 (3), 1972。

[3] 参见 Elijah Millgram (ed.), *Varieties of Practical Reasoning*, Cambridge, Mass.: The MIT Press, 2001, pp. 4–6。

[4] 休谟曾经设想过一个"头脑清楚的恶棍"：他熟知一切道德原则的规定，知道道德原则应当对行动发挥调节作用，却在自己的行动中无视之，坚持不遵照行事。通过这个例子，休谟试图表明，在理智上认知道德原则是一回事，在心理动机上服从其调节是另一回事。

合"模式也不可信。①

　　化解上述三个方面的挑战，是休谟主义者的主要任务所在。在本章最后，让我在上述分析的基础上，对休谟主义的可能前景做一些进一步的评述。

　　首先，休谟主义确实认为，对道德理由的一系列说明，根本上取决于我们如何认识人类心理的本质。但是，就算人类价值在根本上来说是人类心理中的意动性因素"投射"给我们所生活的世界的，因而具有主观基础，这也并不等于说，休谟主义在价值理论（value theory）特别是道德价值理论中必然导向相对主义或相对主义观点。因为，道德情感投射并不是个体行动者主观上可以武断开展的随意活动，而是具有非常复杂、稳定的自然进化根源。所以，休谟主义者完全可以持有一种"客观化的主观主义"道德价值理论，从而承诺某种程度的道德客观性思想。

　　当然，一个"客观化的主观主义"价值理论归根到底是主观主义式的。这就导致，在康德主义和亚里士多德主义认为道德理由的特殊性主要体现在其所具有的"绝对律令性"特征的地方，休谟主义确实必须否认这一点。但是，这并非休谟主义的缺陷所在。恰恰相反，在休谟主义看来，"绝对律令性"本身只是现代道德哲学缔造的一个不必要的"神话"。事实上，也只有休谟主义才有理论能力揭穿"绝对律令性"观念的神话本质。进一步地，休谟主义认为，只要能够论证出"道德理由体系是一种非假言（non-hypothetical）律令体系"，就足以捕捉日常道德生活所需要的那种"强度"，而恰恰也只有休谟主义理论可以很好做到这一点。② 我们在第二章会考察这个问题。

　　此外，休谟主义进路的主要优势，其实就在于它所贯彻的那种彻底的自然主义进路。休谟主义坚持形而上学自然主义（metaphysical naturalism），强调我们所生活的世界完全是由自然法则和能够通过自然科学加以探究的实体所构成的，不存在任何超自然的因素；休谟主义坚持随附论的解释自然主义（explanatory naturalism），强调规范特征（如道德特征）随附于（而非还原于）自然特征；休谟主义坚持方法论自然主义（methodological naturalism），强调必须把概念分析本身当作一种经验工具，为了探究道德理由的本质，我们需要经验化地去考察在真实人类生活中行动者第一人称反思的心理学过程，而不能仅仅依靠对概念的纯粹思辨分析。正是这种深

---

① 参见 Christine Korsgaard, "The Normativity of Instrumental Reason"。
② 参见 Peter Railton, "On the Hypothetical and Non-Hypothetical in Reasoning about Belief and Action"。

刻、全面的自然主义承诺，使得休谟主义有资格去强调，只有通过在经验化条件下对某种"人的科学"（human science）加以探寻，才能理解道德理由乃至人类道德本身。而这一点，恰恰是在世俗化条件下辩护人类道德的关键所在。①

因此，休谟主义应当继续坚持它自己的这种深刻的自然主义承诺。问题只是在于，一旦休谟主义进路的自然主义承诺得到充分重视，那么现代世界受犹太-基督教道德文化传统影响而形成的对人类道德及其本质的一些看法本身就需要被重新解释了。这其中，最重要的就是"道德合理性评价是一种对人类而言不可逃避的合理性评价"这一看法。在自然主义框架下，休谟主义者在解释道德合理性评价的"不可逃避性"问题时，呈现的是相对于康德主义者或亚里士多德主义者而言完全不一样的解释方式。首先，在休谟主义者看来，我们必须把"道德理由"思想看作人类行动者在实践活动中寻求合理化、建立自我理解和自我认同的观念设置，是在漫长的自然历史进程和社会文明发展中，为了收敛和协调人类行动而被构造出来的"人类发明"。因此，构造道德理由理论必须采取一种"实践优先"的论证方式。其次，在休谟主义者看来，既然寻求合理化是人类心理的一个基本特征，那么人类行动者在设定实践目标时，个体行动者心理意动性因素（如欲望）就必须受到价值约束。而道德是一种特殊类型的价值约束，它是人类心理中同情心（empathy）和同情共感（sympathy）机制的产物。采纳和接受道德原则的规范调节，是行动者在心理上获得自我认同的前提，对有意义的人类个体生活来说不可逃避。

因此，就道德理由问题来说，休谟主义并不是一个只处于受攻击地位的理论进路。恰恰相反，新的休谟主义式的论证工作不仅是可能的，而且正是那种内嵌于其中的深刻的自然主义承诺，使得休谟主义在世俗化的现代条件下，有可能提供一种可靠而可信说明。我们最终会发现，在三种进路中，也许只有休谟主义才能真正将现代道德哲学带向反思它自己的观念起源的那样一种哲学深度，从而最终引领我们摆脱那种深受犹太-基督教思维模式影响的西方现代道德文化。这一点，才是休谟主义的根本吸引力所在。

从下一章开始，我们将逐一探讨这些问题，看看在道德理由的本质这一"元"层次问题上，休谟主义者究竟能够提供一个什么样的理论。

---

① 参见 Jesse Prinz, *The Emotional Construction of Morals*, Oxford: Oxford University Press, 2007, "Preamble"。

第二章　道德理由的价值论基础

　　一直以来，康德主义者总是指责休谟主义者预设了一个特殊的理性概念，从而将理性视作"激情的奴隶"。康德主义者认为，休谟主义者误解了道德价值的本质，在价值理论上承诺了一种道德主观主义和道德相对主义的东西，只能以某种"工具化"的方式去理解包括道德价值在内的一切人类价值，从而丧失了正确理解道德理由的本质、源泉、规范力量和"动机效力"的机会，因此没有机会以恰当的方式来谈论"道德理由"概念。可见，要想搞清楚道德理由的本质，要为休谟主义者在道德理由问题上的见解辩护，就必须从探讨休谟主义道德理由理论的价值论基础开始。为此，我们就必须搞清楚，在休谟主义的主张下，道德价值究竟是怎么确立起来的。

　　在本章中，我将表明，康德主义对休谟主义价值论的批评是错误的。通过对休谟本人思想的一种更为恰当的解读，我们会发现，休谟关于价值和道德理由的思想并不是某种道德主观主义或道德相对主义的观点，而是应当被正确地理解为一种"客观化的主观主义"（objectified subjectivism）思想。这种"客观化的主观主义"，不仅能够帮助我们重新理解道德价值的本质，而且能够发展出关于道德理由的公共性、人类能动性、道德理由的本质的一系列新思想，并最终促使我们重新考虑康德主义观点的恰当性。

第一节　道德价值与道德判断

　　康德主义观点认为，道德理由能否形成，最终取决于理性行动者能否恰当运用其实践理性能力。进一步地，这种观点建议说，实践理性能力的运用必须建立在一种不偏不倚（impartial）观点的基础上，为了可靠地获得这个不偏不倚观点，单个行动者对其理性能力的个别运用就必须是植根于他所拥有的一般而论的理性本质。这样一来，现代道德哲学所寻求的合法性和辩护思想才会有所依凭。

　　那么，康德主义者的这些观点是不是正确的呢？为了搞清这个问题，我们就需要去深入理解休谟是如何说明理性的本质、价值的源泉和道德判断的工作机制的，并且通过揭示休谟在这些问题上的观点，来搞清楚休谟主义者如何思考道德理由的本质、力量和源泉问题。

确实，休谟认为，道德不可能来源于理性。但是，在休谟的理解中，理性这个概念具有高度的特定性。按照休谟的思想，知觉分为印象和观念两种类型：印象表象事实，观念之间的比较则最终帮助人类建立起有关事实的知识和人类理解力本身。理性的概念，从一开始就被休谟严格限定在我们今天称为"理论哲学"（theoretical philosophy）的那个领域。休谟的道德哲学思想的可信性，并不取决于他是否通过理性这个概念达到了一种对理论理性能力的可靠观察和理解。毕竟，通过那个概念，休谟只是要表明，在人类行动的源泉上，有一类因素是惰性的（inert），因而我们对人类行动和行动能力的理解，必须要发展出一个更加丰满的思想来。休谟用激情（passion）这个一旦翻译为中文则立即有可能产生误解的概念，来指称他所设想的那个在行动开展（action-performance）上扮演了活性（active）角色的心理装置（psychological device）。由于休谟在其全部作品中一贯地认为，道德在根本上是人类情感投射到世界中所产生的东西，因此把激情概念基础上所发展出来的整个休谟主义道德心理学称为一种道德情感主义并不为过。但是，关键在于，我们是不是因此能够指责休谟承诺了一种主观主义。

某些休谟主义的反对者也许会认为，假如道德在本质上是激情的结果，那么考虑到我们每个真实人类行动者在实际行动动机状态中的高度多样性，道德的原则（principle）和标准（standard）岂不就也完全变得高度多样化起来？按照这个异议，休谟主义似乎不仅不能说明道德价值的本质，而且也不能说明道德规范（moral norms）是如何存在的。

但是，这个异议本身是建立在对休谟思想极大误解的基础上。细致地考察这个异议，非常有助于我们将休谟所支持和休谟所反对的东西区别开来。因此，让我首先来对此做出说明。

休谟本人并不反对一种能够被加以普遍识别、普遍运用的规则或者规范的存在。考察他在《论品味的标准》这篇著作中对美学标准的说明，将有助于我们考虑他将如何说明道德标准和道德规范。在这篇作品中，休谟一开始就注意到可能有人会将他的思想解读成一种主观主义思想。他观察到，如果品味的标准最终诉诸情感，那么可能会产生一种哲学：

> 它切断所有的期冀获得有关（一种品味标准的）希望，把任何这类（寻求获得品位标准的）尝试都变得不可能。这个哲学会说，

判断（judgment）和情感之间的差异极大。所有的情感都是正确的（right），因为在任何一个人意识到它的那个瞬间，情感都只是指涉自身，总是真的。①

这种哲学，当然既是一种情感主义哲学，也是一种主观主义哲学。情感主义与主观主义通常被认为是一对孪生兄弟，然而这只是现代哲学家的误解。至少对休谟本人来说，尽管自己的哲学也将品味标准最终诉诸情感，但是这并不就意味着主观主义哲学是可信的。为此，休谟告诉我们：

> 那些断言奥格尔比（John Ogilby）和弥尔顿（John Milton）的作品一样天才和高雅，或者班扬（John Bunyan）和艾迪生（Joseph Addison）的作品一样的人，只是在夸夸其谈而已，就好像他正在说田鼠丘和特拉里夫火山一样高，或者一口井和一片大洋一样广博。②

可见，即便是一种基于激情的情感主义哲学，也并不就必然导向主观主义。支持休谟这个思想的，是休谟关于美学标准的权威性的观点。按照休谟的理解，尽管品味标准是人类情感投射到世界中的结果，因而不是任何具有先验性的推理原则，但是我们仍然可以恰当地谈论品味标准的权威性问题。休谟表示，品味标准的权威性，或许来源于时间的检验，或许来源于"专家"的意见。那么，也许有人会问，"专家"的意见究竟是不是一个主观主义的东西呢？回答这个问题的关键，是要理解"专家"究竟是什么意思。在休谟的观点中，"专家"并不仅仅是指一些掌握有特殊本领的人，而且还指某些在构造上（made-up）对美的物体、有品位的对象具备精妙的敏感性（delicacy of sensitivity）的人。因此，时间的测试也好，"专家"的意见也好，最终都体现为存在于主体之中那种精妙的敏感性与存在于对象之中的美学性质（beauty-making property）之间的协调（attunement）。在这个意义上，休谟才相信，品味标准之所以可能具有普遍性和一般性，就在于我们人类行动者在构造的意义上，拥有某种能力来完美地协调于那些美学性质。因此，休谟对美学规范和美学标准的说明，并不是一个所谓的主观主义说明，我们毋宁说，它是一个"客观化的主观主义"说明。

---

① David Hume, "Of the Standard of Taste", in *Essays: Moral, Political, and Literary*, Eugene Miller (ed.), Indianapolis: Liberty Classics, 1985, pp. 229–230.

② David Hume, "Of the Standard of Taste", p. 231.

理解了这一点，我们就可以合理地推测，休谟主义者对道德规范和道德标准的说明，也可以有一个对称于休谟有关美学标准的说明（尽管休谟本人并没有提供这样一个说明）。我们完全可以想象，翻开历史著作，我们会对那些伟大的义行发出赞美，对那些卑鄙的邪恶感到愤怒，但并不会因为那些义行和邪恶没有被我们主观上所直接感受到，而觉得我们所表达的这些情感的恰当性遭到了动摇。对此，休谟主义者完全可以说，考虑到我们每个人类存在者的实际构造和人类社会的合作性进化，对像我们这样的一群通过语言来交换信息的存在者来说，在某些现象面前产生共同的情感反应是完全可能的。虽然这个说明的细节需要伦理自然主义者的补充，但是我们已经看到，休谟主义者可以在坚持将道德规范和道德标准最终归予人类情感的基础上，通过一个有关"像我们人类这样的行动者如何开展行动"的说明来提供一个有关道德规范发生学的"客观化的主观主义"解释，从而最终使得有关道德规范和道德标准的发生学说明，成为一个有关"主观构造"（subjective made-up）如何同对象的"道德上相关的价值性质"（value-making property with moral relevance）相协调的说明。① 所以，即便休谟承诺说，人类道德在本质上是激情的结果，在避免划入主观主义的问题上，休谟主义者也并不亏欠什么。

到这里，休谟主义者反而获得了一个重要的优势。休谟主义者已经表明，休谟自己有很好的资源去说明被普遍识别、普遍应用的道德规则是如何可能的。但是，休谟的这个说明完全排除了将道德规则理解为先验性原则的做法，更重要的是，由于推理（reasoning）是有关判断和原则的事情，休谟当然要否认道德规则的运用在根本上是一个基于判断和推理的事情。把这个思想应用到我们对实践理由问题的思考上，我们就立即看到了一个典型不同于康德主义的思想：根据休谟的思想，休谟主义者会否认道德理由在根本上是一个基于判断和推理的概念。让我们把这个思想称为关于道德理由的非判断论。而它的对立面，当然就是康德主义者所持有的关于道德理由的判断论。根据这个思想，道德推理是一个主观行动原则通过某种程序设置（在康德那里，是普遍化程序；在罗尔斯那里，是无知之幕）最终输出为客观化原则的过程，因此公共理由的产生就是公共理性能力通过判断和推理的机制而产生出公共规范的过程。

这样，我们就看到，在道德理由问题上，休谟主义者可能真正反对

---

① 自然主义者对这个说明做了大量的讨论，在这个方面的重要贡献的一个范例，参见 Peter Railton, "Aesthetic Value, Moral Value, and the Ambitions of Naturalism", in *Facts, Values and Norms: Essays toward a Morality of Consequence*, Cambridge: Cambridge University Press, 2003。

的，并不是标准或者规范是不是具有公共性这一点，因为休谟主义者并不接受反对者所贴的那种"主观主义"标签。休谟主义者真正反对的，是有关道德理由的判断论思想。但是，由于有论者已经表明，休谟主义者根本没有机会去谈论任何意义上的道德理由概念。因此，在考察关于道德理由的非判断论思想本身对我们思考道德哲学和政治哲学的本质问题的贡献之前，我们显然首先要通过论证来为休谟赢得一个谈论道德理由的机会。

第二节 道德理由的可能性

按照康德主义者的看法，道德理由有两个涵义：它可以被理解为一种"实践理由"，也可以被理解为一种"实践理性"。休谟主义者有资格谈论它们吗？当然有。

首先来考察，休谟主义者究竟有没有资格谈论作为实践理由的道德理由概念。我们已经看到，对休谟来说，人类行动的开展不得不需要一个"活性"因素（激情，或者用今天的术语来说是欲望）扮演激发性角色。我们也注意到，这并不意味着，休谟因此最终就需要承诺一个有关道德规范和道德标准的主观主义说明。按照休谟思想的启发，休谟主义者完全可以可信地宣称，道德规范在根本上可以通过一个客观化的自然主义说明来获得理解。因此，休谟主义者完全有资格谈论道德规范的客观性问题，而并非像某些论者所认为的那样，在这个议题上只得保持沉默。问题在于，道德规范的客观性问题，是不是等同于讨论道德理由问题时所需要的实践理由概念呢？我们大概可以采取两步论证来处理这个问题。

第一步，我们需要去考虑，究竟休谟主义者（而不一定是休谟本人）能不能合法地谈论"理由"特别是"实践理由"的概念。据说，由于休谟主义者是"实践理由的怀疑论者"，因此他们不能够合法地谈论实践理由概念。这个观点其实是错误的。说休谟主义者是实践理由的怀疑论者，有可能是说他们是实践理由的"内容怀疑论者"，也有可能是说休谟主义者是实践理由的"动机怀疑论者"。[①] 休谟主义者确实可能是实践理由的内容怀疑论者，但是在这一点上，休谟主义者所怀疑的，只是康德主义者所设想的那种具有"绝对性品格"（categorical character）的实践理由存在的可能性（我们在下一章具体讨论这个问题）。但这并不等于说，休谟主

[①] 参见 Christine Korsgaard, "Skepticism about Practical Reason", *The Journal of Philosophy*, 83 (1), 1986。

义者会轻率地一概否定任何实践理由存在的可能性。进一步地，休谟主义者实际上并不是不能谈论理由或者实践理由的概念，而是拒绝去谈论康德意义上的那种所谓的具有绝对性品格的实践理由概念。事实上，休谟主义者可以承认实践理由是可能存在的，然后进一步补充说，实践理由并不是一个具有绝对性品格的东西。甚至，休谟主义者可以说，实践理由如果真的具有绝对性品格，那么那种具有这一品格的实践理由只能是"工具合理性"规则本身。① 或者，休谟主义者干脆可以说，只有一种"非假言品格"（non-hypothetical character）的实践理由，而否认具有绝对性品格的实践理由的存在。② 在理解包括道德理由在内的规范性实践理由的可能性问题上，休谟主义者有许多条路线可以去选择。现在，对我们的论证来说最重要的是，我们已经看到，休谟主义者完全可以谈论道德理由和实践理由的概念，尽管这个概念的休谟主义涵义并不是康德主义者所希望接受的样子。

第二步，我们需要考虑，休谟主义者所需要的理由概念是不是一定不能获得道德性。对休谟主义者来说，说一项考虑（consideration）对一个行动者来说是一项行动理由，就等于是说一旦行动者能够合理地考察（entertain）它，就会被驱动去开展相应的行动。表面上看，休谟主义者的这个观点等于是说，一项考虑能不能获得理由的地位，取决于能不能在个别行动者的"主观动机集合"（subjective motivational sets）中找到一个相应的动机，从而这项考虑能够通过行动者自己的"慎思路径"（deliberative path）而得以成为他的一项行动理由。③ 这就是威廉斯（Bernard Williams）著名的关于"所有的行动理由都只能是内在理由"的论点所立足的基本论证结构。但是，假如休谟主义者真的只能承诺这一威廉斯式的"关于理由的内在主义"，那么毫无疑问，休谟主义者即使可以合法地谈论理由概念，也无法获得反对者所需要的那个关于理由的实践性涵义。在这一点上，指责休谟主义者的实践理由概念归根到底承诺了一种动机怀疑论的说辞也许就变得格外尖锐。有人这时候也许就会说，康德主义者似乎在避免动机怀疑论上有优势，因为康德主义设想了一个绝对律令的存在。因此，像考斯伽这样的康德主义者可以论证说：一方面，动机怀

---

① 参见 James Dreier, "Humean Doubts About Practical Justification of Morality"。
② 参见 Peter Railton, "Some Questions about the Justification of Morality", *Philosophical Perspectives*, Vol. 6, 1992; Peter Railton, "On the Hypothetical and Non-Hypothetical in Reasoning about Belief and Action"。
③ 参见 Bernard Williams, *Moral Luck*, pp. 101 – 113。

疑论是不是成立最终取决于内容怀疑论是不是成立；另一方面，内容怀疑论是不成立的，因为在我们人类能动性的最终自我构成（self-constitution）上，识别和承认某种实践理由的绝对性品格是一种无法摆脱的事情。[1] 休谟主义者当然不会接受这种有关人类能动性的"阳春白雪"式说明，但是休谟主义者可以说，认为休谟思想注定要导致上述威廉斯式"内在主义"思想的观点本身乃是基于一个对休谟的误解。[2] 因为，休谟主义者也可以采取一个类似于康德主义者的"构成论"思想，区别在于，休谟主义者对人类能动性构成的论证将采取一个"下里巴人"式的说明：我们人类是这样或那样地自然构成的，从而我们拥有某种共同能力去协调具有实在性的某些生活特征，比如"生活在一起"。但休谟主义者不会说，我们人类的那种自然构成一定就是康德主义者所设想的一般而论的理性本质，或者通过运用这种被分享的理性本质，我们将达到对绝对律令的识别和承认。因此，在康德主义者非常"阳春白雪"式地通过一般而论的理性本质思想来获得有关被共同分享的道德规范的收敛性（convergence）的地方，休谟主义者相对会比较"下里巴人"式地只是通过解释我们共同分享的某种自然特征和自然能力来最终获得关于那种收敛可能性的思想。休谟主义者因此可以说，某些理由之所以具有道德性，就在于它们能够协调于"像我们人类这样的"社会性动物的自然构成。因此，尽管某些经验确实具有主观性，但是那些经验的内容对像我们人类这样的存在者来说，会产生一个"非假言的"行动理由。于是，某些个别行动者是不是在主观动机集合中已经具有一个按照这个理由行动的动机，并不影响这个理由的"给出理由"（reason-giving）地位。比如说，避免疼痛大概是菲力的一项理由，但是这不等于说凯利因为没有面对菲力同样的疼痛威胁，就不能承认和分享菲力的基于"避免疼痛"而产生的行动理由——疼痛是一项经验内容（content of experience），它是独立于菲力和凯利的主观动机集合而为坏（bad）的。[3] 只要一个行动者在自然构成上具有某些特征，只要这个行动者具有在构成上可能经验某些共同的经验内容，那么"避免疼痛"就一定是一项也被他所分享的被分享理由（shared reason）——如果你愿意，那么你可以将这种被分享理由称为一项道德理由。

---

[1] 参见 Christine Korsgaard, "Acting for a Reason"; Christine Korsgaard, "The Normativity of Instrumental Reason"。
[2] 参见 David Velleman, "The Possibility of Practical Reason", *Ethics*, 106 (4), 1996。
[3] 内格尔正是从这个思路上否定了所谓的"实践唯我论"，参见 Thomas Nagel, *The Possibility of Altruism*, Oxford: Clarendon Press, 1970。

这样，我们就看到，休谟主义者有很好的资源去谈论道德理由的存在。而且，假如我们不一开始就预先认为只有康德主义者才有权利去谈论实践理性能力，那么我们实际上也已经看到，通过说明人类能动性的本质，休谟主义者完全有机会去说明实践理性能力概念本身。只是，休谟主义者的说明是经验性的、自然主义的，并且最终导致对康德主义式实践理由的绝对性品格的抛弃。那么，假如采取休谟主义者的这个做法，在解决当代道德哲学试图加以解决的问题上，会有什么不妥吗？我的回答是，不仅不会，而且我们将看到，休谟主义者将拥有自己的独特优势。

第三节　道德和政治

为了论证我的观点，我们现在需要深入一个具体的当代道德哲学试图加以解决的问题中。让我们择取一个目前被康德主义进路支配的问题领域开展相应的论证：政治哲学中的"公共理性/公共理由"问题。

"公共理性/公共理由"的问题，从根本上来说，是为了"提供有关分配正义的说明和解决现代社会深层次的道德冲突"，特别是为了给当代道德哲学寻求某种具有"稳定性"的辩护基础而产生出来的。在当代实践哲学中，以康德主义进路来寻求这种稳定性的冲动一点不显得怪异。翻开任何一本重要的有关实践理性问题的文集，我们就会发现，康德主义进路在"公共理性/公共理由"问题上是有支配性影响力的。这是因为，康德主义者坚信，价值具有普遍客观的坚实基础、实践理性具有绝对性品格。康德主义很好地打消了哲学家们的一个长期的担心：如果不存在一个（或者一些）具有绝对性品格的实践理由，那么面对"为什么要是道德的"（why be moral）这样一个问题，道德哲学岂不是最终束手无策？

进一步地，康德主义进路也打消了哲学家们的另一个担心：如果不存在一个具有稳定性的辩护基础，那么面对"为什么要是政治的"（why be political）这一问题[①]，罗尔斯式自由主义政治哲学岂不是最终也束手无策？换句话说，哲学家们曾经担心：除非道德哲学赢得一个"圣杯"，否则它就不能最终赢得针对道德怀疑论的胜利；除非政治哲学赢得一个"圣杯"，否则它就不能最终赢得针对政治自由主义的怀疑论的胜利。而就像道德怀疑论必然是错的，因为"圣杯"必然在某处，政治自由主义也必须获得胜利，因为"圣杯"必然在某处。

---

① 这里的"政治的"一词，对应于罗尔斯的"政治的/形而上学的"区分中的概念。

这个"圣杯",就是康德主义者所设想的一般而论的理性本质。正是因为这个"圣杯"的存在,包括罗尔斯在内的许多康德主义进路的哲学家才融贯地解释了我们为什么要严肃对待道德的权威性,要严肃地将自己当作所有人中的一个,从而严肃地将政治中立性原则和政治自由主义的其他所有原则的权威性当作构成了公共理由体系大厦的基石。

显然,对休谟主义者来说,接受这一套康德主义的兜售从一开始就是一件不那么容易的事情。那么,假如康德主义者的"圣杯"根本不存在,道德权威性是不是就因此而变成我们头脑中的一个幻觉,公共理由体系是不是也因此就变成我们头脑中的一个幻觉,就像康德在《道德形而上学基础》第三部分中所担心的那样?政治自由主义的基本主张中正确的那部分是不是因此就变得毫无根基?休谟主义者能在这两个问题上提供什么替代性说法吗?我们的答案是:完全能够。

设想一下,有一天在你开设的"道德哲学"主题课程上,有个学生问你:"为什么不能撒谎?"你回答说:"因为撒谎是不道德的。"学生接着问:"为什么撒谎是不道德的就不能撒谎?"你回答说:"因为不能做不道德的事情。"学生接着问:"为什么不能做不道德的事情?"你回答说,"因为道德就是道德,做不道德的事情就是不道德,不能不道德。"学生问:"不道德那又怎样?"

这里,学生要求你提供的是一个"最高的"或者"终极的"实践理由,因为在这个时刻,你除了诉诸这样的道德原则,似乎已经没有任何办法阻挡这个学生的"那又怎样"问题的力量。当然,现在你看起来有两个办法来回答这个问题。你可以说"不道德不好",然后举出一堆做不道德的事情所要承受的个人和社会成本。但是,你的这个回答是错误类型的理由(wrong kind of reason)。因为就像霍布斯已经明确指出的,如果任何义务的权威性地位最终都只取决于行动者的判断,那么义务本身就无从存在。[①] 你也可以说:"道德是理性存在者的最高原则,作为一个理性存在者你必须去服从道德的命令。"如此一来,你已经获得了一个有关"为什么要是道德的"回答。这个学生的"那又怎样"问题确实被中止了。但是,难道学生不可以继续满怀猜疑地腹诽道:"那为什么我要是理性的?"当然,你也许会给出另一个有关特征 Y 的故事来告诉这个学生"为什么要是理性的"。但是,难道这个学生不可以继续满怀猜疑地腹诽道:"那为什么我要是 Y 的?"学生的问题最终将对实践理由的探寻带入了一个严重

---

① 考斯伽也论证了这一点,参见 Christine Korsgaard, *The Sources of Normativity*, pp. 7–31。

的无穷倒退之中。

为了获得"为什么要是道德的"这个问题的答案,你当然必须在某个地方停下来。就像我已经提到的,当代康德主义者试图表明,让你学生的这个探寻得以停下来的就是有关"能动性构成"本身的说明:每个理性存在者所拥有的理性本质,使得"做道德的事情"成为一项合理性本身的要求;"做不道德的事情"是不具有合理性的事情,而"做不具有合理性的事情"是违背每个理性存在者作为具有能动性的行动者的构成性特征的;最终,通过做不道德的事情,你丧失了成为行动者的机会,并最终成为一个实践上的植物人。①

当然,面对类似的"那又怎样"问题,康德主义者在政治哲学上可能会更加温和一点。因为就像罗尔斯所采取的建构主义方法论所表明的那样,在政治哲学上,康德主义者并不追求从一个"第一原则"出发来产生全部政治哲学主张的做法,而是可以从作为历史进展的一种(经验的)成就的政治自由主义思想的基本内容出发,通过"广义反思平衡"的方法,来形成一个不具有封闭性的政治哲学主张。② 但问题在于,通过这么做,康德主义者也就把政治哲学的辩护稳定性带入了一个风险中。所以,找一个"圣杯"照亮有关政治自由主义的辩护,就比找一个"圣杯"照亮有关道德权威性的辩护,更加具有理论上和实践上的困难。

可见,如果在这一点上,康德主义者试图说,政治自由主义的辩护最终取决于政治共同体的所有成员在"公共推理"基础上寻求和获得更大、更深的重叠共识,那么这大概是条成问题的道路,如果不是一条根本上错误的道路的话。

休谟主义者不会说,否认道德理由权威性的思想本身是不具有合理性的思想,因为休谟主义者从一开始就否认道德是一个有关于实践合理性(practical rationality)的东西。休谟主义者不会说,即使人类能动性确实是人类道德和实践能力的主要标志,赢得或丧失能动性就因此会是一个非此即彼的事情。我们人类行动者的能动性构成,充满了认知性(cognitive)和意动性(conative)因素的相互作用。每一个成年人都经历了从婴儿到成年的过程,我们所经验到的能动性的发展是一个从无到有、从有到强的过程。每一个成年人都有在各种情绪、压力之下狂乱、迷失或者沮丧的经历,对像我们这样的存在者而言,经验到道德能动性乃至实践能动性的丢失,是一个经常发生又迅速得以解决的过程。休谟主义竭尽所能的是要通

---

① 考斯伽是这个论证结构的最主要捍卫者。参见本书第三章。
② 参见 John Rawls, "Kantian Constructivism in Moral Theory"。

过论证告诉我们，人类能动性具有高度的复杂性。在此基础上，道德权威性的被承认、被识别或者被遗忘、被漠视，并不是偶然的、不常见的事情。但是，休谟主义也要竭尽所能地通过论证告诉我们，尽管个别的行动者有可能遗忘和漠视道德的权威性地位，但是道德的权威性并不会因此而受到什么削弱。因为，只要道德的适用对象仍然是像我们这样的社会性高级灵长类动物，那么道德最终只是我们协调自身与这个世界中所有"道德上相关的价值性质"时所必须采取的一个设置，而道德的权威性则内在地属于我们人类存在者回应这个世界的方式：你不得不如此，是因为你不得不如此回应这个世界。

必须认识到，和康德主义者根本不同的是，休谟主义者从来不认为道德是一个先验的东西。相反，休谟主义者从一开始就认为，从不偏不倚的、一般性的观点开展评价，将所有人的福祉（well-being）放在每个人实践慎思中突出的位置，使得某些类型的行动理由在实践慎思中占据一个"应该"的地位。所有这些，只是我们人类存在者为了"生活在一起"而必须采取的回应世界的方式。休谟主义只是经验地将这些设置统称为"道德"。道德是我们人类存在者的社会性发明，它从一开始就是共同的、公共的。

正因为人类能动性构成的实际复杂性，正因为人类能动性的深刻的"情感着色"特征，休谟主义者在道德理由的本质问题上反对上述康德主义式的判断论思想。不管我们每个具体人类存在者在能动性方面的差别有多大或者有多小，"生活在一起"都不仅仅是一个所有人在一起共同"推理"的过程；创造"公共理由"也不仅仅是一个所有人在一起采取共同前提达到共同结论的实践判断过程。恰恰相反，所有被分享的道德、美学和其他社会性规范的形成过程，是我们人类存在者"生活在一起"，通过交换、分享、提炼和完善我们的全部情感和认知资源库，共同培养我们的情感能力和认知敏感性，而最终获得共同信念、共同价值和共同关注的过程。如果说，非要把这些信念、价值和关注称为"理由"，休谟主义者并不是不能接受。但是，就像道德是一项夹杂了认知和情感资源的社会发明一样，康德主义者在道德和政治哲学领域所取得的那些合理主张，也只是夹杂了特定社会和历史条件下人类所形成的认知和情感资源的一项发明。在这个意义上，道德理由对休谟主义者来说，确实是人类能动性的产物，只不过这里的"人类能动性"应当被理解得更加自然化、经验化、丰富化。

关于人类能动性中认知和情感资源的作用方式，是一个值得专门研究的问题，需要另外的场合详加探究。不过，休谟自己的一段话，也许非常适合目前的这个场合，可以帮助我们理解休谟究竟如何设想"道德哲学"和它所"试图解决的问题"之间的关系。让我援引一段他在《人性论》第三部分最后的话，作为这一章的结束：

  有关人性的那些最抽象的原理，无论它们多么冷冰冰，多么索然无趣，都能服务于实践道德；它可以使得后一种科学得以在它自己的箴告中变得更加正确，在它自己的训诫中变得更加具有说服力。[1]

---

[1] David Hume, *A Treatise of Human Nature*, L. A. Selby-Bigge (ed.), Oxford: Oxford University Press, 1978, p. 621.

第三章 道德理由的规范力量

我们已经看到，道德理由是一种以"应该"语言来表达的具有某种特殊强度的规范性实践理由。道德理由以"像法一样"的方式，引导行动者的行动、调节行动者的实践慎思、塑造行动者的品格结构，这是现代道德哲学的一个基础性思想。"应该"是道德理由的一个根本特征。不过，从哲学分析的角度看，这个奠基了现代道德哲学根基的"应该"概念，本身恰好是模糊不清、涵义多样的。

就我们的日常道德生活实践和道德探寻（moral inquiry）事业来说，人们通常认为，在两个关键的指标上，道德意义上的"应该"不同于其他意义上的"应该"概念，而具有自身的独特性。这两个指标，一个是"应该"概念所表征的规范特征（normative characteristics），另一个是"应该"概念所蕴含的规范力量（normative force）。[1] 在这一章中，我们的目的是对道德"应该"的规范力量做一些考察。

受康德主义者影响，流行于当代西方特别是盎格鲁-撒克逊道德哲学中的一个定见认为，道德理由必定具有"绝对律令性"的特点。[2] 按照这些哲学家的看法，道德理由的"绝对律令性"，应当同时表征在规范特征和规范力量两个维度上。然而，这些哲学家的看法未必是确凿可靠的。在这一章中，我将通过论证说明，不仅康德主义者关于道德理由必定具有"绝对律令性"的观点是站不住脚的，而且任何试图论证道德理由具有绝对性的规范力量的努力都很难成功。最终，我们会发现，道德理由只具有"非假言律令性"（non-hypothetical imperative）的规范特征和规范力量，而这一显然亲和于休谟主义立场的观点，不仅不是理解道德理由问题上的一种缺陷和遗憾，反而有助于我们更深入理解道德理由的本质。

---

[1] 对道德理由来说，所谓规范特征，如第一章已经指出的，指的是客观性、不偏不倚性、普遍性、一般性等等这样一些特征。所谓规范力量，指的是它迫使行动者在实践慎思和行动决策中去采纳自己时所具有的力量（strength）。

[2] 这个定见实际上为康德主义者和亚里士多德主义者所分享，并用以攻击休谟主义者，参见 Garrett Cullity and Berys Gaut（eds.），*Ethics and Practical Reason*，"Introduction"。

第一节 "绝对律令性"的神话

当代学者对道德意义上的"应该"所包含的规范特征和规范力量的思考,在很大程度上受到康德所做出的著名区分的影响。在《道德形而上学基础》中,康德指出:

> 所有的律令要么是以假言的方式发出命令的,要么是以绝对的方式发出命令的。前者表达的是为达成一个人所欲求的目标(或者一个人可能欲求的目标)而采取作为手段的一个可能行动那样一种实践必然性。绝对律令表达的则是,不管任何其他目标如何,都要采取一个客观上必然的行动。①

接着,康德又说:

> 如果一个行动是仅仅作为实现其他东西的手段而为好(good)的,那么指令这个行动的律令是假言的;然而,如果这个行动被认为是出于自身之故而为好的(good in itself),并且因此作为意志的一种必然性(意志本身服从于作为这个意志的原则的理性),那么这个律令就是绝对的。②

在这里,我们应当看到,康德根据实践理由在形成上所依赖的条件性,区分了两种不同类型的实践理由,并宣布它们分别具有各自的规范特征。

康德认为,在形成上以具体行动者的主观欲求或欲望为条件的实践理由,其规范特征是"假言律令性"的;而在形成上仅仅以意志的必然性本身为条件,不依赖于任何具体行动者的主观动机状态的实践理由,其规范特征是"绝对律令性"的。不仅如此,当康德区分律令的绝对性与律令的假言性时,他实际上也区分了两类实践理由各自不同的规范力量。在他看来,具有"绝对律令性"的实践理由,就其规范力量来说,由于不依赖于具体行动者的主观欲望和主观兴趣,因而具有普遍的(universal)、客观的(objective),以及被称为"实践必然性"(practical necessity)那样的

---

① Immanuel Kant, *Practical Philosophy*, Mary J. Gregor (trans. and ed.), Cambridge: Cambridge University Press, 1999, p. 67.

② Immanuel Kant, *Practical Philosophy*, p. 67.

有效性；而具有"假言律令性"的实践理由，则由于对特定主观欲望和主观兴趣的依赖，只是具有针对恰好拥有那个特定主观欲望和主观兴趣的行动者而言的偶然的（contingent）有效性。就一个具有"绝对律令性"的实践理由来说，不管行动者主观上有什么样的偏好，只要他满足拥有意志的自主性这个条件，那么那项实践理由对他来说就是有效的。而就一项具有"假言律令性"的实践理由来说，如果这项原则是针对某个特定动机 M 而有效的，那么除非行动者在主观上确实保有动机 M，否则这项实践理由就会失去其自身的有效性。

康德的观点，非常吻合我们日常形成的有关道德理由的规范特征和规范力量的直觉。因为，我们很容易支持这样一个思想：道德体系所提供的实践理由，就其有效性来说，必须是独立于任何特定行动者的主观欲望和动机状态的。比方说，"应该履行某项道德义务"这个实践理由，不可能仅仅因为行动者主观上"喜欢"或者"不喜欢"，在动机状态方面愿意采纳或者不愿采纳，而具有或者不具有针对这个行动者的有效性。也就是说，我们通常会认为，作为一个道德理由，这个实践理由必须是具有普遍有效性的，并且是无论行动者主观动机状态如何都"绝对不可逃避的"。道德理由的"绝对的不可逃避性"（categorical inescapability），是现代道德世界中的人们对"道德义务"观念通常持有的一个最基本认识。

同时，我们也很容易坚持另一个思想：就我们日常生活经验的那些非道德方面而言，很多实践理由确实是依赖于特定行动者的主观欲望和主观动机的。比方说，"应该买张火车票去北京"这项实践理由，必须依赖于行动者主观上有"要坐火车去北京"的欲望和动机才能获得其有效性。因此，如果行动者缺乏相应的动机，或者修改了既有动机状态，那么他就可以"逃避掉"这项实践理由的要求，从而不受这些实践理由的规范和调节。

这样看来，我们似乎就可以从康德的建议那里获得一个重要的资源，来理解道德理由的规范特征和规范力量，并进一步对道德和非道德意义上的"应该"做出区分。我们似乎可以认为，"绝对律令性"特征既刻画了道德理由和道德体系的规范特征，又刻画了道德理由和道德体系据说具有的那种"绝对的不可逃避性"的规范力量。我们也可以认为"假言律令性"特征刻画了非道德的实践理由体系的规范特征，并且由于这些实践理由体系是不具有道德理由那样的"绝对的不可逃避性"的，所以也刻画了这些实践理由的规范力量。这个看法在传统上广受以康德主义者为代表的道德理性主义哲学家的偏好。

如果确实如此，那么当然很好。然而，在上述康德式思路之中，有一件重要的事情是有待澄清的。我们已经知道，这个思路实际上一方面将"绝对律令性"特点当作道德理由的规范特征，另一方面又将"绝对的不可逃避性"当作道德理由的规范力量。问题在于，作为规范特征的道德理由的（"绝对律令性"意义上的）绝对性，与作为规范力量的道德理由的（"绝对的不可逃避性"意义上的）绝对性，究竟是不是一回事？

只要稍稍熟悉康德的思想，我们就很容易想到，就道德理由的规范特征而言，"绝对性"所要求的，只是"有效性独立于特定行动者的主观动机状态"。但就道德理由的规范力量而言，"绝对性"似乎要求得更多，因为起码在康德的思想中，它不仅要求独立于任何具体行动者的有效性，而且还要求道德判断在任何具体行动者的实践慎思中都总是占据着"无条件要求"（unconditional requirement）的地位。因此，作为规范特征的"绝对性"，和作为规范力量的"绝对性"，在概念内涵上并不是一致的。这样，要想为上述康德式观点赢得彻底胜利，就必须分别为两种"绝对性"赢得可信性。①

现在，我们不妨想象，假设在诸如"应该履行某项道德义务"和"应该买张火车票去北京"这样的实践理由之外，还存在着另一些实践理由。它们既不像前者那样，明显具有我们通常归予道德理由的那种"绝对的不可逃避性"；又不像后者那样，其"应该"表达的可理解性完全依赖于具体行动者的主观欲望和动机状态。如此一来，我们就得到了一个上述康德式观点所不能容纳的奇怪组合：这些实践理由一方面不具有道德理由那样的规范力量，另一方面在规范特征上又不具有"应该买张火车票去北京"这样的实践理由所具有的假言性。让我们称这样的奇怪组合为"非假言律令性"体系。

实际上，"非假言律令性"实践理由不仅不古怪，而且司空见惯、普遍存在。早在四十多年前，富特就提醒我们注意"礼仪规则"（etiquette）这个范例。② 很明显，通常我们不会认为礼仪规则就是道德规则，因而也就不会认为礼仪规则具有道德规则那样的规范力量。③ 比方说，一个人违背了"吃西餐时喝汤不应该发出声音"的礼仪规则，从道德严重性上看，

---

① 我们知道，这个问题实际上也是康德本人在构造他的道德哲学时面临的一个重要困难。在《道德形而上学基础》中，康德实际上并没有成功论证"规范力量的绝对性"这一点，因而才试图通过《实践理性批判》来重新满足论证需要。

② 参见 Philippa Foot, "Morality as a System of Hypothetical Imperatives".

③ 除非在这里我们预先对道德的本质采取一种非常特殊的、严格的约定论主张，认为道德不过是一个特定文化传统中人们所约定俗成的实践规则。

我们不会认为它像违背了"在通常情况下不应该撒谎"这样的道德理由那样严重。但是，对一项礼仪规则发挥调节性功能的一个特定社会共同体中的某个具体成员来说，礼仪规则并不完全是"假言性"的。比方说，"见到长辈应该谦恭"这项礼仪规则中蕴含有"应该"的表达，它所表征出来的规范特征，不会仅仅因为你主观上缺乏在乎它的欲望和动机而彻底消失：很容易想到，即使你不能接受一项礼仪规则，甚至不承认它的规范地位，对该项礼仪规则调解下的其他人来说，这项规则仍然是独立于你个人的主观动机状态而有资格以"应该"的方式来加以表达的。

如果到目前为止我们的分析是可信的，那么就说明，起码存在一些在规范特征方面体现出"非假言律令性"特点的实践理由，同时这些实践理由在规范力量方面又是缺乏道德理由那样的"绝对的不可逃避性"的。① 也就是说，这些实践理由缺乏像道德理由那样的"自动的给出理由力量"，从而"能够必然地针对任何行动者给出无条件的行动理由"②。

这样一来，道德理由的规范力量，究竟是不是真的不同于诸如礼仪规则这样的实践理由所具有的规范力量？道德理由规范力量据说具有的那种独特性，其根基究竟何在？这些在康德主义者看来显而易见的问题，在富特的论证下，开始变得尖锐起来。如果无法对这些问题给出恰当的说明，那么就像富特自己所疑惑的，既然礼仪规则一方面具有非假言的规范特征，另一方面又不具有"绝对的不可逃避性"的规范力量，道德理由为什么就一定要像康德这样的道德理性主义者所宣称的那样，是一种直接可以发出"绝对的不可逃避性"规范力量的"绝对律令体系"呢？为什么道德理由就不能像礼仪规则那样，恰好是一种一方面具有"非假言律令性"规范特征，另一方面又不具有那种"绝对的不可逃避性"规范力量的实践理由体系呢？正是从这个疑惑出发，富特宣布，我们在日常道德生活乃至理论化道德探寻中所觉察到的人类道德所具有的那样一种"绝对的不可逃避性"，实际上最多只是一个心理上的感觉（feeling），那种认为道德上的"应该"散发了一种"绝对的不可逃避性"意义上的规范力量的观点，实际上"依赖于一个幻觉，试图给予人类道德一种魔力"。③

---

① 另一些例子包括：下棋、各种各样的游戏规则、语言规则等等。你可以通过不下中国象棋来逃避掉中国象棋的规则对你的规范力量，但是无论你主观动机状态方面是否拥有一个采纳中国象棋规则的动机，都不会改变中国象棋规则的规范特征：对任何一个举起棋子"马"并沿直线挪了一步然后宣称自己在下棋的人来说，从中国象棋游戏规则的观点来看，"不应该这样移动'马'"都是一个恰当的表达。类似的道理，我们在第四章讨论"构成性论证"时，还要涉及。

② Philippa Foot, "Morality as a System of Hypothetical Imperatives", p. 309.
③ Philippa Foot, "Morality as a System of Hypothetical Imperatives", p. 315.

第二节　非假言律令性

　　富特的论证是具有可信性的。正如众所期待的那样，道德理由必须表征出普遍性、客观性、不偏不倚性这样的规范特征。但从论证上来说，满足这一点，仅仅需要我们找出一些能够独立于具体行动者主观动机状态的实践理由来。因此，为了寻求和确立道德理由的规范特征，我们确实需要去论证，道德理由是一种具有"非假言律令性"特点的实践理由体系。这一点是没有问题的，富特的论证也没有否认这一点。而且我怀疑，除了道德相对主义和各种各样的道德怀疑论者之外，大概也没有多少人会去质疑它。问题只是在于，我们已经看到，当康德主义者鼓吹道德理由是一个具有"绝对律令性"特点的实践理由体系时，他们实际上是想说，这个原则不仅仅具有"非假言律令性"那样的规范特征，而且具有"绝对的不可逃避性"这样一种规范力量。富特的论证恰恰很好地表明，一项在规范特征上具有所谓的"绝对性"的实践理由，完全可以是一项规范力量上没有"绝对性"的实践理由。特别是，即使一项实践理由在规范特征方面确实具有"绝对性"，也并不能从这一点出发自动推导出"一项实践原则在规范地位方面也具有'绝对性'"这样一个结论来。

　　因此，富特的论证实际上就从两个方面冲击了康德主义者的观点。首先，我们发现，除非道德理由的"绝对性"指的仅仅是作为一种规范特征的"绝对律令性"，否则康德主义者的观点就犯有"乞题"（question-begging）的错误。因为作为一种规范力量强度的"绝对的不可逃避性"是需要论证出来的，而不可以被当作一个理论给定轻易加以断言的东西。其次，离开康德的认识论和本体论观点，康德式观点很难就道德理由的"绝对的不可逃避性"规范力量给出一个恰当的说明，特别是很难就"在人类条件下为什么道德理由仍然具有'绝对的'规范力量"这个问题给出恰当说明。① 这样一来，跟随着富特的思路，康德主义者就必须像认为礼仪规则具有某种非假言性那样，去认为道德理由具有非假言性；并且承认说，"绝对律令性"概念只是表征了道德理由的一个规范特征，道德理由在规范特征方面的"绝对性"实际上只是一个等价于"非假言性"的概念表达。

---

　　① 需要说明的是，在这一章中，对康德主义者不能恰当地使用"绝对律令性"概念来刻画道德原则的规范特征和规范地位的内在原因，我并没有做出细致的分析。我将在第四章中展开相关论证。

从现在开始，在康德主义者提出新的论证来捍卫自己的立场之前，为了消除道德理性主义者对作为道德理由规范特征的"绝对性"和作为道德理由规范力量的"绝对性"之间的界限的模糊，从而驱散萦绕在"绝对律令性"概念之上的神话，我们不妨接受富特和其他一些哲学家的建议，最好用"非假言律令性"概念来表示道德理由的规范特征。①

不过，即使迄今的分析是正确的，我们也并没有终结现在的讨论。换句话说，道德理由的规范力量问题即使被证明无法通过康德主义方案获得解决，特别是无法通过这个方案确立起它据说具有的"绝对的不可逃避性"，我们也并没有讨论，究竟道德理由有没有独特的规范力量，以至于通过这种规范力量的展示，道德理由能够最终同类似于礼仪规则这样的"非假言律令性"实践理由区别开来。如果我们不能对这个问题做出回答，那么我们实际上就经由一条怀疑道德理由具有独特的规范力量的道路，达到了对道德理由和道德体系规范权威性本身的怀疑，从而最终向一种全局性的道德怀疑论开放了可能性。

真的这么严重吗？让我们结合前两章的讨论来思考这个问题。我们很容易知道，一个语句如果嵌入了道德意义上的"应该"，那么它就不仅仅是在针对行动者表达开展某个指定行动的律令。而且，一旦行动者疏于（fail to）去开展这个行动，它还能够提供对行动乃至行动者本身的道德合理性批评，从而表达道德体系试图纠正行动者的行动、迫使其重新回到某种合理化道路上来的那样一种权威性。假设道德理由在规范力量上具有某种独特的规范力量，那么对一个试图采取行动来逃避道德理由和道德体系的调节的行动者来说，他的行动就可以被批评为"道德上不合理的"（morally irrational）。假如道德理由不具有"绝对的不可逃避性"，而是仅仅具有像礼仪规则那样强度的规范力量，那么对一个试图这么做的行动者来说，他的行动可能是慎思不合理的（如果这个行动违背了自我利益的工具合理性要求的话），可能是认知不合理的（如果这个行动犯有某种类型的"意志薄弱"错误的话），甚至可能是礼仪上不合理的（如果这个行动违反了某种礼仪规则的话），但是却很难被批评为道德上不合理的。因为，在这种情况下，道德理由不过就好像慎思合理性规则、认知规则甚至礼仪规则那样，是一种"非假言律令性"实践理由，没有什么额外的因素能够使道德理由得以突出出来。不仅如此，在这种情况下，"道德理由究竟本

---

① 参见 Peter Railton, "On the Hypothetical and Non-Hypothetical in Reasoning about Belief and Action"。

质上有什么独特性"本身开始成为一个问题。逐渐地，道德理由和道德体系就会失去了它在调节人类共同生活方面的"圣杯"地位。因此，一旦道德理由不具有任何独特的规范力量，那么为行动者的行动提供道德合理性评价就变得冗余，变成了毫无额外涵义的道德家的空洞说教。这样一来，在日常道德生活和理论化道德探寻中，我们也就无法再恰当地去从"道德合理性"的角度，去批评一个指定行动以及执行那个行动的行动者，从而使得道德理由和道德体系蜕化为一个像礼仪规则那样的最多只能发出某种奇怪的"实践上的建议"的实践理由体系。因此，为了捍卫道德理由和道德体系在人类共同生活中的地位，阻挡住一种全局性道德怀疑论的袭击，我们就必须重新找出办法来说明：道德理由即使确实在规范特征的涵义上只是一种非假言律令体系，仍然具有不同于其他非假言律令体系的那样一种具有独特性的规范力量。

实际上，正是为了避免全局性道德怀疑论的威胁，经过二十年的反思，富特自己为此提供了一个范例式论证，以试图说明道德理由规范力量的独特性。二十多年前，在牛津大学的哈特纪念演讲中，富特自我批评说，尽管早前通过道德理由与礼仪规则的对比所产生的对康德主义观点的批评仍然是有效的，但此前她关于"道德规则拥有'绝对的不可逃避性'的规范力量是一种哲学虚构"的观点，在根本上依赖于一种道德主观主义，而道德主观主义恰恰是一个错误。富特认为，正是由于早前受到休谟主义行动理由理论的影响，她才误认为道德理由的规范力量必须受到行动者主观动机的检验，或者说才误认为道德理由在行动者实践慎思和行动决断过程中所发挥的规范力量，必须要依赖于行动者既有主观动机状态中的意动性因素才能起作用。富特宣称，只要我们摆脱这个休谟主义行动理由理论，重新把道德理由的规范力量视为一种由道德合理性观念本身所担保（warrant）的东西，从而避免将这种规范力量的辩护基础与任何具体行动者的主观动机状态相联系，那么我们就可以重新确立起道德理由的"绝对的不可逃避性"规范力量。

实际上，一直到这里，康德主义者都不会有任何异议。因为很明显，富特的这个新观点依赖于一个已经获得可靠辩护的道德合理性观念；而从一个理想的人类能动性概念出发，通过论证一个"阳春白雪"的道德合理性观念，并以此来说明道德理由的规范力量，恰恰是康德主义者的核心论证策略。① 真正将富特与康德主义者区别开来的，是她坚持认为道德合理

---

① 参见本书第二章。

性的那样一个可靠而牢固的辩护基础，必须通过所谓"亚里士多德式必然性"（Aristotelian necessity）的说明才能获得确证。"亚里士多德式必然性"是富特的好友安斯科姆所使用的一个哲学概念，它指的是类似于亚里士多德本人通过"功能论证"（argument of ergon）所达到的那样一个哲学说明。富特说，从"亚里士多德式必然性"观念出发，通过观察我们作为社会动物的基于物种的（species-based）实践本性，我们就能够理解为什么遵从道德合理性的要求是一种对人类存在者来说具有实际必然性的事情。由此，我们也就能够理解，为什么当道德理由面向行动者的实践慎思和行动选择过程来提供行动理由时，它的规范力量是具有"绝对的不可逃避性"的。[1]

很明显，富特的这个论证依赖于一个重要的理论前提，那就是亚里士多德式行动理由理论的可信性。现在，我当然不能轻率地三言两语就否认亚里士多德式行动理由理论的可信性，就像我不能轻率地说休谟主义行动理由理论是可信的那样。鉴于这个问题本身的复杂性，我们在此似乎也无法通过详细考察这个理论本身来考察富特思想是不是成问题。但是，我们可以换一个论证思路：通过考察接受亚里士多德式行动理由理论的代价，看看它是不是为了确证道德理由规范力量的独特性而真的值得付出的。

亚里士多德式行动理由理论依赖于亚里士多德式价值论。这个价值论认为，价值内在地由事物自身功能的良好发挥来决定。[2] 因此，一个亚里士多德式的好行动，是独立于行动者的理性选择活动本身的，只是由行动者的人类功能（human function）的良好发挥来决定。这样，一个亚里士多德式的好的行动理由，就是一个功能发挥良好的行动者在恰当条件下执行那个行动的理由。因此，我们看到，从亚里士多德式观点出发，在价值与行动理由之间，就存在着一个价值从概念上优先于行动理由、价值为行动提供理由的关系。这个关系指向一种价值实在论的立场。不过，这没有什么严重问题，因为通过价值实在论立场，对富特这样的亚里士多德主义者来说，他们也许确实就很容易讲清楚，为什么道德理由中所蕴含道德合理性这件事本身，已经表明了道德理由能够为行动者提供具有"绝对的不可逃避性"规范力量的实践理由。真正的问题乃是在于，这个亚里士多德式价值实在论在说明道德价值和道德合理性如何激发行动者开展行动时，

---

[1] 参见 Philippa Foot, "Does Moral Subjectivism Rest on a Mistake?", *Oxford Journal of Legal Studies*, 15 (1), 1995。

[2] 关于亚里士多德的"功能论证"，参见 Aristotle, *Nicomachean Ethics*, Roger Crisp (trans. and ed.), Cambridge: Cambridge University Press, 2000, pp. 10 – 13。

将会遭遇一个通常被刻画为"动机惰性"（motivational inert）的严重问题：说明道德合理性所提供的实践理由具有"绝对的不可逃避性"规范力量是一回事，说明具有这种规范力量的实践理由能够激发像我们人类这样的存在者完全是另一回事。这就好比说，尽管一个理论家可以大费周章地去论证，道德哲学确实有一个"圣杯"在那里闪闪发光，但这个"圣杯"仍然不能阻挡某些行动者"那又怎样"的质疑。因此，如果我们非得要接受富特所提供的亚里士多德式说明，我们当然可以坚定捍卫道德理由的"绝对律令性"特征和"绝对的不可逃避性"规范力量，但是如此一来，我们也就不得不去接手"动机惰性"问题带来的论证代价。

第三节 休谟主义的对与错

现在，通过对富特工作的分析，我们已经看到，当富特接受休谟主义行动理由理论的影响时，她是反对康德主义思路的。因为在她看来，在康德主义者试图去以"绝对律令性"概念来同时表达道德理由的规范特征和规范力量时，他们实际上存在"乞题"论证的问题。当富特抛弃休谟主义行动理由理论的影响时，她则试图诉诸当亚里士多德主义论证，试图通过论证一种作为人类生活必然性的"道德合理性"思想，来恢复道德理由规范力量的"绝对的不可逃避性"，但也最终不得不使得整个说明依赖于一种理论成本很高的价值实在论观点和行动理由理论。

那么，富特为什么要抛弃休谟主义行动理由理论的影响呢？难道这条路线中有什么内在不可克服的缺陷？对此，我们实际上也已经看到，这是因为富特后来觉得，当她受到休谟主义行动理由理论的影响时，她实际上走上了一条道德相对主义的论证道路。不过，为什么道德相对主义会是一个谬误呢？

当富特担忧自己早前的工作受到了道德相对主义的影响，因而必须重新确立起道德理由规范力量的"绝对的不可逃避性"时，她的这种担忧实际上有这样一个思想基础：如果道德理由的规范力量没有"绝对的不可逃避性"，对行动的道德合理性评价就必须需要依赖于行动者主观上的某种承认和识别才能发挥它对行动的调节性功能。这样一来，不仅道德理由发挥对具体行动的调节性功能，必须依赖于具体行动者的主观动机状态，而且我们开展道德合理性评价活动这件事本身，实际上也就失去了确凿的根据（well-foundedness）。这个担心当然不完全不合理。试想，假如此刻一个具体行动者的行动受到来自道德合理性方面的评价，他却回答说："我根本不在乎什么道德不道德的问题。"面对这样一种通常称之为"去道德论者"（amoralist）的行动者①，如果道德合理性评价功能得以发挥，最终确实依赖于这个"去道德"的行动者的主观动机状态，那么我们大概就不得不针对这个人来悬隔一切道德评价活动了。这样做的实质，是把道德合理性的评价功能发挥的"开关"，交到了每一个具体行动者自己的手中。这就是道德相对主义的谬误所在。

正因此，当富特后来重新修正自己的立场，论证说"亚里士多德式必然性"担保了道德理由规范力量的独特性时，她实际上是想说，接受道德理由对行动的调节，是某种人性的必然性的结果。这样，通过把"开关"交还到某种理想化的人性必然性的办法，富特试图把道德合理性评价对行动发挥调节性功能的"开关"，从每一个具体行动者手中给夺回来。换句话说，采取"亚里士多德式必然性"论证，用意就在于要将道德合理性评价功能得以发挥的条件重新"客观化"，尽管这么做的理论代价很大。

如果休谟主义行动利益理论确实包含着道德相对主义的谬误，那休谟主义当然是一种错误。现在，我们似乎处于一个非常尴尬的境地：看起来，康德主义说明、亚里士多德主义说明、休谟主义说明都是有问题的。而如果当代道德哲学的三个主要传统竟然都是有问题的，那么这是不是意味着也许我们没有机会去恰当说明道德理由规范力量的独特性了？也许道德理由在规范力量方面真的没有什么独特性？也许就规范特征和规范力量来说，道德理由真的就像礼仪规则那样彻头彻尾是一种"非假言律令性"的实践理由体系？也许道德怀疑论是对的，我们所认为的在人类共同生活中占据着崇高地位的道德体系，其实不过是被着染了神圣光辉的一种好像礼仪规则那样的实践理由？

当然不是。也许道德主观主义确实是一个谬误，但是为什么休谟主义行动理由理论一定会是一种道德主观主义呢？②那种认为休谟主义行动理由理论屈从于道德主观主义的观点，本身才实际上依赖于一个错误。让我来分析这一点。

一项实践考虑在行动者的实践慎思和行动决断过程中成为行动者的行动理由，和一项实践考虑可以独立地拥有"给出理由"的地位，这是两件不同的事情。比方说，即使"吃饭可以消除饥饿"是一项独立地就能够拥

---

① 一个"去道德论者"不同于一个"反道德论者"（immoralist），前者根本不在乎道德，但未必以不道德的方式开展行动；后者在乎道德，但以反道德的方式开展行动。有关前者的例子，比如罹患孤独症（autism）的人；有关后者的例子，比如弥尔顿《失乐园》中的撒旦。

② 此处可对照我在第一章给出的论证。

有"给出理由"地位的实践考虑,但这项实践考虑要想能够在我的实践慎思和行动决断中发挥调节性力量,那么我必须首先将它当作我的一项行动理由。道德理由也是如此。即使道德理由能够独立地拥有"给出理由"地位,但要想使它在我的实践慎思和行动决断中发挥调节性力量,那么它必须首先成为我的一项行动理由。换句话说,要想使一项实践考虑得以成为调节我的行动的理由,那么就算它的"给出理由"地位是独立于我的主观动机状态而获得的,我也得有一个主观动机状态方面的资源以使得它同我的实践慎思和行动决断联系起来。一项实践考虑是不是独立地获得"给出理由"地位,这是理由的本体论问题;一项实践考虑是不是必须通过同行动者的主观动机状态相联系,才能发挥对这个行动者的行动调节功能,这是理由的应用性条件问题。①

因此,如果一种关于行动理由的观点是一种道德主观主义观点,那么它就必须在道德理由的本体论方面坚持主观主义观点,即认为道德理由的"给出理由"地位最终必须取决于每一个具体行动者。按照这种理由本体论意义上的主观主义观点,如果道德理由在"给出理由"地位方面确实是受到行动者主观动机状态制约的,换句话说,如果一个具体行动者好像掌握了"开关",以至于能够随时宣告某一个道德理由所提供的行动理由具有或不具有"给出理由"的地位,那么道德理由的规范力量当然没有什么不同于诸如礼仪规则之类的实践理由的地方。但是,休谟主义者为什么要去主张这样一种简陋的理由本体论意义上的主观主义呢?我们完全可以设想,休谟主义者可以坚持这样一个有关行动理由的理论:一方面,在理由本体论问题上,它认为,道德理由是独立于任何具体行动者的主观动机状态的②;另一方面,在理由的应用性条件问题上,它则坚持说,不论道德理由和道德体系是如何独立地被人类共同体发明出来的,它对行动的调节性功能必须依赖于具体行动者的主观动机状态才能起作用。如果非要借用一个流行的术语,那么一个休谟主义者完全可以是理由本体论意义上的

---

① 我认为这个思想也是对威廉斯"内在主义"思想的正确理解。威廉斯对"内在主义"思想的阐发,并不是在理由本体论意义上展开的,因此某些康德主义者(特别是考斯伽)实际上正是由于混淆了理由本体论层面的"内在主义"和理由应用条件层面的"内在主义",而误以为威廉斯的思想乃至休谟主义的行动利益理论屈服于一种道德主观主义、会导致所谓"实践理由的怀疑论"。关于威廉斯的观点,参见 Bernard Williams, *Moral Luck*, pp. 101-113;关于考斯伽的观点,参见 Christine Korsgaard, "Skepticism about Practical Reason", pp. 5-8。

② 只是,不同于康德主义者和亚里士多德主义者的是,休谟主义者强调,道德理由是人类存在者在某种自然、历史、社会和人性条件下的一种共同发明。

"外在主义者",同时是一个理由应用性条件问题上的"内在主义者"。①

这样一来,回到我们所探讨的问题上,我们就可以说,在理由本体论的层面上说明道德理由具有独特的规范力量是一回事,在理由的应用性条件问题上说明道德理由具有独特的规范力量就完全是另一回事。康德主义者的错误,不在于他们试图在理由本体论的层面说明道德理由具有"不可逃避性",而是他们也试图在理由的应用性条件问题上说明"不可逃避性"。他们试图表明,只要一个行动者满足了某种有关人类能动性的最小理想条件,某些类型的实践理由(特别是道德理由)就不可逃避地适用于这个理性行动者。所以,为了说明道德理由规范力量的独特性,也许我们确实应该放弃令人困惑的"绝对的不可逃避性"思想,转而去寻求一种更加谦逊的、理由本体论层面上的"不可逃避性"观念,以便这种观念允许在理由的应用性条件问题上存在某种"主观主义"或"偶然性"(contingency)。休谟主义者可以做到这一点,所以休谟主义行动理由理论不是一种道德主观主义。于是,我们也就没有理由接受富特的自我批评。

这样,为了说明道德理由规范力量的独特性,真正的问题就变成,理由本体论层面的"不可逃避性"究竟是如何形成的?就像雷尔顿所指出的那样,要想回答这个问题,我们"毫无疑问需要诉诸人类学、社会学、心理学甚至生物学的经验解释"②。实际上,休谟主义者从现在开始就拥有了比康德主义者和亚里士多德主义者更可信的理论资源,因为休谟主义者既不相信道德理由和道德体系是我们头脑中的一个幻觉,也不相信道德理由和道德体系的规范力量是通过一般而论的理性本质或者有关人性的"亚里士多德式必然性"而获得先验担保的。③ 道德理由的有效性,如同一切实践理由那样,并不是"先验"获得的。因此,它之所以拥有"不可逃避的"规范力量,也不必依靠"绝对律令性"这个康德主义式神话般的主张。

---

① 这方面论证的一个范例,参见 Peter Railton, "Some Questions about the Justification of Morality"。

② Peter Railton, "Some Questions about the Justification of Morality", p. 46.

③ 实际上,正如雷尔顿在本书附录的采访中所说的那样,亚里士多德、康德、休谟这样的伟大思想家在这个问题上并非像当代亚里士多德主义者、康德主义者、休谟主义者所刻画的那样无法调和。比方说,在理由本体论层面用一种不诉诸任何先验道德心理学的方案来说明道德原则的"不可逃避性",完全可以通过对亚里士多德的思想采取一种自然主义读解的办法来获得。至于如何在休谟和康德思想之中找到说明这个问题的共同点,一个范例性工作,参见 Peter Railton, "Normative Force and Normative Freedom: Hume and Kant, but Not Hume Versus Kant", *Ratio*, 12 (4), 1999。汉语学术界对雷尔顿思想的一个分析,参见陈德中:《能动性与规范性——雷尔顿论规范力量与规范自由》,《世界哲学》2011 年第 5 期。

第四章　道德理由的规范源泉

在前一章中，我们看到，对道德理由的规范特征和规范力量，休谟主义者和康德主义者有着不一样的理解。休谟主义不认为道德理由必须具有"绝对律令性"，而只承认道德理由是"非假言律令性"实践理由系统。相应地，休谟主义者将人类道德在本质上看作一项"发明"，认为道德理由的规范源泉内在于人类的实践生活需要之中。康德主义者之所以不同意这一看法，根本的原因就在于他们认为道德理由的规范性在某种意义上有着"先验"起源。换句话说，康德主义者之所以要坚持道德理由的"绝对律令性"观点，就因为他们对道德理由的规范源泉问题有着不同于休谟主义者的看法。在这一章中，我们来进一步分析康德主义者对道德理由的规范源泉的分析，看看他们的观点是否具有他们所设想的可靠性。

当代康德主义者认为，要知道道德理由的规范源泉，就要说明道德理由所具有的那种实践规范性的起源，而使规范性概念本身获得理解的全部秘密，就在于对行动（action）和能动性（agency）概念本身的分析之中。在康德主义者看来，有关规范性的完整说明，必须依赖于一个完整的关于行动（以及能动性）的哲学说明。这种观点认为，一个"血肉丰满"（full-blooded）的人类行动具有某种构成性特征（constitutive feature），而这种构成性特征，恰恰也就是规范性的源泉[1]。康德主义者的这种观点，也被称为有关规范性本质的构成性观点（the constitutive view），支持这种观点的论证，也就是所谓的"构成性论证"。这一论证的当代最重要支持者是考斯伽，威勒曼则针对考斯伽论证的不足，做了更新和发展。在这一章中，我将对他们的工作做出考察。[2]

---

[1] Bernard Williams, *Moral Luck*, pp. 101–113.
[2] 威勒曼目前是纽约大学哲学教授，此前曾在密歇根大学工作长达二十年。威勒曼教授在伦理学、道德心理学、实践理性理论和行动哲学方面取得过一系列成果，并因此对这些领域的相关讨论产生了巨大的影响。考斯伽在规范性本质问题上的相关工作近年来已经得到了汉语学术界的关注和译介。然而，学术界目前对威勒曼工作的有意义的讨论仍较为有限。

第一节 构成性论证的成因

人类行动者是能够根据理由来行动的存在者。这个通常被称为"响应于理由"(responsiveness to reasons)的特征,被认为是人类行动者的一个典型特征。"响应于理由",就意味着将某些考虑视为我们能够据之以行动的道理。对某些类型的行动理由来说,它们具有一种独特性,以至于一旦行动者拥有了这个理由,那么行动者就在某种意义上应该据之以行动。包含了这种应该涵义的理由,也就是规范性理由(normative reason)。当然,说行动者应该去根据某种理由来开展行动,与说行动者的行动可以被解释为出于某种理由之故而开展的,是两件不同的事情。因为,一个能够在解释行动者的行动方面起作用的理由,必须是行动者开展那个行动的激发性理由(motivating reason)。激发性理由和规范性理由之不同,就在于规范性理由因为包含了"应该"的涵义而具有辩护性(justificatory);但激发性理由不包含任何意义上的"应该"涵义,它只是解释了行动者为什么开展一个指定的行动,因而是解释性的(explanatory)。

探讨规范性的本质,就是要探讨(1)"实践理由是不是具有规范性"以及(2)"实践理由的这种规范性如何获得确凿的基础"。很显然,第二个问题能不能得到回答取决于第一个问题能不能得到回答。然而,问题在于,对第一个问题本身已经产生了一种否定性的回答。这个否定性回答主要是由威廉斯提出的。

威廉斯论证说,对任何考虑而言,要想真正成为某个行动者的行动理由,那么就必须是这样的:这个行动者要能够通过某种慎思路径将这项考虑内在化(internalize),并且因此能够在其主观动机集合中形成动机激发性因素。换句话说,如果一项考虑能够成为行动者的行动理由,那么这项考虑必须能够在行动者的主观动机集合中相应地找到激发性因素。威廉斯认为,除非一项考虑能够找到这样的激发性因素,否则它就不可能成为行动者的行动理由。威廉斯的这种观点,也被广泛地称为一种"内在主义观点"。

威廉斯的"内在主义观点"如果只是一种解释性说明,那么就像我们已经看到的,为了使得行动者为什么开展一个行动这个问题获得说明,行动者的行动理由必须被解释为某种激发性理由。这个观点当然没有错误,但它不过就说出了一个微不足道的真理而已。但是,威廉斯的雄心显然不限于此。出于对经典的休谟主义的承诺,威廉斯试图将"内在主义观点"设想为一个有关"行动理由如何获得辩护"这个问题的说明。如果威廉斯是对的,那么除非一项考虑能够在行动者的主观动机集合中找到激发性因素,否则这项考虑就不能在获得辩护的意义上成为行动者的行动理由。

威廉斯将"内在主义观点"当作一种辩护性说明,这个做法意味着什么呢?实际上,由于在行动理由获得辩护的条件与行动理由获得解释的条件之间预设了一个等同关系(equivalence),威廉斯就承诺了这样一个主张:除非一项考虑能够在行动者的主观动机集合中找到激发性因素,否则行动者就不在任何意义上应该去将这项考虑作为自己的行动理由。这样,威廉斯实际上就通过采取经由激发性来说明规范性的策略,取消了规范性理由存在的可能性——实践理由概念在这个意义上,变成了一个空洞的概念。因此,威廉斯的主张,就导致了被考斯伽称为"实践理由的怀疑论"的主张。①

"实践理由的怀疑论"为什么不是一个受欢迎的概念呢?或者说,实践理由概念为什么不能成为一个空洞的概念呢?为了理解这些问题,我们就需要去搞清楚,在现代道德哲学的框架下,规范性概念究竟被期待去承载什么样的功能。现代道德哲学具有一个非常特别的"像法一样"的形式。正是由于"像法一样",道德原则或实践规则中所蕴含的"应该"思想,就一方面成为奠定整个现代道德哲学体系的基础性概念,另一方面又亟待获得说明。②规范性概念在根本上来说,就是要发挥辩护这种"应该"思想的功能。按照规范性概念的涵义,某些实践规则(特别是道德规则)必须是具有律令性和普遍性的。现在,如果威廉斯是对的,那么一方面,任何可以被刻画为行动者的行动理由的考虑,都必须是在行动者主观动机集合中已经存在激发性因素的考虑;另一方面,任何主观动机集合实际上都是针对特定行动者而言的。因此,任何一个行动理由也就都只有相对于特定的行动者来说,才具有"给出理由"地位和"给出理由"力量。这么一来,能够一般而论地针对所有行动者而具有律令性的行动理由便是不存在的,因为任何行动理由的"给出理由"力量都取决于个别行动者自

---

① 参见 Christine Korsgaard, "Skepticism about Practical Reason", pp. 5 – 8。
② 对现代道德哲学的这个分析,是由安斯科姆做出的。在安斯科姆看来,"现代道德哲学"没有资格去采取道德上的"应该"这样的"像法一样"的概念,因为,现代道德理论已经放弃了传统伦理学所采取的那种目的论假定,甚至也不把个体意义上的"生活得好"当作根本的调节性理想。安斯科姆因此认为,现代道德理论如果要做到"像法一样"的话,由于缺乏对"立法者"的可信说明,因此就会使得道德义务的概念本身变得在根本上不可理解。详见 G. E. M. Anscombe, "Modern Moral Philosophy"。

己的主观倾向；能够具有普遍性的行动理由也是不存在的，因为每一个行动者都拥有自己独特的主观动机集合。因此，一旦规范性理由不能独立于激发性理由而获得辩护，那么整个现代道德哲学所要求的那种律令性和普遍性就成了无所依靠的东西，整个现代道德哲学的大厦也就轰然倒塌了。① 这就是"实践理由的怀疑论"不受欢迎的原因。②

现在，为了真正避免"实践理由的怀疑论"，哲学家们需要做的事情，就是要去彻底颠覆威廉斯所采取的那个经由激发性理由来说明规范性理由的策略。如何来获得这个说明呢？为了获得这种说明，哲学家必须要通过论证同时达到两个论证目标：（1）他们必须表明，作为规范性理由的实践理由同时也具有动机上的激发性；（2）他们也必须表明，存在着一个独立的有关实践理由规范性的说明。也就是说，这个说明必须是一方面能够讲清楚"为什么这种规范性理由能够激发行动者去据之以开展行动"，一方面又要能够讲清楚"为什么存在着独立于具体行动者的特定主观倾向的规范性理由"。考斯伽为此提供了一个富有启发性的论证。

按照考斯伽的思想，要想同时获得这两方面的说明，最好的办法就是去分析"理性行动者"（rational agent）这个概念本身。③ 理性行动者概念内在地包含了"符合理性"和具有"能动性"的思想。作为一个人类理性存在者，我们拥有各种各样的主观倾向和动机，将这些动机概括起来说就是"按照深思熟虑的合理性（rationality of prudence）的要求来开展生活"的动机和"按照道德的合理性（rationality of morality）的要求来开展生活"的动机。在考斯伽看来，"符合理性"的概念和"能动性"的概念本身已经蕴含了这样的思想：作为一个理性存在者，人类行动者必然能够去回应合理性的要求，也必然应该去回应合理性的要求。因此，在这个意义上，"成为行动者"（be an agent）的概念就已经蕴含了行动者有一个

---

① 这也是为什么威廉斯同时也是一个"反理论"（anti-theory）的思想家。作为一个反理论者，威廉斯反对任何类似于现代道德理论构建这样的理论化企划本身。威廉斯的反理论观点，主要体现在 Bernard Williams, *Ethics and the Limits of Philosophy*, Cambridge, Mass.: Harvard University Press, 1985。我们将在本章第四节看到，对应于这个反理论主张的那种形式的怀疑论会对构成性论证本身带来根本性的威胁。

② 需要注意的是，某些新休谟主义者（neo-Humean）的主张与威廉斯所持的经典休谟主义的主张不同。新休谟主义不否认规范性理由的存在，也就是说，它承认某些实践理由具有律令性和普遍性，并认为"手段-目的"这一工具合理性原则是唯一具有普遍律令性的规范性理由。一个例子，参见 James Dreier, "Humean Doubts about the Practical Justification of Morality"。

③ 考斯伽的相关说明，主要体现在她的几部作品中：Christine Korsgaard, *The Sources of Normativity*; Christine Korsgaard, *The Constitution of Agency: Essays on Practical Reason and Moral Psychology*, Oxford: Oxford University Press, 2008; Christine Korsgaard, *Self-Constitution: Agency, Identity, and Integrity*, Oxford: Oxford University Press, 2009。

"回应合理性的要求"的动机并且根据合理性的要求来调节主观动机和倾向的涵义。这样，考斯伽就满足了第一个方面的论证目标。

进一步地，"合理性的要求"不是一个针对个别行动者而言的东西；相反，它是一个针对理性能力本身而言的东西。因此，尽管个别行动者可能因为这样那样的原因而疏于去回应"合理性的要求"，但是只要他仍然是一个行动者，只要他仍然具有理性能力，"合理性的要求"就仍然适用于他、针对他而具有有效性。进一步地，"符合理性"是能动性的一个构成性特征，而能动性则是界定一个人类行动（human action）的定义性标志。按照考斯伽的观点，考虑一个活动（activity）或者行为（behavior）是不是一种真正意义上"血肉丰满"的人类行动，关键的指标就在于行动者有没有通过充分发挥能动性来介入（engage in）这个活动或行为。这样，"符合理性"的要求作为一种实践理由或者说实践要求，针对每一个人类行动者，构成了一个规范性理由或要求——只要你还算得上是行动者，只要你的行动还算得上是"血肉丰满的行动"，那么"符合理性"的要求就针对你而提出了一项具有规范性的理由。这样，考斯伽就满足了第二个方面的论证目标。

我们已经看到，考斯伽实际上是要通过分析行动和能动性的构成性特征，也就是"符合理性"，来揭示规范性的本质。考斯伽的这个说明模式之所以能够满足上面提到的那两个论证目标，是因为她将一个已经具有"规范判断"色彩的思想嵌入了行动和能动性的概念本身之中——作为一个行动者，为了调动和发挥能动性去开展真正意义上的行动，就应该去接受"符合理性"这个实践要求的调节。对许多人来说，考斯伽的这个论证模式开辟了一条论证规范性本质，从而彻底颠覆"实践理由的怀疑论"的路子。由于这个论证模式实际上是从对行动和能动性的构成性特征入手，来解释实践理由的规范性的起源的，因此也被称为"构成性论证"。

第二节　构成性目标

当考斯伽论证说，行动和能动性存在一个构成性特征时，她实际上拥抱了一个非常古老的哲学传统。这一哲学传统包含两个基本的观点：（1）行动和能动性的发挥必然存在着某种目的（telos）；（2）更进一步地，之所以行动和能动性的发挥存在着某种目的，是因为构成行动和能动性的那种特征本身具有一个将行动和能动性的发挥导向这种目的的功能。概括起来说，这种观点在假设了关于行动和能动性发挥的某种目的论观点的基础上，通过一个有关行动和能动性的构成性特征的"功能论证"，来将这个构成性特征理解为使得某些行动理由具有规范性的根本原因——由于行动和能动性在构成上具有某种功能，行动和能动性就应该被这种功能所引导，以实现某种内在的（intrinsic）目的。就像我们也许熟知的，亚里士多德在哲学史上最早提出了这个"功能论证"。

威勒曼就规范性的本质这个问题所采取的论证，在根本上来说，沿袭了这个"功能论证"的结构。也正因此，他确实同意考斯伽的基本主张，认为为了理解规范性的本质、彻底挫败"实践理由的怀疑论者"，最好的论证方案就是通过说明行动和能动性所具有的某种构成性特征，来说明规范性的存在并揭示规范性的本质。尽管在基本论证目标方面存在共识，威勒曼的思想也从一个关键的地方开始，发展出不同于考斯伽的观点。我们已经看到，对考斯伽来说，"符合理性"是界定一个"血肉丰满"的行动和一个充分得到发挥的能动性的构成性特征。换句话说，对考斯伽来说，说明规范性的全部秘密就在于说明"符合理性"这个构成性特征之中。但是，对威勒曼来说这个说明是不可接受的。为什么呢？

我们已经看到，采取"功能论证"这个论证结构的条件之一，是要去论证行动必然存在着某种目标。对考斯伽来说，行动的目标显然就是"符合理性"。我们也已经看到，采取"功能论证"的另一个条件，是要去论证行动和能动性的发挥具有某种构成性特征。对考斯伽来说，行动的构成性特征显然也是"符合理性"。到这里，我们就看到了考斯伽的说明中的一个致命缺点：在回答"某些实践理由是不是具有规范性"这个问题时，考斯伽试图说，某些实践理由是具有规范性的，因为任何一个"血肉丰满"的人类行动都必须导向"符合理性"这个目标；在回答"某些实践理由为什么具有规范性"这个问题时，考斯伽试图说，这些实践理由之所以具有规范性，是由行动本身所具有的"符合理性"这个构成性特征所决定的。考斯伽的整个论证依赖于一个"一般而论的符合理性的理由"（reasons for being rational as such），但是这个说明是空洞的。因为它只是一个一般性（generic）说明，而真正能够被规范性理由所调节和引导的目标和理由是且只能是具体化的目标和理由。就算我们同意考斯伽的看法，认为任何一项"血肉丰满"的人类行动都必然包含构成性的行动目的，并且认为这些目的可以独立提供规范性理由，这些目的和理由也依然是需要被具体化并加以描述才能得到理解的东西。否则，仅仅对构成性目标及其所提供的规范性理由做一个一般性说明，这个目标和理由就根本不能发挥行动引导（action-guiding）的功能。①

举个讨论构成性论证时经常会用到的例子来说明这一点。下棋这个行动存在着某种规范性理由（"努力去赢得这局棋"）。如果你的下棋活动不是受到这个规范性理由调节的，那么你根本不算是在下棋，而是在"挪棋子"或者干别的什么活动。也就是说，下棋存在一个一般性的构成性目标（"去赢"），这个构成性目标也为你的每一轮走棋提出了一个一般性的规范性理由（"你应该通过走棋去赢"）。但是，就算这样，你也不可能因为这个一般性的构成性目标及其所提供的规范性理由的存在，而介入下棋这个行动中去。首先，假设你不是一个"实践理由的怀疑论者"，也就是说，假设你接受将"去赢"这个理由视为具有规范性地位的理由，并且试图在整个下棋的行动历程中受到这个规范性理由的调节，但是面对"去赢"这个规范性目标，你仍然无法开展一个行动。因为你并不知道如何才能算得上是在受到"你应该通过走棋去赢"这个规范性理由的调节，除非你知道什么才能算得上是有关"去赢"的具体化描述。其次，如果你确实已经是一个"实践理由的怀疑论者"，你不仅不会情愿接受将"去赢"当作下棋的构成性目标，并采纳它所提供的规范性理由，反而恰恰会对此产生疑问：到底是什么为"去赢"作为下棋这个行动的构成性目标提供了辩护？除非存在这样一个辩护，否则作为一个"实践理由的怀疑论者"，你为什么就不能认为，其实"挪棋子"也是在下棋呢？更进一步，如果"去赢"这个构成性目标本身需要去获得辩护，那么就算能够找到这样一个辩护，这个辩护本身也是需要进一步辩护的。如此，"实践理由的怀疑论"不仅没有被挫败，而且还将整个构成性论证拖向了一个"辩护的无穷倒退"（regress of justifications）。②

作为构成性论证的支持者，威勒曼注意到了这个危险。不过，他认为解决这个"辩护的无穷倒退"的关键，就在于要去抛弃考斯伽在一般性层面上去讨论"实践理由是不是具有规范性"以及"为什么实践理由具有规范性"这两个问题的做法。威勒曼认为，如果我们首先将对这两个问题的讨论"具体化"到个别行动（individuated action）的层面，然后再在这个"具体化"的层面上去重新引入考斯伽有关"符合理性"是行动和能动性的构成性特征的观点，那么构成性论证本身就有机会获得成功。因

---

① 参见 David Velleman, *The Possibility of Practical Reason*, Oxford: Oxford University Press, 2000, pp. 173-176。

② 参见 Peter Railton, "On the Hypothetical and Non-Hypothetical in Reasoning about Belief and Action"。

为，采取这个修正后，"符合理性"这个行动和能动性的构成性特征，就面向每一个人类行动者提出了这样一个要求：由于每一个个别化行动都存在着一个判断行动是不是成功的标准，因此每一个个别化行动都可以在行动和行动理由是不是符合那个成功标准的意义上被评价为"符合理性"或者"不符合理性"。这样，就每一个具体的行动而言，行动者都应该去遵循那个业已受到相应成功标准辩护的具体的构成性目标的调节，以便开展一个"符合理性"的行动；否则，这个具体的行动就是不合理的（irrational）。① 我们很容易看到，威勒曼的策略对捍卫构成性论证以及挫败"实践理由的怀疑论"来说，是具有吸引力的，因为（1）如果你并不是一个"实践理由的怀疑论者"，你就能够按照这个具体构成性目标的规范调节，去相应地开展具体行动；（2）如果你已经是一个"实践理由的怀疑论者"，你也不可能通过质疑这项具体的目标和理由的规范调节地位而整个地去质疑规范性理由的存在，而且一旦有进一步的理由表明，你甚至不得不去接受这一项具体构成性目标的规范调节地位（我们在下一节将明白为什么会如此），并且出于相同的原因，你也不得不去接受任何一项具体构成性目标的调节性地位，那么你就不可能再去坚持你的"实践理由的怀疑论"主张。

我们现在仍然以下棋为例来对此做一些解释。假设你在开展下棋活动，并且假设你下的是中国象棋。下中国象棋这个个别行动的构成性目标不仅仅是赢，而且被具体化为通过"将死对方"而赢。这样你就拥有了一项具体的规范性理由，通过调节你的行动策略，比方说移动你的"车"或者牺牲一个"卒"，"将死对方"而赢。这样一来，（1）如果你不是一个"实践理由的怀疑论者"，在下中国象棋这个个别行动中，你就获得了一个具体的规范性理由，并且在它的调节下，通过发挥你的能动性，引导你的行动朝向"将死对方"这个具体构成性目标的实现；（2）如果你已经是"实践理由的怀疑论者"，你不可能质疑"将死对方"是下中国象棋的构成性目标，因为就下中国象棋这个概念的全部涵义来说，它确实是以"将死对方"为构成性目标的，你也不可能质疑"将死对方"这个构成性目标对你提出了具体的规范性理由，或者否定这个理由是具有规范性地位的、能够对你的行动施加规范调节力量，因为否则的话你就根本不是在开展"下中国象棋"这么一个行动，而仅仅是在开展比方说"挪棋子"这样的行动。进一步地，从"下中国象棋"这么一个具体行动的分析推广

---

① 参见 David Velleman, *The Possibility of Practical Reason*, pp. 176–179。

开，按照构成性论证的思想，对所有的具体人类行动来说，都存在着各自的构成性特征，并因此而导致所有的具体人类行动都存在着各自的具体构成性目标以及相应规范性理由。因此，就像你不能质疑在"下中国象棋"这个个别行动中存在着相应的具体构成性目标和规范性理由，否则就会导致你的行动不"符合理性"，你也不能质疑在任何个别化行动中也都存在着相应的具体化构成性目标和规范性理由，否则就会导致你的每一个行动都不"符合理性"。于是，就每一项具体化的个别行动而言，"实践理由的怀疑论"都将是一个不可信的主张。

威勒曼的论证到此是不是已经在挫败"实践理由的怀疑论"方面取得了胜利呢？我们已经看到，威勒曼之所以要采取上述这个论证，是希望在保留考斯伽的论证所承诺的"构成性观点"的基础上，同时达到考斯伽的论证没有很好获得的两个效果——避免"辩护的无限倒退"和挫败"实践理由的怀疑论"。威勒曼所采取的通过针对每一个个别行动来具体化构成性目标的策略，确实有助于避免"辩护的无穷倒退"。但是，威勒曼的这个策略并不能直接彻底挫败"实践理由的怀疑论"。为什么这么说呢？我们需要注意到，威勒曼的策略只能在每一个个别行动的层面上去挫败"实践理由的怀疑论"。然而，在每一个个别行动的层面上挫败"实践理由的怀疑论"，并不等于在全局的意义上挫败"实践理由的怀疑论"。威勒曼的论证事实上所表明的是，一个已经介入个别行动当中的行动者，确实不可能再去质疑这个行动的构成性目标，否则的话，他根本就不是在开展那个行动。但是，"实践理由的怀疑论者"可以争辩说，他们要做的事情，不是先去介入一个具体行动，然后再去考虑这个行动具不具有构成性目标；而是，他们要彻底否认行动存在着构成性目标这么一回事，从而达到彻底否定规范性理由存在的目的。所以，这些人可能会说，"实践理由的怀疑论者"可能有两种：一种是"从局部到全局"的怀疑者，这种怀疑论者是通过怀疑个别行动具有构成性目标，来达到怀疑"一般而论的行动"（action as such）具有构成性目标；另一种是"从全局到局部"的怀疑论者，这种怀疑论者是通过一般而论地怀疑行动具有构成性目标，来达到怀疑个别行动具有构成性目标。威勒曼此处的论证针对"从局部到全局"的怀疑论者显然是有效的，但是似乎确实不能针对"从全局到局部"的那些怀疑论者。

威勒曼如何才能解决这个问题呢？再一次地，考斯伽的思路对此是富有启发性的。实际上，尽管考斯伽所采用的那个一般性策略带来的只是一个对规范性的本质这个问题的空洞说明，但是她的一个重要思想对威勒曼来说也是可以使用的：之所以构成性论证有希望为理解规范性的本质提供充分可靠的说明，是因为人类行动和能动性具有某种构成性特征，它使得行动和能动性的发挥具有一种目的论式的功能导向（functional orientation）。考斯伽之所以采用上述那个一般性策略，恰恰是因为她相信，所有的人类行动中存在着一种普遍的功能机制（universal functional mechanism）。正是依靠这种功能机制的作用，人类行动在根本上来说才是受到规范性的调节的——这个机制，在考斯伽的理解中，就是使得行动和能动性的发挥"符合理性"。我们可以看到，对考斯伽来说采取一般性策略并不是偶然的，因为她有关规范性本质的整个说明，实际上都是试图通过找出那个普遍的功能机制来试图发现规范性的根源。很明显，考斯伽的论证非常有助于挫败"从全局到局部"的那些怀疑论者。因此，由于已经挫败了那些"从局部到全局"的怀疑论者，威勒曼只要去找出这个机制，他就能够去进一步挫败那些"从全局到局部"的怀疑论者，从而为构成性论证奠定最后胜利。为了理解威勒曼如何获得这个胜利，我们就需要进入他在行动哲学（philosophy of action）方面的一些说明中去。

第三节　构成性目标与普遍动机

很明显，在当代行动哲学的讨论中，任何一个哲学家都无法避开戴维森（Donald Davison）的工作。之所以这样，是因为所谓的"行动的戴维森模型"通过一个因果解释机制，将各种各样的人类活动[①]同因果世界中各种各样的事件串联（mere occurrence）区别开来。根据这个模型，任何人类活动都是意向性（intentionality）的活动。所谓意向性，按照经典的看法，是一个由信念（belief）和欲望（desire）所构成的心灵状态（mental states）组合。[②] 因此，为了解释一项具体的人类活动，恰当的做法就是通过追踪这个活动所体现出的行动者意向性，来分析出引起（cause）或者说激发（motivate）这个活动的相关信念和欲望，从而将行动者的激发性信念和欲望视为行动者开展这项活动的首要理由（primary reason）。理解戴维森模型的历史贡献的关键，就在于理解它确实捕捉到了

[①] 需要指出的是，对戴维森本人来说，他的模型所提供的是一个针对人类行动而言的因果解释，但是我们即将看到，至少在威勒曼看来，戴维森的模型没有成功解释行动，而最多只是解释了活动。为了论证的统一性，在这里采取活动这个概念来代替戴维森本人所使用的行动概念。关于戴维森有关行动的因果解释的经典模型，参见 Donald Davidson, "Actions, Reasons, and Causes", *The Journal of Philosophy*, 60（23），1963。

[②] 参见 John Searle, *Intentionality*, Cambridge: Cambridge University Press, 1983, p. 11。

人类活动的一个重要特点：人类活动是"出于理由的活动"。

但是，戴维森对人类活动的这个因果解释模型存在一个严重的问题。① 按照这个模型，使一项人类活动得到解释的最终解释因子是两个心灵状态即信念和欲望，但是在整个解释结构中，行动者本身是缺席的。那么，为什么行动者本身缺席会是一个问题呢？回到上一节中的下棋例子中去。假设我在某一轮中将"马"直线挪动了两个棋格，而我之所以这么做，可能是因为我无意识地欲求尽快结束这局棋，以便能够做别的事情。按照戴维森的模型，我的这个举动无疑算得上是行动，并且能够得到一个相应的因果解释：我无意识地欲求结束这局棋，我也相信我有能力去挪动一个棋子，因此我的这个无意识的欲望和我对自己移动棋子的能力的信念激发了我去将"马"直线移动两格。进一步地，为了解释我的这个举动，我的这两个相应的心灵状态也显然就构成了我的这个举动的理由。现在，假设我有意识地按照正常走法挪动了"马"，毫无疑问，我们可以类似地发现，这个解释模型也能够同样地运用到这个有意识的活动之中。

但是，问题就在于，一旦戴维森的模型在解释有意识的活动和无意识的活动之间不存在差别，那么一个重要的东西就被丢掉了：对构成性论证的支持者来说，他们必须要通过分析"血肉丰满"的行动才能获得对行动构成性特征的恰当说明，因为只有在开展这种"血肉丰满"的行动时，行动者的能动性才能真正地发挥调节性作用。对构成性论证的支持者来说，只有那些有意识的活动，才能算得上是真正意义上的、"血肉丰满"的行动。因此，由于缺乏在有意识的活动与无意识的活动之间做出一个有差别的说明，戴维森模型实际上就不能在"血肉丰满"的人类行动和"半心半意"的人类活动之间做出区分。②

现在，对构成性论证的支持者来说，为了获得对人类行动的构成性特征的恰当说明，就必须首先在行动和活动之间做出恰当的区分。唯一能够满足这个区分要求的因素，就在于行动者本身之中。因为，对一个"血肉丰满"的人类行动来说，行动者由于充分发挥了自身的能动性，才因而能够被视为自己行动的真正作者（author）。这样，对真正意义上的行动的恰当解释，就必须是一个能够最终追踪到行动者本身之中（而不仅仅是行动者的任何心灵状态）去的解释。那么，如何获得这个解释，这个解释又如何能够在挫败"从全局到局部"的那些怀疑论者方面起作用呢？

---

① 参见 David Velleman, *The Possibility of Practical Reason*, pp. 1 – 31。
② 参见 David Velleman, *The Possibility of Practical Reason*, pp. 123 – 143。

威勒曼对此采取了一个非常有趣的论证。威勒曼认为,存在着一个普遍动机(universal motive),这种普遍动机构成了每一个人类存在者得以成为人类行动者的条件——如果你在根本上是不受这个普遍动机所驱动的,那么你实际上就没有能力成为一个行动者。很显然,任何动机都是命题性态度(propositional attitude),任何命题性态度都有相应的命题内容。那么,威勒曼所说的普遍动机的命题内容是什么呢?在这里,威勒曼采取了一个"知识论说明"。在他看来,为了成为一个自主的(autonomous)行动者,每一个行动者就都有一项动机去通过开展行动来实现对某种自我知识(self-knowledge)的把握。换句话说,在威勒曼看来,自我可理解性(self-comprehensibility)的获得,既是人类行动的构成性目标,也是人类行动者能动性的定义性功能,人类行动因此应当被视为以有意识地掌握自我知识、实现自我理解为目的的活动。① 这样,为了成为一个真正意义上的人类行动者,就必须去采纳这个普遍动机,并且有意识地受到这个普遍动机的调节;一旦一个人真正成为这个意义上的行动者,那么他也就获得了自主性。由于这种普遍动机是每一个人类存在者为了成为真正意义上的行动者所必须去采纳的命题态度,在这个意义上,它也就成为一个"血肉丰满"的行动的构成性动机。对任何一个"血肉丰满"的行动的解释,正是经由追踪这个构成性动机,来追踪到行动者本身之中的。

终于,通过对掌握自我知识、实现自我理解这个普遍动机的说明,威勒曼就比较融贯地处理了考斯伽的构成性观点没有很好解决的问题。在威勒曼提供的说明中,使得人类存在者得以成为行动者的那个构成性特征,就在于对这个普遍动机的采纳和有意识地接受这个普遍动机对能动性发挥的调节。因此,对那些"从全局到局部"的怀疑论者来说,只要他们接受这个普遍动机的存在,只要他们接受自我可理解性既是行动和能动性发挥的一个功能,也是它们的一个构成性目标这个观点,那么他们就必须要去接受"人类行动在根本上受到某种规范性理由的调节"。因为规范性的根源,就在于人类行动者对在一个个具体行动中所体现出来的一个个自我知识和自我理解的追求之中。进一步地,在每一个具体行动的层面,对那些"从局部到全局"的怀疑论者而言,针对每一个具体行动而言的"符合理性"的实践要求,实际上也就是这个普遍动机指引行动者通过具体行动来获得自我知识和自我理解的要求,因此每一个具体行动

---

① 最近,威勒曼进一步发展了这个观点,将自我理解和对他人的理解同时视为行动的构成性目标。这个新观点建立在一系列富有创意的论证之上,参见 David Velleman, *How We Get Along*, Cambridge: Cambridge University Press, 2009, pp. 185–206。

在根本上来说,也是受到普遍动机的规范调节的。这样,从反面来说,"实践理由的怀疑论"通过威勒曼所提供的构成性论证,最终在"从全局到局部"和从"局部到全局"两个层面上遭到了失败。从正面来说,由于自我可理解性被确立为规范性的根源,并且由于获得自我可理解性的动机是适用于所有的行动和能动性的具有普遍性的动机,因此说明规范性理由具有律令性和普遍性的任务,也就得到了满足。

第四节　康德主义者的失败

威勒曼的构成性论证达到了挫败"实践理由的怀疑论"的论证目标了吗?如果获得自我可理解性的普遍动机确实是行动和能动性发挥的构成性动机的话,那么看起来好像如此。获得自我可理解性的普遍动机是行动和能动性发挥的构成性动机吗?很难说!为了考察威勒曼对自我知识是行动的构成性目标、获得自我知识和行动的定义性功能的说明是不是可靠的,我们就需要更深入地去考察威勒曼在自我和自我知识的本质这些问题上的看法。但是,这显然不是我们在这里可以做的事情。

现在,让我们退一步,假设威勒曼有关自我知识和普遍动机的说明是可靠的,那么威勒曼是不是成功地说明了规范性的本质这个问题呢?也很难说!为什么呢?因为这取决于"实践理由的怀疑论者"的野心有多大,取决于围绕规范性的本质这个问题,到底什么程度的说明才能满足"实践理由的怀疑论者"的挑战。

如果说明规范性的本质这个问题就是要说明规范性所具有的律令性和普遍性,那么我们已经看到,威勒曼的构成性论证可以满足这个任务。如果"实践理由的怀疑论者"所要怀疑的是为了开展一项人类行动,人们是不是存在具有律令性和普遍性的理由,那么也很显然,威勒曼的论证成功表明,为了真正地去开展这个行动,人们就不能去质疑行动的构成性目标所提供的规范性理由的律令性和普遍性。在这些意义上,威勒曼的说明是成功的。

但是,"实践理由的怀疑论者"也有可能持有一个更大的野心:他们有可能不是要去论证,假如行动存在构成性目标的话,规范性理由是不是存在;而是要去论证,根本不存在什么实践规范性。[①] 毕竟,规范性是一

[①] 参见 David Enoch, "Agency, Shmagency: Why Normativity Won't Come From What is Constitutive of Action", *Philosophical Review*, 115 (2), 2006。

个现代道德哲学框架中的东西，对人类更加繁荣和有意义的实践生活来说，也许预设这么一个东西本身是冗余的甚至是有害的，就像"反理论"的思想家所鼓吹的那样。如果"实践理由的怀疑论者"持有这样的雄心，那么为了论证规范性的本质，哲学家首先要去论证的，就不是"假如行动存在构成性目标，这种构成性本身是不是可以成为规范性的源泉"，而是"假如行动存在构成性目标，行动者到底有什么理由去将这个构成性目标当成自己的行动目标"。① 一旦面临这样的论证任务，构成性论证的支持者就不能针对怀疑论者说"如果你不将这个构成性目标当作行动的目标，你就不是一个自主的行动者"，因为怀疑论者会合理地质疑说"不是一个自主的行动者又能怎么样？"怀疑论者在这里所质疑的，恰恰是"一个自主的行动者"这个现代概念本身。② 回答"为什么要成为一个自主的行动者"这个问题，显然已经超出了构成性论证的框架，因为为了回答这个问题，哲学家们就需要去诉诸比方说某种规范实在论的元伦理学主张。不管有关规范实在性的说明会不会最终挫伤构成性论证本身③，无论如何，只要"实践理由的怀疑论者"的野心大到现在这样的地步，构成性论证就没有可能承载得下它。在这个意义上，我们可以说，与康德主义者设想的完全相反，他们的构成性论证并不能为规范性的本质提供一个最终的完整说明。

---

① 这个问题实际上应该被看作威廉斯的"内在主义观点"的真正可能涵义之一，也是考斯伽和威勒曼在处理威廉斯的"实践理由的怀疑论"时所应当处理的问题。

② 还是以下棋为例。在这里，怀疑论者的雄心不是在问"如果介入'下中国象棋'这么一个行动，'将死对方以便去赢'能不能为行动提供规范性理由"这个问题，而是在问"为什么一定要介入'下中国象棋'这么一个行动"。

③ 起码对承诺了康德主义的考斯伽来说，规范实在论的观点与她所承诺的康德式建构主义之间具有互相取舍的关系，因此采取规范实在论作为基础，对她的构成性论证来说，是会产生有害后果的。

第五章　道德理由的规范标志

我们已经看到，道德理由的规范源泉并不像康德主义者所设想的那样，必然存在于人类行动或能动性的构成性定义之中。在我们的论证下，康德主义的"构成性论证"并不可靠。但康德主义者并不会轻易承认这一点。为了捍卫自己的道德规范性理论，许多康德主义者就拿起了一个新的论证武器："实践规则的可违反性"思想。康德主义者的目的，是通过这个武器，来反对休谟主义道德规范性理论。但是，我在这一章中将通过论证表明：正是通过搞清楚"实践规则的可违反性"论证所蕴含的实质涵义，我们才恰恰有机会理解，为什么某些坚持构成论证的康德主义者并不像他们自己所想象的那样，能够赢得针对休谟主义构成论者的胜利。而且，具有讽刺意味的是，这并不是因为康德主义者对休谟主义立场的误解，而是出于康德主义观点中所包含的一个内部不一致。我的论证将表明，"实践规则的可违反性"思想并不能帮康德主义者赢取他们想象中的胜利。

第一节　"错误的可能性"：哲学涵义

什么是"实践规则的可违反性"？按照某种受到维特根斯坦的"规范遵循"（rule-following）思想影响的观点，遵循一个规范、原则或规则，在逻辑上来说，就意味着这些规范、原则或规则是能够被违反的。换句话说，一项规范、原则或者规则之所以不同于任何逻辑上必然的法则，就在于对它们的遵循是可以被违反的。这个观点深刻影响了当代哲学家们在实践规范性相关问题上的思考，越来越多的人开始承认，"实践规则的可违反性"确实揭示了规范性思想的某个方面的特征。这也使得很多学者认为，"错误的可能性"（the possibility of error）是道德理由的一个主要标志；拥有这个标志，就意味着道德理由具有实践规范性。

让我们通过两个例子来做进一步解释。假设有一项实践规则说"为了拼写 act，拼写者就必须首先写下字母 a，否则他就没有正确地拼写 act"。这项规则是可以被违反的，因为如果我为了拼写 act 而首先写下了字母 e，那么我就错误地开展了拼写 act 这个活动。现在考虑另一个例子，假设这个实践规则说的是"为了拼写 act，拼写者就必须首先写下字母 a，否则他就根本不是在拼写 act"。根据这项规则，如果我为了拼写 act 而首先写下字母 e，那么我根本不是在开展拼写 act 这个活动。"究竟我是不是错误地开展了一个活动"和"究竟我是不是在开展一个活动"显然是根本不同的。"实践规则的可违反性"这个概念的基本意思是要说，假如就一个行动者的行动来说，根本不存在"因违反相应实践规则的规定而犯错误"的可能性，那么这个行动者就根本不可能受到那个原则的引导（guidance），因为无论何时何地，只要行动者违背了那个原则，他就可以被视为根本没有开展那个原则试图引导他去开展的行动，而是干了别的行动。这样，我们就可以理解，按照上述两项实践规则中的后一个的表述，它实际上是不存在被违背的可能性的，因为人们不可能在"遵循"这个规则方面"犯错"——不管我实际上如何拼写，我要么就是在拼写 act，要么就不是在拼写 act，而是在干别的事情。这样，我们就看到，违背后一个规则在形而上学上是不可构想的（inconceivable）。

这样，我们已经看到，谈论"实践规则的可违反性"，实际上就是在谈论这样一个思想：(1) 存在着一些实践规则或原则，这些规则或原则指定了一些相应的行动正确性（correctness）标准；(2) 这些正确性标准在行动开展中发挥着规范引导（normative guidance）的作用；(3) 遵循这些实践规则或原则，就意味着遵循这项正确性标准的引导；(4) 正是因为在被引导的行动和起引导作用的正确性标准之间存在规范距离（normative distance），所以行动就具有了疏于受该项原则或规则引导的可能性。① 在这个意义上，如果说"实践规则的可违反性"概念是站在规则和原则的角度来看待行动的，那么"错误的可能性"概念就是站在行动的角度来看待规则和原则的。也就是说，这两个概念是从不同的角度在谈同一个问题。从现在起，让我们用"错误的可能性"概念来作为这两个具有相互替代性的概念的统一名称。

进一步地，我们需要去搞清楚，为什么"错误的可能性"有可能像某种观点认为的那样，只是一个微不足道的表面现象。我们看到，为了使得拼写 act 这个行动受到规范引导，就必须存在着某种有关拼写 act 的正确性标准。因此，如果一个规范或者原则表述说"对一个行动 A 来说，你要么是在做 A，要么不是在做 A"，这个表述不具有任何规范力量，因为

---

① 我们有必要将此处的"行动正确性（correctness）标准"同规范伦理学中讨论的"行动正确性（rightness）标准"区别开来。在此处的意义上，说一个行动是正确的，只是说这个行动是符合某项实践规则或原则的规定的，但是这项实践规则或原则本身是不是能够获得辩护，或者是不是已经获得辩护，并不进入讨论当中。

行动者根本不可能受到这个行动的引导。所以，为了使得一个规范或者原则真正具有规范力量，它在表述上就必须具有明确的引导标准。比如说，它需要表述为"对一个行动 A 来说，除非你按照 X 的表述来做，否则你就是错误地做了 A"。一旦行动者是错误地做了 A，那么起规范引导作用的这项实践规则和原则，就立即能够针对行动者提供规范性的理由（normative reason），去建议或者命令行动者重新服从这项规则或原则的引导。这样，具体到实践理由的规范性问题上，我们很容易看到，谈论一项实践理由的规范性实际上就是在谈论说，对这项实践理由的遵循是具有"错误的可能性"的——"错误的可能性"是规范性概念在内涵上已经包括了的东西。在这个意义上，"错误的可能性"虽然是实践理由规范性的一个重要的标志，但是从根本上来说，它跟规范性的本质这个问题并没有直接的关系——因为它看起来只是具有规范性的实践理由的一个内在蕴含的逻辑特征。

如果"错误的可能性"的论证地位，仅仅是对实践规范性的一个表面逻辑特征的确认，那么它确实就只是一个"微不足道的真理"——因为从这样一个逻辑特征中，我们不可能引申出任何有关规范性的本质问题的实质说明。不过，我将论证说，这个看法是有失偏颇的。为了理解为什么对一些理论家来说，"错误的可能性"在论证上并不是微不足道的，我们就需要首先去搞清楚，当这些理论家谈论规范性的本质时，他们究竟在谈论什么。

第二节 "错误的可能性"与规范性的本质

如何说明规范性的本质，是当代元伦理学和道德心理学面对的一个主要任务。对许多哲学家来说，在现代道德哲学的框架下，一个对规范性的本质这个问题的可信说明，必须同时能够回答这两个问题：第一，为什么存在真正具有实践意义上的规范性涵义的规范、原则或者规则；第二，为什么这些规范、原则或者规则不仅仅具有实践意义上的规范性，而且也具有动机激发性。弥合实践规范性和动机激发性之间的裂隙，对当代理论家来说，是一个关系到"实践理由的可能性"的一个大问题。而且，根据某些人的看法，弥合这个裂隙也是挫败"实践理由的怀疑论"的关键所在。[1]

---

[1] 关于此处所提到的"实践理由的怀疑论观点"，参见 Bernard Williams, *Moral Luck*, pp. 101–113。

进一步地,实践规范性的概念在根本上说的是这样一个思想:有一些规范、原则或者规则,它们包含了实践意义上的"应该"涵义。① 并且,这里的"应该"并不仅仅是建议性的(advisory),而是律令性的——服从于这种"应该"思想,不是要去接受一项建议,而是要去服从一项律令。因此,具有律令性,就成为实践规范性概念的典型特征。这样,为了说明规范性的本质,根本上来说就是要说明:(1)为什么存在着具有律令性的实践规范性;(2)为什么这些具有律令性的实践规范也能够在动机上具有激发性。

现在,我们已经明白,规范律令性和动机激发性是论证实践规范性时需要论证的两个方面的基本特征。进一步地,在某些理论家看来,搞清楚这两个方面特征的关键,就在于要搞清楚"规范性的源泉"——按照这些理论家的看法,正是行动者能动性这个实践规范性的源泉中所包含的一些必然的要素,使得实践规范性和动机激发性这两个方面的说明能够同时得到满足。这些理论家,被称为规范性的"构成论者"(constitutivist);他们的论证,被称为规范性的"构成论证"(constitutivism)。我们已经在第四章中考察了构成性论证的基本内涵和主要问题。在这里就不再赘述了。

必须指出的是,构成论证本质上来说是一个形式论证。它并不是当代康德主义者的专利;相反,对那些承认实践规范性的可能性,并坚持认为实践规范性具有律令性品格的休谟主义者来说,他们也可以成为构成论者。毕竟,决定一个理论家是不是构成论者的关键,在于他是不是认为通过说明规范性的源泉就可以说明规范性理由的律令性力量和它在动机有效性方面的应用条件,而不在于他如何去具体化这样一个说明。康德主义者和休谟主义者的分歧只是在于,这种规范力量和动机有效性方面的应用条件究竟是不是绝对的。构成论证的真正敌人,是像威金斯(David Wiggins)和麦克道尔(John MacDowell)这样的规范实在论者。这些理论家试图从柏拉图主义的路线去论证规范性理由的实在性。实在论者相信,通过给出一个有关"一般而论的实践规范性"(practical normativity as such)说明,就能够完成对规范性的本质问题的全部说明。因此,我们就看到,构成论证的真正特色就在于它不是要直接去讨论一般而论的实践规

---

① 如果一项规范、原则或规则包含实践上的应该涵义,就意味着为了采纳(endorse)这项规范、原则或规则,行动者就要去开展一个相应的行动;一项规范、原则或规则包含理论上的应该涵义,就意味着为了采纳这些规范、原则或规则,行动者就要去持有一项相应的信念。实践意义和理论意义的区分标识,在于推理三段论的结论究竟是一个行动还是一项信念。

范性,而是要去通过讨论"规范性的源泉"来回答"规范性为什么同时具有规范律令性和动机激发性"这个问题。

那么,为什么构成论者要通过讨论"规范性的源泉",而不是直接通过讨论一般而论的实践规范性来讨论规范性的本质这个问题呢?实际上我们很容易看到,论证规范性的本质起码有两条基本的思路:一是从论证规范律令性开始,最终达到对动机激发性的论证;一是从论证动机激发性开始,最终达到对规范律令性的论证。作为构成论证的敌人,规范实在论试图从前一个方面的路线开展工作。他们试图通过表明一些具有规范律令性的实践原则为真,来完成对规范性的本质问题的整个说明。而构成论者在基本策略上采取的是后一条路线,因为在他们看来:一方面,以规范实在论为代表的那条论证路线存在一个致命的问题,即它解释不了具有实在性的规范性是如何在行动者方面产生出动机上的激发性的(也就是所谓的"动机惰性"问题);另一方面,为了恰当地解释实践规范性为什么具有动机激发性,就必须要去满足一个所谓的"内在主义要求",即在正常情况下,从实践规范性中产生的行动理由能够相应地在行动者那里找到一个动机激发效力。因此,对构成论者来说,从论证一个已经满足了"内在主义要求"的能动性结构开始,去逐步逼近"为什么某些具有内在'动机效力'的理由同时也具有规范律令性",就比规范实在论者的说明获得了一个显著的优势。换言之,构成论者相信,以论证规范源泉的问题来替代论证一般而论的实践规范性的问题,要更能够满足同时说明规范律令性和动机激发性这两个方面的任务,从而更有希望获得对实践规范性本质的说明。

尽管一直到这里,采取构成论证的理论家都没有什么根本性的分歧。不过,在如何具体化构成论证的问题上,康德主义者和休谟主义者发生了分歧。为了打消休谟主义赢得胜利的可能性,康德主义构成论者坚持认为,在构成论证采取上述这个方案之前,他们必须要去做一件预备性的工作:取消休谟主义论证的有效性。为了做到这一点,他们就把主要的攻击标靶设定为休谟主义者所承诺的工具理性思想。

第三节 工具理性思想

大概没有人会否认,在我们人类行动者的实践慎思中,有一些行动理由具有这样的特征,即它们可以被表述为:做 X 是做 Y 的必要手段,为了做 Y,所以做 X。毕竟,如果做 X 对实现做 Y 这个目标来说是必要的,那么在行动者欲求去做 Y 的情况下,他就至少有一个初步的(prima facie)的理由去做 X。在这个表述下,一旦行动者拥有了一项"去做 Y"的欲求,"做 X 是做 Y 的一个必要手段"相对于"做 Y"这个目标来说,就成为一项"工具理由"(instrumental reason)。进一步地,根据一个标准的戴维森模型,如果做 X 是做 Y 的一个必要手段,并且行动者有一个行动目标"做 Y",那么行动者如果采取了行动 X,我们就可以这样来解释行动 X:做 X 是做 Y 的一个必要手段,出于这个理由,行动者开展了行动 X。因此,只要存在一个由行动者的主观欲求所启动的行动目标"做 Y","做 X 是做 Y 的一个必要手段"就已经可以被解释为一个在动机上激发行动者去开展行动 X 的理由了。这样,我们就看到,对行动者通过开展一个指定行动以达成目标行动这一点来说,工具理由确实为"为什么行动者要开展这个指定行动"提供了能够满足动机激发性方面要求的解释。所以,在这一点上,说工具理由是行动者开展这项行动的一个"内部"理由,从而满足了前一节提到的那个"内在主义要求",也并不为过。进一步地,如果有理论家愿意从现在已经鉴别出来的这个观点朝前走,去论证说,只有工具理性原则才是具有规范律令性的实践原则,那么这些理论家就最终可以到达论证规范律令性的地方,从而完成对规范性的论证的两个方面要求。[1]

康德主义构成论者不同于休谟主义构成论者的地方,就在于他们宣称,上述论者不可能如期地走到论证规范律令性的地方。因为,尽管表面上看起来,工具理性原则好像体现出了动机激发性方面的要求,但实际上这个原则满足这方面的要求的方式,也恰好打消了同时说明规范律令性的可能性。为了说明这一点,康德主义的构成论者的一个主要的论战武器,就是"错误的可能性"论证。[2] 那么,康德主义的构成论者是如何让这个论证开展工作的呢?

有两个主要的策略是他们所采用的:一个是导致他们成为康德主义者的理由,一个是导致他们成为构成论者的理由。首先,这些康德主义理论家认为,一旦行动目标是仅仅受到欲求来启动的,那么由于欲求本身是不受任何规范性调节的东西,欲求就不可能在规定"如何才算是正确地设定

---

[1] 这实际上就是采取构成论证的休谟主义者的主要论证思路。参见 Peter Railton, "On the Hypothetical and Non-Hypothetical in Reasoning about Belief and Action"; Peter Railton, "Some Questions About the Justification of Morality"; James Dreier, "Humean Doubts about the Practical Justification of Morality"。

[2] 一个例子,参见 Christine Korsgaard, *The Constitution of Agency: Essays on Practical Reason and Moral Psychology*, pp. 27 – 68。

了一个目标"方面有任何建树。行动目标在根本上来说，就不是一个包含了"正确性标准"的东西。因此，就一个既定行动目标来说，行动者可以满足它也可以不满足它。但无论如何，行动者都不能"错误地"满足它；只要行动者没有满足它，行动者的行动就应当被解释为在按照另一个行动目标来开展行动。① 这样，由于无法在遵循该行动目标方面构想出"错误的可能性"，工具理性原则就不可能是一个具有规范性的原则。需要特别注意的是，康德主义者在这里并不仅仅是要重复确认规范性的逻辑特征，而是认为"错误的可能性"具有一些实质的涵义：一旦行动目标仅仅因不受任何规范性调节的欲求来启动，那么在行动者实际开展的行动和行动正确性标准所体现的规范律令性之间，就不存在任何"规范距离"了，规范性的律令性涵义也就从一开始也就被排除出了工具理性思想。因此，康德主义者建议，除非工具理性思想能够重新捡拾起体现出规范律令性的设置，除非工具理性思想能够依靠某种资源在"实际开展的行动"与"应该开展的行动"之间重新撕开一个裂口，否则工具理性思想注定就是一个不可能容纳下规范律令性涵义的东西。康德主义者接着建议说，为了重新获得实质意义上的"错误的可能性"，工具理性思想就必须容纳下一个能够对目标和启动目标的欲求本身加以规范调节的正确性标准，而这个正确性标准只能是通过康德主义关于"实践理性必须采纳某种目的（实践合理性）作为自己的目标"的观点来获得。由于在康德主义者看来，只有采纳康德主义的这个思想，工具理性才能重新被着染上规范律令性的色彩，因此康德主义者就宣称，只有采取康德主义的说明，工具理性才能同时赢得动机激发性和规范律令性两个方面的论证。

  现在，我们就明白，当康德主义者说，工具理性思想必须满足"错误的可能性"时，他们已经不是仅仅在说，具有规范性的实践原则必然具有某种逻辑特征这个问题了。相反，康德主义者是在说，"错误的可能性"之所以重要，是因为它实质性地涉及了规范性的规范律令性方面的特征：只有在行动的开展中始终存在着一个具有律令性的正确性标准，对相关实践原则的遵循，才能够在实质的意义上被谈论具有"错误的可能性"。

  康德主义构成论者也有一个进一步反对工具理性思想的理由。就像考斯伽所论证的那样，康德主义构成论者深信，对规范性的说明不可能从任何有关特定心灵状态的工作机制的说明中获得，因为规范律令性不可能是一个有关"心灵状态-实践原则"的关系，而只能是一个有关"行动者-

---

① 康德主义者对休谟式工具理性思想的这种刻画本身，也是受到了批评的。

实践原则"之间的关系。① 这是什么意思呢？按照对意向性结构的经典说明，一个行动的开展在意向上可以被解释为是由信念和欲求或者说认知状态和意动状态这一对心灵状态来启动的：行动者吃冰激凌，是因为行动者欲求达到某种愉悦，并且相信吃冰激凌可以满足自己的相关愉悦要求。但是，信念也好，欲求也好，所刻画的都不过是"心灵同世界之间的"某种"匹配导向"（direction of fit）关系。康德主义构成论者认为，尽管像工具理性思想那样，把欲求这样一个意动性心灵状态当作行动的启动因素，确实有助于解释动机激发效力方面的问题，但是这种做法是不可接受的，因为它最终无法在一个行为和一个"血肉丰满"的行动之间做出区分：为了真正地谈论人类行动，我们就需要去谈论"一个人自己同世界之间的"某种关系。按照这些思想家的看法，在"心灵状态"和"一个人自己"之间，存在着一个经常被忽视的裂隙："一个心灵状态"并不总是等同于"一个人自己的心灵状态"，除非已经有一个解释机制讲清楚了到底什么才能算得上是"一个人自己"，以及什么才能算得上是"一个人驱使自己去承诺于实践合理性的要求"。在这里，康德主义构成论者是在说，除非采纳康德主义有关行动者能动性的某种说明，否则工具理性思想在根本上就无法表明，一个按照既定目的来开展的行动是真正意义上的人类行动。不仅如此他们也是在说，鉴定一个"血肉丰满"的人类行动的标准，恰恰也就是人类行动者应该受其引导来开展行动的标准；开展一个"血肉丰满"的人类行动，就成了人类行动者开展行动时所应该受到规范性调节的行动目标。

我们已经看到，为了挫败工具理性思想从而挫败休谟主义构成论的可信性，康德主义构成论者一方面试图通过康德主义的思想，来指责工具理性思想不能满足具有实质性涵义的"错误的可能性"，即不能容纳下规范律令性思想；另一方面他们也试图通过构成论的思想，来指责工具理性思想不能够正确地解释"行动者-实践原则"之间的关系，从而不能够鉴定出"血肉丰满"的人类行动。有意思的是，康德主义构成论者的这两方面论证资源，是具有冲突性的：康德主义和构成论证之间存在着一个冲突，在这些理论家试图通过采纳康德主义思想去赋予"错误的可能性"以实质涵义的时候，出于某种原因，他们恐怕就不得不放弃构成论证。让我来进一步论证这一点。

---

① 参见 Christine Korsgaard, *The Constitution of Agency: Essays on Practical Reason and Moral Psychology*, pp. 27 – 68, 207 – 229。

第四节　休谟主义者的反击

就像我已经指出的，构成论者相信，只要规范源泉的问题得到说明，规范性理由的规范律令性和动机激发性两个方面的特征就同时能够得到说明。而且，我们也已经知道，构成论者所采取的，是一条从动机激发性到规范律令性的说明路线。毫无疑问，为了说明动机激发性，构成论者只需要对人类能动性的发挥条件有一个基本的说明就可以了。在这一点上，休谟主义构成论者和康德主义构成论者没有什么分歧，尽管他们对能动性的发挥条件有各自不同的阐述。问题在于，在对动机激发性方面的问题做出说明之后，构成论者还需要去进一步表明，规范律令性意义上的"应该"涵义，已经包含在了对人类能动性概念的描述之中：一个有关如何才能算得上是人类行动的标准，已经成为人类行动者（规范律令性意义上的）应当如何开展行动的标准。读者大概已经发现，为了表明这一点，构成论者在论证上至关重要的步骤是要去论证：针对每一个行动者来说，为什么一个有关如何才能算得上是人类行动的标准能够具有规范引导的力量，或者说能够具有规范权威性（normative authority）。因为如果不能说明这一点，那么即便存在着这样一个标准，这个标准仍然很难说就是具有规范律令性的。

在这个至关重要的地方，康德主义构成论者的思路是：只要我们承认"一个人驱动自己去服从理性能动性的要求"是一个人理性能动性得以开展的构成性特征，只要我们承认一个人之所以得以成为一个行动者，就在于他有能力通过某种"反思采纳"的方式去驱使自己服从理性能动性的要求，那么我们实际上就已经发现，有关一个"血肉丰满"的人类行动的标准，恰恰也就是迫使一个人真正成为一个实践意义上的行动者的条件。①

通过论证"一个'血肉丰满'的人类行动的标准，恰恰也就是迫使一个人真正成为一个实践意义上的行动者的条件"这一点，康德主义构成论者实际上是想说，服从这个标准的规范权威性，就来自于对"行动者"和"能动性"概念的定义本身：如果你没有服从这个标准、没有听从这项具有规范权威性的律令的指示，那么你就不可能是一个真正实践意义上的行动者。说明这一点，就等于是要去说明，那个标准是"行动者"和

---

① 关于这一点，代表性论证参见 Christine Korsgaard, *The Sources of Normativity*。

"能动性"概念的一个定义性特征,是内在于"行动者"和"能动性"概念之中的,通过描述"行动者"和"能动性"概念,那个标准的内容及其规范权威性就已经获得了描述。康德主义构成论者为了说明这一点,就必须去采取一个有关理性能动性概念的康德主义说明。然而,在康德主义的框架下,"一般而论的理性能动性"(rational agent as such)概念只有通过一个完美的理想行动者(perfect ideal agent)概念才能获得确立。因为在康德有关理性能力的说明中,只有对一个完美的理想行动者而言,服从于实践合理性的要求才得以成为它的定义性特征。对此,我们很容易在康德所做出的有关道德的形而上学基础和它在人类条件下的应用的区分中发现这一点。现在的问题是,对康德主义构成论者来说,一旦他们真的采取了通过完美的理想行动者的概念来说明"能动性的构成条件为什么也是人类行动者在行动中需要采纳的具有规范权威性的标准",他们就犯下了一个致命的混淆:一个有关完美的理想行动者的定义性说明,并不等同于这个说明在人类条件下的应用。出于同样的道理,从一个有关完美的理想行动者的定义性说明中,我们也不可能得出有关人类行动者和人类行动的描述。因此,康德主义构成论者并不像他们自己所想象的那样,在采取构成论证方面拥有一个特别的优势。[1]

进一步地,假如康德主义构成论者确实坚持采取上面鉴定出来的这个说明方式,那么他们可能就不得不去放弃构成论证的一个首要目标,即说明规范律令性。为什么会这样呢?因为在康德主义的框架内,"律令性"思想从一开始就是一个针对像我们人类存在者这样的不完美的理性存在者而言的东西。在《道德形而上学基础》中康德说:

> 所有的律令都是通过一个"应该"来加以表达的,并且正是这个"应该",暗示了理性的客观法则和其在主观构成上不是必然地由客观法则所决定的意志(will)之间的关系。[2]

紧接着,康德又告诉我们:

> 律令是仅仅表达了意愿(volition)的客观法则与这个或那个理性存在者的意志(比方说,人类存在者的意志)的主观不完美性之间一

---

[1] 类似此处论证的一个分析,参见 Douglas Lavin, "Practical Reason and the Possibility of Error", *Ethics*, 114 (3), 2004。

[2] Immanuel Kant, *Practical Philosophy*, p. 66.

般关系的公式。①

康德在这里的意思是说，正是因为人类存在者的意志是一种存在着不服从规范律令性要求的东西，因此律令性的概念才得以成为一个在真正意义上能够谈论的东西。否则的话，对那些在实践上必然地服从实践原则的完美的理性意志来说，"'应该'在这里无从谈起，因为（这种完美的理性存在者的）意愿必然地服从于实践法则"②。正是因为"律令性"是一个只有相对于某种特定的具有理性能力的存在者，也就是不完美的理性存在者才能够有意义地谈论的东西，所以康德才认为：

> 对那些神圣意志来说，律令性无从说起。③

迄今，我们已经看到，康德有关"律令性"概念与不完美理性存在者之间关系的思想，实际上就隐含了一个实质意义上的"错误的可能性"思想：只有对不完美的理性存在者比如人类存在者来说，才存在着违反实践上具有律令性的规范的可能性，才存在着在遵循实践规范性方面"犯错"的可能性。进一步地，就像"错误的可能性"思想所揭示的，正因为律令性概念得以可能，从一开始就是以不完美的理性存在者得以存在为条件的，因此跳出不完美的理性存在者的概念，通过寻找完美的理性能动性的构成性条件，来企图同时达到对规范律令性和动机激发性两个方面的说明，实际上就好像是在通过指定一个已经具有了规范律令性特征的法则体系，然后说"不完美的理性行动者在正常条件下必然能够将这个法则采纳为行动的动机"，这个说明模式恰恰是规范实在论者才能加以采纳的东西。

这样，由于只有针对不完美的理性存在者，我们才能谈论"错误的可能性"或者说规范律令性，为了真正地将构成论证同"错误的可能性"论证所蕴含的规范律令性思想结合起来，构成论者就必须从论证一个不完美的理性存在者（或者说事实上存在的理性存在者）的能动性发挥的构成性条件开始，来同时说明，实践上具有规范性的理由究竟如何在这种不完美的理性存在者的能动性发挥机制中，同时体现出了规范律令性和动机激发性。这个任务，最终依赖于对这种不完美的理性存在者事实上的实践能力的一些必要说明。然而，问题在于，一方面，如果康德主义构成论者放

---

① Immanuel Kant, *Practical Philosophy*, p. 67.
② Immanuel Kant, *Practical Philosophy*, p. 67.
③ Immanuel Kant, *Practical Philosophy*, p. 67.

弃从一个先验的、完美的理性存在者的观念中去引申出理性能动性的构成标准这样一个做法,那么我们就搞不清楚,他们在什么意义上还能成为康德主义者;另一方面,如果康德主义构成论者不得不放弃这个做法,那么我们就搞不清楚,他们在什么意义上还能继续做构成论者。

至此,我们也就最终明白,分析和理解"错误的可能性"思想在康德主义构成论者那里所真正具有的涵义和论证地位,并不是一件无足轻重的事情。相反,它是我们捕捉康德主义构成论一个致命的内部不一致的关键。鉴于康德主义构成论证本身存在着这个重大缺陷,在如何采取"构成论证"去说明实践规范性的本质这一问题上,面对康德主义者的指责,休谟主义者就并不亏欠什么。而且我认为,休谟主义者有更好的资源去说明实践规范性的本质这一问题,因为新休谟主义者可以采取一个更为经验化的方式去说明能动性和实践能力的本质,从而可以合理地避开康德主义者诉诸理想的理性能动性概念来鉴定出实践理由的规范律令性的做法。当然,休谟主义的说明方案确实无法容纳康德主义所偏好的有关实践理由规范力量的"绝对性"品格的论证,但休谟主义者可以将"绝对性"品格弱化为"非假言性"品格,从而说明实践理由的规范力量问题。这一点对休谟主义者来说毫无困难,我们在第三章的论证中已经看到了。

第六章 道德理由的能力基础

我们已经看到，人是出于理由而行动的动物，提出并遵循特定理由是人类存在者道德行动的一个本质特征。在探究道德理由的本质、价值基础、心理调节机制等问题，完成对道德理由的"元"层次各方面问题的探索之后，我们还需要进一步搞清楚一个问题：人究竟为什么有能力来"给出理由"？因此本书第一部分就以这个问题为结束。

从根本上说，"道德能力"（moral competence）概念旨在说明行动者参与道德实践活动时所需要的能力的构成和结构。流行于文献中的一个长期占据支配性地位的观点认为，对道德能力概念的最佳理解，应当从理性主义哲学传统所提供的视角入手。本章则将论证，理性主义进路对道德能力概念所给出的哲学理解是不可靠的；相反，最近的经验研究证据恰恰说明，我们有必要重新理解情感能力在道德能力结构中的首要地位。

第一节　理性认知主义解释

理性主义哲学家们通常将道德能力视为人类存在者作为理性存在者在道德实践活动中所展示的理性能动性，从而把道德能力理解为一种以认知、判断和推理能力为核心的理性能力。[1] 根据这种理解，道德能力概念刻画的是人类行动者作为理性存在者所拥有的道德慎思（moral deliberation）能力。据此，道德能力的运用本质上来说就是理性能动性的发挥。所以，如果一个行动者是拥有道德能力的，那么就意味着这个行动者能够响应道德理由，对各种相互冲突的道德理由能够推理判断、权衡取

---

[1] 从文献上看，对道德能力概念的理性主义说明模式最早出现在《蒂迈欧篇》中。在那里，柏拉图描绘了这样一幅神话图景：神首先创造出了人的头，而在头的创造过程中，首先被创造出来的是有能力接受理性光芒的眼睛。为了使头能够运动，才创造出了躁动不安而充满激情的身体。一个恰当的人类生活，必须是一个头支配身体、理性支配情感的生活。《蒂迈欧篇》中提供的这个有关理性能力与情感能力关系的模型，被斯多亚哲学家、中世纪基督教哲学家、近代大陆理性主义者（比如莱布尼兹、笛卡尔）继承。尽管18世纪时，英国经验主义者和苏格兰启蒙运动哲学家开始探索一种理性主义的替代方案，但是这种探索很快就遭到了一次新的拒绝：康德通过发展出一套堪称哲学史的"哥白尼革命"的理性主义思想，拒绝了苏格兰启蒙运动思想家的尝试。经过一些20世纪哲学家特别是罗尔斯的工作，康德主义的这个思想对最近40多年道德-政治哲学的理论形态产生了支配性的影响。

舍，按照充分权衡后的道德理由去开展行动。总之，拥有道德能力意味着行动者能够在充分识别、权衡和判断道德理由及其分量的基础上开展行动决策（decision-making）。

当然，理性主义者并不完全否认情感因素在人类行动者的道德能力的开展中扮演一定角色。通过考察康德本人的观点，我们就会发现这一点。尽管康德本人认为，道德能力的发挥，本质上来说就是对奠基于一般而论的自由能动性之上的理性能力的调用，但是他也坚持认为，理性能动性得以发挥的一个前提，是行动者具有某种能够启动道德活动的感觉性因素。康德指出，道德能动性的发挥必须预设道德感觉（moral feeling）。在《道德形而上学基础》中，康德说：

> 有这么一些道德禀赋（moral endowments），如果有人缺乏它们，那么他们并没有义务去获得。这些道德禀赋，包括道德感觉、良心、对邻人的爱以及对自己的尊重（自重）。之所以一个人没有义务去获得这些禀赋，是因为这些东西植根于道德的基础之中，是使得一个人能够感受到义务观念的那种感受性的主观条件。……所有这些东西，都是心灵的自然倾向（praedispositio），使得心灵能够受义务的概念所感化（affected），是属于感觉那个方面的在先倾向。①

进一步地，康德指出，道德感觉普遍存在于人类心灵之中，"没有人会完全没有道德感觉，因为假如一个人完全缺乏这种感受性，那么他就成了一个道德上的死人；而如果（用医学术语来说）道德上的生命活力不能唤起这种感觉，那么人性也就会被消解（就好像通过化学法则那样）成单纯的动物性（animality）"②。甚至，尽管只有出于义务的行动才具有道德值当性（worth），但是康德仍然认为，为了获得一个道德上具有值当性的行动，道德感觉能够帮助行动者将主观上的兴趣投放到其内在价值由理性所单独决定的那种行动当中去。在《判断力批判》中他说："尽管（这种绝对而内在的）善好是理性所决定的意志（一种跟欲望有关的力量）的对象，但是去意愿某个东西，和因这个东西的存在而产生喜爱之情即对这个东西产生兴趣，是一样的。"③

---

① Immanuel Kant, *Practical Philosophy*, p. 528.
② Immanuel Kant, *Practical Philosophy*, p. 529.
③ Immanuel Kant, *Critique of the Power of Judgment*, Paul Guyer and Eric Matthews (trans.), Paul Guyer (ed.), Cambridge: Cambridge University Press, 2001, p. 94.

可见，对康德这样的理性主义者来说，在坚持道德能力本质上是一种理性能力的同时，并不一定会否认情感因素在道德实践活动开展中是具有作用的，并且甚至也能承认情感因素在某种程度上也是道德能力结构中的一个成分。不过，问题在于，在理性主义所刻画的道德能力概念中，情感因素究竟发挥了什么作用、扮演了什么样的角色呢？

实际上，就是在上面所引述的康德的作品中，我们已经能够看到，尽管康德强调情感因素在产生道德理由的慎思过程中的重要性，但是他并不认为情感因素应当在这个过程中扮演一个首要调节性（primarily regulative）作用。在他看来，在道德慎思过程中应当占据着首要调节性地位的，是意志所具有的自由的一般而论的理性本质。情感因素的作用，只是在于帮助人类存在者将实践兴趣（practical interest）投放到被一般而论的理性本质所客观决定的绝对而内在的道德善性之上。一旦情感因素调动出行动者心理上的认知、推理和判断过程，那么决定接下来的实践过程的就应当是理性因素。

理性因素的首要地位，不仅体现在它应当支配行动者对道德理由体系的认知、推理、甄别和判断过程这一点上，而且也体现在它实际上决定了一项实践活动是否具有道德属性本身这一点上。在理性主义看来，情感本身是自然化的，不能决定一项实践活动的类型属性。一项实践活动是否具有道德属性，关键是看贯穿于这项实践活动之中的那些认知、推理、甄别、判断活动的内容是否具有道德属性。也就是说，关键是看作为认知、推理、甄别、判断活动的对象的那些实践理由是否是道德理由。作为康德实践哲学在 20 世纪最重要的继承者，罗尔斯通过说明"道德感这一自然情感是如何获得道德色彩的"这一问题对此做了论证。在《正义论》中，罗尔斯说，负罪感（guilt）、羞耻感（shame）和义愤（indignant）这类自然情感之所以不同于其他类型的自然情感，而得以成为道德情感，是因为它们都受到一些道德信念（比方说有关道德正确性、道德卓越性、道德善性等观念的道德信念）的调节。[①] 换句话说，自然情感之所以能够获得道德上的"渲染"而得以成为道德情感，是因为这些情感的唤醒（arousal）依赖于对某些道德信念的接受或采纳——正是相关信念的命题内容所具有的道德性，使得受到这些信念而唤起的情感派生性地获得了道德性。比如说，行动者之所以对一个行动或一个人表现出义愤感，也许是因为这个行动带来

[①] 参见 John Rawls, *A Theory of Justice*, Cambridge, Mass.: Harvard University Press, 1999, pp. 420–425。

了一个无辜者的死亡，或者这个人通过欺骗一个无辜者展现出了恶劣的品质。这种义愤感之所以被刻画为一种"道德义愤"，是因为这个行动者相信"引起无辜者死亡的行动是错的"或者相信"一个欺骗无辜者的人是道德品质很坏的人"。而正是"引起无辜者死亡的行动是错的"或者"一个欺骗无辜者的人是道德品质很坏的人"这样的信念内容所已经着染的道德色彩，使得这个行动者的义愤感成为一种道德感。

这样，我们就看到，按照理性主义模式，为了真正成为一个道德行动者，一个人类存在者就必须具有一种以理性慎思能力为首要成分的道德能力。换句话说，推理和判断基础上的知识（epistemic）能力，是康德和以罗尔斯为代表的康德主义者所要求的道德能力概念的首要成分；而情感因素，只是扮演了调动行动者将慎思性心理资源投放到相应对象上去的角色，是一种次要因素。康德和康德主义者的这个设想，一度甚至也得到某些实验心理学研究的支持。

几乎和罗尔斯撰写《正义论》同时，20世纪实验心理学中发生了"认知主义革命"。心理学家科尔伯格（Lawrence Kohlberg）以他的认知发展理论引领了这场心理学革命。科尔伯格为实验的参与者设置了一些困境，这些困境中既有道德意义上的，也有非道德意义上的。然后，他开始观察参与者如何来解决困境。其中一个最为著名的困境是这样的：一个叫海因兹的人在一个夜晚撬开一个实验室的门去偷了能拯救他妻子性命的药品；第二天的报纸报道了实验室被盗的消息；布朗是海因兹的朋友，也是一个警察，他清楚地记得昨晚看见海因兹鬼鬼祟祟地在实验室门口出没，并且还看到海因兹稍后从实验室跑了出来。科尔伯格提出这个场景后，让实验室的参与者去回答，布朗到底应不应该去报告他所看到的情况，以及为什么。通过分析处理大量的样本，科尔伯格发现，在没有充分获得以命题理解（在科尔伯格的意义上，"理解"仅仅指主体对对象所涉命题内容的理解）、推理和判断为主要构成的认知能力（capacity of cognition）之前，行动者只能从一个利己主义的视角去回应这个问题。但是，随着行动者认知能力的发展和增长，他们越来越具有一种"换位思考"的能力，甚至能试图从海因兹本人的视角出发去理解、推理和判断所做出的相关道德决定。通过这些发现，科尔伯格提出了以命题理解、推理和判断为中心的所谓的道德能力发展的"六阶段理论"，并宣称："我们认为，人格中的道德力量是认知性的。情感力量确实渗透到道德决策中，但是情感既不是道德的，也不是非道德的。如果情感唤醒是被导向道德决策的话，那它是道德的；反之，它就不是道德的。总之，道德训导（moral channeling）的机制本身是认知性的。"①

　　科尔伯格实验试图揭示出这样一个观点：道德决策的形成取决于实验对象对所涉道德规范和原则的命题理解、推理和判断。这个观点当然捕捉到了一些我们无法否认的经验事实。毫无疑问，人类行动者有能力选择性地注意某一件事，也能够同时考虑好几件事；有能力设定目标、制定计划，同时也有能力根据新的经验来修改这些目标和计划；能够判断形势并且对形势做出评估；能够为既定目标设想出必要的手段，同时也有能力去根据对所采取的手段和它的长远后果的评估来更新目标；有能力在不同的选项之间慎思并决策。所有这些我们通常以"能动性"概念所总括的能力，都不可能离开一个显著而独特的人类能力，即语言能力。除非由于疾病、后天伤害或者出生缺陷等原因，语言能力之于人类存在者，是一个自然禀赋。比方说，已经有研究者发现，几乎所有正常的人类幼童都可以无需经过特别训练而获取词汇和相关母语的句法和语义规则的知识，即使这些词汇和知识是经由听取他人言谈获得的因而是支离破碎的。甚至，早在人类幼童开始获得具体的语言经验（比如拼写、阅读文字等）之前，已经有能力通过声音来记忆、识别和比较非母语语言表达之间的差别（尽管这种能力随着年龄的增长会逐渐消失）。②

　　人类自然禀赋中的语言能力，使得人类行动者能够以命题的形式来理解、持信、推理和决策，也使得人类能够通过一种不同于其他动物的方式去行动：意向性地去开展行动。特别是，语言能力帮助人类存在者能够根据信念去维持、改变、拓展或者修正行动理由。信念是一种命题态度，它既是有内容的也是要可确信（conviction）的。信念是有内容的，这意味着信念是要和某些对象相关的。信念的对象，或许是经验获得的，但是为了使得持信者能够以命题的形式获得这个信念，持信者就必须拥有一种将经验对象通过心灵而表象为概念内容的能力。信念也必须是可确信的，这就意味着，信念必须响应于证据。为了获得一项信念，持信者必须或多或少（或者更准确地说，在某种主观或然性水平之上）对这个信念所涉及的命题内容持有确信的态度。

　　这样，我们就看到，科尔伯格实验确实说明了对人类存在者发展出道德规范、道德原则，并以命题形式根据相关道德规范、道德原则去理解、

---

① Lawrence Kohlberg, Charles Levine, and Alexandra Hewer (eds.), *Moral Stages: A Current Formulation and a Response to Critics*, Basel: Karger Press, 1983, pp. 230 - 231.

② 参见 Janet Werker and Richard Tees, "Cross-language Speech Perception: Evidence For Perceptual Reorganization During the First Year of Life", *Infant Behavior and Development*, 7 (1), 1984。

推理和判断实践场景，是一个内在于人类行动者的自然禀赋的事情。但是，这是否能够证明，科尔伯格和他哲学上的共鸣者就完全正确呢？更进一步地说，科尔伯格的实验是否已经说明，就像理性主义哲学家们所认为的那样，理性慎思能力是"道德能力"中占据首要性地位的成分了呢？

第二节 双通道模式：基于经验研究的新解释

科尔伯格之后的实验心理学通过一些研究表明，科尔伯格所得出的结论并不具有可信性。实验心理学家通过总结大量实验研究的成果指出，科尔伯格和其他认知发展心理学家有关理性慎思能力在解释决策形成中的首要地位的说明，存在着"因果倒置"（post hoc）的问题。在尼斯比特（Richard Nisbett）和威尔逊（Timothy Wilson）开展的一项实验中，当实验的参与者被要求解释自己的行动或决策后，他们开始通过反省来努力地搜寻理由。然而，根据尼斯比特和威尔逊的观察，实验对象通过反省而努力搜寻的东西，不可能是对那些引起了相关行动或决策的认知过程的回忆，因为这种认知过程并不是能够被意识所把握的东西。他们注意到，实验参与者努力搜寻的东西，实际上是某种能够解释他们所作所为的可信理论。尼斯比特和威尔逊将实验者所搜寻的理论称为"在先因果理论"（a priori causal theories），并发现在先因果理论是一些受到参与者所处社会环境中的文化所影响的东西，实验对象为了搜寻到一个在先因果理论，通常是首先立足于自己所处的社会文化知识背景之中，挑选这个知识背景的某个或某些方面作为理由，然后再进一步搜寻证据去支持这些已经被挑选出来的理由，最后将其报告出来，作为自己相关行动或决策的理由。[1]

尽管尼斯比特和威尔逊的实验针对的是一般的行动和决策，但是他们的发现也被拓展到道德心理学研究中，并获得了实验证据的支持。海特（Jonathan Haidt）在一个实验中，要求一个参与者首先去决断一个行动是否是正确的，然后进一步要求行动者解释他做出这样的道德判断的原因。由于实验的参与者是毫不费力地、自动性地针对指定行动的正确性问题做出道德判断，因此实际上没有明确地经验一个导致那个道德判断形成的心灵过程。在这种情况下，参与者所做出道德判断的辩护依据是什么呢？当被问起做出相关道德判断的依据的时候，参与者开始从各种各样已经接受

---

[1] 参见 Richard Nisbett and Timothy Wilson, "Telling More Than We Can Know: Verbal Reports on Mental Processes", *Psychological Review*, 84 (3), 1997。

的道德理论中搜寻依据,作为辩护性理由来支持自己已经做出的道德判断。海特注意到,此前的认知发展心理学研究者之所以认为道德判断和道德决策都是由道德上具有辩护性的理由,通过一个命题理解、推理和判断的过程而达到的,是因为实验参与者在实验中所提供的辩护理由,非常接近于实验者所做出的道德判断本身,因此误导性地使人们觉得好像道德判断都是通过一个慎思性推理过程所做出的。① 这样,科尔伯格等认知心理学家所宣称的有关理性慎思能力在解释道德行动和道德决策中占据首要性的观点,就变得可疑起来。因为根据海特的实验,理性慎思能力经常是在道德行动和道德决策已经开展并实施完毕之后,通过一种反省的方式,后验地(a posterior)解释这些道德行动和道德决策本身的。

海特工作的重要性,不仅在于他否定了流传已久的认知心理学神话,更重要的在于,他也揭示了一种不同于理性能力的因素,在人类行动者事实上开展道德行动和做出道德决策时所起到的作用。海特将这种因素称为"直觉",并进而发展出了他称之为"社会直觉模式"(social intuitionist model)的解释方法,去解释道德行动的开展和道德决策的形成。直觉在海特的定义中,用来表示一种迅速、毫不费力、带有自动性地出现的反应,直觉的过程不能被意识所清楚把握,但是它的结果也就是行动和决策本身可以被意识捕捉。正是这种迅速性、毫不费力性和自动性,使得海特实际上是通过使用直觉这个概念,来表示被理性主义者贬斥为必须受到理性因素支配的那些情感因素。②

更进一步地,海特不仅认为情感因素在解释道德行动和道德决策中占据一定地位,而且,他认为情感因素是解释道德行动和道德决策的首要因

---

① 参见 Jonathan Haidt, "The Emotional Dog and Its Rational Tail: A Social Intuitionist Approach to Moral Judgment", *Psychological Review*, 108 (4), 2001。

② 必须指出,我此处所论述的情感(emotion)概念,与早期"伦理感性论者"(ethical emotivist)如斯蒂文森(Charles Stevenson)等人所设想的情感概念是不同的。在斯蒂文森当时的那些元伦理学非认知主义者看来,情感近乎是一种情绪(mood)和感觉(feel)的东西。但最近二十年来的研究表明,情感是具有命题内容因而具有认知性的,它与理性慎思因素的差别,不是认知性因素与非认知性因素的差别,而是响应时的迅速性、毫不费力性与自动性,同响应时的刻意性、费力性与不自动性的差别。因此,我们称之为情感的那个东西,就像自然主义哲学家吉伯德(Allan Gibbard)所说明的那样,是一个反映出人类在漫长的进化中所获得的一种适应性模式(adaptive syndrome),是对一系列具有相似结构的生理状态(physiological state)的总括。通过研究这些生理状态的结构,我们都可以发现引起这种生理状态的原因,都存在对某种形式的预期,都存在与这些预期的达成或违背直接相关的行为倾向(behavior tendencies)。原因、预期和相应行为倾向,构成了分析行动者或有情感能力的有机体在获有情感时所获有的生理状态的主要结构,参见 Allen Gibbard, *Wise Choices, Apt Feelings: A Theory of Normative Judgment*, Cambridge, Mass.: Harvard University Press, 1992, pp. 126 – 150。有关"情感具有命题内容和认知性"这一观点的更为充分的哲学论证,参见 Andrea Scarantino, "Insights and Blindspots of the Cognitivist Theory of Emotions", *The British Journal for the Philosophy of Science*, 61 (4), 2010。

素。海特采引了灵长类动物学家的一些研究来支撑这个观点。灵长类动物学家发现,几乎所有的物种都能够在某种意义上"遵从"某些描述性(descriptive)规则来与同类共同行动,但是只有灵长类动物才有能力释放和遵从指令性(prescriptive)规则。比方说,黑猩猩群体能够发展出一些关于交配、触摸幼仔、互相玩耍以及其他许多形式的交往活动的规则。当一个黑猩猩个体违背了这些规则的时候,其他的黑猩猩会盯着或注意到那个利益受到损害的黑猩猩,而后者则会采取惩罚性行动回敬这个规则的僭越者。灵长类动物学家的这项工作,非常有趣地说明,规则并不仅仅是我们这样拥有语言能力或者基于语言的推理能力的理性行动者才能制定和形成的东西;相反,它的起源远早于语言。语言和与语言相关的能力可能增强了人类对规则的使用,但是规则的创造和它的强制力的形成,主要是通过情感因素的作用。黑猩猩和其他一些灵长类动物同人类一样,都具有三种主要的社会识别模式,并据此来形成一些社会性活动:集体分享(communal sharing)、权威排序(authority ranking)以及追求平等(equality matching)。比方说,在灵长类动物群体和人类群体中,都存在血亲关系,对具有亲密关系的他人的同情关切。所有的灵长类动物群体和人类群体中都存在权力和等级,这些权力和等级不仅被用来调节资源分配关系,而且也被用于使等级高的个体去承担保护等级低的个体的义务。大部分的大猩猩和许多猴子都能够记得所受恩惠和轻视,并据此回敬。正是依靠这些自然形成的社会性禀赋,灵长类动物在彼此交往中,通过展示和交换情感表达,最终确立起彼此相互交往之中所要遵循的规范。[1]

当然,与其他灵长类动物不同的是,语言和语言相关的能力不仅帮助人类行动者跨越了小范围的血亲关系集团,而且也帮助人类建立起了一系列具有延续性、长久存在并且能够加以讨论、反思和修正的规范和规范体系。这些规范和规范体系甚至逐渐具有了一种"第三方"制约力量,好像是独立于社会交往的具体关系而存在的一样。但是,就这些规范确立的源泉来说,扮演了首要作用的,是人类交往活动过程中的情感因素的表达和交换。[2]

不仅如此,情感因素甚至决定性地影响了理性推理能力本身。情感因

---

[1] Frans de Waal, "The Chimpanzee's Sense of Social Regularity and Its Relation to the Human Sense of Justice", *American Behavioral Scientist*, Vol. 34, 1991, pp. 335–349.

[2] 认为人类道德起源于高级动物的社会性本能的观点,实际上很早就被达尔文根据进化论思想而提出了。最近,沿着这个思路也有一些新的进展,比如参见 Richard Joyce, *The Evolution of Morality*, Cambridge, Mass.: The MIT Press, 2006, chap. 2, 4。

素在道德决策和道德判断中，经常早于认知判断的形成就已经帮助行动者做出了相关决策和判断。心理学证据也表明，对那些情感系统受过损害或者不能恰当地将情感信号递送到高阶认知系统当中去的人来说，他们实际上更难以就自己所面临的风险做出一个精确的认知判断，甚至也更难以使用认知判断的模式去解释他们自己所做出的规避风险的决策选择。他们在经验社会关系方面也存在困难，并且经常会展现出反社会或不善交际的行为特征。① 因此，就像自然主义道德哲学家雷尔顿所指出的那样，情感的首要性是我们人类精神（psyche）的一个基本的和无处不在的特征。② 这样，我们就看到，情感因素不仅不是像某些理性主义者所设想的有待推理因素和理性慎思能力去支配的东西，恰恰相反，情感因素在道德行动的开展和道德决策的形成中具有首要的重要性，因而也就应当在解释道德行动和道德决策中占据了首要性。

上面的心理学证据不可避免地对我们在哲学上理解"道德能力"概念本身会产生重要的影响。我们不可避免地发现，理性能力并不是道德能力的唯一成分，在规范塑造（rule-formulation）和规范遵循问题上，甚至也不是道德能力的主要成分。为了恰当回应理由，人类行动者不仅需要某种程度的理性能力去帮助自己理解规范和原则的命题内容，在这种命题性理解的基础上推理和判断，而且更需要从一开始就具有一个恰当的敏感性，能够感受到特定实践情形中所发生的事情到底是什么，并且相应地做出回应。雷尔顿将这种情感能力称为"情感智能"（emotional intelligence），这种情感智能包括一个人对自己的感受和欲求的感知能力、感受和预期他人思想和感觉的能力，激发一个人自己导向一个目标的能力，控制冲动或引导一个人情感回应的能力，以及同他人形成联系并将情感介入某种人类道德关系的能力。③

至此，我们发现，情感因素（情感智能）和理性能力确实共同地构成了人类行动者的道德能力，但与理性主义者的设想相反的是，情感因素

---

① 参见 John Bargh and Tanya Chartrand, "The Unbearable Automaticity of Being", *American Psychologist*, 54 (7), 1996。

② 参见 Peter Railton, "Practical Competence and Fluent Agency", in David Sobel and Steven Wall (eds.), *Reasons for Action*, Cambridge: Cambridge University Press, 2009。这里，我们实际上也已经看到，尽管"道德判断"的概念无处不在，但是对理性主义者来说，道德判断和对以情感因素为占据首要性的解释因子的情感主义者来说的道德判断，是两个不同的概念。理性主义者所说的道德判断是通过一种对道德命题的理解和推理基础上所开展的判断获得，情感主义者则将这种依赖于命题的判断视为只是第二位的东西，而将那种直接的、不需努力就可做出的、带有自动性的情感回应本身理解为具有首要重要性的道德判断形式。

③ 参见 Peter Railton, "Practical Competence and Fluent Agency", pp. 88–93。

（情感智能）是人类道德能力的核心成分，在人类行动者的规范塑造和规范遵循活动中具有首要性。我们也看到，这个结论对道德行动的开展和道德决策的形成来说，也同样成立。

毫无疑问的是，我们现在所得到的这个以情感智能为首要因素的"道德能力"概念，对我们重新思考诸如实践规范性的本质、道德判断的本质和工作机制、实践理由中激发性理由和规范性理由的关系、行动的辩护与解释、有关"理由/判断"的"内在主义/外在主义"争论、道德价值的最终源泉和产生机制等一系列当今实践哲学中的根本性问题，都会产生重要的启发性。而且，这个概念实际上也将迫使我们去重新思考目前占支配地位的道德理性主义特别是康德主义哲学观点的可信性。这些当然都不是一件坏事。因为，道德哲学和政治哲学的每一个结论，都是对在人类生活中占据突出地位的重大问题的回答，我们不可能容忍如此严肃的理论事业建基于一个流沙一般的概念之上。

第二部分
正面理由：善及其促进

第七章　生活之善：快乐

在本书的第一部分，我们讨论了道德理由的"元"理论。"元"理论的主要任务是要回答"在何种意义上人应该过道德的生活"这个问题。为了回答这个问题，休谟主义不需要某种"绝对律令"的神话，而是牢牢抓住了属人生活形式（forms of life）的某种根本独特性，采取了"实践优先"的解决思路。我们已经看到，休谟主义很好地表明，人之所以应该过道德的生活，是因为人类不得不"生活在一起"。

对道德理由理论来说，只有"元"理论是不完整的。因为就像我们看到的，"元"理论的主旨是要从根本上回答"人为什么要是道德的"。然而，对道德生活实践来说，光回答这个"为什么"的问题是不够的，我们还必须去搞清楚"过道德的生活"究竟意味着什么。换言之，在接受一种休谟主义色彩的"元"理论的基础上，我们还必须带着这样一种"实践优先"的道德探寻精神，去考察支撑道德生活实践的那些具体而实质的实践理由。这样，我们也就进入被当代盎格鲁-撒克逊道德哲学称为"规范"理论的层面了。

那么，究竟怎样才算是"过道德的生活"？"促进善"或者"避免恶"，这是现代道德哲学对这一问题的两条基本回答思路。在本书接下来的两个部分，我们分别对它们展开考察。

我们每个人类行动者都是生活着的行动者，都有属于自己的生活。那么，是什么使得人类生活值得一过？我们称为"生活之善"（good of life）的东西，其哲学内涵究竟是什么？从古至今，对这个问题的思考从未中断，不同时代的哲学家给出了不同的回答。围绕这个问题所形成的理论，也被称为"有关人类福祉的理论"（theories of human well-being）。[①]

按照帕菲特（Derek Parfit）做出的经典区分，近代以来，在盎格鲁-撒克逊哲学传统中，主要形成了三种有关人类福祉的基本理论：（1）快乐

[①] 福祉这个概念指的是人类个体的生活处于活得好（being well）的状态之中。或者用拉兹的话来说："福祉这个概念特指好的生活（the good life），特指对一个生活着的人来说为好的那样一种生活。"（Joseph Raz, "The Role of Well-being", *Philosophical Perspectives*, 18 [1], 2004, p. 269.）

主义理论；（2）欲望满足（或偏好满足）理论；（3）客观清单理论。①这三种理论根据不同的解释模型，彼此竞争地回答了"对一个人来说，什么才能算得上是最好的、最符合他自己的利益的，能够使得这个人的生活尽可能地往好处过的"② 这样一个问题。

在有关人类福祉的这三种理论中，快乐主义是一个具有悠久传统的理论，对近代以来一直到19世纪末的有关人类价值的本质和源泉的哲学思考产生过深刻影响。最近三十年来，在回应主要挑战和修正自身理论承诺的基础上，快乐主义又得到了新的发展。

第一节 快乐与快乐主义

所谓"有关人类福祉的理论"，关注的是"在人类个体的生活中最终占据内在价值（intrinsic value）地位的因素是什么"这样一个问题。这里，所谓的内在价值，是相对于外在价值概念而言的：如果对象是以一种关系性的（relational）方式获得"为善性质"（good-making property）的，那么其价值地位是依赖于某种目标的存在，由外在目标所赋予的，因此只具有"外在价值"（extrinsic value）；如果对象的价值地位或者说"为善性质"的获得，仅仅依赖于其自身所具有的某种固有的内在属性而不依赖于任何其他目的，那么对象所具有价值的就是某种"内在价值"。作为一种价值理论③，快乐主义认为，唯一具有内在价值地位的因素，是"快乐"；而唯一具有内在负价值（disvalue）地位的因素，是"痛苦"，因此人类福祉在最根本意义上是由人类个体所经验到的快乐构成的；为了实现"生活之善"，最终所要实现的，就是"寻求快乐、避免痛苦"。

显然，为了搞清楚快乐主义作为一种有关人类福祉的理论的可信度，

---

① 需要注意的是，这三种理论都是有关人类福祉的本质的"解释性理论"（explanatory theory），而不是"列举性理论"（enumerative theory）。后者旨在回答"从一个个体自己的视角来看，是什么使得人的生活值得一过"这个问题，参见 Roger Crisp, *Reasons and the Good*, Oxford: Oxford University Press, 2006, pp. 102 – 103; Christopher Woodard, "Classifying Theories of Welfare", *Philosophical Studies*, 165（3），2013。

② Derek Parfit, *Reasons and Persons*, Oxford: Oxford University Press, 1986, p. 493。

③ 在此，我们应当注意将本文中所讨论的作为一种价值理论的快乐主义与其他两种意义上的快乐主义加以区分：心理快乐主义和伦理快乐主义。心理快乐主义主张，所有的意向性行动在动机上，都可以追溯为"寻求快乐、避免痛苦"这样一个原因。因此，心理快乐主义实际上是一种有关人类行动心理动机的因果理论。伦理快乐主义主张，评价人类行动、事态或者事件的最终标准，取决于这些行动、事态或事件是否促进了快乐、避免了痛苦。因此，伦理快乐主义实际上也是一种评价快乐主义，主张伦理评价的最终标准在于"寻求快乐、避免痛苦"。本文所提到的"快乐主义"，始终指的是作为一种价值理论的快乐主义。

最核心的问题，就是要去搞清楚，对快乐主义者来说，究竟什么是快乐？

近代早期，快乐主义理论家一度认为，快乐这个概念乃是对某种能够带给人类个体以正面愉悦性感觉的那样一类经验感受（sense）的统称。根据这种理解，快乐在本质上是一种纯粹由人类心灵所把握的经验感受，是一种纯粹的内省体验（introspective experience）。正是根据这种纯粹内省体验的特征，一些当代的哲学家将对快乐的这一理解称为"快乐的感官主义（sensualist）定义"。在快乐的感官主义定义的基础上所发展起来的快乐主义理论，则被称为一种"心灵状态理论"（mental states theory）。[1]

针对快乐的感官主义定义，我们很容易产生一个疑问：就算快乐确实是我们人类个体通过内省就能加以把握的纯粹心灵感受，这种心灵感受归根到底也许只是把握到了我们在日常生活中称之为"快乐"的那样一类经验的相应现象学特征而已。因此，我们必须进一步质问：在这些现象学特征的背后，作为快乐这样一种内省体验的发生学根据又是什么呢？

围绕这个问题，对快乐采取感官主义理解的理论家又进一步已发展出了两种不同的观点。一种观点认为，一种经验或体验之所以能被称为"快乐"，乃是因为在引发这一体验的对象中包含着一种必然能够使人类存在者感觉到快乐的特征或属性，从而使得人类存在者产生"快乐感"（the pleasant feeling），或者说使得人类存在者的心灵中产生出我们在日常语言中刻画为"快乐"的那样一类现象学感受。这种观点，也被称为有关快乐的"现象学理论"（phenomenological theory）。[2] 另一种观点则认为，一种经验或体验之所以能被称为"快乐"，乃是取决于这种经验与经验着这种经验的人类存在者在经验发生那一刻所采取的态度（attitudes）之间的关系。根据这种观点，假如经验着这种经验的人类存在者在经验发生的那一刻，对经验本身持有的是一种"喜爱""享受""支持""欲求"这样一类赞成性态度，那么这种经验就被刻画为"快乐"；假如经验着这种经验的人类存在者在经验发生的那一刻，对经验本身持有的是一种"憎恶""鄙夷""反对""反感"这样一类反对性态度，那么这种经验就被刻画为"痛苦"。这种观点，也被称为有关快乐的"态度理论"（attitudinal theory）。

---

[1] 参见 James Griffin, *Well-Being: Its Meaning, Measurement, and Moral Importance*, Oxford: Oxford University Press, 1986, pp. 7–8。

[2] 这个观点也是边沁在理解"快乐"概念时所采取的一种看法，它也为密尔父子所分享，尽管约翰·密尔本人在某些场合也倾向于另一种看法，相关分析参见 Lawrence Sumner, *Welfare, Happiness and Ethics*, Oxford: Oxford University Press, 1996, pp. 84–85。

现在，我们来逐一考察有关快乐的"现象学理论"和"态度理论"的恰当性。

第二节　现象学理论与态度理论

"现象学理论"的要害，在于认为经验对象之中内在地蕴含了某种必然能够引起人类存在者的快乐感的特征或属性，换句话说，经验对象之中蕴含了一种我们或许可以称之为"快乐性"（pleasantness）的特征或属性。让我们姑且搁置快乐性这一据说内在于经验对象之中的特征或属性在形而上学上的古怪性，仅仅考虑这样一个问题：假设真的存在这样的特征或属性，对人类存在者所经验到的那种快乐感来说，它意味着什么？

我们已经说到，按照快乐的感官主义定义，快乐是一种内省感觉。因此，如果真的像"现象学理论"的支持者所认为的那样，快乐这种内省感受根源于经验对象内在蕴含的快乐性，那么从快乐性这样一个独特的内在特征或属性出发所得到的主观快乐感受本身就应当对应地是独特的。这就意味着，对任意经验对象来说，如果它包含了快乐性，那么它也就相应地引起我们称之为快乐的那样一种主观感受。根据这样一个看法，我们日常称之为快乐的那样一种经验感受，实际上都来源于快乐性。因此，由于其源头和根据的同一性，我们所经验到的快乐，就应当是一种同质化的（homogenous）内省感觉。就像摩尔所说的，如果"现象学理论"是对的，那么当我们谈论快乐的时候，我们"必定是在谈论对所有不同的'快乐感'来说共同的东西，某种尽管程度或许有所不同但是类别上不可能有差别的东西"①。但就像摩尔接着所反驳的那样，直觉上来说，认为快乐是一种同质化内省感觉的观点显得十分荒诞。设想一下，对一个正感到口渴的人来说，吃一颗水蜜桃会产生快乐感；对一个正感到精神焦虑的人来说，读一篇弥尔顿的诗歌会产生快乐感。尽管如此，我们无论如何也很难去恰当论证说，这两种快乐感是同质的。就像帕菲特所说的那样："不妨在满足强烈的饥渴感或性欲、聆听音乐、解决一个智识性问题、阅读一部悲剧、了解到一个孩童处于欢乐之中等这些事情所带来的快乐之间作个比较。这些千姿百态的经验不可能仅仅包含任何一种独特的共同性质。"② 这样，我们就看到，由于无法恰当解释快乐经验的多样性，

---

① G. E. Moore, *Principia Ethica*, Cambridge: Cambridge University Press, p. 80.
② Derek Parfit, *Reasons and Persons*, p. 493. 此外，考斯伽也谈论过这个观点，参见 Christine Korsgaard, *The Sources of Normativity*, p. 148。

有关快乐的"现象学理论"因此受到了"同质性问题"（homogeneity problem）的挑战。

"态度理论"的要害，在于强调引起快乐这种内省感受的原因，是经验者与指定经验之间依靠某种主观态度而联系起来的关系。① 因此，假如我们采纳某些哲学家的说法，认为由于"现象学理论"试图从经验对象的内部寻找快乐的原因和根据，因而是一种内部说明（internal account）的话，那么"态度理论"本质上是一种外部说明（external account），因为它诉诸外在于经验对象和经验本身的那种态度性关系。② "态度理论"很容易解决"现象学理论"所遭遇的"同质性问题"，因为对采取"态度理论"的哲学家们来说，他们很容易去论证说：我们称之为快乐的那样一类可以被内省感受到的心灵状态之所以被统称为快乐，不是出于经验对象具有什么同质性的内在特征或属性的缘故，而是因为经验者也就是我们人类存在者在正常情况下面对这些经验对象时总是会表达或喜欢、欲求，或厌恶、反感的态度。换句话说，在"态度理论"的支持者看来，快乐这个概念只是一个技术术语，只是统称了能够在正常情况下引发经验者针对经验对象所调用的一系列复杂多样的赞成性态度而已。

"态度理论"具有显著的优势。设想格里芬（James Griffin）在攻击"现象学理论"时所举的一个例子。弗洛伊德在自己生命的最后时刻，宁可接受保持意识清醒所带来的巨大生理疼痛，也不肯接受护士给自己打一针会导致意识模糊但能够极大缓解疼痛的麻药。对"现象学理论"的支持者来说，疼痛所具有的痛苦感内在于疼痛所蕴含的某种特征或性质之中，因此弗洛伊德选择保持疼痛所带来的痛苦感的经验，实际上也就是使得自己生活朝着恶化和糟糕的方向发展，是在消除和毁灭自己的"生活之善"。但是，就像许多哲学家所承认的，这个判断不可能为我们大多数人所接受，更不可能为弗洛伊德本人所接受。因为，体验这种疼痛感实际上在很大程度上帮助了弗洛伊德去推进和加深他对人生问题的理解和思考，因此满足了他的某种精神和智识上的追求。对此，"态度理论"则很容易解释说，弗洛伊德在自己生命的最后时刻愿意选择疼痛所带来的痛苦感，这意味着针对疼痛这样一个经验对象，弗洛伊德采取了一种赞成性态度，因此

---

① 西季威克最早明确注意到"现象学理论"所引发的"同质性"问题，并且试图用"态度理论"来解决这个问题。西季威克的说明，参见 Henry Sidgwick, *The Methods of Ethics*, Indianapolis: Hackett, 1981, book 3, chap. 14。

② "外部说明"和"内部说明"的术语在此处意义上最早是由萨姆纳使用的，参见 Lawrence Sumner, *Welfare, Happiness and Ethics*, pp. 88 – 90。

弗洛伊德所经验到的疼痛，并不必然只是一种痛苦感；相反，尽管或许生理上存在疼痛，但综合来说，弗洛伊德仍然经验了某种能够满足和实现了他自己的主观意愿，并因此而增加了他的"生活之善"的积极体验，从而在某种意义上是快乐的。

但是，"态度理论"不是不受攻击的。我们很容易想到，温暖甜蜜的爱情、体面稳定的工作、良俗有序的社会风俗、欢乐和睦的家庭生活，所有这些因素无一不是能够增添我们每个人的"生活之善"的东西。因此，根据"态度理论"的说明，在能够获得这些因素的情况下，我们在主观上都会给予它们以赞成性态度，从而产生快乐这样一种的内省感受。但是，设想我的生活就像电影《楚门的世界》中所描绘的那样，我从出生开始就生活在一个编排复杂的"实景真人秀"节目之中，温暖甜蜜的爱情、体面稳定的工作、良俗有序的社会风俗、欢乐和睦的家庭生活，所有这一切看起来让我的生活过得欣欣向荣的因素，不过都是演员们在一起所装扮出来的。那么，假设我有一个机会像楚门那样在"苦涩的真相"和"虚构的美好"之间做出选择，根据"态度理论"，只要我在主观态度中产生出对所有那些"虚构的美好"的赞成性态度或者说主观偏好，那么我就没有剥夺掉我自己所享有的快乐的经验和感受。因此，如果"态度理论"是正确的，那么即使在我已经知道我所生活的世界实际上只是一个幻觉的情况下，只要我依然在主观上偏好这个"虚构的美好"，我的"生活之善"就没有任何改变；换句话说，只要我所经验的"虚构的美好"在种类或强度方面持续增加，我就依然在享有一种不断在往好处过的美好人类生活。①这个看法显然是违背我们对"生活之善"的日常看法的：在我们每个人所过的生活中，我们渴望享有真正的爱情、真正的友谊、真正的快乐；渴望我们的生活真的过得不错；渴望在真正享有我们自己的"生活之善"并真正地在将我们的生活引导到更好的状态之中。因此，如果"态度理论"不能在真正的快乐和虚构的快乐之间做出区别，那么这当然意味着"态度理论"包含着严重的错误。

实际上，类似的反驳不仅是针对"态度理论"的，也是一般性地针对在快乐的本质问题上所采取的感官主义理解本身的。我们已经看到，对采取感官主义定义来理解快乐的哲学家来说，他们的一个核心思想，是认为快乐是我们人类个体经验的一种内省感受，因此根据这些哲学家的看法，

---

① 诺奇克同样设想过一个类似的场景，参见 Robert Nozick, *Anarchy, State and Utopia*, New York: Basic Books, 1974, p. 42。经过普特南（Hilary Putnam）等人的加工，诺奇克所假想的场景现在已经被演化为著名的"缸中之脑"（brain in a vat）思想实验。

内省特征是快乐经验的根本性特征。然而，上面那个例子则表明，如果幻觉和现实能够给我们带来同样的内省感受，那么纯粹着眼于我们的心灵状态，我们就无法恰当区分出幻觉和现实。因为，幻觉本身得以成为幻觉，依赖于一个认知条件，那就是产生这种幻觉的个体在认知上将这个幻觉当作是"好像真的一样"，并无力（或者不愿）去将这种认知推离出自己的内省感受之外。换句话说，仅仅从一种内在于人类个体的内省感受的视角来看，幻觉和现实是无法区分的。而如果我们不能区分幻觉和现实，特别是如果我们不能区分虚构的快乐和真正的快乐，那么我们实际上也就根本不可能搞清楚，究竟是什么真正使得我们的生活过得不错、享有"生活之善"、感到我们的生活是在往好处过的。

这样我们就看到，关于快乐的"现象学理论"遭遇了同质性异议的挑战，"态度理论"虽然可以克服同质性异议，但却遭遇到更为严重的问题：无法在虚构的快乐和真正的快乐之间做出区别。更为严重的是，"态度理论"所遭遇的问题实际上动摇了对快乐的感官主义理解本身。那么，如果感官主义的快乐定义，以及在其基础上发展出来的作为一种"心灵状态理论"的快乐主义理论，都是不可靠的，快乐主义理论家还有没有别的办法来挽救快乐主义呢？

第三节 命题态度理论

通过前面的论证，我们已经看到，"态度理论"之所以可以避免"同质化问题"，关键在于这种理论强调快乐是经验者的主观态度加诸经验对象之上所产生的一种内省感受，因此由于经验者的主观态度是多种多样的，所以快乐在种类上完全可以是多种多样的。同时，我们还看到，"态度理论"之所以遭遇这种挑战，是因为"态度理论"在根本上对快乐采取了一种感官主义理解，仍然是从纯粹心灵状态的角度来理解快乐的本质，把快乐当作一种纯粹的内省体验。因此，我们也就很容易想到，为了使修正后的理论更加可信，我们就需要一方面论证说，快乐在发生学上是依靠经验者的主观态度加诸经验对象之上才能产生的，另一方面则要论证说，快乐并不是一种内省经验，不是纯粹从人类心灵状态的角度就能加以理解的东西。那么，如何来具体论证这一点呢？

最近，当代一位重要的快乐主义者费尔德曼（Fred Feldman）正是沿着这条修正进路提供了一项富有启发性的成果。费尔德曼十分敏锐地注意到，导致"态度理论"遭受挑战的关键，在于"态度理论"预设了对快乐的感官主义理解。因此，为了达到上面这条修正进路的论证目的，首先就要抛弃对快乐的感官主义理解。同时，费尔德曼极富新意地提出，我们应当修正对"态度"概念本身的理解。

如我之前所说的，在"态度理论"中，态度这个概念包含了经验者可能持有的一切主观态度，比如喜欢/不喜欢或者欲求/不欲求等。在"态度理论"中，这些主观态度彼此之间是没有必要产生区分的，因为它们都是人类行动者所可能持有的某种心灵状态。费尔德曼对态度概念的修正，关键就在于他引入了一个经典的形而上学区分，即"非命题性态度"和"命题性态度"的区分。在这里，一个命题指的是对世界状态（state of worlds）或者说事态（state of affairs）的一种描述。① "非命题性态度"指的是诸如喜欢/不喜欢这样的主观态度。"非命题态度"的根本特点，就在于它们是人类存在者主观感受性的一种直接表达，不需要与任何事态相联系，不具有任何命题内容，因此不需要用"（A that P）"语句（此处 A 指的是态度，P 是命题内容）来表达。"命题态度"指的是诸如欲求、信念这样的主观态度。与"非命题态度"相反，"命题态度"的根本特点，恰恰就在于将人类存在者在一个时刻的心灵状态与事态相联系，因此命题态度必然具有命题内容，必须用"（A that P）"这样的语句来表达。

让我来举两个例子对此稍加说明。首先是关于"非命题态度"的例子。喜欢是一种非命题态度，如果我报告说在自己此刻的心灵状态中存在着某种喜欢的态度，那么我不一定是在报告说，我喜欢一个真正存在的或者我认为真正存在的"世界状态"：我也许刚刚经历了性高潮，因此而喜欢自己此刻内心中涌动的一股满足感，并在内省上对此感觉不错。无论如何，我喜欢的都只是一种纯粹内在于我自己的心灵状态之中的感觉。再来看看有关"命题态度"的例子。众所周知，信念是人类心灵状态中最基本的一种命题性态度，与欲求共同构成了人类行动的意向性。如果我报告说，在自己的心灵状态中此刻存在某种信念，那么就这项有关我此刻心灵状态的自我报告来说，我实际的意思是此刻我"相信了某种世界状态"②，我的信念是必须被表达为"believe that P"的（P 是描述某种世界状态的一个命题）。因此，如果我相信了什么，我都不可能只是将这种态度仅仅

---

① "世界状态"或"事态"则是指在一个可能世界中一系列事件（events）的集合。理解这个概念对研究规范伦理学来说十分重要，因为当代后果主义理论所遭受的一个重要指责，就是将内在价值唯一地归予"事态"。

② 不管这种"世界状态"是真的存在的，还是我自认为它存在而事实上并不存在的。在前者情况下，我实在地相信，在后一种情况下，我的信念属于一厢情愿地相信。

停留在自己的心灵状态之中,而必须去相信某种世界状态或者事态。

　　费尔德曼观察到,之所以一些哲学家对快乐采取感官主义定义,关键就在于他们仅仅将态度理解为"非命题态度",认为除了类似于性、药物、摇滚等所带来的纯粹内省体验之外,快乐就没有了别的涵义。不过,既然态度概念包含着"命题态度"和"非命题态度"的区别,那么如果我们在"命题态度"的意义上去理解态度概念,我们又能够得到什么样的有关快乐的定义和理解呢?正是沿着这样的思路,费尔德曼试图提出一种有关快乐的新的定义和理解。让我们称之为"对快乐的命题态度定义"[1],并将以对快乐的命题态度定义出发而获得的快乐主义理论,称为"命题态度快乐主义"。

　　根据对快乐的命题态度定义,快乐就是当一个人遭遇一种事态时,针对这种事态的某种内在特征或性质而产生的正面的(命题性)态度。[2] 我们需要特别注意的是,在这个定义中,快乐只是一种针对事态的正面命题性态度,而不涉及感官主义定义所宣称的那种主观感受。因此,我们也就很容易想到,根据费尔德曼的定义,当一个人针对某个事态表态时,他可能会产生出某种正面态度,而不是经验感官主义定义所宣称的那种主观感受。这个看法不是完全不合理的,我们不妨举个例子来加以说明。假设一个遭受了严重车祸的摩托车手说,他自己处于一种强烈的疼痛感之中,而没有内省到任何快乐感。在这种情况下,医生给他打了一针强效神经麻痹剂,从而使得这个摩托车手不再在感官上感受到疼痛感,也因此使得他无法在感官上感到快乐感。但是,在经过医学检查后,医生告诉这个摩托车手,由于各种偶然因素的堆积,这场车祸只是造成了他有一些看起来比较糟糕的外部擦伤,而没有导致任何器官性伤害,因此他实际上是性命无虞。这个摩托车手因此宣称自己为此感到如释重负因而十分快乐。按照对快乐的感官主义定义,由于神经麻痹剂的作用,这个摩托车手不可能在

---

[1] 费尔德曼本人称自己所定义的快乐为"态度性快乐"(attitudinal pleasure)。但这个概念本身是不精确的,这是因为在自己的著作中,费尔德曼当时并没有特别注意到自己对快乐所采取的新定义本质上来自于对"命题态度"和"非命题态度"的区分,以及在此基础上对"态度理论"的修正。费尔德曼本人后来注意到这个问题,但并没有改变"态度性快乐"这个技术术语。为了避免中文讨论中的模糊性,我在保留费尔德曼本人论证的基本精神的前提下,将他自己所使用的"态度性快乐"这一术语精确化为"对快乐的命题态度定义"。有关费尔德曼本人对"态度性快乐"的最初论证,参见 Fred Feldman, "The Good Life: A Defense of Attitudinal Hedonism", *Philosophy and Phenomenological Research*, 65 (3), 2002;有关费尔德曼明确指出自己对"快乐"采取的是一种"命题态度"理解的说明,参见 Fred Feldman, "Reply to Elinor Mason and Alastair Norcross", *Utilitas*, 19 (3), 2007。

[2] 参见 Fred Feldman, *Pleasure and the Good Life: Concerning the Nature, Varieties, and Plausibility of Hedonism*, Oxford: Oxford University Press, 2007, pp. 56-57。

感官上内省到任何快乐，因此他此刻的体验并不能算是一种快乐。这个结论看起来有些反直觉。按照对快乐的命题态度定义我们却可以说，这个摩托车手此刻确实是快乐的，因为针对他自己所遭遇的事态，这个摩托车手给予了正面的命题态度。

那么，从关于快乐的命题态度定义出发所形成"命题态度理论"，如何来处理"楚门的世界"思想实验给"态度理论"制造的挑战呢？我们已经看到，"态度理论"所包含的对快乐概念的感官主义理解，使之不能恰当区分真正的快乐和虚构的快乐，并因此而得出"一种虚构的快乐生活和一种真正的快乐生活相比，只要它们在内省上能够造成同样的感官快乐，那么就是具有同等价值的"这样一个反直觉的结论。这个结论之所以是反直觉的，就在于我们通常认为，一段人类生活是坐落于真正的世界之中，还是坐落于虚构的世界之中；是真正地被一个人类存在者经验着的，还是虚构地被认为是一个人类存在者所经验着的，对那个经验着这段生活的人类存在者来说，是不可能具有同样的价值和意义的。毕竟，就像大多数人都承认的那样，比起虚构的美好来说，苦涩的真相更能填充生命的意义。

对认为快乐是一种命题态度的快乐主义理论家来说，论证这一点格外轻松。因为他们只需要论证说，真正在人类福祉中唯一占据内在价值地位的因素，并不是感官主义理解中的快乐，而是命题内容为真的正面命题态度。① 这样一来，世界状态或事态究竟是真是假，就成为一个影响"生活之善"的内在因素。因此，一旦对快乐采取一种命题态度理解，快乐主义者就有资源去打消"楚门的世界"思想实验制造的挑战。

不过尽管费尔德曼的"命题态度快乐主义"具有这样的一个相对优势，但是这个理论也会给快乐主义理论本身造成一些不融贯。从日常直觉上来说，当我们谈论快乐时，不管这个概念在哲学上有多么复杂，我们都起码认为，我们称为快乐的那样一件事一定是一种能够给我们的心灵带来愉悦或享受的东西。有关快乐的感官主义定义虽然存在严重缺陷，但它之所以长期流行，恰恰是因为这种理解捕捉到了我们在日常谈论快乐时的某种"常识感"。费尔德曼为了获得更为可信的快乐主义理论，对快乐概念采取了命题态度理解，并成功化解了感官主义定义所招致的严重问题。但问题在于，一旦我们接受费尔德曼的理论，我们在日常谈及快乐时所具有的那种"常识感"还能不能维系呢？

---

① 费尔德曼称"命题内容为真的正面命题态度"为"内在为真的态度"（intrinsically veridical attitudes），相关论证参见 Fred Feldman, "The Good Life: A Defense of Attitudinal Hedonism", *Philosophy and Phenomenological Research*, 65 (3), 2002, pp. 614–618。

围绕这个问题，目前涌动着两种观点。第一种观点认为，费尔德曼的理论会导致上述"常识感"的坍塌。这种观点的理由是，费尔德曼有关快乐的命题态度定义是纯粹认知性的，而我们日常上之所以认为快乐一定是一种能够给心灵带来享受感的事情，恰恰是因为在日常语言中，我们在语义上赋予快乐一词某种心灵意动性。因此，如果我们接受费尔德曼的理论，那么我们实际上就将快乐主义拖向了这样一个未决问题：假如我给予一个为真的事态以正面的命题态度，我能不能因此而获得享受？就像某些论者指出的，费尔德曼理论的要害问题在于"没有一种感觉注入其中的态度，就根本不能捕捉到快乐这个概念的一个关键要素——那种使人愉快的要素，使人感觉不错的要素"①。因此，费尔德曼的理论是不可靠的。进一步地，这些人试图论证说，假如费尔德曼的理论是失败的，那么快乐主义者就不能脱离对快乐的感官主义定义来理解快乐，于是哲学家们对快乐主义的讨论就只能回到老路上：要么承认快乐主义理论无法应对"楚门的世界"思想实验的挑战；要么信誓旦旦地宣称"楚门的世界"思想实验根本没能挑战到快乐主义。而无论快乐主义理论的支持者做出什么样的选择，作为一种价值理论，快乐主义理论都将在最深的地方违背我们有关人类价值的日常直觉，因而难以获得可信性。

第二种观点实际上和第一种观点分享除结论之外的全部内容：在第一种观点认为费尔德曼的理论注定失败的地方，第二种观点则认为，既然认知性因素帮助费尔德曼克服了"楚门的世界"思想实验的挑战，而费尔德曼理论的疏漏仅仅在于没有恰当吸收我们在日常上赋予快乐概念的意动性特征，那么在匆忙宣告费尔德曼的理论失败之前，我们为什么不去发展出一个整合了认知性和意动性特征的快乐概念呢？一些理论家目前正为此开展研究。最粗略地说，这些理论家试图结合目前情感哲学（philosophy of emotion）研究已经取得的进展，论证说我们称之为情感的那样一种东西，是兼具认知性和意动性功能的；而快乐在根本上是一种类似于情感的东西，甚至本身就是一种情感。② 不妨猜想，如果这条论证路线最终能够获得成功，那么我们大概才能够应对对快乐的感官主义定义和命题态度定义所分别招致的挑战，并最终得到一个更加可信的快乐主义价值理论。

---

① Elinor Mason, "The Nature of Pleasure: A Critique of Feldman", *Utilitas*, 19 (3), 2007, p. 382.
② 一个在这方面的尝试，参见 Alastair Norcross, "Varieties of Hedonism in Feldman's Pleasure and the Good Life", *Utilitas*, 19 (3), 2007。

第八章 生活之善：欲望

我们称为"个人善"的那个东西，其哲学涵义究竟是怎么一回事？过一种从一个人自己的角度来看不失为"美好"的人类生活，究竟意味着什么？在前一章中，我们已经看到，回答这些问题，实际上就是要去搞清楚"人类福祉"概念的哲学本质。在这一章，我们将考察有关"人类福祉"的欲望满足理论的基本内容，分析这种理论的原初形态和主要改进形态的可信性，并就这个理论所面临的一些最深层次的困难做出评论。

第一节 欲望

欲望满足理论的核心见解，是认为就一个人类个体自己的视角来看，他的"生活之善"从根本上来说来自于他个人的欲望（或者"信息充分条件下的欲望"）所获得的满足。为了真正理解欲望满足理论的这个看法，我们就需要首先搞清楚两个问题：（1）为什么当代哲学家会去构思欲望满足理论？（2）通过发展欲望满足理论，他们究竟要解决什么样的理论问题？

欲望满足理论的产生和发展有两个基本动因。首先是经济学动因。[①]在19世纪，经过古典功利主义理论家的努力，快乐主义理论几乎成为哲学家们理解人类福祉的本质的唯一经典思路。但这个理解在19世纪末遇到了一个来自于经济学的严重挑战。19世纪流行的快乐主义，是一种感官主义的快乐主义，它将快乐简单理解为人类个体通过内省所把握到的某种愉悦感觉。这种感官主义的快乐主义是一种纯粹的主观主义理论。我们很容易想到，一种有关人类福祉的主观主义理论，由于无法有意义地开展人际间福祉水平的比较、无法合理设计出最大总体福祉水平的积聚方案，因而是不可能满足经济学家在制定任何一种致力于满足"最大多数人的最大利益"的公共经济政策时的需要的。正因此，19世纪末开始，一些经济学家逐渐发展出以"消费者预期的满足"为指标的人类福祉理论。到20世纪中叶，经过某些横跨经济学和哲学领域的哲学家（特别是海萨尼

[①] 参见 Lawrence Sumner, *Welfare, Happiness and Ethics*, pp. 114–115。

[John Harsanyi]、森［Amartya Sen］等人）的论证和介绍，由经济学的"消费者预期满足"理论演化形成哲学伦理学的"欲望满足理论"，开始盛行于哲学文献之中，并成为理解个体"生活之善"的一种有影响的哲学理论。

其次，同时也是与本章论证更为相关的是，欲望满足理论的产生和发展与快乐主义理论在哲学上的失败是紧密联系在一起的。快乐主义理论认为，个体人类存在者的福祉，在本质上是由他所享有的快乐和所避免的痛苦构成的。快乐主义的理论优势，在于它通过将人类福祉的哲学定义与人类个体的心灵状态相联接，从而深刻承诺了价值论的个人主义，并由此产生出了一些具有历史进步性的政治哲学涵义。但是，快乐主义的缺陷也恰恰就蕴含在它的这个优势之中。为了加深理解这一点，在上一章讨论的基础上，我们现在来考察快乐主义所遭遇到的最严重的一个哲学挑战。

诺奇克刻画了这样一个经典思想实验：假设有一个技艺高超的神经科学家能够对你的脑神经开展一系列刺激，从而使得你认为并且感到你似乎正在撰写一部伟大的小说，或者是在真正地交朋友，或者正在读一本饶有趣味的书，或者让你感到其他任何对你来说会感觉很快乐的体验。为了获得这些体验，你所要做的不过就是让这位神经科学家将你的大脑链接到一台复杂的机器上。通过这个假想场景，诺奇克问道："为了享受这些快乐体验，你是否应该将大脑链接到这台机器上？"[①] 这个被称为"经验机器"的思想实验，后来经过普特南的加工，发展为我们耳熟能详的"缸中之脑"思想实验。

不管是"经验机器"思想实验还是"缸中之脑"思想实验，都揭示出这样一个深刻的哲学洞见：如果一种经验感受是纯粹出自人类心灵的内省体验的，那么恰恰由于它们的这种纯粹内省特征，以及它们纯粹根植于人类心灵状态之中的那样一种属性特征，人无法在现实（reality）和虚幻（delusion）之间合理做出区分。因此，如果快乐仅仅是一种人类心灵的内省体验，是一种仅仅根植于人类心灵状态之中的东西，那么我们就无法在"真正经验着的快乐"和"好像真正经验着的快乐"之间做出区分。这样，我们也就既不能搞清楚我们究竟是不是真的拥有一种快乐经验，更不可能搞清楚我们究竟是不是真的拥有一种"人类生活"。而恰恰是后面这一点，对一项致力于解释人类福祉的哲学理论来说，是致命性的。因为如果一项哲学理论连"真正在过的人类生活"和"好像真正在过的人类生

[①] Robert Nozick, *Anarchy, State and Utopia*, p. 42.

活"都无法区分,我们又怎么可能去期待它能合理地解释什么才是"堪称美好的人类生活"?

这样,对快乐主义的批评者来说,为了真正说明人类福祉的本质、讲清楚"为什么某种人类生活堪称美好",我们就需要在纯粹心灵状态之外,引入一些能够将现实与虚幻区分开来的因素。正是在这样一个总体问题背景下,某些哲学家就试图诉诸欲望满足理论,因为在他们看来,相比较快乐主义来说,在解释人类福祉的本质这个问题上,欲望满足理论具有替代性的优势。然而,这究竟是为什么呢?

欲望是构成人类行动意向性的两种基本命题性态度之一。说欲望是一种命题性态度,这就是说,欲望能够被表达为"A that P"句式(此处 A 指的是态度,P 是命题内容)。此处,命题指的是对某种事态的描述。此外,说欲望是一种命题性态度,同时也是在说欲望是一种态度,是一种依赖于主体性(subjectivity)才能获得存在的东西。因此,说欲望是一种命题性态度,就是说,欲望不是一种仅仅通过理解欲求者的当下心灵状态就能理解的东西。相反,为了理解一个持有欲望的人所持有的欲望,我们不仅要知道欲求者当下具有一种态度——或者更严格地说,一种具有意动性的赞成性态度(conative pro-attitude),而且也要知道欲求者的这种态度所指向的特定事态。① 概括起来,我们可以说,欲望是一种兼具"命题性"和"态度性"的命题性态度。

欲望的这个特点,决定了欲望的满足不可能是一种仅仅发生在主体心灵状态之中的事情。设想一下,在 T 时刻我产生了吃冰激凌的欲望 D,D 能不能满足,取决于我是不是吃到冰激凌。尽管在通常情况下,当我真正吃到冰激凌时,我确实可以在心灵中内省到某种感觉,但假如我没有吃到冰激凌,却在心灵中内省到我真正吃到冰激凌时才会产生的那样一种内省感觉,那么在这种情况下,我的吃冰激凌的欲望 D 并没有得到满足,因为并没有真正出现某些事态(如"我吃到了冰激凌""冰激凌在我的嘴中融化""我将一个冰激凌一口一口送进我的嘴里"等)。而这些事态是否真的出现,是我的欲望 D 能否得到满足的充分必要条件,因为这些事态是我的欲望 D 的命题内容。这样,我们就看到,与经验快乐不同的是,欲望的满足内在地要求作为一个特定欲望的命题内容的那种真实事态的出现。正

---

① 类似地,为了理解一个持有信念的人所持有的信念,我们不仅要知道持信者当下具有一种认知性态度(cognitive attitude),而且也要知道持信者的这种态度所指向的特定事态。不同在于,信念这种命题性态度中所包含的命题内容具有适真性(truth-aptness),也就是说,是适用于真值(truth-value)评价的。而欲望的命题内容不具有这种适真性,不适用于真值评价。

因此，以欲望满足为指标来考察我们每个人所过的生活，最起码具有一个相对于快乐主义来说的优势，那就是我们可以合理地区分"现实"与"虚幻"。

第二节 欲望的满足

不仅如此，除了相对于快乐主义的这个优势外，在支持者看来，欲望满足理论还具有一个相对于客观主义人类福祉理论的优势。

我们已经知道，欲望满足理论致力于回答人类福祉的本质问题，回答"对一个人自己来说什么样的生活才能算得上是好的人类生活"的问题。因此，从根本上来讲，欲望满足理论是一种"特定的"价值理论。之所以这样说，主要是因为欲望满足理论的目标是要可靠地解释"个人善"的源泉，而不是要一般而论地对价值和价值判断活动的本质做出解释。不过，即使仅仅是一种致力于对"个人善"的源泉做解释的理论，欲望满足理论也很好地容纳了构建价值理论的一项基本要求："判断内在主义"要求。[①]"判断内在主义"是这样一种主张：如果一个行动者 S 判断他有理由去开展行动 A（或者欲求 D），那么他就必然有一个开展行动 A（或者欲求 D）的主观动机。由于欲望在其哲学内涵上已经包括了动机性因素（也就是一般被称为"意动性"的那种因素），因此很明显，按照欲望满足理论的看法，如果一个行动者 S 拥有一个主观上的动机去欲求某个特定事态，那么这只可能是因为 S 判断这个特定事态是可欲的。换句话说，如果一个特定事态能够进入行动者 S 的生活之中，并被行动者 S 认为是一种属于自己的好生活的一部分的东西，那么这只是因为行动者 S 已经通过自己的价值判断认为这个特定事态具有相对于自己而言的可欲性。

此外，由于欲望的持有是仅仅依靠行动者自己而实现的事情，因此一个行动者是不是拥有欲望，仅仅取决于这个行动者是不是针对一个自认为可欲的目标而"采纳"了被刻画为欲望的那样一种意动性的支持性命题态度。所以，对持有一个欲望来说，这个行动者自己拥有最高的权威性。换言之，我们也可以说，欲望具有一个"自我采纳"（self-endorsements）的特点。欲望的这个特点，使得欲望满足理论很好地吻合了我们在思考有关"个人善"的源泉的理论时所通常预设的一个理论直觉，那就是，我们通

[①] 参见 Stephen Darwall, Allan Gibbard, and Peter Railton (eds.), *Moral Discourse and Practice: Some Philosophical Approaches*, Oxford: Oxford University Press, 1996, p. 308。

常认为，一个可信的有关"个人善"的源泉的理论，必须兼容下某种程度的"自主性"要求。①

同时具有"判断内在主义"和"自我采纳"两个特点，使得欲望满足理论能够摆脱通常萦绕在有关人类福祉的客观主义价值理论身上的那种"家长主义"（paternalistic）批评。因此，某些哲学家甚至指出，相对于客观主义价值理论来说，欲望满足理论的优势就在于这种理论显得"更加民主"。

既然欲望满足理论相对于快乐主义理论和客观主义理论来说，都具有相对的优势，那么这是不是意味着欲望满足理论就因而是一个有关人类福祉的可信理论了呢？未必如此。

我们知道，欲望满足理论的核心，在于强调欲望的满足是人类个体所享有的福祉的最终来源。但这个观点不是没有代价的：为了构成人类个体所享有的福祉的最终来源，欲望的满足就必须既要能够影响到持有相应欲望的人类个体的实际生活，而且还必须能够对他所实际享受着的个人福祉产生增益（well-off）。因为，除非一个因素能够使得一个人正在过的生活受益或者受损，否则这个因素就不能对他的生活产生影响；进一步地，除非一个因素能够对这个人在生活中所享有的个人福祉构成增益，否则这个因素就不能对他在生活中所享有的个人福祉造成丝毫影响。这一点，对任何一种试图刻画有关人类福祉的本质和源泉的理论来说，都是必须满足的一项基本条件，这被卡根称为"受益条件"（the benefit condition）②。

我们很容易通过一个经典例子看到，欲望满足理论并不能轻松满足"受益条件"。假设我在一次乘火车时遇到了一位年轻的陌生人，他生动地向我讲述了自己的人生规划和所遭遇的现实困难。听完了他的话后，我不禁产生了希望他未来能一帆风顺并如其所愿的衷心愿望，并且我确实欲求这个人未来能够获得成功。火车到站后，我们就各自走向了自己的生活。从此我们再也没有相遇，也没有再联系过。进一步地，假设未来许多年后，在我所不知道的情况下，这个人真的如其所愿地实现了自己的人生抱负，我当初的欲求得到了满足。但是，我当初那个欲求在多年之后的满足，对我所享有的福祉来说有丝毫影响吗？显然没有，因为在这个例子中，从下火车的那一刻起，我就根本无从知道我的欲望是否能够得到满

---

① 参见 Joseph Raz, *The Morality of Freedom*, Oxford: Oxford University Press, 1988, pp. 288-294。

② 参见 Shelly Kagan, "The Limits of Well-Being", *Social Philosophy and Policy*, 9 (2), 1992, p.185。

足，更遑论即使我的欲望满足后，这种满足也根本无法进入我的生活经验之中去。

不仅如此，当一个人类行动者在塑造自己的欲望时，他完全可能会由于受到认知偏差、信息不对称和错误判断等等认知条件的影响，而产生一个一旦真的满足则会对其所享有的个人福祉造成严重损害的欲望。比如说，假设由于受到某些认知条件的影响，一个人可能认为海洛因实际上是一种完全无害的镇定性药品，因而在精神处于高度压力的情况下产生了吸食海洛因的欲望。假设这个人的这一欲望得到了满足，那么毫无疑问，海洛因的毒性和成瘾性会对他的健康产生严重危害，从而最终会严重恶化他所享有的个人福祉。因此，欲望的满足如果不能给一个人类行动者的个人福祉带来增益，那么由于不能满足"受益条件"，它就不可能成为有关人类福祉的本质和源泉的可信理论。

实际上，某些欲望的满足之所以存在不能满足"受益条件"的可能性，在某种程度上，乃是由欲望本身的某种内在特点所决定的。在之前的讨论中，我们已经对欲望做了初步的哲学分析。我们已经看到，欲望是一种具有意动性的命题性态度，表达了欲求者对欲望所指向的特定事态的赞成性态度。我们也已经知道，作为一种命题性态度，欲望的命题内容是由欲望所指向的事态来描述的。现在，我们还必须知道，作为欲望的命题内容的那个指定事态，在描述上具有一个典型不同于诸如信念这样的命题态度的特点：对这个事态的描述，是指向未来的。我们很容易理解这一点：如果我在 T 时刻欲求一个事态，那么我所欲求的这个事态一定是在相对于 T 时刻而言的未来才能出现的。① 正是欲望的命题内容在描述上的未来指向性，使得欲望具有前瞻性特点。②

欲望具有前瞻性特点就意味着，欲望和欲望的满足在时间维度上存在一个逻辑上的裂隙。一方面，由于作为欲望对象的那个指定事态是在相对于欲望形成而言的未来才出现的，因此假设我在 T 时刻持有一个欲望 D，

---

① 相反，信念则不具有这样的前瞻性：如果我在 T 时刻相信一个事态，这个事态完全可以是过去出现的，现在正在出现的，或者将来才出现的。

② 或许有人会认为，我们可以欲求过去出现的事态：比如说，当我看一本已经撰写完毕的童话时，我在主观上产生了一个"公主和王子幸福地生活在一起"的欲求。当我读完整本童话时，我确实看到，公主和王子幸福地生活在一起，因此我之前产生的那个欲求被满足了，而满足我的欲求的是在我产生相关欲求的那一刻之前已经印刷在这本童话中的事态。因此，难道不是一个在我产生欲求时已经发生的事态满足了我那一刻的欲求的吗？针对这个可能的异议，我的回答是这样的：在我产生"公主和王子幸福地生活在一起"这一欲求的那一刻，我的这个欲求真正指向的事态应当描述成这样："公主和王子在我所看到的这部童话中能够幸福地生活在一起"。因此，真正能够满足我的那个欲求的，是"当我看完这部童话后，我能够看到公主和王子幸福地生活在一起"，而不是"作者在撰写这部童话时已经让公主和王子幸福地生活在一起"。

那么 D 的满足一定是发生在 T 时刻之后的。这样，以作为欲望的命题内容的那个指定事态的出现为参照，欲望表达的是我所持有的某种在先的（ex ante）预期。① 但是，另一方面，一个在先预期是否能够实现，仅仅取决于作为那个在先预期的对象的指定事态是不是真正出现，而不取决于这个指定事态的出现所带来的在先预期的满足是否能够进入一个人的生活之中去（更遑论是否能对那个人所享受的个人福祉造成影响）。因此，从在先预期的实现中，我们并不必然能够推导出持有这种在先预期的个体从中受益的结论。进一步地，由于任何个体经验都只能是当下的，因此即使在先预期的实现，或者说欲望的满足最终能够进入一个人的经验之中去，对一个人所享受的个人福祉造成影响，这种影响也只能是出现在作为在先预期的对象的指定事态出现之后。所以，同样以作为欲望的命题内容的那个指定事态的出现为参照，欲望的满足最多也只是表达了欲求者所获得的某种在后的（ex post）经验。② 由于欲望的满足并不必然导致在后经验的出现，因此就始终存在着那种在先预期的实现无法给欲求者的个人福祉带来增益的可能性。而由于欲望总是在表达持欲者的某种在先预期，由于人类认知缺陷的现实性和普遍性，因此也就始终存在着在先预期的满足反而给持欲者的个人福祉带来损害的可能性。

第三节　充分信息条件下的欲望满足

我们已经看到，由于在塑造欲望时，主体存在着认知偏差的可能性；特别是，由于欲望本身所具有的前瞻性特点，欲望满足理论因此存在着不能满足"受益条件"的可能性。不过，正如我们已经看到的，在解释人类福祉的本质和源泉问题上，欲望满足理论确实具有一些相对于竞争理论来说的解释优势。正是被这些相对优势所吸引，一些哲学家试图通过发展某种修正性方案，来挽救欲望满足理论。

通过上面的论证，我们很容易发现，对欲望满足理论的同情者来说，论证的关键就在于一方面要消除塑造欲望时出现认知偏差的可能性，另一方面要弥合"欲望"和"欲望的满足"之间的逻辑裂隙。那么，究竟要怎样做才能实现这个论证目标呢？很明显，一方面，为了消除塑造欲望时

---

① 正是由于欲望与指定事态的出现之间在时间维度上存在着后者滞后于前者的关系，因此如果我的欲望在指定事态出现之前就消失或者改变了，那么我就无论如何无法满足我的这个欲望。

② 参见 Lawrence Sumner, *Welfare, Happiness, and Ethics*, pp. 128–130。

的认知偏差，就需要引入一些条件，以便确保个体欲求者在塑造自己的欲望时免于认知偏差的干扰，或者说，要确保消除个体欲求者塑造欲望时出现认知缺陷的可能性。另一方面，弥合欲望和欲望的满足的逻辑裂隙，归根到底是为了确保作为欲望对象的那个指定事态的出现，能够必然地进入个体欲求者的主体经验之中去，因此就需要引入一些条件，确保这一点能够必然地发生。进一步地，如果我们认为，对一个个体欲求者来说，主观上欲求一个不能够给自己的福祉造成增益的事态，本身是一种因认知缺陷导致的结果，那么我们就会发现，弥合欲望和欲望的满足之间的逻辑裂隙的关键，其实也就是要去处理"如何消除个体欲求者塑造欲望时可能出现的认知偏差"这样一个问题。这样一来，挽救欲望满足理论的真正办法，就是要引入一些条件来约束个体欲求者对自身欲望的塑造。

可见，前面论述的那种原初形态的欲望满足理论之所以不能获得彻底的胜利，主要就是因为对欲望做了一个不恰当的理解：在原初形态的欲望满足理论中，欲望所指的只是一个个体欲求者在塑造欲望的当下所拥有的具有意动性的支持性态度。换句话说，原初形态的欲望满足理论将欲望理解为一种实际性的东西。正是由于欲望是一个实际的东西，个体行动者对自身欲望的塑造才屈从于认知缺陷，才存在发生认知偏差的可能性。一旦注意到这一点，一些同情欲望满足理论的哲学家就建议说，为了挽救欲望满足理论，我们必须修改对欲望本身涵义的理解，跨越原初形态理论中所采取的实际性欲望的理解，转而诉诸一种信息充分条件下的欲望思想。

诉诸信息充分条件下的欲望思想，实际上就是将"信息充分"作为约束个体行动者塑造自身欲望的条件。据此，在解释人类福祉的源泉和本质问题上，欲望满足理论就获得了一些新的刻画。作为"信息充分条件下的欲望满足理论"的最重要代表者之一，雷尔顿给出了一个经典的说明：人类福祉或者说"个人善"，是由"在一个人将自己构想为处于一种完全掌握了有关他自己和他所处的环境，完全免于认知错误的那样一种充分、鲜活的信息条件下，所形成的自我愿望或追求的对象"[1] 所构成的。这里的意思就是说，假想存在一个信息充分、没有任何认知缺陷的自我，这个自我根据对实际自我所处的环境、所欲目标的可能性、可达性和可能后果的了解和认识，对处于实际环境之中、为可能存在的认知缺陷所困的实际自我（actual self）所正在塑造的欲望提出纠正。而人类福祉或者"个人善"，在根本上来说，就是由那个信息充分、没有任何认知缺陷的自我在

---

[1] Peter Railton, "Facts and Values", *Philosophical Topics*, 14（2）, 1986, p.16.

实际自我所处的实际环境下所持有的欲望所指向的目标构成的。如果那个信息充分、没有任何认知缺陷的自我在实际自我所处的实际环境下所持有的欲望得到了满足,那么实际自我实际上也一定就获得了个人福祉的增益。

按照这样的理解,很显然,只要信息充分条件下的自我与实际的自我在形而上学意义上是同一的,那么信息充分条件下的自我所塑造的欲望,其满足当然就能够进入实际自我的经验之中,使实际自我受益。这样看起来,"信息充分条件下的欲望满足理论"似乎能够很好地容纳"受益条件"的要求。

那么,"信息充分条件下的欲望满足理论"是不是因此就赢得了最后的胜利了呢?并非如此。为了理解这一点,我们需要重新思考一下欲望满足理论的支持者诉诸信息充分条件下的欲望的动机。很容易知道,信息充分条件下的欲望其实是对实际性欲望的一种理想化,通过这个理想化策略,欲望满足理论的支持者希望能够消除实际自我可能存在的各种各样的认知缺陷。进一步地,之所以要消除这些认知缺陷,就是为了使得信息充分条件下的欲望满足能够准确而可靠地成为那些能够给行动者本人的福祉带来增益的欲望目标或对象的指示器,从而使得"信息充分条件下的欲望满足理论"可靠地成为一种有关人类福祉的本质和源泉的解释性理论。因此,采取这个理想化策略,也就是为了强化信息充分条件下的欲望的满足作为个体福祉的指示器的可靠性。

一旦我们知道了欲望满足理论的支持者诉诸信息充分条件下的欲望的真正动机,我们就可以来思考伊诺克提出来的一个类比。[①] 假设为了知道现在是几点,我应该去看一下手表,因为手表是时间的指示器。现在,我有一块手表,但这个手表也许不准,所以为了使得手表更可靠地成为时间的指示器,我在看表时最好已经被保证说,我的这块手表的发条等各机械组块乃至表盘都已经被反复检查和清洁过了。换句话说,为了使得我的手表更可靠地成为时间的指示器,我的手表的运行条件最好能够尽可能地接近于某种理想化标准。伊诺克建议说,既然诉诸信息充分条件下的欲望不过是为了获得更大的可靠性,那么信息充分条件下的欲望这个思想所表达的理想化诉求,跟我的手表为了更可靠地成为时间的指示器所表达的理想化诉求之间,是完全相类似的。问题在于,尽管通过理想化我的手表的运行条件,确实可以使我的手表更可靠地成为时间的指示器,但是这个理想

[①] 参见 David Enoch, "Why Idealize?", *Ethics*, 115 (4), 2005, pp. 769–774。

化策略本身并不是决定此时此刻的时间的根据。此时此刻究竟是几月几日几时几分，是由外在于我的手表的因素所决定的，理想化策略本身不可能决定此时此刻的时间，而最多只是更可靠地"追踪"（track）到由外在于我的手表的那个因素所决定的现在是几月几日几时几分这个事实。同理，信息充分条件下的欲望确实理想化了实际性欲望，消除了实际性欲望所可能蕴含的各种各样的认知缺陷，并且也许确实指示了人类福祉的构成要素。但是信息充分条件下的欲望并不是决定人类福祉的构成要素。相反，就像我的手表只是"追踪"了客观上已经被决定的时间那样，我的信息充分条件下的欲望也只是"追踪"了客观上已经被决定的某些人类价值。概括起来说，根据伊诺克的批评，信息充分条件下的欲望满足或许确实对人类福祉的构成要素做出了可靠的指示，但是它的理论功能也仅仅停留在作为一种"探索既有的人类价值的认知工具"这一点上，而不是对人类福祉的本质和源泉的说明。

这个洞察对"信息充分条件下的欲望满足理论"确实构成了致命的批评，因为欲望满足理论的反对者可以接着伊诺克的批评进一步论证说，不是信息充分条件下的欲望这一理想化策略本身标示了对行动者来说为好、能够使行动者受益的因素，而是一定存在着某些真正已经标示了对行动者来说为好、能够使行动者受益的因素，从而才使得理想化策略得以必要。换句话说，诉诸"信息充分条件下的欲望满足理论"的理想化策略，只是为更可靠地"追踪"到那些真正标示了对行动者来说为好、能够使行动者受益的因素而采取的一项认知修正工具。这样，真正对行动者来说为好、能够使行动者受益的因素，它们之所以是人类福祉的组成部分，不仅不是因为它们是能够满足信息充分条件下的欲望的因素；恰恰相反，它们之所以能够满足信息充分条件下的欲望，只是在于它们是真正对行动者来说为好、能够使行动者受益的因素。因此，在最深的意义上，人类个体的福祉就其源泉来说，不是信息充分条件下的欲望满足所决定的。"信息充分条件下的欲望满足理论"只不过是表达了如何避免认知缺陷，如何追踪那些外在于个体行动者的欲望而获得人类价值地位的"生活之善"，却仍然并没有对为什么这些人类价值拥有"生活之善"的地位给出任何解释，而后一点恰恰是我们从一开始就期待欲望满足理论能够提供给我们的东西。

毫无疑问，快乐主义理论之所以一度受到追捧，就在于这种理论内在拥有的主观主义品质。还有什么理论比一种主观主义人类福祉理论，更能说明人类价值在根本上来说是一种受个人定义（define）、由个人得享（enjoy），因而为个人所确证（validate）的呢？快乐主义通过将自己彻底主观主义化的方式，捕捉到了现代道德-政治哲学在最深的地方所拥抱的那个个人主义承诺。只不过，快乐主义的主观主义代价如此之大，以至于主观主义化到了无法区分真实和虚幻的程度。

不管"生活之善"的本质是什么，它都必须是真的。这是欲望满足理论从快乐主义的失败中获得的重要教训。从一开始，欲望满足理论就试图淡化快乐主义的主观主义色彩，但同时也试图保留对"生活之善"哲学思想的个人主义承诺。通过欲望所兼具的"命题性"和"态度性"涵义，欲望满足理论试图同时把握对"生活之善"的真实性和个体性理解。然而，欲望满足理论的主观主义色彩还是过高了，因为"欲望是否得到满足"从根本上讲取决于主体的第一人称经验的报告。"信息充分条件下的欲望满足理论"试图放松原初形态的欲望满足理论对主体第一人称经验的依赖，但这样做的后果却是使欲望满足理论彻底面临理论功能的蜕变：从一种有关人类福祉本质的理论，蜕变为一种有关如何认识人类福祉的理论。正因此，"信息充分条件下的欲望满足理论"不仅没有发展和修正欲望满足理论，恰恰相反，它为欲望满足理论植入了"特洛伊木马"，使得本来意图在有关人类福祉本质的理论说明中保留某种主观主义色彩的欲望满足理论，最终为某种道德实在论和客观主义人类福祉理论打开了通衢。①

---

① 关于"信息充分条件下的欲望满足理论"与某种道德实在论的关联的一个例子，参见 Peter Railton, "Moral Realism", *Philosophical Review*, 95（2），1986，一些概要性的观点，也参见本书附录。

第九章 生活之善：态度

通过前面两章，我们已经看到了构成我们生活之善的几个方面：快乐、欲望满足和某些内在于完美生活的客观要求。但是，不管生活之善是由这三个方面组合构成的，还是由这三个方面的某一个方面构成的，认识到生活之善之所在是一回事，如何对待生活之善则是另一回事。那么，我们应当如何对待正面道德理由呢？在这个问题上，当代盎格鲁-撒克逊规范伦理学中的后果主义讲出了一个重要观点，那就是，我们要以"促进"（promote）的态度，来对待生活之善。

在这一章中，我们将深入考察这一"促进"态度的哲学涵义。与此同时，我们也将尊重后果主义作为真实道德生活世界中人们所日常奉行的基本道德思维方式的地位，努力化解后果主义这个观点所面临的主要挑战。我们的目标是试图论证说，最大化地促进生活之善，是后果主义理论中正确的方面，因为它吻合了我们人类道德合理性思想中的一个重要方面，应该为一个完备的规范伦理学理论所吸取。在这个意义上，本章与本书第十二章构成了一个协奏曲。将它们并置在一起，就可以得到"文献中流行的后果主义与道义论理论并非竞争对手，而是从两个不同方向捕捉人类道德生活本质特征的理论工具"这一结论。

第一节 道德理由与个人观点

对我们日常经验到的人类行动来说，一方面，我们人类行动者的行动需要在理由的基础上被慎思和被判断，基于实践慎思开展行动是人类独特性（human distinctiveness）的一个重要体现。换句话说，我们人类行动者总是在理由的支持下赋予一个行动以正当性，或者从某种道德的意义上去给予那个行动以赞誉，不论它是我们自己的行动，还是他人的行动。另一方面，为了使得我们的行动理由是可理解的，那些理由就必须符合某些规范的要求，具有某种规范性。规范性理由是这样一个东西：它为各种行动提供辩护，对那些它们所为之辩护的行动而言，它们是一种理由性的东西。

现代道德理论对我们人类的实践推理（practical reasoning）的意义，

首先就在于它为我们人类存在者的行动提供了一系列的规范性行动理由。而且，那些行动理由看起来是一些客观规范性理由①，并且实践合理性也要求我们要在得到辩护的意义上相信我们应当采纳那些客观性规范性理由并开展行动。这样一来，要做道德上正确的行动，使自己的行动在道德上获得辩护，行动者就必须将道德所推荐的那些客观规范性理由，在主观上构想为或者相信成自己的行动理由。

这样，我们就发现，在实践合理性概念和合道德性（morality）概念之间，存在着具有某种一致性的可能：也就是说，当行动者将从客观的观点来看的那种道德上的理由等同于从其主观的观点来看的那种行动上的理由时，行动者就实际上既是以一个实践上合理的理由，也是以一个合道德的理由开展了一项行动。

但是，实践合理性与合道德性的这种一致性是偶然的，因为它预设了这样一个前提：行动者必须把"一个规范上好"的东西当作"对他来说是好"的东西。也就是说，行动者必须在道德上的理由与行动的动机之间建立一个直接的不可破坏的联系。而且，现代道德理论甚至试图告诉我们，这种联系一旦遭到破坏，那么行动者将被认为在道德上出现了一种自我挫败。不过，这个前提直接导致了那些被称作"反理论"的理论家的异议。② 现代道德理论，无论是采取后果主义的形式，还是采取道义论的形式，由于预设了一个外在的"立法"模式，在行动者的实践慎思结构中赋予了道德理由以一个外在的、压倒性的优先地位，因而在动机和理由之间制造出了一个严重分裂，这种病理学特征，被称作为"现代道德理论的精神分裂症"。③ 这个弊病的要害之处在于，现代道德理论究竟如何处理行动者的内在行动动机在道德思维中所处的地位，行动者究竟是否被允许在道德思维中保留一些个人企划（personal projects）乃至于有偏倚性

---

① 简略地说，一个理由是主观规范性理由，当且仅当这个理由是行动者所采纳的理由；而一个理由是客观规范性理由，无论行动者是否采纳它，这个理由在客观上都能够获得辩护。只要一个行动者在得到辩护的意义上相信他是拥有一个客观规范性理由去做某件事的，那么他实际上就拥有了一个主观规范性理由去做那件事。但是，如果行动者采纳了一个不能成为自己的主观规范性理由的客观规范性理由（比方说，主观上不情愿或者不相信），那么他实际上就是实践上不合理的（practically irrational）。进一步的探讨，参见 Garrett Cullity and Berys Gaut（eds.）, *Ethics and Practical Reason*, "Introduction"。

② 威廉斯堪称这一异议的代表，参见 Bernard Williams, *Ethics and the Limits of Philosophy*, chap. 10. 表面上看，在那一章中，威廉斯只是在攻击道义论者对义务的强调。然而，"义务论"式思维所体现的那种从外向内的"像法一样"特征，实际上是现代道德哲学所分享的东西，因此威廉斯在那一章中所主张的论证，是普遍适用于现代道德哲学的。

③ 参见 Michael Stocker, "The Schizophrenia of Modern Ethical Theories", *The Journal of Philosophy*, 73（14）, 1976。

(partiality) 的个人企划。①

后果主义是现代道德理论的一个基本形态,当然也就分享了现代道德理论的这个弊病。然而,通过分析后果主义的标准形式以及对后果主义的某种精致的修正方案,我们或多或少可以看出究竟要从什么方向来挽救后果主义乃至现代道德理论。

标准后果主义(standard consequentialism)有两个最基本的要求:(1)它坚持从一种不偏不倚的评价立场出发来评价事态;(2)它将道德正确性(moral rightness)唯一地赋予在指定事态中总是能够带来"最好的可用总体后果"(best overall available outcomes)的那样一些行动。可见,标准后果主义实际上坚持了两个基本的主张。一是,标准后果主义试图论证道德要求应当从不偏不倚的视角做出;而不偏不倚的视角,在标准后果主义看来,也就是一种非个人(impersonal)的视角,这个视角要求消除对各种各样的个人企划的考虑,并且,在做出道德判断时,行动者要站立在一个"行动者中立"(agent-neutral)的立场上。二是,行动的道德正确性是经由且只经由事态的后果获得定义,价值被唯一地赋予事态:一旦后果事态具有"最大化的善性"(maximizing goodness),就意味着行动具有道德上的正确性。因此,我们可以将标准后果主义的主张鉴定为:(1)它要求一个"行动者中立"的评价立场;(2)它提出了一个"最大化合理性"(maximizing rationality)的要求,也就是说,要求行动者在行动的实践慎思过程中总是采取一个"最大化"的道德思维方式,并且认为这种道德思维方式是产生具有实践合理性的行动的唯一方式。

对标准后果主义的第一个主张,"反理论"的思想家尖锐地反驳说,行动者从个人视角出发所形成的奠基企划(grounding project)对行动者来说具有不可消解的重要性,因此那种总是要求行动者采取一个非个人视角的道德理论,深刻地破坏了行动者的个人完整性(personal integrity)。② 他们要求将标准后果主义的"行动者中立"的评价立场置换为"行动者中心"(agent-centered)的评价立场,以允许行动者的个人企划进入道德思维当中并拥有一个正当的地位。

---

① 当代理论家对"友爱"问题的探讨集中地表明了这一点,比如 Marcia Baron, "Impartiality and Friendship", *Ethics*, 101 (4), 1991; Dean Cocking and Justin Oakley, "Indirect Consequentialism, Friendship, and the Problem of Alienation", *Ethics*, 106 (1), 1995; 等等。此外,著名的《伦理学》(*Ethics*)杂志曾推出专号(1991年第101卷第4期)对"不偏不倚性"问题做出讨论。

② 参见 Bernard Williams, "Consequentialism and Integrity", in J. J. C. Smart & Bernard Williams, *Utilitarianism: For and Against*, Cambridge: Cambridge University Press, 1973, pp. 95–99。

与上述异议不同，对标准后果主义第二个主张的批评，首先来自于现代道德理论的道义论形态的拥护者。他们试图论证说，标准后果主义将内在价值唯一地赋予事态的做法，忽略了行动者的能动性在行动历程中所扮演的不同角色，因而对行动者提出了过分的要求。比如，假如你正好被歹徒劫持，歹徒出于某种原因要求你将先前被他们劫持的某个无辜者杀害，否则他会将另外两个无辜者杀害，那么标准后果主义者看起来会认为，杀害那个被指定的无辜者不仅是你在道德上被允许的行动，而且是你在道德上被要求的行动。但是道义论者会认为，出于康德的"人是目的本身"等诸如此类理由的考虑，你不应该而且也不被允许杀害那个被指定的无辜者，即使这么做会招致更多的无辜者被杀害。而且，"不得杀害那个被指定的无辜者，即使这么做会招致更多的无辜者被杀害"是道义论的道德理论对你提出来的一项不可违背的道德要求（moral demand）。这样，道义论者看起来比较有吸引力地表明了两点：（1）我们可以被允许不去做产生最大化总体善好（maximizing overall goods）的事情；（2）我们在促进最大化善好时面临着某种约束。[1] 这就是所谓的"行动者中心限制"（agent-centered restriction）。

但是，"最大化合理性"的要求对后果主义者来说，不是一个可供取舍的理论方案，而是所有形式后果主义必须坚持的理论核心，所以对后果主义者来说，这个要求只能修正，不能撤销。因此，在面对"反理论"的思想家和道义论理论家来自不同方面的冲击时，一个挽救后果主义的工作必须包括两个基本的方面：（1）在某种修正的意义上采纳"最大化合理性"的要求；（2）对"个人观点"的重要性给出一个恰当的说明。

舍夫勒（Samuel Scheffler）的重要作品《拒斥后果主义》近年来激发了道德理论界的一系列重大讨论。在这部著作中，舍夫勒试图通过论证一个叫作"行动者中心特权"（agent-centered prerogative）的理论结构来调和后果主义和道义论道德理论的各自优点，进而发展出一种被他称为"混合理论"的道德理论，并且以此来处理来自"反理论"的思想家的攻击。在接下来的论证中，我将以他的观点为切入点，首先探讨"混合理论"的成败得失，然后在此基础上，提出一个新的解决思路，以期发展出一个更为"激进"的后果主义辩护策略。接下来，我将集中讨论舍夫勒的观点，以及他的观点所面临的几个主要批评。通过对舍夫勒的企划的批判反思，我将指出任何修

---

[1] 参见 Frances Kamm, "Non-Consequentialism, the Person as an End-in-Itself, and the Significance of Status", *Philosophy and Public Affairs*, 21 (4), 1992. 对这种"约束"的哲学本质的探讨，将是本书第三部分的主题。

正后果主义的工作都必须关切到的一些重大问题。在本章的最后，我将集中对道德、善好和实践合理性的关系做出初步考虑。这些考虑在本书第十六章，将用于探讨"援助贫困"这一具体的应用性道德问题上。

第二节　行动者中心特权

现代道德理论的一些理论家至少在一个问题上是具有基本共识的：道德要求建立在一种客观性的观点之上，道德的观点是一种客观的观点。换句话说，客观性观点是道德要求和道德评价的起点。[1] 标准后果主义将不偏不倚的观点等同于非个人的观点，意味着它既将不偏不倚的观点理解为客观的观点，又将非个人的观点理解为客观的观点，并且更进一步地说，个人的观点被等同于是主观的观点。

但是，对个人观点在道德思维中所应当占据的地位作如此粗糙的处理，恰恰遭到了一些思想家的深恶痛绝。按照威廉斯的批评，标准后果主义忽视了这样一个事实的重要性：如我们日常所直觉到的那样，我是我的生活的第一作者，我的企划是我的生活的意义的源泉。一个强调非个人的观点是唯一的道德观点的理论，要求行动者在慎思行动的理由时，将非个人的观点突出到一个压倒性的地位上，而将可能与之冲突的个人观点，放到一个无足轻重的位置上，并且以非个人观点取代个人观点。这看起来忽视了个人观点的重要性，而且造成了对个人完整性的严重破坏，也就是说，造成了对行动者个性的"异化"。

当然，后果主义者在这一点上看起来并不是毫无防卫余地的，他们可以采取一个修正的形式，从而避免在"不偏不倚的观点""非个人的观点""道德的观点"之间形成一个直接的等式。也就是说，后果主义当然可以为"个人观点"在后果计算中留下一个适度空间，而只是要求"不偏不倚的观点"与"道德的观点"之间的那个等号不被破坏。不过，我们需要注意，"不偏不倚的观点"等同于"道德的观点"，这不仅是后果主义的生命线所在，而且也是那些坚持了某种理性主义传统的道德理论的一个基本承诺，甚至构成了那些道德理论家看待政治哲学问题特别是公共慎思（public deliberation）的基本方式。[2] 并且，就后果主义而言，如果

---

[1] 比如参见 Thomas Nagel, *The View from Nowhere*, New York: Oxford University Press, 1989。
[2] 比如参见 Susan Mendus, *Impartiality in Moral and Political Philosophy*, Oxford: Oxford University Press, 2002. 对此的一个值得重视的批评，参见 Sharon Krause, *Civil Passions: Moral Sentiment and Democratic Deliberation*, Princeton: Princeton University Press, 2008。

它放弃了这个立场，那么一个后果主义的道德理论就可能变质为一个利己主义（egoism）的道德理论，因为利己主义的道德理论当然也是从后果事态出发来评价行动，只不过它对后果好和坏的界定，是从行动者自身的立场上而不是从一个不偏不倚的立场上做出的。这样，我们实际上也就看到后果主义必须要坚持某种客观性的原因所在。这个问题对我们下面的讨论来说，是十分重要的。

进一步地，我们就需要考察，后果主义为"个人观点"预留一个适当空间的做法——为个人观点设置一个"保护带"的策略——是不是富有成效。后果主义可以采取这样一个论证：个人观点并不一般地被排除在后果主义行动正确性标准之外，因为一个人自己或许比他人能更好地觉察到行动的效用（比如说个人的福祉），因此个人观点对在后果上带来一个最好的事态来说是十分重要的，在这个意义上，后果主义可以接受个人观点的这种重要性。① 不过，特别值得加以强调的是，后果主义者的这个策略并没有突破标准后果主义的一项基本要求：行动应当总是带来最好的后果。也就是说，后果主义者的这个策略并没有改变后果主义的那项基本设定：行动者的行动理由在实践上是合理的，当且仅当行动者的实践理由是后果主义所要求的那样一个总是带来最好后果的理由。因此"保护带"策略并没有消解掉威廉斯的那个指责，因为威廉斯之所以指责后果主义破坏了"个人完整性"，恰恰是因为据他观察，后果主义的道德标准在实践慎思的过程中可能与个人企划之间产生冲突，而后果主义根本性地要求一旦产生这种冲突，后果主义的道德标准必须胜出。因此，考虑到"最大化合理性"的要求，在"保护带"策略框架下，我们将看到后果主义提出了一项既是过强的又是过弱的主张：（1）如果个人观点被过分地赋予独立性，那么后果主义提出了一项过强的要求，有可能导致利己主义；（2）如果个人观点被牢牢地捆绑在非个人观点身上，并且它的价值是经由非个人观点而获得定义的，那么后果主义就提出了一项过弱的要求，因为它实际上根本处理不了威廉斯的"个人完整性"异议。②

这样，我们就看到，为了接受"最大化合理性"，同时避免威廉斯的

---

① 舍夫勒讨论了这个可能性，参见 Samuel Scheffler, *The Rejection of Consequentialism: A Philosophical Investigation of the Considerations Underlying Rival Moral Conceptions*, Oxford: Oxford University Press, 1994, pp. 15 – 19。

② 不幸的是，由于舍夫勒的"行动者中心特权"所要否定的恰好是后果主义的行动正确性标准本身，进一步地说，要否定行动的"可允许性"对总体利益算计的依赖，因此"保护带"策略不仅没有消除，反而强化了后果主义作为现代道德理论的一种所具有的那个精神分裂症。舍夫勒正是在这个论证路线上有力地攻击了"保护带"策略。

异议和蜕化为利己主义的可能性，行之有效的后果主义修正方案，就必须既赋予个人观点以某种重要性，又必须对这种独立性有所限制。

简单但不失准确地说，舍夫勒确实发现个人观点必须获得一个重要性，而且这个重要性必须是独立于非个人观点而获得的，以确保个人能够"为自己的企划投入一个较多比例的精力和考虑"①。舍夫勒诉诸他所谓的"解放策略"来支持个人企划拥有较多比例的精力和考虑的正当性。这个策略是说，在"个人观点拥有一种自然的独立性"的意义上，个人观点拥有一个获得较多比例的精力和考虑的自然的可能性。② 另一方面，为了避免滑向利己主义，他又为这种精力和考虑的投入的倾斜设置了一个限制，即一个修正后的接纳"最大化合理性"的道德理论，"相比较他人的利益来说，应当允许每一个行动者将一个特定的恰当比例的更大分量赋予他自己的利益。这就将允许行动者促进他自己所选择的那些非最优的后果，只要这些相对于他可以选择加以促进的最优选择来说是次优选择的选择，在程度上不超过对他来说促进最优后果所必须付出的牺牲的程度"③。这样，我们看到，舍夫勒实际上要求行动者在选择那些不能带来他采取别的做法或许可以带来的最优后果时，要遵循一个具体的比例规模来放大自己的利益，只要他实际上采取的行动在成本算计上低于或者等于那个放大后的自我利益，他就可以采取那个可能带来非最优后果的行动。由此，按照舍夫勒的打算，既然他赋予了"个人观点"以一个自然的独立性，于是他就接受了日常道德直觉中所采取的"行动者中心"的视角，而且他又允许行动者在一个特定的比例规模范围内，选择采取一个能够带来从"客观的"观点看是非最优的后果的行动。于是，在这个意义上，他就允许行动者在慎思行动的道德思维过程中拥有"特权"。这样，舍夫勒就提出了他的"行动者中心特权"理论。

因此，我们就看到，按照舍夫勒的看法，"行动者中心特权"理论具有两个方面的重要优点：一方面，它拒绝了后果主义者饱受指责的"行动者中立"的视角，赋予了个人观点以一个天然的独立性地位；另一方面，它拒绝了日常道德中的道义论直觉所要求的"行动者中心限制"，从而在道德上允许行动者拥有一个"特权"去选择采取某种行动。

---

① Samuel Scheffler, *The Rejection of Consequentialism: A Philosophical Investigation of the Considerations Underlying Rival Moral Conceptions*, p. 41.

② 参见 Samuel Scheffler, *The Rejection of Consequentialism: A Philosophical Investigation of the Considerations Underlying Rival Moral Conceptions*, pp. 59–62。

③ Samuel Scheffler, *The Rejection of Consequentialism: A Philosophical Investigation of the Considerations Underlying Rival Moral Conceptions*, p. 20.

但是，舍夫勒的"行动者中心特权"理论并不像它表面上自我宣称的那样具有吸引力。第一个问题就在于，舍夫勒并没有明确指出个人观点具有的那种"自然独立性"的原因所在。乍看之下，似乎个人观点的天然独立性来源于个人企划的重要性。但是仅仅如此并不能够导致它相对于"行动者中心限制"而言据说具有的任何优势地位。因为，像卡姆（Frances Kamm）这样的道义论者可以诉诸"人的不可违背性"来秉承舍夫勒对"个人观点具有天然独立性"的发现，同时又坚持"行动者中心限制"的正当性，从而否定"最大化合理性"结构的持续有效①，而"最大化合理性"结构恰恰是后果主义所要捍卫的最低的纲领。因此，含糊不清地诉诸"自然的独立性"的说辞，对挽救后果主义来说并不足够。不过，这个问题相比较而言还并不特别尖锐。因为我们即将看到，对舍夫勒来说，更为尖锐的困难在于"行动者中心特权"理论结构本身所具有的一个困难。

这个困难是这样出现的：假设行动者打算去执行某个行动 S，而不是另一个可选行动 P，因为执行 S 对行动者来说更为有利。标准后果主义者会说，行动者必须把他人的利益同行动者自己的利益放在同样的权重上加以考虑，因此行动者可以执行 S 而不是 P，当且仅当通过这个行动，他人所遭受的损失在客观上不会超过我所获得的收益。现在，按照舍夫勒为"行动者中心特权"所设置的那个限制，行动者被允许在计算时，将自己的利益放大到一个恰当的比例倍数上，比方说 M 倍，那么按照"最大化合理性"的要求，只要他人的损失客观上不大于 M 倍的行动者收益，那么行动者就被允许去执行他所意愿的那个行动 S。同时，行动者并不是在道德上被要求去给自己的利益赋予一个更大的权重，因此他仍然可以选择牺牲自己的利益来执行那个能够带来最优后果的行动 P。但是，即使做出这个修正，由于执行 S 还是执行 P 唯一地取决于行动者自身利益被放大了 M 倍之后的算计，舍夫勒只是将标准后果主义的计算公式稍加变更而已。于是，更进一步地，"行动者中心特权"像标准后果主义一样，并没有在行动者的能动性上给予一个恰当的关注，也就是说，它并不关注他人所遭受的损失是不是由行动者的行动所直接引起的。因此，看起来，"行动者中心特权"不关注"引起伤害"和"允许伤害发生"之间的区别。所以，来自道义论阵营的批评仍然没有被打发掉。②

---

① 参见 Frances Kamm, "Non-Consequentialism, the Person as an End-in-Itself, and the Significance of Status"。

② 参见 Paul Hurley, "Does Consequentialism Make Too Many Demands, or None at All?", *Ethics*, 116 (4), 2006。

舍夫勒后来也确实意识到这个挑战的严重性，因此企图诉诸一个修正方案来处理这个困难。按照舍夫勒修正后的方案，"特权"被进一步地定义为"无伤害的特权"（no-harm prerogatives）。也就是说，"行动者中心特权"并不允许行动者在追求自己的非最优目的时引起对他人的伤害。[①]这样，舍夫勒就为他的"行动者中心特权"理论所允许的那种对自我利益的方法设置了一个边界，以避免其出现上述指责所针对的问题。同时，修正后的方案仍然允许行动产生一个客观上看最好的有用的总体后果。这个修正方案表面上照顾到了行动者能动性在产生后果事态的行动历程中所扮演的角色问题。

不过，即使是修正后的"行动者中心特权"也允许行动者产生一个客观上看最好的有用的总体后果，因为它要兼顾对后果主义"最大化合理性"的采纳。我们也知道，标准后果主义在界定最好的有用事态的时候，采取了一个暗含的逻辑前提：就像我们已经提到的，"行动者中立限制"要求对"最好的有用事态"的评价，是从一个客观的观点出发做出的。[②] 而且，按照标准后果主义的看法，从客观的观点做出这样的评价，也就意味着从非个人的即不偏不倚的观点出发做出这样的评价。这样，标准后果主义"最大化合理性"实际上是一个具有实质内容的观念，这个观念要求对事态的评价是从"行动者中立"的视角出发做出的，因此它提出了一个"行动者中立限制"的要求。正如我们已经指出的，按照舍夫勒的设想，"行动者中心特权"必须要具有一个重要的理论优势，也就是说，它必须能够满足"个人观点具有天然独立性"的要求，从而才能取代传统的后果主义理论。但是，按照他对"行动者特权"的描述和修正，我们发现，他仍然维持了在行动者的"自我利益"与"他人利益"之间的一种对峙。而且，他在赋予行动者以"特权"时所采取的做法，不过是赋予了行动者的"自我利益"以更大的分量。"个人观点"只是在一种比较和对照的意义上——也就是在被赋予更大权重的意义上——获得了重要性和据说的独立性。但是，舍夫勒并没有指明赋予行动者"自我利益"以更大比例的判断依据和标准，更没有明确其辩护理由所在。我们可以设想，或许舍夫勒可以提供一个道德上的理由来辩护自己的设想，也或许可以提供一个非道德上的理由来为之辩护。

无论如何，舍夫勒的"行动者中心特权"都面临两种命运。一方面，舍夫勒或许认为行动者的"自我利益"具有更大分量，因为行动者有一个

[①] 参见 Samuel Scheffler, "Prerogatives Without Restrictions?", *Philosophical Studies*, 99 (3), 2000。

[②] 参见 Paul Hurley, "The Hidden Consequentialist Assumption", *Analysis*, 52 (4), 1992。

道德上的理由来促进自己的利益。按照这个设想，舍夫勒就确实将"个人的观点"整合进了"道德的观点"，因而"行动者中心特权"就可以宣称说，并非只有"非个人的观点"才是"不偏不倚的观点"、"客观的观点"。因此"行动者中心特权"确实抛弃了后果主义"最大化合理性"的实质内容，而只是在形式上接受了它的合理性。但是，就像卡根所指出的那样，在某些特定情况下，如果道德上相关的理由并不支持促进总体善好，而只是促进行动者的个人利益，那么按照这种理解似乎就产生了一项道德要求，即行动者不仅将在道德上不被允许去促进最大善好，而且将在道德上被要求去促进自己的利益。① 这显然是与我们的道德直觉相抵触的。另一方面，如果舍夫勒不是赋予"个人观点"以一个道德理由的地位，而是将"非个人观点"等同于"道德观点"，那么毫无疑问，那个被隐藏的标准后果主义假定显然就附着在他的"行动者中心特权"身上。这样看起来，为了接受"最大化合理性"的要求，"行动者中心特权"在结构上既关键性地附着了一个被隐藏的后果主义假定，又试图赋予"个人观点"以一个天然的独立性。但是在那个后果主义假定的干扰下，"个人观点"的独立性显得毫无根基。所以，无论从哪条路线来看，舍夫勒的"行动者中心特权"的前途都面临着巨大的压力。

不过，我们必须注意到，就像在第一节中我已经指出的那样，"最大化合理性"与"个人观点"的重要性是日常道德观点下同样具有吸引力的两个基本要素，因此舍夫勒的"行动者中心特权"尽管面临着巨大的压力，但是他所采取的调和路线并不是在根本上不成功的，只要它能够打发掉那个附着的后果主义假定。

我已经说到，标准后果主义在"道德的观点""不偏不倚的观点""非个人的观点"三者之间设置了等号，而这些等号是似是而非的。让我进一步地予以阐明：道德的观点在属性上是一种客观的观点，这一点至少对我的论证来说是毫无疑问的；进一步地，道德的观点是一种不偏不倚的观点，这一点至少对所有试图发展一种更为精致的后果主义的道德理论家来说，是毫无疑问的；最后，怀疑点就落在了设置在道德的观点与非个人的观点之间的等号身上。换言之，为了使得调和"最大化合理性"与"个人观点"的工作富有成效，并最终发展出一个更为精致的后果主义理论，我们就需要考虑是不是存在这样一个可能性，使得"行动者相对"的理由能像"行动者中立"的理由那样，成为一个道德的理由。

---

① 参见 Shelly Kagan, "Defending Options", *Ethics*, 104 (2), 1994, pp. 348–351.

第三节　促进生活之善

我们已经看到，后果主义之所以要特别强调不偏不倚性，就在于它要避免自己与利己主义的可能勾连。进一步地，按照后果主义者的设想，不偏不倚性要求的满足实际上有助于后果主义道德规范以一个客观规范性理由的面貌被推荐给行动者，并且要求行动者在道德上将这些理由采纳为自己的主观规范性理由。于是，后果主义为了确保自己的理论在实践上具有可行性，就必须在理论上确保它的规范性内容是一个具有一般性特征的东西，即后果主义的行动正确性标准必须能够成为每一个行动者所采取的行动理由。这样，后果主义在说明它的行动正确性标准时，必须预设一个客观的视角，从而使得它的理论具有某种客观性。进一步地，后果主义者普遍地将不偏不倚的视角等同于客观的视角，要求行动者在评价后果事态时，采取一个不偏不倚的立场。需要注意的是，行动者采取一个不偏不倚的立场来评价后果事态，意味着行动者在评价后果事态时的理由是从一个不偏不倚的立场上得出的，也就是说，行动者的理由排除了行动者的个人偏见，因而他所采取的那个理由就能够被其他行动者广泛地采取。[1] 当然，如果采取更弱一些的说法，不偏不倚的理由实际上是行动者和他人都不能合理地予以拒绝的理由。[2]

标准后果主义进一步地将不偏不倚的理由等同于非个人的理由，也就是说，客观性被唯一地指定给非个人的理由。然而，这一点恰好是标准后果主义的问题所在。因为，非个人的理由是一个"行动者中立"的理由，而不偏不倚的理由并不一定是"行动者中立"的理由，但是"行动者中立"的理由一定是不偏不倚的理由。因为，不偏不倚的理由是行动者和他人都不能合理地予以拒绝的理由，这意味着，行动者在采取这个理由时，既可以站在"行动者中立"视角上，也可以站在"行动者中心"的视角上。视角并不等于理由，当行动者站在"行动者中立"的立场上，他实际上是彻底地排除了在"个人观点"的条件下评价后果事态，因此"行动者中立"的视角下所采取的理由，看起来确实是一个客观的理由。但是，

---

[1] 当我在这里说到行动者的"个人偏见"时，我并不是一概而论地将这个概念等同于偏倚性概念，换句话说，那些据说对富有完整意义的人类生活而言至关重要的偏倚性考虑（比如说友爱），在我的构想中并不能一般地被划分到"个人偏见"范围之中。

[2] 参见 Thomas Scanlon, *What We Owe to Each Other*. 我也从波特莫的论证中有所借鉴，参见 Douglas Portmore, "Position-Relative Consequentialism, Agent-centered Options, and Supererogation", *Ethics*, 113 (2), 2003。

当行动者采取一个"行动者中心"视角时，这只是意味着行动者在评价后果事态时占据了一个与"行动者中立"的视角所不一样的视角。尽管这个视角允许行动者的"个人观点"卷入后果事态的评价中，但是这并不意味着行动者对后果事态的评价是出于一个"主观的视角"而采取的。也就是说，"行动者中心"的理由并不直接等同于"主观的理由"，因为行动者在"行动者中心"的视角下所采取的理由，可以是一个"行动者中心的客观理由"，只要行动者在采取那个理由时，不仅知道他自己不能合理地拒绝这个理由，而且也知道他所采取的这个理由是他人所不能合理地予以拒绝的理由。这样，"行动者中心"的理由也可以成为不偏不倚的理由。所以，后果主义的批评者实际上夸大了"行动者中心"视角和"行动者中立"视角的对立，尽管这个对立对标准后果主义来说确实或多或少是存在的。

那么，标准后果主义为什么要在"个人观点"和"非个人观点"或者说在"行动者中心"视角和"行动者中立"视角之间制造一个紧张的对立呢？根源在于标准后果主义者预设了一个离群索居的单子式自我图景（self-image）。这种对自我的理解预设了一个前社会的、抽象的个体，以此作为道德追问的起点。① 按照这种对自我的原子论式理解，自我与他人之间存在一个紧张的二元对立。由于道德议题（moral issues）所要处理的是自我与他人的关系问题，因此按照原子论式的自我图景，道德标准完全是一个从外到内地向行动者所提出的要求，行动者服从这个要求的规定，就意味着行动者允许这样的一个外在于自我的道德标准从一个外部的方向上向自己施加约束。然而，离群索居的自我之所以接受道德要求，并不是因为这种自我图景所预设的人类本质（human nature）内在地包含了人类存在者应当过一种道德的生活的内容，而是因为，出于自我保存的考虑，离群索居的自我才不得已接受这样一个从外向内施加的"负担"。所以，一个要求行动者从"客观的理由"出发来形成自己的行动理由的道德理论，在离群索居的单子式自我图景的预设下，就排除了行动者在内部的方向上为自己施加约束的可能性，因为行动者在本质上并不被要求采取一个"道德理由"来作为自己的"行动理由"。"道德理由"之所以是需要的，只是因为行动者不得已而要去过一种社会的生活。所以，在"道德理由"与行动者的各种各样"行动理由"之间，存在着一种自然而然的张力，这

---

① 参见 Peter Railton, "Alienation, Consequentialism, and the Demands of Morality", *Philosophy and Public Affairs*, 13（2），1984。

种张力只是因为道德要求命令行动者用"道德理由"来覆盖自己的"行动理由"而得以隐退，但是并没有得到彻底消解。因此，当"个人观点"与"非个人观点"之间出现严重竞争时，那种离群索居的单子式自我图景所隐含的"道德理由"与"行动理由"之间的张力，就极其突出地浮现出来。换句话说，"个人观点"在离群索居的单子式自我图景的预设中，不被允许成为一个道德观点，因此它的"主观性"标签是与生俱来的。所以，预设这样一个自我图景，实际上就等于是将"道德的观点"唯一地指定给了"非个人的观点"，进而在为了获得客观性的意义上，"非个人的观点"就唯一合法地成为不偏不倚的观点。

但是，这种对自我的理解在历史上是具有语境特殊性的，也就是说，这种霍布斯式的对自我本质的理解，在人类思想史上是一个特定条件下的产物。一个更符合我们人类生活的本来面目的自我理解方式，应当是社会化的、历史性的、"嵌入式的"自我图景。人类存在者在本质上并不是那种前社会的甚至去社会的存在者，参与社会生活并不是我们需要在这种参与中获得孤零零的生活所不能赋予我们的各种好处；参与社会的生活就是人类生活本质的一个体现。这样，我们就没有理由接受离群索居的单子式自我图景和它对"道德理由"的那样一种考虑，因而也就没有理由不加反思地在"个人观点"和"非个人观点"之间维持一个高度的紧张。

"嵌入式自我图景"意味着，我们人类个体的生活在本质上有自我关切（self-concerning）和他人关切（other-concerning）两个部分，自我关切与他人关切之间的关系，并不对称地等同于"个人观点视角的理由"和"非个人观点视角的理由"。因为，"个人观点"既有可能是一个他人指涉（others-reference）的观点，也有可能仅仅是一个自我指涉（self-reference）的观点。比如说，我要决定自己是吃沙拉还是吃苹果，假设我的面前确实既有沙拉又有苹果，那么无论我采取什么样的行动理由，我都在做一个"自我指涉"的行动，也就是说我的行动不牵涉到他人。因此在这个意义上，我不需要使得我行动的理由成为一个我和他人都不能合理拒绝的理由，尽管我确实可以这样做（不过，如果我这样做的话，那么看起来显得有点强迫症的意味），因此一个自我指涉的个人观点不需要道德上的理由来使它成为一个行动的理由。① 但是，假如我在决定吃沙拉还是吃苹果的时候，我的决定将影响到饭桌旁的另外一个人。出于论证简洁性的需要，

---

① 不过，需要指出的是，那个自我指涉的个人观点不需要道德上的理由使之成为一个行动理由，并不意味着它不能在道德上获得辩护地成为一个行动理由。

我们假设只有一份沙拉和一份苹果，因此我无论决定吃什么都意味着那个人不能吃到它。这样，无论我做出什么样的决定，我的行动都将是涉及他人，因此我的"个人观点"是他人指涉的。在这种情况下，我确实需要一个行动的理由，并且这个理由看起来确实应当是一个他人指涉的理由，即我确实需要提出一个我和他人都不能合理地予以反对的行动理由。这样一个理由，当然必须是一个不偏不倚的理由。

于是我们看到，一方面，"个人观点"中他人指涉的那个部分由于具有"个人观点"属性，因而仍然是"行动者中心"的；另一方面，由于它是他人指涉的，又确实需要成为一个道德上的辩护理由。而且，我们也已经看到，"个人观点"中的"他人指涉"部分，可以成为一个不偏不倚的理由。换句话说，不偏不倚的理由既可以是"行动者中心"的理由，也可以是"行动者中立"的理由。

按照赫尔利所做出的一个重要提醒，道德标准（moral standard）、实践理由和决策理由（decisive reason）之间存在着重要的区别。① 后果主义的"最大化合理性"观念所附着的那个被隐藏的假定（也就是"行动者中立"的要求）一旦被我们剔除，那么我们实际上就将"最大化合理性"鉴定为一个纯形式的东西。这样，我们日常道德直觉下对"最大化合理性"的欣赏，就有了可靠的根基，因为我们确实认为，能够给这个世界带来越多的善好的行动，越是一个值得赞扬的行动。这样，我们就确认说，后果主义的合理性就在于它提出了一个被我们日常直觉所赞赏的道德标准即"最大化合理性"，但是我们对它的欣赏和接受到此为止。也就是说，我们不必进一步地将"最大化合理性"附着上一个"非个人观点"的假定，然后将其作为一个道德要求纳入道德思维和实践慎思的过程中，并且在道德上要求它最终成为行动者的决策理由。

现在，我已经将后果主义的"最大化合理性"作为一个纯形式的东西，同它在标准后果主义框架下所隐含的那个"行动者中立"的预设剥离开来。进一步地，为了发展出一个更为精致的修正了的后果主义，仍然应当承认的是，我将"最大化合理性"鉴别为一种纯形式的东西的做法，不是为了彻底否定后果主义的可能前景，而是为了更好地使得后果主义那种类型的理论免受威廉斯等人的指责和批评。因此，发展后果主义的进一步任务就变成：假设后果主义在这个意义上是可修正的，那么如何使得"个人观点"同"最大化合理性"的结合，最终仍然能够产生出一个具有客

---

① 参见 Paul Hurley, "Does Consequentialism Make Too Many Demands, or None at all?"。

观性的后果主义视角，并且因此成为评价事态的道德视角。

总之，后果主义对我们的直觉吸引力在于它所采取的"最大化合理性"要求，但是标准后果主义采取这个要求预设了一个"行动者中立"的假定。按照后果主义的那个假定，"行动者中心"的理由被认为从"个人的观点"所形成的理由，因而被排除在道德的理由之外，因此"行动者中立"的理由或者说由"非个人的观点"形成的理由被唯一地指定为"道德的理由"。所以任何试图不打破"个人观点"和"非个人观点"之间维持着的紧张对立关系的修正方案，比如说舍夫勒的"混合理论"方案，是不能成功的。"个人观点"中包含自我指涉和他人指涉两个部分，从他人指涉的个人观点出发所提出的行动的理由，应当是一个不偏不倚的理由，因而不偏不倚的理由既可以是"行动者中立"的理由，也可以是"行动者中心"的理由。换句话说，修正后的后果主义道德理论所坚持的那个"客观性"，既可以在"行动者中立"的框架内获得理解，也可以在"行动者中心"的框架内获得理解。这样，个人观点并不天然地与道德观点所要求的那种客观性相冲突，因此后果主义在对个人观点采取一个新理解的基础上，完全可以继续坚持那个具有吸引力的"最大化合理性"要求，而正是这一点，使得针对后果主义的批评变得柔软无力。

第三部分
负面理由：恶及其避免

第十章　道德约束的证成：行动者中心进路

"促进善"和"避免恶"是两条基本的道德理由。如果说"促进善"着眼的是"人应该做什么"的问题，那么"避免恶"着眼的乃是"人不应该做什么"的问题。"道德约束"是专门用以刻画"道德上不应该做什么"这样一个问题的范畴，是当代盎格鲁-撒克逊道德哲学的一个基础性概念。

在日常道德生活中，"道德约束"思想是司空见惯的。比如说，日常道德生活通常规定"偷窃是道德上不应该开展的行动""杀人是道德上不应该开展的行动"等。"道德约束"范畴的形成，有着深刻的实践基础。从根本上来说，我们人类存在者通常都要生活在一个个道德共同体之中。这就意味着，道德生活是我们日常生活的一个重要方面。在我们的日常道德探寻中，有一些规则，它们通过普遍地向我们表达带有指令性特征的禁止性理由，告诉我们不该（ought not to）如何行动。这种具有禁止性功能的规则也就构成了我们慎思自己行动时的约束。"道德约束"就属于这样一种从禁止性（prohibitive）意义上提出某种"应该"思想的东西。通过这个概念，哲学家们试图表达这样一个主张：我们每个行动者在道德上都占据着平等的地位，具有某种道德的平等关系；而某些类型的行动的开展则破坏了这种平等关系，因此应当受到严格约束甚至应当被严格禁止。[1]因此，"道德约束"概念的规范意蕴，就在于它对某种道德平等关系的强调。

在当代盎格鲁-撒克逊道德哲学的讨论中，如何理解和证成"道德约束"概念，是一个贯穿元伦理学、规范伦理学和道德心理学诸多伦理学领域的复杂问题。围绕这个概念，形成了许多论证方案。在接下来的三章中，我们对代表性论证做出分类，并尝试在批判既有方案的基础上，提供一个替代性的理解思路。

---

[1] 参见 Thomas Nagel, "War and Massacre", *Philosophy and Public Affairs*, 1 (2), 1972。

第一节　行动者中心约束：哲学涵义

理由总是能够以某种方式获得陈述，负面道德理由也不例外。假设你被要求去做一件事，这件事是道德上错误的，因此你拒绝遵从相关要求。向你施加这项要求的人问你为什么要拒绝执行相关要求，你回答说："因为它是错的。"这样一来，你陈述了一个理由，而且是一个道德上的理由。理由陈述也具有一些运行特征（operative characteristics）。比方说，有这么一个理由陈述"每个人都应该关切他自己的家庭"，这个陈述包含了一些运行性特征：（1）这个理由陈述具有一般性，它适用于每一个人；（2）这个理由陈述是非指涉的（non-indexical），不指涉具体的行动者；（3）它是以一种正面的方式来陈述的，指出了每个人应该做什么。比较另一个理由陈述"汤姆不应该做上帝所禁止的事情"，这个陈述也包含了一些运行特征，比方说：（1）它不具有一般性，它的适用性只是针对汤姆的；（2）它具有指涉性，具体地指涉了汤姆；（3）它以负面方式运行，指出了汤姆不应该做什么。

道德约束具有"给出理由"的功能，为行动者提供了一些理由，让我们将其称为"约束性理由"。约束性理由在陈述中也有其运行性特征。首先，约束性理由体现的是"约束"思想，因此它们是要去约束或者说禁止行动者开展某些行动。由于它们是以"不要以某种方式去开展某些行动"的方式去给出理由的，因此它们是以负面的方式去表述道德考虑（moral considerations）的。这个基本结构可以将其刻画为：

> 对行动者 S 来说，如果开展行动 A 是不可允许的，那么即使 A 的开展将带来更好的总体后果，S 仍然有一个约束性理由不去开展 A。

理由当然涉及一个分量（weight）问题，不同学者在设想约束性理由时，可能会在约束性理由的分量问题上众说纷纭。不过，我们在这里只需要注意到，我们不必去设想道义论者会始终要求约束性理由必须在道德慎思中具有压倒性的地位。对约束性理由来说，真正的要点在于，约束性理由的存在对我们思考"某个行动是否是可允许的"这个问题产生了根本的影响。道义论者认为，约束性理由在我们的道德思维中，扮演了一个否定性因子（negator）的角色，从而禁止某些类型的行动获得可允许性。因此，在这个意义上，约束性理由是一些禁止性的理由。约束性理由的主要关切，就在于它为行动开展设置了不可允许性条件。换句话说，约束性理由的核心关切，是道德不可允许性（moral impermissibility）的问题。这种理由陈述的禁止性和否定性，就构成了约束性理由的第一个重要的运行性特征。

作为一种否定性因子，约束性理由试图为禁止某种类型的行动提供规范性理由。在不作任何绝对主义承诺的基础上（就像大多数道义论者所作的那样），约束性理由必须去以这样一种方式来工作——它们必须在个别理由陈述中，以一种负面的方式来运行。进一步地，作为规范评价的首要焦点的行动，总是由特定的行动者来开展的。只要行动者 S 拥有一项禁止性的理由即一项约束 R 不去开展行动 A，R 在 S 的理由陈述中就必定要指涉 S。就像达沃尔所提醒的，约束性理由"不可能在没有对行动者的不可消除的指涉的情况下得到陈述"①。因此，我们也就看到了约束性理由的第二个运行特征，即约束性理由不可消除地指涉具体的行动者。

尽管达沃尔清楚地注意到约束性理由的这一运行特征，他也立即补充说"许多道德规范，特别是那些被称作'道义论约束'的规范，在这个意义上，也是行动者相对的"②，但是这个补充也使得达沃尔在此的思想变得含混起来。就约束性理由在理由陈述中不可消除地指涉具体行动者这一点而言，约束性理由的一个运行特征当然是体现出"行动者中心性"。如果这是达沃尔在此所要说的涵义，那么显然毫无问题，尽管这是一个微不足道的真理。实际上，如果我们回到"行动者中心性"或"行动者相对性"这个术语的发源地，我们也会发现，哲学家们好像确实是在这个微不足道的意义上谈论问题的。

内格尔是导致当代哲学家将约束性理由视为具有"行动者中心性"的理由的源头。在他那部里程碑式的作品《利他主义的可能性》（*The Possibility of Altruism*）中，内格尔使用了"主观理由"的概念作为后来被称为"行动者中心"的理由这一概念的替代品。内格尔论证说，正是理由陈述中的"行动者自由变量"使得一个理由成为"主观理由"，或者说成为"行动者中心"的理由。若干年之后，帕菲特创造了"行动者相对性"的概念，将内格尔所使用的那个比较粗糙的"主观理由"概念明确为现今人们所耳熟能详的形式。帕菲特当时建议说，由于"内格尔的主观理由是指一些只有对行动者来说才存在的理由"，所以我们应该"将它们视为行

---

① Stephen Darwall, *The Second-Person Standpoint: Morality, Respect, and Accountability*, p. 129, n. 17.
② Stephen Darwall, *The Second-Person Standpoint: Morality, Respect, and Accountability*, p. 129, n. 17.

动者相对的理由"①。此后,在另一部里程碑式作品《无源之见》中,内格尔清楚地使用了"行动者相对"的概念,他说:

> 如果一个理由能够被表述为一个一般形式,以至于不包含对任何拥有这个理由的人的本质指称(essential reference),那么这个理由就是一个"行动者中立"的理由……另一方面,如果一个理由的一般形式确实包含了对拥有这个理由的人的本质指称,那么这个理由就是行动者相对的理由。②

很明显,内格尔和帕菲特在此所谈论的,是一个理由在它的理由陈述中所具有的运行特征的问题。假如达沃尔对"行动者中心性"只有这一种理解,那么问题就简化很多。然而,事实上情况并非如此。达沃尔的上述思想实际上有另一个重要的涵义。对达沃尔来说,也是对很多当今领先的哲学家来说,通过阐发"行动者中心性"这个概念,他们真正试图建立起来的是这样一个论证:道德约束的规范地位(也就是说,这些约束的道义论品格)派生于这些约束所提供的理由的"行动者中心性"。很显然,说一个指定的理由陈述拥有某种运行特征是一回事,说这个理由陈述由于这种运行特征而获得某种实质性的规范地位或规范品格,完全是另一回事。约束性理由从本质上来讲,是一些实质性的理由、规范或者原则。因此,没有任何进一步的澄清,我们显然很难接受这个古怪的建议,即认为"一项实质性道德理由的规范品格,仅仅取决于它所拥有的某种运行特征"。这样,如果道义论者真的认为约束性理由不仅仅在运行特征上,而且在规范地位上是行动者相对的理由,那么他们就必须去提供实质性的论证来说明这样一个问题:到底是什么样的具有规范重要性的考虑,使得一个理由的运行特征能够急速地转译为某种规范品格的基础。这是采取"行动者中心"进路的道义论者的最根本的论证任务。

第二节　行动者中心约束:概念分析

为了搞清楚道义论者就此所能提供的实质说明,我们最好从搞清楚约束性理由的基本结构开始。约束性理由事实上可以通过两种方式来加以解

---

① Derek Parfit, *Reasons and Persons*, p. 143.
② Thomas Nagel, *The View from Nowhere*, p. 152 – 153.

读。按照第一种解读（约束性理由$_1$，以下简称 CR$_1$）：

> 如果对行动者 S 来说，即使行动 A 的开展能够带来一个更好的后果事态，开展行动 A 也是不可允许的，并且之所以 A 是不允许的，是因为 S 是这个行动的开展者，那么 S 就有一项约束性理由不去开展 A。

根据 CR$_1$，约束性理由之所以具有"给出理由"的地位，就在于它在具体的理由陈述中拥有一个本质指称行动者 S 的特征。因为，CR$_1$ 实际上建议说，由于在理由陈述中存在一个对行动者的本质指称，因此这种本质指称实际上也扮演了一种规范角色，使得不允许去开展 A 这样一个实质性理由被产生出来。换句话说，按照这种解读，之所以道德约束的存在对我们有关行动的正确性的道德思维产生了影响，是因为违背道德约束的行为是行动者自己干下的这个事实。在刻画这个事实时，CR$_1$ 可以被解读为：如果我不是 S，那么无论我是否有一项约束性理由不去开展 A，都不会对 S 是否有理由不去开展 A 产生什么影响。根据这种解读，除非 S 就是我本人，否则就算我拥有一项约束性理由不去开展 A，我也不能因此而宣称说，S 也有这项理由不去开展 A。据此，约束性理由的适用性，实际上就严格地体现出了视角依赖（perspective-dependent）的特点，它只能为理由陈述中具体指涉的行动者提供理由，而不能跨越这个被指涉的行动者一般而论地成为一项禁止性理由。也就是说，不管这个理由禁止了什么，只要你不是行动者本人，那么这个理由对你来说都没有"给出理由"的规范力量。这个理解看起来好像可以将约束性理由的运行特征急速地转译为有关它的规范品格的说明。

然而，如果 CR$_1$ 真的是要在这样一个意义上去说，道德不可允许性应当从各个具体行动者自己的视角来获得确证，那么约束的道义论品格本身，在理解上可能就会被模糊掉。为什么呢？试想，一些行动者中心的理由比方说心理利己主义的理由，尽管它们的的确确是以一种本质指涉具体行动者，并恰恰因为这种本质指涉才获得了规范品格和"给出理由"力量的，但是它们并不是约束性理由。特别是，尽管心理利己主义的运行特征恰恰就是它的规范品格的基础和依据，但是约束性理由根本不能从心理利己主义的这个说明结构中借鉴任何资源。如果有人说你开展了一个错误的行动，那么一定是因为你所开展的行动是错的，你才被评价为开展了一个错误的行动；而不可能因为这个行动是你的行动，所以这个行动是错误的行动。道德不可允许性的标准（也就是道德错性的标准），因此不可能是一个视角依赖的东西，而必须具有视角独立（perspective-independence）的特点。为此，我们必须修改 CR_1，以使之体现出道德不可允许性标准的"视角独立"特点（约束性理由$_2$，简称 CR_2）：

如果对行动者 S 来说，即使行动 A 的开展能够带来一个更好的后果事态，开展行动 A 也是不可允许的，并且之所以 A 是不允许的，是因为对任何处于与 S 相同处境的人来说这么做都是不允许的，那么 S 就有一项约束性理由不去开展 A。

很明显，CR_2 适用于每一个行动者，因为它清楚地表明，道德不可允许性的标准是一个视角独立的东西。CR_2 表达了这样一个思想：如果 S 处于一个特定的处境中，假设开展 A 是不可允许的，那么 S 就有一项约束性理由不去开展 A；进一步地，如果 S 有一项约束性理由不去开展 A，那么对所有处于这个相同处境中的人来说，都有一项相同的约束性理由不去开展 A——这项理由适用于每个行动者，只要他是处于相同处境之中的。

道德约束以负面的方式为行动者不去开展某些类型的行动提供一种禁止性理由，这种理由通常也被理解为体现了行动者的负面义务的东西。CR_2 所准确把握到的东西，就是道德约束所体现的那些负面义务在具体化的时候必须具有一般性的特点，也就是说，约束所体现的负面义务必须在面向每一个道德行动者的相关行动时具有一般的适用性。因此，对理解道德约束和负面义务来说，一个关键的问题，就是要去搞清楚究竟这种一般性是怎么获得的。就目前的论证来说，我们需要去关注这样一个问题：道义论者究竟有什么理由，一方面认为道德约束是"行动者中心"约束，一方面认为道德约束体现了一般性负面义务的要求的前提下，去将这些约束仍然刻画为具有道义论品格的东西？

假设 S 有一项负面的义务不去开展行动 A，这项负面义务也具有一般性，那么这项义务确实可以为 S 提供不去开展 A 的理由，在这种情况下，说 S 具有一项"行动者中心"的理由不去开展行动 A，这毫无疑问是正确的，只要 S 陈述说他有一项这样的理由不去开展行动 A。然而，这里所表述的"行动者中心性"，并没什么规范上的意义——它不是确立这项理由的规范品格所需要的那种"行动者中心性"（如果真的存在这样一个概念的话）。因为，再一次地，这里所表述的"行动者中心性"涉及的只是这项理由在行动者 S 的理由陈述中所体现出来的运行特征。在这种情况下，说行动者 S 的理由是行动者中心的理由，其实也不过就是在说行动者 S 将这项负面义务陈述为自己的理由。因此，这里所表述的"行动者中心性"仍然不过是一个微不足道的真理。

这样，去找出一个并非微不足道的说明，以便提供一个在规范上有意义的"行动者中心性"概念，就成为"行动者中心"进路的支持者所需要努力去做的事情。具体来说，他们需要去表明，"行动者中心性"这个特征，究竟在决定一个行动的道德不可允许性方面，具有什么样的决定性力量，以至于一个负面义务所产生的负面的行动理由仅仅由于具有了这个特征就获得了道义论的规范品格。对许多"行动者中心"进路的支持者来说，理解这个问题的关键，就是要去理解行动者能动性据说具有的某种规范重要性。也正是能动性所据说具有的这种重要性，使得他们相信，一个理由的"行动者中心性"特征之中已经蕴含了使它具有道义论规范品格的因素。换句话说，他们相信，在"行动者中心性"特征中已经蕴含了某种"为错特征"（wrong-making feature）。因此，为了搞清楚道德约束究竟是不是"行动者中心"约束，我们就需要去进一步深入考察行动者能动性据说的那种规范重要性，去搞清楚究竟"行动者中心性"的概念本身是不是有可能已经蕴含了某种"为错特征"。从现在起，为了行文的便利，我会将道义论者需要论证的有关"行动者中心性"概念已经蕴含了道义论品格的观点，称为"实质论题"（substantial thesis）。提供一个可信的说明来满足"实质论题"的需要，这就是"行动者中心"进路的支持者所需要达到的根本论证目标。

第三节 行动者中心约束：三种论证方式

对"行动者中心"进路的支持者来说，行动者能动性可能有三个主要特征，使得具有"行动者中心性"特征的理由因为这个特征而获得道义论品格。它们是能动性的行动特征、意图特征以及完整性特征。在逐一深入讨论相关论证之前，让我先简略地作一些解释。

如果我们认为，"行动者中心性"之所以使一个理由获得道义论品格，是因为行动者的能动性在发挥（manifestation）上是否扮演着首要角色（即能动性的首要发挥），决定了行动者是否应该对这个行动承担首要责任，那么我们就获得了一个"能动性的行动观点"去说明为什么"行动者中心性"本身能够使一个理由获得道义论品格。根据能动性的行动观点，在做（doing）和默许（allowing）之间，在杀戮（killing）和任由死亡（letting die）之间，存在着明确的差别。这是因为，据说在由能动性的首要发挥而主动引起的伤害性后果和由能动性的次要发挥而被动卷入的伤害性后果之间的差别，在我们的道德思维（比方说道德责任的归予、道德正确性的确立等）之中具有基本重要性。

能动性的意图观点通常则认为，在我们的道德思维中占据基本重要性地位的，实际上是行动者在计划或开展一个行动时的意图。相比较那些行动者在意图上无意去做但是从某种意义上来说又是可以预见其会引起伤害性后果的行动来说，一个行动如果是行动者在意图上有意去做并有意去导致伤害性后果的话，这个行动就是道德上不可允许的。

需要注意的是，尽管能动性的行动观点和能动性的意图观点是两个不同的观点，但两者都同意，在能动性的首要发挥和次要发挥（或者用奎因的术语，"积极能动性"和"消极能动性"）上存在有道德重要性的差别。并且，正是这种差别影响了不可允许性的条件的确立。它们也都同意，能动性的积极发挥或者说积极能动性，对理解道德约束的产生，具有决定性的作用。而且，它们也都认为，积极能动性相对于消极能动性来说具有道德重要性方面的优先性。能动性的行动观点和能动性的意图观点的主要差异，只是在于它们在究竟怎样才算是能动性的首要发挥、究竟是什么因素导致能动性的首要发挥在具有更重要的道德重要性等问题上，见解不同。

能动性的完整性观点与上述两个观点有所不同。它强调的是，行动者的个人完整性或道德完整性，才是在我们的道德思维中占据基本重要性的因素。正是能动性的完整性的这种基本重要性，才使得由我们自己去开展某些不可允许的行动变得格外严重起来。而"行动者中心性"概念由于表述了对能动性的完整性的这种基本重要性，也就蕴含了"行动者中心"理由的规范品格。

能动性的行动观点、意图观点和完整性观点，各有其自身的复杂性，因此任何简略的处理都有可能是误导性的。为此，我们需要进一步逐一去细致考察它们各自的主要主张和可信度。

（一）能动性的行动观点

做和默许的区分（the distinction of doing/allowing，以下简称DDA）在理解能动性的行动观点，以及为什么这个观点导致很多哲学家相信"实质论题"这些问题上，具有代表性。DDA宣称，如果一个指定行动会对无辜者引起不必要的伤害，并且你通过发挥你自己的能动性而积极地卷入这个造成伤害的行动的因果历程，那么这个行动就是道德上不可允许的。这样，我们就看到，DDA 将行动者自己的能动性在导致伤害后果的行动中的积极发挥，作为了这个行动的"为错特征"。因此，让我们将 DDA 的核心思想表述为：

> 能动性的首要发挥在行动的道德评价中相对于能动性的次要发挥占据着一种优先性，以至于如果能动性的首要发挥引起了发生在无辜者身上的伤害性后果，那么相应的行动就是道德上不可允许的。

DDA 的这一核心论证实际上是在建议，在"不可允许性/可允许性"的区分和"能动性的首要发挥/次要发挥"的区分之间，存在着一种对应关系。DDA 观点的支持者坚持说，在一个造成伤害性后果的行动中，如果行动者的能动获得首要发挥，就意味着行动者扮演了引起伤害性后果的角色，最直接地对这个伤害性的后果做了贡献；而如果行动者的能动性在这个行动中只是次要发挥，那么行动者所扮演的角色，实际上只是卷入导致伤害性后果的行动之中，而并没有直接地贡献于这个伤害性后果。换句话说，能动性的首要发挥之所以在决定造成伤害性后果的行动为不可允许的行动方面发挥了关键的作用，原因就在于 DDA 的支持者相信，如果没有能动性的这种首要发挥，那么这个伤害性后果就不会发生。但是，迄今为止，关于能动性的发挥的首要性与伤害性后果之间关系的论述，毕竟都是描述性的，那么为什么能动性的积极发挥由于"最直接地贡献于"伤害性后果，就使得能动性发挥的首要性在决定约束性理由的规范品格方面起到了作用呢？换句话说，为什么 DDA 的支持者会认为，在能动性的发挥与决定行动的道德不可允许性之间存在一个对应的关系呢？为了说明这一点，DDA 的支持者是不能仅仅给出一个有关能动性发挥与伤害性后果之间关系的描述的。在这个关键点上，DDA 试图诉诸规范责任（normative responsibility）的思想去论证，我们每个人对自我拥有某种特殊的责任，正是这种对自我的特殊责任，使得具有"行动者中心性"的那些负面理由获得了道义论品格。根据这个说明，

> 之所以能动性的积极发挥具有更大的道德严重性，并且对你来说，在一个会造成伤害性后果的事件因果链中，首要发挥你自己的能动性是不可允许的，而次要地发挥你自己的能动性是可允许的，是因为你拥有一项道德上更强（stringent）的责任不去直接贡献于这个伤

害性后果，即使这种积极贡献实际上能导致伤害性后果的数量和程度有所下降。

这个观点的实质是说，对一个行动者来说，就算他确实有责任去降低伤害性后果的数量和程度，但是在他所承担的降低伤害性后果的数量和程度的正面责任（positive responsibility），和他所承担的不去直接贡献于伤害性后果的负面责任（negative resiponsibility）之间，存在着一个具有道德严肃性和重要性的不对称。根据这个观点，对一个特定行动者来说，承担负面责任比承担正面责任在道德上更为重要，也正因此，疏于承担负面责任在道德上就比疏于承担正面责任具有更大的道德严重性。那么，DDA 的支持者所持的这个观点，能不能帮助确立起"实质论题"本身呢？DDA 的支持者如果试图通过这个观点来确立"实质论题"的可信性，他们实际上就需要去进一步表明，负面责任的优先性能够为行动者本人不去开展一个行动提供压倒性的理由，使得他们受到"约束"并因而不去开展某种类型的行动——特别是如果这些类型的行动能够导致伤害性后果在数量上或程度上获得降低。

实际上，DDA 的支持者之所以煞费周折去采取上面这个观点，是因为他们试图经由两种责任的道德严重性之间的不对称，来说明在"不可允许性/可允许性"的区分和"能动性的首要发挥/次要发挥"的区分之间存在对应关系，从而最终确立起"实质论题"的可信性。不过，问题的关键在于，就算如 DDA 的支持者所宣称的，在承担负面责任和承担正面责任的道德严肃性之间存在不对称，这种不对称到底对决定行动的不可允许性有什么样的涵义，甚至这种不对称是不是对决定行动的不可允许性来说是有任何意义的，并不是一个清楚的事情。比方说，你有一项负面责任不去将一个小孩踢到水井里淹死，也有一项正面责任去帮助一个落井的小孩脱离险境。在这种情况下，就算我们承认说，你的负面责任比正面责任更具有严重性，这也不等于说，你不被允许去把这个小孩踢下水井，是因为你所承担的不把小孩踢下水井的负面责任更具道德严重性。相反，你不被允许去把小孩踢下水井的根本原因，只因为那个小孩是一个人。

DDA 的支持者可能对此有些不同意，他们可能会说，对负面责任和正面责任在道德严重性方面的不对称的说明，是可以帮助我们确立起一个有关行动的不可允许性的观点的：很显然，对一个行动者来说，这个小孩是自己掉进水井里的，还是被行动者踢进水井里的，在为行动者分配道德责任的时候，肯定是有重要差别的。这个差别之所以重要，就在于它表达出这样一个直观上具有合理性的主张：在我们所生活的这样一个真实世界中，没有哪一个行动者可以去阻止所有的伤害性后果或灾难的发生，但是每一个行动者都应当去避免自己成为伤害性后果的原因。这个事实在任何一个可信的道德理论化过程中，都是一个必须予以考虑的因素。进一步地，对一项道德理论化过程来说，将那些疏于承担负面责任的行动视为不可允许的行动，实际上也就体现出了这一事实的重要性。

确实，就像这个异议所表明的，DDA 向我们提出了任何一个有关人类道德的理论都必须要去加以严肃考虑和认真对待的问题：在一个真实的世界中，如何去分配道德责任。可以说，为了获得可信性，任何一个有关行动正确性标准的规范理论，都必须在某种程度上是敏感于道德责任的分配的。① 然而，这是否意味着 DDA 因此就能确立其"实质论题"了呢？我不这么认为。因为，"实质论题"是一个关于约束性理由规范品格的问题，它要求将"行动者中心"唯一地理解成为约束性理由提供规范品格的基础性原因。因此，为了依靠 DDA 来确立起"实质论题"，理论家们所必须去探寻的真正问题，并不是责任分配的恰当性会不会敏感于能动性的发挥的问题，而是这种敏感性能不能唯一地为理解约束性理由的规范品格提供基础的问题。"实质论题"在根本上的雄心并不是一个有关责任分配的问题。相反，"实质论题"试图通过刻画"行动者中心性"内在蕴含的某种规范重要性，来达到对道义论理论本身的最终理解。既然如此，如果 DDA 的支持者真的认为，恰当分配道德责任是真实世界中的一个重要的道德理想，那么他们接下来的真正任务就应该是去表明，为什么从这个理想出发就能完全地解释清楚为什么某些类型的行动是具有道德不可违背性的。

然而，就像上面那个例子已经表明的，"他人的存在"对理解道德不可允许性来说，是一个不可或缺的因素。为了真正理解道德不可允许性，DDA 不可避免地要采取一个重要的论证步骤，去说明一个"自我聚焦"的责任分配理论到底怎么样把对"他人的存在"的规范重要性纳入进去。有趣的是，正是在这一点上，DDA 诉诸责任的语言的论证，就不得不自我消散，最终融化为一个有关权利的理论。就像一些哲学家已经建议的，为了最终达到论证在"不可允许性/可允许性"的区分和"能动性的首要发挥/次要发挥"的区分之间存在着一种对应关系，DDA 的支持者必须去转而采取"正面权利/负面权利"的区分：因为，只有通过权利的概念，诉诸责任的语言所无法摆脱的那种"自我聚焦"性才能被驱散，"他人的

---

① 参见 Samuel Scheffle, *Human Morality*, Oxford: Oxford University Press, 1992。

存在"的重要性才能被顺利地引入 DDA 的理论框架当中去。① 据说，践踏负面权利比践踏正面权利在道德上更艰难，因此在这个意义上，负面权利相对正面权利而言就具有了某种优先性。假设确实如此，那么我们当然要接着问，到底践踏负面权利的这种艰难性从何而来呢？没有一个对他人重要性的直接说明，这一点根本无法获得理解。②

当然，有人可能会说，也许结论没有这么快，因为我们在这里需要把责任的语言和权利的语言结合在一起来理解，毕竟在采取权利的语言之后，DDA 对责任分配恰当性的关注只是"退隐"到幕后。根据这些理论家的设想：只要我尊重其他人的这项权利（也就是说，只要我不去侵犯他人的负面权利），我就有一项权利去单独追求我自己的企划和计划；如果我不肯放弃我自己的企划和计划去帮助那些有需要的人，即使那些人有一项获得援助的正面权利，我也不受任何责备或惩罚——在这种情况下，我不应该被指派承担任何的道德责任。所以，侵犯他人的负面权利的行为是不可允许的，它们之所以是不可允许的，是因为我们每个人都只是对自己承担一个首要的责任，关心可能降临到我们自己身上的不幸。

负面权利确实是行动者所主张的有关他自己有资格不受限制地做某些事情的权利。从负面权利的这个特征中，DDA 能够确立起"实质论题"吗？很值得怀疑。如果我拥有一项负面权利，这项权利允许我有资格不受限制地去做某事（或者不做某事），那么我当然可以据此宣称说，我拥有一个理由不去开展某种行动。而且，更重要的是，不管我是不是在事实上主张这个负面理由，起码我都是有资格去主张它的。在这个意义上，由于拥有某种负面权利因而有资格去主张相应负面理由，我确实也有了一项"行动者中心"的理由去反对对我的负面权利的践踏。但是在这里，这个理由之所以具有"行动者中心性"，只是因为它在我的理由陈述中具有"行动者中心"的运行特征。而对 DDA 的支持者来说，他们的任务毕竟是要去表明，光靠该理由所体现出的"行动者中心性"的运行特征，这些理由的规范品格就能获得理解。毫无疑问，如果你侵犯了我的负面权利，那你确实是在做一件道德上不可允许的事情，但是同样毫无疑问的是，你这么做之所以是道德上不可允许的，是因为我的这项负面权利是不可侵犯的，而不是因为它是我的负面权利——它是我的负面权利这个事实能不能为我提供一个理由去说你在干一件道德上不可允许的行动，不取决于这个

---

① 参见 Warren Quinn, "Actions, Intentions, and Consequences: The Doctrine of Doing and Allowing", *Philosophical Review*, 98 (3), 1989。

② 在下一章中我们将看到，这种他人的重要性所表述的恰恰是他人与自我的同等重要性。

负面权利是不是我的,而取决于这个负面权利是不是不可侵犯的。换句话说,是"不可侵犯性"而不是"我恰好是某个不可侵犯的权利的持有者"这个事实界定了,为什么一旦你侵犯了我的这个负面权利,你就干下了一件道德上不可允许的行动。不管负面权利是不是真的具有"不可侵犯性",以及如果有的话这种"不可侵犯性"在程度上究竟多高,通过目前的这个说明,我们都足以看到这样一点:为了界定违背负面权利的行动的道德不可允许性,我们需要一个独立的、已经负载了某种规范品格的概念,而正是这个概念本身,为基于这种负面权利而形成的理由提供了规范品格。进一步地,这种已经负载了规范品格的概念,必须经过一个道德共同体框架下的第二人称机制来获得,因此就算采取权利的语言,DDA的支持者也并没有成功地确立起"实质论题"。

(二)能动性的意图观点

能动性的意图观点认为,在我们的道德思维中占据基本重要性地位的,实际上是行动者在计划或开展一个行动时的意图。相比较那些行动者在意图上无意去做,但是从某种意义上来说又是可以预见其会引起伤害性后果的行动来说,一个行动如果是行动者有意去做的,并导致了伤害性后果,那么这个行动就是道德上不可允许的。那么,这个学说究竟是如何试图去确立"实质论题"的呢?许多哲学家为此提供了精致的论证,但内格尔在《无源之见》中提到的观点可能对我们的论证来说最具有典型性。

内格尔论证说,当我们意图伤害某人的时候,我们实际上也就意向于或者说致力于某种邪恶。关于邪恶,内格尔认为"如果某种东西是邪恶,那么我们的行动就应当被引导(如果我们的行动真的是受到引导的话)去消除而不是维护它"。在内格尔看来,在邪恶的概念本身之中,已经隐含了我们应当如何去对待它的那种规范观念。内格尔进一步说,在致力于邪恶的实现中,"意向功能实际上是规范功能的对立面"。由于意向功能应当以它所内在具有的规范功能所指引的方式运作,所以当意向功能对立于规范功能时,"从行动者自己的观点来看,这就导致了一种尖锐的道德紊乱"①。

内格尔在此提出的说明相比较 DDA 的观点来说,确实是有一些优势的。在这里,内格尔既放弃了 DDA 所采用的那种责任的语言(无论是它的明确形式还是"隐退"形式),又保留了能动性的积极发挥在决定行动的道德不可允许性问题上的关键角色。根据内格尔的说明,能动性的积极

---

① Thomas Nagel, *The View from Nowhere*, p. 182.

发挥实际上预设了一种规范功能：如果意图在调动能动性的发挥时背离了这种被预设的规范功能，那么意图也就调动能动性在发挥时朝向了道德上不可允许的行动。这个论证的特点就在于，规范品格的概念从一开始就经由"意图在其规范功能上不应当朝向邪恶"这一观点而被预设了。

那么内格尔的说明能不能帮助确立起"实质论题"呢？我认为，为了确立起"实质论题"，对内格尔来说，关键在于他能不能说明抵抗作恶的那种力量来自于这样一些道德上具有重要性的考虑，这些考虑单纯从行动者自己的视角上就能获得理解。为什么呢？因为根据内格尔的说明，如果行动者的意图朝向邪恶，那么从这个事实中就应当产生出一个"行动者中心"的理由使得行动者不去开展这个行动。这个理由应当成为行动者的理由，因此也应当是一种"行动者中心"的理由。但是，该理由的这种"行动者中心性"，对确立"实质论题"来说是没有多大意义的。因为，上述说明不仅没有真正满足"实质论题"的论证要求，而且实际上已经预设了它的正确性和可信性——这些理由之所以拥有某种规范品格，是因为它们应当具有那种规范品格。

内格尔的说明中的那股关于道德价值的实在论气息，在一个比喻中更显突出。内格尔为了向读者表明为什么致力于邪恶是道德上严肃的，打了个比方："致力于邪恶，就是在规范洪流（normative current）中逆流而上。"理解"规范洪流"这个比喻，是理解内格尔关于意图为什么在决定行动的道德不可允许性方面具有那样的重要性的一个关键点。没有一个有关"规范洪流"的实质性说明，对我们来说，甚至不可能去理解为什么逆"规范洪流"而行就是朝向邪恶。毫无疑问，在相当程度上，《无源之见》乃至《利他主义的可能性》在整个篇幅的意义上，都可以被当作对"规范洪流"的本质的注解。不过，就当前的论证来说，我们不需要把自己卷入得那么深。就目前而言，我们需要首先明确的是，对所有的试图通过能动性的意图观点去理解道德约束的本质的道义论者来说，必须排除将"规范洪流"刻画成"后果主义洪流"的可能性。为什么这么说呢？因为，如果"规范洪流"在一开始就是一个"后果主义洪流"，那么有意地去通过开展导致伤害性后果的行动来降低伤害性后果的数量和程度，又怎么能算成是有意致力于邪恶呢？

所以，对能动性的意图观点的支持者来说，"规范洪流"必须是一个"非后果主义（non-consequentialism）洪流"。进一步地，能动性的意图观点的支持者的主要任务，毕竟是要去确立"实质论题"，因此他们必须去修改内格尔说明中将"规范洪流"当作一个独立于行动者自己的观点而具有规范品格的东西的做法。也就是说，他们需要去表明，这种"规范洪流"的规范品格实际上恰恰就是依靠行动者自己的观点才能获得理解的东西。但是，这个修改也是具有风险的。比如说，我们很容易就能理解，如果一桩恶行对行动者来说得以成为恶行，就是因为开展它的人是行动者自己，那么这种观点注定了是一种"自我沉溺"的思想。内格尔自己实际上也已经意识到了这种修改可能带来的问题。因而他做了一个重要补充：

> 所以，在这里，那种我们被限制而不得致力于的邪恶，是我们的牺牲者的邪恶。因而，它才不只是一个特定的坏东西；并且，为了确定这种限制，每一个行动者都有相当的权威去界定到底什么才能算作对他自己的伤害。①

因此，为了界定约束，我当然有权威去界定什么才能算作邪恶。但是，我所界定的邪恶，是针对我的、在我身上发生的事情。我并没有任何权威去界定出"一般而论的邪恶"（evil as such），或者说去决定什么才能对别的行动者来说算作邪恶。我确实是界定落到我自己身上的邪恶的唯一源泉，但是我是作为潜在的牺牲者来界定邪恶的。任何别的行动者，也都是作为潜在牺牲者，来界定落到他们自己身上的邪恶。在这个意义上，落到每个人身上的邪恶，确实是从每个人自己的视角就能获得定义的东西，但是这不等于说，一般而论的邪恶从一个具体行动者的视角中就能获得理解。没有人有任何权威将落在自己身上被自己定义为邪恶的那个东西算作一般而论的邪恶；没有任何人有权威去代表他人界定邪恶。突破这种权威的界限，实际上就是在界定邪恶中的"自我沉溺"。这样，起码就目前的说明而言，"实质论题"并不能得到确立。

现在，能动性的意图观点的支持者可能会说，通过另一种方式可以确立起"实质论题"：当一个行动者在慎思上去考虑一个会导致邪恶的行动时，会深深地感到自己即将开展的行动是令人憎恶的。他会想："我就是不能这么做，这个行动如此可怕，我一定不能允许自己去开展这项行动。这项行动是不可允许的。"这个思路认为，通过这种探查和反省自己心灵的内部世界的办法，你就会看到这个行动的恶心之处、冒犯之处和不可接受之处，因此你就会去禁止你自己开展这项行动。在这个意义上，道德约束就因为它所具有的"行动者中心性"而获得了道义论品格。

---

① Thomas Nagel, *The View from Nowhere*, p. 182.

这个思路是不是可信的呢？我很怀疑。通过考察和反省我们的行动意图，我们确实能够发现一个行动是不是以一种非常肮脏或具有冒犯性的方式得以筹划的，通过这种考察和反省，我们能够经验到筹划这个行动时的心灵状态。而且，显然不可否认的是，对相关心灵状态的反省，一定会影响到我们对这个行动的评价和反思。然而，论证说致力于邪恶是具有冒犯性的，最多是在论证说致力于邪恶的行动所涉及的那种意图在品质（quality）上是邪恶的；但是，论证说一个指定行动是道德上不可允许的，实际上是在论证说这个行动违背了我们据之以评价行动的某种标准。对一项意图的品质开展评价，是对一个行动者的道德品格（moral character）开展评价；而对一个指定行动的道德资格开展评价，是对那个行动开展本身开展评价。因此，即使能动性的意图观点的支持者通过上面这个思路，确实向我们建议了意图品质在对行动者的全局性道德评价中应该占有某种程度的分量，但是就有待评价的那个行动的道德评价来说，它并不是具有首要性的因素。最近，汤姆逊和斯坎伦通过论证①，也很好地向我们说明了，为什么要把对道德品格的评价与对指定行动的道德评价区分开来。假设你是一个飞行员，现在你接到一个任务，去炸毁一个恐怖分子聚集地。不过，在这个恐怖分子聚集地被完全摧毁的同时，附近的一个村庄也会受到影响，一些无辜的村民会因此而丧命。你接受了这个任务，一些无辜者因此丧了命。有一天，战争伦理调查委员会问你，你所开展的行动是否是可允许的，你能否这样回答：这取决于我当时的意图，如果我在按动炸弹控制按钮时意图杀死那些无辜者，那么当时的行动是不可允许的；但是，如果我没有意图杀死那些无辜者，而只是意图去炸毁那个恐怖分子中心，那么我的行动就是可允许的。现在，我已经不记得当时我的意图究竟是怎么样的，所以这个行动也许是可允许的，也许不是。

你的回答显然很荒唐，但是它的荒唐性究竟在哪里？汤姆逊和斯坎伦建议说，它的荒唐性就在于，在道德品格的评价和对一个行动的道德评价之间出现了混淆。如果你真的意图去杀死那些无辜者——或者用奎因的术语，如果你真的将自己"慎思性地贡献给"这种邪恶，那么我们可以说，你是一个"恶人"。但是，你的品格的道德缺陷并不就是导致你的行动具有不可允许性的那种"为错特征"：你的行动是否为错，起码不仅仅取决于你的品格是否存在缺陷，而更取决于你是否通过发挥你自己的能动性而

---

① 参见 Judith Jarvis Thomson, "Turning the Trolley", *Philosophy and Public Affairs*, 36 (4), 2008; Thomas Scanlon, *Moral Dimensions: Permissibility, Meaning, Blame*, Cambridge, Mass.: Harvard University Press, 2008。

亏欠了他人某种不可亏欠的东西。

有人可能会说，上面的观点存在混淆主题的错误，实际上完全误解了能动性的意图观点，因为能动性的意图观点并不是要试图将一个行动的不可允许性与一个行动者开展哪个行动时的个别意图（a token intention）联系起来。尽管一个个别意图确实决定的是一个行动者是否具有品格上的道德缺陷，但能动性的意图观点实际上并不需要去进一步坚持说，这个个别意图会影响到相关行动是不是道德上不可允许的这一点。因为就像费兹帕特里克所说的：

> 真正充分辩护一个行动的不可允许性的，是"绝不能将牺牲者的死当作一个手段"这一点。在错综复杂的道德问题中，真正决定一个类型的行动的（不）可允许性的这一类行动的，正是这一点。①

我同意费兹帕特里克为论证上面这个观点所说的——真正在决定行动的不可允许性中起决定性作用的，是"绝不能将牺牲者的死当作一个手段"的观点。然而此刻，对能动性的意图观点的支持者来说，真正的问题不是"这一观点是不是能够为决定道德不可允许性提供辩护"的问题，也不是"这种辩护是不是真的存在"的问题，而是"是否这种辩护能够纯粹地从行动者的视角中获得"的问题。如果没有对他人存在的规范重要性的充分说明，没有对他人视角的规范重要性的充分说明，费兹帕特里克所宣称的那种"充分辩护"，如何获得它的可信根基？因此，当我们接受费兹帕特里克的建议，认为在品格评价和行动评价之间存在混淆不是能动性的意图观点的真正问题时，我们也恰恰就得出了一个与能动性的意图观点的支持者相反的观点：道德约束的可理解性无法纯粹地从行动者的视角中获得说明，"实质论题"因此也就无法被这个观点的支持者所确立。

（三）能动性的完整性观点

"行动者中心"进路确立"实质论题"的第三种方式，是试图从完整性的重要性的角度来开展论证。一般而言，这个观点的支持者认为，行动者的完整性如此重要，以至于任何不能体现出这种重要性的道德理论化企划都是不恰当的。因此，行动者完整性的这种重要性，就产生出了一个限

---

① William J. FitzPatrick, "Acts, Intentions, and Moral Permissibility: In Defence of the Doctrine of Double Effect", *Analysis*, 63 (280), 2003, p.318.

制，使得行动者有理由不去开展可能导致他自己的完整性受到破坏或损失的那些行动。而且，由于完整性的重要性只能从行动者自己的视角才能获得理解，所以那些理由的道义性品格，也就相应地只能从行动者自己的视角中才能获得理解。为了理解约束性理由的道义性品格，我们必须舍弃那种由外而内（outside-in）的视角，而去从一个由内而外（inside-out）的视角探寻。

这种论证方式，具体来说，可以采取两个彼此旨趣大异的论证策略。一个策略强调个人完整性和个人自主性的重要性；而另一个策略则强调一个人自己去维持自己的道德完整性的责任的重要性。现在来分别考察这两个具体论证策略各自的可信性。

强调个人完整性的重要性的理论家，通常论证说，每个人都拥有一种被威廉斯称为"奠基企划"的东西①，这一点也是每个人都拥有"个人观点的自然独立性"②这一事实的反映。从这一事实出发，道德理论化就必须去容纳下这种"奠基企划"的重要性。不论如何，个人观点的这种天然独立性，使得行动者至少有一个选项不去做某些类型的行动。

这种强调个人完整性的重要性的策略，实际上最早来自对现代道德理论所提出的道德要求的"过分要求"（over-demandingness）的反思，而且也确实为我们针对"过分要求"的问题来反思道德的功能和范围提供了一些契机。但是，在我看来，这个策略实际上跟确立"实质论题"的任务之间没有什么关系：对那些认为这二者之间有关系的理论家来说，他们实际上所使用的那种"行动者中心"概念，和确立"实质论题"所需要的那种"行动者中心"概念，没有什么关系。

即使我们确实认为，行动者在履行自己的道德义务时有一个选项，并且因此承认说，这个行动者无论是不是选择去履行自己的道德义务，他所持的理由都是"行动者中心"的理由，我们也仍然不能去说，当这个行动者选择不去履行自己的道德义务时，他所施加给自己的那种负面的"行动者中心"的理由，也是一种道义性的理由。为什么呢？因为，尽管个人自主性可能确实为行动者提供了某种"行动者中心"的理由（舍夫勒将此成为"行动者中心特权"），使得你可以不去做 X，你的个人自主性的重要性也并不能为约束他人不去做 X 提供理由。我们已经一再地看到，约束性

---

① 参见 Bernard Williams, "A Critique of Utilitarianism", in J. J. C. Smart and Bernard Williams, *Utilitarianism: For and Against*。

② 参见 Samuel Scheffler, *The Rejection of Consequentialism: A Philosophical Investigation of the Considerations Underlying Rival Moral Conceptions*, chap. 8。

理由要求针对道德不可允许性在自我和他人之间寻求一种对称性。为了获得一个道德不可允许性的条件，某些被认为不可允许的行动，必须是一个涉及了他人存在的重要性的行动，而且甚至恰恰因为对他人的这种涉及，才被鉴定为道德上不可允许的行动。在任何意义上，个人自主性的理由，都不可能完备地回到为什么存在着道义论的理由。

达沃尔建议了另一种说明策略。他认为，由于行动者有责任去维护自己的道德完整性（在此，道德完整性的概念是一种康德式意义上的道德能力），因此行动者就在道德上被禁止去开展某些能够导致行动者自己疏于承担这一责任那种类型的行动。① 达沃尔的论证实际上摆脱了从个人完整性角度谈论问题所带来的混淆两种不同的"行动者中心"概念的问题，因为他通过论述行动者维护自己的道德完整性的责任，将行动者维护自己这方面责任所带来的理由同违背责任所带来的错性（wrongness）联系在了一起——一个"行动者中心"的理由被与一个道德错性的概念联系在了一起。表面上看，达沃尔的观点可能有助于确立"实质论题"，但实际上未必如此。

首先，我们的道德完整性概念本身，是一个同具体的道德原则紧密相关（principle-bounded）的东西。就道德完整性概念本身而言，为了理解它，我们必须要理解行动者所已经承诺的那些道德原则或道德考虑的内容。拥有道德完整性，就是承诺于某些不会内在冲突的道德原则或道德考虑。在这个意义上，说某个人拥有道德完整性，而不说他到底拥有承诺了什么样的道德原则或道德考虑，毫无信息性（ill-informative）。因此，道德完整性概念本身是一个非常"薄"的概念。道德完整性的概念，在道德理论化的企划中，因此就不可能是一个首要的一阶概念。这样，如果达沃尔真的认为，通过对道德完整性的重要性的说明，就能确立起"实质论题"所需要的论证，那么他实际上已经隐含地在认为，他在这里所设想的道德完整性概念，实际上已经是一个将道义论理论所体现的道德原则和道德考虑当作唯一正确的道德原则和道德考虑了。在达沃尔企图用一个道德完整性概念为"实质论题"提供说明的地方，他亏欠了一个为什么道义论原则和考虑是可以获得辩护的恰当原则和考虑的说明——在达沃尔需要去论证的那个问题上，他已经预设了它。

当然，有人可能会说，达沃尔的论证起码具有一个实质性的涵义：每

---

① 参见 Stephen Darwall, "Agent-Centered Restrictions from the Inside Out", *Philosophical Studies*, 50（3），1986。

个人都应该去通过自己的行动来维护自己的道德完整性，因为他不可能假手他人来做到这一点。当然，就像我不可能假手他人来实现我的个人企划那样，我不可能假手他人来维护我自己的道德完整性：我相信和持有什么样的道德原则或道德考虑，只能是依靠我自己自主地去相信和持有。因此，对我自己的道德完整性（无论它的实质内容如何）承担责任，对我来说，确实是我的一个行动理由。这个行动理由不仅以"行动者中心"的特征运行于我的理由陈述中，而且也确实只有在我自己的视角中才能获得理解。但是，它因此能产生出我为了承担这个责任而不去做某些事情的道义性理由吗？或者说，由于我承担了这个责任因而获得的为维护道德完整性而不去做某事的理由，是约束性理由吗？答案是否定的。为什么呢？因为这个责任能不能为我提供约束性理由取决于这个责任本身是不是与道义论相一致的责任，取决于为维护我的道德完整性，我是不是就要去做道德上不可允许的行动：如果一个人是纳粹党卫军分子，他所承担的维护他自己的道德完整性的责任，不可能为他提供一个道义论的理由使他不去杀害犹太人；能够为他提供这个理由的，是犹太人作为人的同等道德重要性，而这个重要性，不可能在他自己所要承担的那个责任的框架内获得理解。一个人所承担的责任，因此是要受到约束性理由约束的；而不是一个人所拥有的道德约束，可以从他所承担的某种责任中获得理解——没有哪一个行动者有特权去宣称，由于他对自己承担了某种责任，因而就有资格去决定哪个行动是道德上不可允许的。如果违背维护自己的道德完整性的责任是道德上不可允许的，这种不可允许性只能是来自于一个行动者个人视角之外的地方：比如是上帝这么说的，或者道德共同体的规则所决定的。

总之，就像我们已经看到的那样，某些道义论者认为，在道德功能的这两个方面的设想之间存在着某种不对称性，并且他们试图通过说明"阻止伤害发生"与"避免做出伤害"在道德紧迫性（urgency）或强度（stringency）方面存在差别，来说明为什么道德约束主要地体现出了"行动者中心"的特征。这一章已经通过论证表明，虽然这些道义论者的策略对我们理解和思考如何配置道德责任的问题来说具有重要性，但是我们并不能够从"阻止伤害发生"和"避免做出伤害"之间的表面不对称性中推论出这些理论家真正企图建立的论题，即认为道德约束的规范品格是通过它的"行动者中心性"运行特征来获得确证的。而且，就像已经论证的那样，从一个纯粹的行动者中心视角出发，我们不可能得到一个可信的和富有前景的关于"道德约束"本质的说明。

第十一章　道德约束的证成：牺牲者中心进路

前一章中，我们已经看到，道义论者对"道德约束"的理解，在"行动者中心"进路上是存在缺陷的。在这一章中，我们将考察道义论者为理解"道德约束"而采取的另一条主要进路，即"牺牲者中心"（victim-centered）进路，来看看"道德约束"的本质能不能真的经由这条进路获得理解。我将论证，尽管这条进路确实捕捉到了"道德约束"思想在本质上所要表述的道德重要性的某个方面，但是它也包含了一些有待清理的误导性因素。

第一节　不可违背性的违背

"牺牲者中心"进路的支持者宣称，存在一些道德事实或道德属性，这些事实或性质一般而论地为"人"所占有，而且道德在功能上主要为每一个人提供"庇护所"，以保护我们免于丧失这些道德事实或道德属性，避免成为道德牺牲者。这种道德事实或道德属性，也决定了以某些方式去对待人是被严格禁止的。总之，按照"牺牲者中心"进路的思想，居于道义论思想核心地位的是这样一项道德关切：我们人类存在者应该不受误待（maltreatment）。

举个例子来对此加以说明。我们都知道，"不得杀戮无辜"是日常道德生活中的一项道德约束。那么，为什么"杀戮无辜"的行动是道德上不可允许的呢？按照"牺牲者中心"进路的观点，这是因为作为无辜者，每个人都拥有某种特殊的道德属性；也正是因为这种特殊的道德属性的存在，他才得以成为人而不是器物，并因而有资格去受到某种对待而不是杀戮这种误待。这种思想，也被称为"人的不可违背性"（inviolability of persons）[①]。

对"牺牲者中心"进路的支持者来说，人类道德的基本功能，在根本上只不过是为了确认"每个人作为潜在的牺牲者都拥有某种道德属性从而

[①] 在中文理论法学著作中，inviolability of persons 或者 personal inviolability 概念通常被译为"人身不可侵犯性"。此处，我将使用"人的不可违背性"的译法，用以概括人类存在者在道德上所拥有的那种特殊属性。

不受误待"这一点。因此,根据"人的不可违背性"思想,道德的首要任务,就是要去保护我们不至成为道德上的牺牲者,而不是去促进什么事态价值的最大化。在这个意义上,违背道德约束之所以是不可允许的,也就是因为违背道德约束的行为在根本上都违背了这种"人的不可违背性"。①

不过,有人可能会想,如果"人的不可违背性"这么重要,假设"不可违背性"所具有的单位价值是固定的,那么倘若现在有一种情形,以至于违背行动者A一次就能够阻止五个行动者B、C、D、E、F的"人的不可违背性"受到违背,这样的行动是不是可允许的呢?令人惊讶的是,"牺牲者中心"进路认为,上述行动仍然是不可允许的。这样一来,就产生了一个令人困惑的问题:最小化违背"不可违背性"所带来的负价值的做法为什么是不被允许的呢?② 由于"最大化合理性"思想是人类合理性思想中不可否认的一部分,因此看起来,在"牺牲者中心"进路中,道德约束概念的身上,就包裹着一层悖论的气息——正是由于"牺牲者中心"进路不允许去最小化负价值,导致了这个进路在理解道德约束概念时,出现了著名的"道义论悖论"(the paradox of deontology)。

那些认为"牺牲者中心"进路对道德约束概念的理解存在"道义论悖论"的人(以下简称"道义论悖论"的支持者)认为,由于"牺牲者中心"的道德约束概念违背了"最大化合理性"的思想,因此道德约束概念在这条进路下是不可理解的。确实,最大化事态的后果价值或者最小化后果事态的负价值,是人类合理性的一个不可否认的典型特征。③ 并且,由于承诺了"最大化合理性"的思想,表面上看"道义论悖论"的支持者甚至就有资源在处理一些"艰难问题"时给出更具有一致性的解决方案。比如说,考虑一个著名情形"拖车问题"。一个无辜者被绑在一截车轨上,另一截车轨上则绑了五个无辜者。这两截车轨彼此相联,并联接在一截主车轨上。现在,一节拖车因为某种原因在主车轨上滑动,如果不

---

① 某些理论家已经进一步区分出了所谓的"受辩护的违背"和"不受辩护的违背",在这个区分的基础上,道德约束被认为是禁止去开展对"人的不可违背性"构成了不受辩护的违背的那些行动。尽管是否存在这个区分对理解权利的本质这个问题来说是重要的,但是它对我此处的论证来说无关紧要,因此在本文中暂不讨论。关于这个区分,参见 Joel Feinberg, "Voluntary Euthanasia and the Inalienable Right to Life", *Philosophy and Public Affairs*, 7 (2), 1978; Judith Jarvis Thomson, *Rights, Restitution and Risk*, Cambridge, Mass.: Harvard University Press, 1986; Judith Jarvis Thomson, *The Realm of Rights*, Cambridge, Mass.: Harvard University Press, 1991, pp. 98–103; Nancy Davis, "Rights, Permission, and Compensation", *Philosophy and Public Affairs*, 14 (4), 1985。

② 参见 Samuel Scheffler, *The Rejection of Consequentialism: A Philosophical Investigation of the Considerations Underlying Rival Moral Conceptions*。

③ 参见 Samuel Scheffler, "Agent-Centred Restrictions, Rationality, and the Virtues", *Mind*, 94 (375), 1985。

采取任何措施,这节拖车将划入绑着五个人的那段车轨,并导致这五个人死亡。幸运的或不幸的是,在附近的一位行动者有机会去按动一个按钮,使得拖车划入绑着一个人的那段铁轨。如果行动者按动按钮,这个人会因拖车碾轧而死。几乎大部分人包括大部分道义论者认为,按动按钮在"拖车问题"的情形中起码是可允许的,如果不是像后果主义所设想的那样是被要求的话。大部分人之所以这么认为,是因为"最大化合理性"思想确实在判断"拖车问题"的情形中发挥了主要的解释作用。正因此,"道义论悖论"的支持者就会说,之所以在"拖车问题"上会存在这样一个道德判断的共识,是因为"最大化合理性"思想是人类合理性思想的一个典型特征,因此任何否认这个思想的理论,显然是缺乏可信性的。这样,看起来提出证据的负担就落在了"牺牲者中心"进路的支持者肩上,它逼迫"牺牲者中心"进路的支持者明确就"最大化合理性"思想在道德理论化中的地位给出一个说法。

确实,"最大化合理性"思想作为一种典型的人类合理性思想,这一点很难被否认,因此试图一般而论地否定"最大化合理性"思想的有效性,并不是一个很有前景的策略。然而,如果"牺牲者中心"进路的支持者能够提供一个可信的理由,使得"最大化合理性"思想从一开始就被阻止进入道德理论化和道德思维之中,那么也许"悖论"气息确实有希望得以清除。因此,对"牺牲者中心"进路的支持者来说,清除"悖论"气息的希望就在于能否证明,"最大化合理性"思想必须在某些约束性条件得以满足的情况下,才能发挥作用。换句话说,他们必须去说明,"最大化合理性"思想是一个受条件约束的思想,因而是在道德理论化中扮演次要作用的因素。[1] 为了获得这个说明,对"牺牲者中心"进路的支持者来说,最佳的策略就是去找出一个有关价值和理由的替代性说明,就像康德在两百多年前所做的那样。

实际上,"道义论悖论"的支持者在坚持"最大化合理性"思想具有有效性的时候,是有一些更深的理由的。在坚持认为"最大化合理性"思想在人类道德中扮演首要角色这一点的时候,从一开始,这些理论家们就在事实上将道德观点设想为一个超越了所有个人观点的评价观点。他们认为,道德观点必须是一个非个人的观点,在这个意义上,道德理论化的企划在根本上来说,就是要去发现一个"没有视角的视角"。进一步地,他

---

[1] 参见 Paul Hurley, "Agent-Centered Restrictions: Clearing the Air of Paradox", *Ethics*, 108 (1), 1997, p. 140, n. 43。

们也相信,一旦个别行动者的视角获得超越,并且最终收敛于一个非个人的因而也是道德的观点,由于价值只能内在地体现在事态当中,因此除了从一个不偏不倚的视角出发,根据各个事态中所体现出来的价值来排序,我们别无选择。如果"道义论悖论"的支持者在这里所持的每一个要点都是确凿无疑的,那么就像富特所质疑的:偏好一个相对而言最好的事态,并采取行动实现这个事态,这怎么可能是错的呢?[1]

因此,为了赢得论证,"牺牲者中心"进路的支持者或许乐于承认,"道义论悖论"的支持者至少在这一点上是对的,即后者正确地认识到,道德观点必须是一个超越了任何个人观点的东西。但是,在这个共识之外,"牺牲者中心"进路会立即补充说,从"道德观点必须是一个超越于任何个人观点的东西"这一点中,我们无法推出"我们必须去从一个'无视角的视角'去针对事态的价值进行排序"这个结论。毕竟,站在道德的观点上,与站在一个价值排序的观点上,根本是两码事。进一步地,"牺牲者中心"进路的支持者会说,那些认为道义论存在悖论气息的人,实际上是过"厚"地理解了道德观点所预设的不偏不倚性思想。在这个意义上,只要"人的不可违背性"在根本上是一种不可排序、不可公度的终极价值,那么就慎思一项具体的行动来说,它就有资格最终决定"最大化合理性"思想是否应当在我们的道德思维中获得运用,也就有资格决定单纯运用"最大化合理性"思想而得出的行动方案是不是道德上可允许的。[2]

表面上看,一旦采取了上述论证,看起来"牺牲者中心"进路就能获得一个清除"悖论"气息的机会。但是,为了真正赢得一个全局性的胜利,道义论者还需要就"人的不可违背性"所具有的那种终极价值的地位本身做出辩护和说明。我接着就将对此做出进一步的考察。

第二节 道德资格

我们实际上已经看到,为了解决"道义论悖论","牺牲者中心"进路的支持者论证说,在对事态价值加以排序的基础上选择一个行动方案,这并不是道德理论的首要功能。换句话说,对人类道德来说,它的首要功能乃是要去采纳或者确证我们人类存在者是不可违背的这一事实,而不是要去促进什么最好后果事态。总体上看,之所以"牺牲者中心"进路坚持

---

[1] 参见 Philippa Foot, "Utilitarianism and the Virtues", *Mind*, 94 (374), 1985。
[2] 需要指出的是,一旦道义论者获得了这个论证,他们就赢得了针对后果主义者的胜利。

对道德的首要功能采取这样一个看法，是因为它将两个彼此相关的思想视为具有基本重要性的东西：第一，人拥有某种特殊的特征，使得人和他们的权利不可违背；第二，由于我们人类存在者不得不生活在一起，也不得不彼此相联系，因此人的不可违背性思想的重要性就在于，任何违背这种不可违背性的行动，都将对某种恰当的人类关系构成削弱。就像内格尔在《战争与杀戮》中所清楚地表明的："对道德约束重要性的正面说明，必须开始于对战争、冲突和侵略中所涉及的人的关系的观察。"① 这样，我们就看到，在"牺牲者中心"进路的设想中，正是因为人类存在者拥有某种特殊的特征，使得某些类型的人类关系变得在道德上格外具有重要性，而道德在功能上就要一方面保护这种特殊的人类特征，另一方面去保护这种关系不受破坏。因此，为了避开"道义论悖论"，"牺牲者中心"进路就需要去表明，这种特殊的人类特征和与其相应的恰当人类关系，构成了道德理论化的基本因素。并且，除非它们已经得到体现，否则对事态价值的排序和最大化就根本不应该有机会进入道德思维当中。人类存在者据说拥有的那种特殊的特征，"牺牲者中心"进路的支持者也将其称为人的"道德资格"（moral status）。

关于道德资格的概念，作为当代最重要的"牺牲者中心"进路支持者之一的卡姆论证说："一个实体拥有道德资格，只要其能够为我们提供理由使得我们凭其自身之故（in its own right）、为其自身之虑（for its own sake）而不去加以摧毁，或者为我们提供理由使得我们凭其自身之故、为其自身之虑去帮助它。"② 我们需要注意的是，一般而论地说，在道德资格概念和不可违背性概念之间有一个非常重要的联系。首先，与道德资格概念相联系的，是一个"资格"意义上的"不可违背性"概念，而不是事实上是否存在着违背行为。举个例子来加以说明。假设动物拥有道德资格，使得我们有理由凭其自身之故、为其自身之虑而不随意地折磨和杀害它们。在这种情况下，我们就可以说，那些动物在不得被随意折磨和杀害的意义上拥有不可违背性，并且也因此，随意地折磨或杀害动物是道德上不可允许的，而不论在事实上是否存在着对不可违背性概念所表达的内容的违背。比如说，也许世界上每天都有大量的动物被随意地折磨或杀害，但这个事实不会削弱动物所拥有的道德资格，因此也就不会削弱动物所拥有的那种不可违背性。其次，不同实体的道德资格概念存在着高度

---

① Thomas Nagel,"War and Massacre", p. 133.
② Francis Kamm, *Intricate Ethics: Rights, Responsibilities, and Permissible Harm*, Oxford: Oxford University Press, 2008, p. 292.

（altitude）上的差别，这种差别取决于那个实体所相应具有的不可违背性的程度的高低。同样以动物为例，将前述有关动物道德资格的表述同现在这个表述相比较：动物拥有道德资格，以至于我们有理由凭其自身之故、为其自身之虑而不以任何方式杀害他们。根据这个表述，我们可以看到，即使通过无痛屠宰的办法来获得动物蛋白，也是道德上不可允许的，因为这么做仍然违背了与动物所拥有的道德资格相对应的那种不可违背性——根据这个表述，一般而论地杀害动物，都是对动物所拥有的不可违背性的违背。类似地，如果一个实体拥有不可违背性的场合或语境越多，那么它也拥有越高的不可违背性和道德资格。假设有两种动物，其中一种动物相比较另一种动物来说，在较多的环境和场合中不得被杀戮，那么这种动物所拥有的不可违背性和道德资格就高于另一种动物。

人类存在者所拥有的不可违背性的程度是非常高的，因而人类在道德资格的阶梯中，也就占据了一个很高的高度。而且，按照一些哲学家的看法，正是通过一个表达了很高的不可违背性的道德体系，一个更高的人类自我观念才能得以体现出来。① 那么，从这样一个有关人类存在者的道德资格的思想出发，道义论者究竟试图向我们表明什么样的理论涵义呢？

就像马克所指出的："（道德约束）的合乎情理性，一定是源于这样的事实：作为导致牺牲的那个行动的接受者，牺牲者是一种拥有终极价值的存在者，并正因此，也拥有一种道德目的本身（end-in-itself）的地位。"② 由于不可违背性是每个人都一定拥有的一种价值，对任何潜在牺牲者的不可违背性的考虑，因此也就必定是同等严肃的。并且，通过违背一项道德约束，真正发生的事情，毕竟是潜在的牺牲者遭受某种邪恶。如果一项道德理论或道德体系将这种违背视为可允许的，那么这么做实际上也就是在降低每一个人所拥有的道德资格。牺牲者是我们人类存在者中的一员，我们每一个人类存在者也都是某种意义上潜在的道德牺牲者。正是因为这样，一种在每个人都享有同等不可违背性基础上确立起来的有关道德平等的理想，使得"牺牲者中心"进路显得格外具有吸引力，并且也构成了"牺牲者中心"进路的深度所在。因此，"牺牲者中心"进路实际上就把我们引导到一个真正具有吸引力的方面：通过违背道德约束或默许这种违背，一个行动以及默许这个行动的那个道德理论，摧毁了一种在道德

---

① 参见 Francis Kamm, "Non-Consequentialism, the Person as an End-in-Itself, and the Significance of Status", p. 383。

② Eric Mack, "Deontic Restrictions Are Not Agent-Relative Restrictions", *Social Philosophy and Policy*, 15（2），1998, p. 83。

平等的人类理想的基础上建立起来的人类关系，并且因此而降低了人类所拥有的道德资格和人类尊严。

这样我们就看到，通过违背一项约束，真正具有严重性的是人类存在者之间的那种道德平等意义上的基本关系受到了威胁。那么，这里所说的这种基本的道德平等关系，究竟是什么涵义呢？实际上，对"牺牲者中心"进路的支持者来说，为了理解这种基本的道德平等关系，他们采取的是这样一种做法：他们首先将每一个道德行动者都理解为一个个潜在的道德牺牲者，然后将道德理论和道德体系在功能上视为对每一个"潜在牺牲者"提供同等保护。这样，在这些理论家看来，在人类基本关系的结构中，虽然每个人都是平等的，但是这种平等，是人类相互之间作为"潜在牺牲者"，针对导致牺牲行为的潜在行动者有资格提出辩护要求这一意义上的平等。因此，"牺牲者中心"进路的支持者所设想的这种基本的道德平等关系，就是存在于导致可能牺牲行动的行动者和牺牲者之间的一种辩护关系。这种辩护关系，被严格限制在潜在的行动者和潜在的牺牲者之间。换句话说，这种辩护严格地预设了一个激活机制：只有当存在"牺牲-被牺牲"关系的时候，这个辩护的要求才会出现。就像内格尔曾指出的："假如一个人对另一个人做下什么行径，对这种行径的辩护，是要特别地提供给后者的，而不是在一般的意义上提供给这个世界，这是（道德约束）的重要起源。"[1] 也正是因为这一点，道德约束是"将一个人视为一个个渺小的个体，这些个体在一个广阔的世界中同他人之间存在着各种各样的人际间关系"[2]。因此，在"牺牲者中心"进路的支持者看来，对道德约束的辩护程序，严格地发生在一个潜在的"牺牲-被牺牲"关系所涉及的行动者和牺牲者之间。根据这个程序，当一个行动者对牺牲者犯下恶行的时候，他实际上也就是将他自己摆进了这样一个特权位置中，使得他自己好像有一种特权，去摧毁每个人之间作为潜在牺牲者都应该受到保护的基本平等关系；或者说，使得他自己好像有一种特权，去降低所有人的道德资格。

现在，表面上看起来，"牺牲者中心"进路捕捉到了"道德约束"概念中所蕴含的具有相当深度的哲学涵义。但是，一旦我们将"牺牲者中心"进路的上述说明，应用到对"拖车问题"的解释当中去，却可能出现严重问题。现在让我们来进一步做出分析。假设你就是那个要去决断是

---

[1] Thomas Nagel, "War and Massacre", p. 137.
[2] Thomas Nagel, "War and Massacre", p. 137.

否按动按钮的行动者,并且你决定去按动这个按钮。你的理由很明显:因为按动按钮可以拯救五位无辜者。不过,在这种情况下,那位潜在的牺牲者可能会向你抱怨说,根据你的决定,他将性命不保,因此你不应该做出按动按钮的决定。这位潜在者甚至会说:"你看,谁会不死呢?那五位无辜者虽然会死,但是这也许是他们的命运。在我的命运中,如果不是你按动按钮,本来不该遭此大劫。作为一个和我一样平等的人,你怎么会有资格去改变我的命运呢?"你如何回答他?或者说,作为一个潜在的行动者,你如何面向这位潜在的牺牲者去辩护你的行动?你也许也有些话说,但不管你如何回应,看起来只要你给出一个按动按钮的理由,这位潜在的牺牲者都会拥有一个同等的权威(identical authority)去拒绝承认这个理由的有效性,因而拒绝去承认你的那个理由是可分享的。毕竟,你给出理由的权威并不高于(当然也不低于)那位潜在牺牲者拒绝你的理由的权威——根据"牺牲者中心"进路,道德理论和道德体系已经确认了你们之间的平等道德关系。在你和这位潜在的牺牲者的理由交换中,没有什么能够提供给你更高的权威,使得你按动这个按钮的理由能够压倒性的成为受到辩护的行动理由。由于"最大化合理性"思想已经被处理为道德理论化中的一个第二位思想,你的那个"更多的无辜者会被拯救的理由"并没有什么特殊之处:它只是你的一个建立在你对合理性的设想基础上所产生的理由,即你的一个理由。在这个情况下,你的理由和这位潜在的牺牲者的理由具有同等权威性,也正是因为这种同等权威性,导致了在你的按动按钮的理由和这位潜在的牺牲者的不允许按动这个按钮的理由之间,出现了僵局。①

为了看清这个僵局的本质,让我们去进一步考察另一个例子(以下简称为 C_1)。在 C_1 中,假设你正驾艇于海上。现在,你看到有两个人正分别站在远处两块礁石上一筹莫展,海水正因为潮汐的原因迅速上涨,导致你没有足够的时间去同时将两人都救起。进一步地,假设没有任何其他因素能够为你提供有分量的理由,使得你去给其中一个人以更大的优先性,比如说,他们两个人都不是你的朋友、亲戚或者与你有某种特殊联系(special ties)。对你来说,为了决定救谁,你完全可以通过扔个硬币来随机决定。现在,将 C_1 同另一个例子 C_2 加以比较。在 C_2 中,你看到有三个

---

① 汤姆逊的一个学生弗里德曼(Alexander Friedman)也注意到了这一点,他认为,如果对道德约束采取"牺牲者中心"进路的那种理解,那么针对"拖车问题"所采取的那种"传统解决"就会失去可信性。汤姆逊在她最近的一个工作中引用了弗里德曼的工作。我此处的观点同弗里德曼的论证具有一些相似性,有关他的论证的细节,参见 Judith Jarvis Thomson, "Turning the Trolley"。

人分别站在两个礁石上一筹莫展,也就是说,一个人站在礁石 R_1 上,另外两个人站在礁石 R_2 上。同 C_1 一样,你没有足够的时间去抵达两块礁石从而使三个人都获救。"道义论悖论"的支持者会认为,在这种情况下,你应该去救 R_2 上的两个人。尽管道义论者不同意"道义论悖论"的支持者对此所持的理由,即认为道德决策的理由首先是由"最大化合理性"思想提供的,但是几乎大部分道义论者都会分享"道义论悖论"的支持者对这个问题的处理,即认为你确实应该去救 R_2 上的人。当然,凡事总有例外,陶雷克曾经提供了一个声名狼藉的论证:在 C_2 的情况下,如果你不能同时救这三个人,那么你应该通过扔硬币的办法来随机决定到底救哪块礁石上的人,就像在 C_1 中可以这样做一样。① 当代"牺牲者中心进路"的支持者几乎没有人分享陶雷克的这个论证,认为你有一个特权在 C_2 的例子中通过扔硬币的方式来随机决定救哪块礁石上的人,因为根据他们的观点,如果你在 C_2 中通过扔硬币的方法去决定哪块礁石上的人应该获得拯救,那么你实际上就忽略了 R_2 上第三个人所拥有的同等的道德重要性。对此,卡姆论证说:"如果我们通过扔硬币的办法,来在一个人和多个人之间做出取舍,那么我们就实际上是在这样开展行动:我们好像是在一个人和另一个人之间做出取舍。如果每一个多出来的人的出现不能在我们的道德思维中体现出差异性,那么看起来,我们就否定了他们所具有的那种同等重要性。"②

看起来,"牺牲者中心"进路的支持者讲得有道理。但是,就像大塚(Michael Otsuka)论证的,既然每个人都具有同等的道德重要性,那为什么这第三个人的增加能够如此特别,以至于能够使 R_1 上的那个人的幸存概率从扔硬币时的 50% 一下子被降为 0 呢?③ 毕竟,R_1 上的那个人也有同等的道德重要性,因此他的主张不管是在 C_1 中还是 C_2 中都是同等分量、同等有效的,第三个人的增加究竟有什么样的"魔力",使得他的主张的有效性被彻底挤压掉(infringed)了呢,如果不是被彻底消除的话。毕竟,第三个人自己的主张是没有这样的力量去挤掉这第一个人的主张的,否则的话,第一个人的抱怨恐怕不仅会继续,而且还会更大声。

上面的分析,实际上可以推广开来。"拖车问题"也好,上述 C_2 情形

---

① 参见 John Taurek, "Should the Numbers Count?", *Philosophy and Public Affairs*, 6 (4), 1977。
② Francis Kamm, "Nonconsequentialism", in Hugh LaFollette (ed.), *The Blackwell Guide to Ethical Theory*, Oxford: Blackwell, 2000, p.221.
③ 参见 Michael Otsuka, "Saving Lives, Moral Theory, and the Claims of Individuals", *Philosophy and Public Affairs*, 34 (2), 2006。

也好,所反映的都是在"牺牲者中心"进路的支持者所主张的那种只是存在于受影响的行动者和牺牲者之间的辩护程序中,行动者和牺牲者所持理由(或抱怨)分量上的均等性。这种理由分量均等性,在"牺牲者中心"进路中是注定了的,因为它是由这个进路所强调的那种道德资格的同等性和不可违背性价值的同等性所决定的。对几乎所有的涉及在不可违背性所据说具有的根本价值之间做出取舍,且这种取舍情形在因果上不是由行动者所造成的那样一些情形中,由理由的分量均等性所导致的僵局因而就变得不可避免。

第三节 人的脆弱性与道义论的局限

因此,上述僵局出现的根本原因,乃是在于在"牺牲者中心"进路的支持者所强调的那种辩护结构中,存在着一种主张的互惠性(reciprocity of claims)。"牺牲者中心"进路在辩护结构中之所以存在着一种主张的互惠性,是因为这个辩护结构一开始就承诺了一种规范个人主义(normative individualism)。需要注意的是,规范个人主义不是一个有关"一般而论的人"(person as such)的概念;相反,它首先是一个关于辩护条件的概念。规范个人主义的概念所要表达的是,不仅仅个人是道德理由的最终辩护源泉,而且行动理由的辩护必须要最终面向受这个行动所影响的这些个体而获得辩护,换句话说,它要求行动理由必须面向所有的潜在牺牲者获得辩护。[①]

尽管规范个人主义在辩护的条件上提出了一个明确的要求,但是它毕竟只是一个形式的观念。实际上,近代以来,对很多道德理论都承诺了规范个人主义,比如功利主义、契约主义、各种各样的自然权利理论等,只要它们能够承诺,受一个行动影响的所有个体才是行动理由获得辩护的最终条件。举例来说,古典功利主义相信,个体对快乐/针对痛苦的经验构成了评价一个行动的正确性的辩护源泉。更加精致的某些功利主义理论可能会进一步修正说,个体在某种客观意义上的福祉的实现,或者个人的某些"基本需要"得以满足,是这些因素构成了一个行动能不能在道德上算作正确的行动。像斯坎伦这样的契约主义者明确宣称,道德原则必须根据是否能被某一个人加以合理地拒绝来获得正确或错误的评价。诺奇克这样

---

① 参见 Dietmar von der Pfordten, "Five Elements of Normative Ethics: A General Theory of Normative Individualism", *Ethical Theory and Moral Practice*, 15 (4), 2012。

的自然权利理论的鼓吹者则强调,在考虑那些涉及牺牲的情形时,由于"根本不存在什么社会实体有资格去要求为了它的缘故而做出牺牲",并且由于"只存在着个别的人、不同而个别的人、拥有自己的个体生活的人","牺牲者不能从他自己的牺牲中获得任何好处,所以没有人有资格去要求他们做出牺牲"。① 虽然这些理论因为实质承诺的差别而不同,但他们都承诺了规范个人主义的辩护思想。因此,尽管"牺牲者中心"进路确实承诺了规范个人主义,但是为了彻底搞清楚僵局究竟为什么会在这个进路中出现,我们还必须去进一步考察这个进路的一些实质主张。

在实质层面上,作为一种基于权利的道德理论,"牺牲者中心"进路深刻地将不可违背性观念与个人自主性思想相联系。没有这样一个深刻联系,"不可违背性"概念就成了无源之水。就像内格尔曾经反思过的,尽管不可违背性思想真正捕捉到了一些重要的东西——因为这个概念确实以某种形式体现出了我们人类存在者所具有的那种高度的值当性,但是到底是什么原因使得我们真的必须去相信,这个概念本身就是真的呢?② 内格尔确实提出了一个大问题。针对这个大问题,"牺牲者中心"进路的支持者不能冒险给出一个快速回答。不过,就像大多数"牺牲者中心"进路的支持者所做的那样,对这个问题的回答,恐怕不得不从这样一个不大具有争议性的观念开始:我们人类存在者是某种理性存在者,正是这种理性能力使得我们成为具有某种高度值当性的存在者。就像卡姆所说的,我们人类存在者是理性存在者这一事实如此重要,以至于"它解释了为什么我们值得去受到某种保护,即使我们不一定相信我们自己有这样的值当性"③。在有关人类存在者的理性存在者地位和特征的许许多多说明中,对"牺牲者中心"进路的支持者来说,康德主义的回答同样不具争议,也就是说,我们之所以是理性存在者,是因为我们是具有自主性的存在者。进一步地,个人自主性的观念本身具有自己的复杂性,然而广泛承认的一个观点是:我们人类之所以是自主性的存在者,是因为我们有能力去设定目标、开展选择,一言以蔽之,是因为我们人类拥有能动性。就像拉兹所说,我们人类不是随波逐流地进入生活之中去的,而是使用我们的能动性、在生活的各种选项之间做出选择,并因而开展自己的生活的。④

---

① Robert Nozick, *Anarchy State and Utopia*, p. 33.
② 参见 Thomas Nagel, "The Value of Inviolability", in Paul Bloomfield (ed.), *Morality and Self-Interest*, Oxford: Oxford University Press, 2008。
③ Francis Kamm, "Non-Consequentialism, the Person as an End-in-Itself, and the Significance of Status", p. 388.
④ 参见 Joseph Raz, *The Morality of Freedom*, pp. 203–204。

因此，个人自主性的观念，至少在一个重要的方面上同运用我们的能动性的那种能力联系在一起。在粗略地搞清楚这一点之后，我们就需要进一步去搞清楚，个人自主性的观念，与"人的不可违背性"概念之间，又是怎么联系到一起去的。实际上，说人类存在者具有高度的不可违背性，就是说对每一个潜在的牺牲者来说，去自主地按照自己的生活方式开展自己的生活这一点来说，是内在地值得去保护的。为了理解这一点，让我们再次通过"不得杀戮无辜"来加以解释。如果行动者杀掉一个无辜的牺牲者，那么通过这么做，行动者实际上就没有尊重那个牺牲者的个人自主性和他的能动性。这样，无论出于什么样的考虑，如果一项道德理论或道德体系不去将这样的行动视为不可允许的，那么它实际上也就没有承担起确认每个人都是自己生活的作者，每个人都应当受保护地去自主地开展自己的生活的任务，从而就不是一个恰当的道德理论或道德体系。因此，为了承担起保护每个人的个人自主性的任务，道德理论和道德体系就必须将"杀戮无辜"这种行动视为不可允许的。

可见，对"牺牲者中心"进路来说，规范个人主义是一个形式的承诺；在这个形式承诺之外，"牺牲者中心"进路的支持者通过发展一个有关个人自主性的道德重要性的实质理论，进一步强化这个规范个人主义承诺并为其提供实质内容。如果个人自主性背后真的隐含着有关人的理性能动性的思想，并且正是理性能动性的概念为理解"人的不可违背性"提供了根源，那么一旦"牺牲者中心"进路在解决某些问题时出现僵局，是否就意味着我们要一并地拒绝包括"人的不可违背性"、个人自主性和理性能动性在内的所有概念，才能有希望走出这种僵局呢？回答这个问题的关键，就在于要搞清楚是不是由于承诺了这些概念，隐藏在"牺牲者中心"进路中的那种基于相关个体的主张互惠性才会必然出现。答案是否定的：承诺个人自主性的道德重要性甚至承诺理性能动性概念本身，也并不必然导致上述意义上的主张的互惠性。理解这一点的关键，是要去理解两个概念之间的重要区别，即自主性的概念和能动性的概念。康德主义者确实将自主性当作使得能动性得以可能的那种意志的条件。一种存在者拥有自主性，在概念上来说，是由于这种存在者拥有一般而论的理性本质。人类存在者是自主的存在者，是因为人类存在者是理性存在者。如果我们人类不是理性存在者，那么我们也就根本上不具有那种可以丧失自主性特征的意志本身。从这一点上来说，承认个人自主性的道德重要性，就是承认我们人类存在者的某种最重要的特征，即我们人类所拥有的那种理性本质。如果"牺牲者中心"进路的支持者试图拥抱康德主义观点中的这一点，那就目前来说，并没有什么不妥。但是，"牺牲者中心"进路的支持者试图说，从这个康德主义观点出发，我们就能得出一个基于相关个体的主张互惠性的规范个人主义的主张，这实在是一个重要的错误。这个错误的根源，就在于忽略了自主性概念和能动性概念的区别。

自主性和一般而论的理性本质在概念上是等同的。将意志等同于理性本质，就是将意志等同于具有自主性的东西。但是，能动性却并不能这样来加以刻画。① 能动性是一个涉及理性存在者的具体特征的概念，换句话说，谈论能动性的概念是在谈论一个具有具体特征的有理性能力的存在者所拥有的能动性。人类存在者拥有理性本质的能力，这是人类存在者同任何理性存在者所共同具有的特征。但是，人类存在者不是完备的理性存在者，不是只拥有理性本质能力的存在者。因此，谈论人类的理性能动性，是在谈论人类条件下理性能动性的发挥和运作。人类能动性的开展，是人所具有的自主性得以落实的条件，但是人类能动性的开展的有效性，取决于人类条件下的各种各样的经验条件和偶然因素。人类能动性是一个"有坐落"（situated）的概念，是一个不能离开人类存在者的自然、社会、历史经验和偶然性的概念，因此这个概念不仅包含了而且也表达了人之所以为人所必然要去经受的那些脆弱性（vulnerabilities）。正是人的这种脆弱性，才导致我们人类个体有可能成为牺牲的对象、成为被欺骗的对象、成为意志薄弱的主体。

如果人类存在者只具有理性本质，从而是不朽的、没有躯体限制的，那么转不转动拖车根本都不会成为一个问题。"拖车问题"可能成为一个道德问题，是因为我们人类不可避免的"生活在一起"的实践。如果我们人类存在者事实上根本不可能被伤害甚至不可能死亡，那么"人的不可违背性"的概念从根本上来说就是不必要的。践行人类能动性的事实条件的脆弱性，深刻地影响到人据说拥有的那种不可违背性的程度。"牺牲者中心"进路的支持者，设想一种不依赖人类能动性事实上的践行条件的"人的不可违背性"的概念，在这个意义上，完全是一种哲学的夸大和虚构。如果我们真正严肃地去对待"'人的不可违背性'的程度和内容深刻地受到人的脆弱性的程度的影响"这一事实，我们就不得不去承认，"牺牲者中心"进路是存在严重缺陷的，它所隐含的对个人自主性思想及其重要性的误读，通过规范个人主义这个形式承诺的作用，最终将会引导道义论理论在应用上出现无法化解的僵局，从而最终损害道义论理论的可信性。

---

① 关于这一点，参见 Barbara Herman, "Agency, Attachment, and Difference", *Ethics*, 101 (4), 1991, pp. 775-797。

第十二章　道德约束的证成：后果主义进路

在前面两章中，我们已经考察了道义论者证成道德约束的两种方案。道义论的两种进路都是非后果主义式的。在当代盎格鲁-撒克逊道德哲学领域，非后果主义者一直以来都认为，由于后果主义在理论结构和价值论预设方面存在严重缺陷，因此无法恰当解释"道德约束"概念的规范意蕴。在本章中，我们将考察后果主义进路在证成"道德约束"反面的主要思路。通过论证，我们试图指出：一方面，后果主义者有办法克服非后果主义围绕其理论结构和价值论预设两个方面问题所展开的批判；另一方面，后果主义在元伦理学层面的某些核心观点，则导致其最终仍然无法完备解释"道德约束"概念的规范意蕴。通过规范伦理学和元伦理学领域的论证穿梭，我最终试图表明，在构造规范伦理理论时，福祉和道德约束概念具有彼此不可替代的规范意蕴。这就意味着，一个没有深刻阐述正面道德理由（"促进善"）的规范伦理学理论，从形态上来讲，是不完备的。

第一节　二阶设置

后果主义者认为，价值内在地包含于事态之中，因此实现某种内在价值，就是要去促使包含了这种价值的事态得以实现；这是后果主义在价值论方面的承诺。后果主义也认为，一个行动，如果它促进了更好可能事态的实现，那么它就一定是一个能够受到辩护的行动，因为行动的正确性取决于对行动所促进的后果事态的比较；这是后果主义在行动正确性标准方面的承诺。

从这两项承诺出发，一些后果主义理论家就认为，内在价值仅仅存在于事态之中。并且，为了获得行动的道德正确性标准和道德义务的具体内容，我们就需要去考察这项行动是不是最大化地促进了事态价值的实现，来进一步产生出行动的道德正确性标准和道德义务的具体内容。我们可以称后果主义的这个理论形态为标准后果主义。在标准后果主义的理论框架内，由于任何关于行动正确性的标准都只能从事态评价中获得，因而"道德约束"所表达的行动禁令的最终辩护依据取决于它是否对事态价值有所促进。换句话说，在标准后果主义的框架内，一项道德约束是否必要、它的内容如何规定，只取决于这项道德约束的确立是不是能够对最好可能事态的产生有所贡献。据此，假设某项道德约束确实能够起到这样的作用，那么标准后果主义不反对将它当作一个禁止性设置来加以对待。但是，这么一来，道德约束在标准后果主义的框架内，最多只是一个二阶（second-order）设置。对此，非后果主义理论批评说，"道德约束"概念之所以是重要的，就在于它通过强调人的道德平等关系，尊重了人所拥有的道德资格。人的这种道德资格是不应当受到事态辩护的；相反，它应当成为事态本身能否受到辩护的根据。换句话说，一个能够体现人的这种道德资格的事态，才是道德上值得促进的。

由于只能将"道德约束"理解为一种二阶设置，标准后果主义者确实是不成功的。但这是否意味着，在理解"道德约束"概念时，"一般而论的后果主义"（consequentialism as such）企划就注定要走向破产呢？我们显然不能匆忙就此给出回答。现在，为了搞清楚这个问题，我们需要更进一步地通过分析标准后果主义所遭受的另一项传统批评，来最终分析出标准后果主义中可能比较合理的成分。因为只有分析出这些合理成分，我们才能够逼近一种更加精致、可信的后果主义形式，才能真正搞清楚后果主义理论能不能容纳"道德约束"概念这个问题。

威廉斯曾在一篇文章中对标准后果主义的结构做出了经典分析。[1] 按照他的分析，标准后果主义有一些基本的特征，其中最重要的，就是它对"最大化""不偏不倚性""非个人性思想"的承诺。标准后果主义承诺了"最大化"思想，是说它将实现最好的可能事态当作行动的正确性标准；它承诺了不偏不倚性思想，是说它将道德在本质上设想为一系列不偏不倚地施加给道德行动者的义务性要求，并且在计算可能事态的总体善好（overall goodness）时采取了一个不偏不倚的姿态；它承诺了非个人性思想，是说它将价值在本质上设想为非个人的、"行动者中立"的。更重要的是，标准后果主义强调，一个指定行动的道德正确性唯一地取决于这个行动所产生的后果事态。因此归结起来，标准后果主义要求道德行动者总是从一个不偏不倚的观点出发，以一种非个人或者说"行动者中立"的方式来算计事态的总体善好，并最终要求行动者总是去开展能够实现最大化善好的行动。这个理论结构，就导致了所谓的"过分要求"异议：按照标准后果主义，一旦采取了一种后果主义的道德生活，在开展行动、培育品格、发展友谊、陶冶情操等实践活动中，我们岂不是要随时随地地"留一

---

[1] 参见 Bernard Williams, "A Critique of Utilitarianism"。

只眼睛"以便看看它们是不是符合标准后果主义的道德要求？一项道德理论倘若如此深入而普遍地侵入我们的实践慎思过程中，它难道不是正在提出一系列过于苛刻的规范指令吗？更荒唐的是，考虑到我们所处的真实世界的实际道德状况，它难道不是在要求愿意按照后果主义道德去生活的人，不合理地承担起那些逃避道德要求的人所遗留下来的道德负担吗？①

标准后果主义之所以招致"过分要求"异议，是因为标准后果主义者认为，为了获得一个真正的后果主义理论，后果主义者必须在后果主义的行动正确性标准和回应事态价值的具体策略之间建立起一个直接联系。换句话说，在这些人看来，为了获得一个真正的后果主义理论，后果主义者只能采取标准形态。② 根据这个建议，当后果主义者坚持说道德行动的正确性标准就在于对后果事态的价值评价时，他们就已经提出了一项关于如何实现这个价值的具体道德要求。但是，说道德行动的正确性标准取决于对后果事态的评价，毕竟只是一个辩护思想，只是有关道德可允许性（permissibility）的获得条件。它体现的只是人类实践合理性思想中的目的论式道德思维特质。除非添加上实质的关于具体道德要求的规范指令，否则一项纯粹的辩护思想不可能对行动者的行动造成实际上的指令压力。因此，"过分要求"异议也就无从谈起。相反，恰恰是因为采纳了那个直接联系，标准后果主义才确实无法区分"道德上被允许的"与"道德上被要求"的行动，因而也就注定招致那个"过分要求"异议。进一步地，标准后果主义所谓的"从不偏不倚的立场出发来最大化地促进后果事态的总体非个人善好"，是一项非常具体的规范指令。如果在"道德上被允许"与"道德上被要求"之间不存在任何界限，那么承诺一项辩护思想确实就立即要求按照相应的规范指令来开展具体的实践慎思。

所以，假如后果主义只能采取标准形式，那么且不说它能不能容纳"道德约束"概念的规范意蕴，光是"过分要求"异议它就完全无法克服。现在，既然后果主义企划的真正核心只是在于隐藏其中的目的论式道德思维，那么我们就应当通过切断标准后果主义在行动正确性标准和回应事态价值的具体策略之间建立那个直接联系，转而仅仅将后果主义当作一种有关行动的终极道德辩护的哲学主张。这样，后果主义就能够克服"过分要求异议"。那么，后果主义能不能因此容纳"道德约束"概念的规范意蕴呢？

---

① 墨菲细致地论证了这个问题，参见 Liam Murphy, *Moral Demands in Nonideal Theory*, New York: Oxford University Press, 2003。

② 参见 Bernard Williams, "A Critique of Utilitarianism", pp. 86–87。

第二节　实质后果主义

一个保留了后果主义中所隐含的目的论道德思维这一实质的后果主义形式，我们不妨称之为"实质后果主义"（essential consequentialism）。实质后果主义所要求的全部核心思想，就只是在于它所确认的这样一个主张，即实现一个"更好的可能世界"（better possible world）是道德上能够获得辩护的。因此，只要非后果主义者指出某个具有规范意蕴的道德因素，后果主义就立即能够将这个因素当作一个"更好的可能世界"的构成性要素，将它"后果化"（consequentialize）。[①] 因而，看起来实质后果主义不仅能够避免"过分要求"异议，而且能够避免将道德约束理解为"二阶设置"从而误读其规范意蕴的风险。[②]

那么，实质后果主义是不是可信的呢？相对于标准后果主义来说，实质后果主义关键性地抛弃了行动正确性标准和回应事态价值的具体策略之间的直接联系，将后果主义理论纯粹看作为一种有关行动正确性的一般性辩护原则，认为一个"更好的可能世界"应当成为对行动的道德辩护的最终依据。之所以如此，是因为实质后果主义归根到底仍然相信后果主义的价值论观点，即内在价值仅仅存在于事态之中。但这样一来，后果主义者就为非后果主义者留下了批评的余地。

非后果主义者的批评是这样展开的。后果主义将事态当作内在价值的承担者的思想。对实质后果主义者来说，一个包含了道德约束的可能世界之所以具有价值，是因为它比起一个不包含道德约束的可能世界来说，是一个"更好的可能世界"。而为了解释"更好"的哲学涵义，实质后果主义者最终要诉诸一个独立于人类生活和人类评价的"事态"概念。但是，非后果主义者认为，一个可能世界之所以具有价值，恰恰是因为我们人类占据了一个价值赠予的地位：它所具有的价值是依靠它同我们人类之间的

[①] 参见 Douglas Portmore, "Consequentializing", *Philosophy Compass*, 4 (2), 2009; Douglas Portmore, "The Teleological Conception of Practical Reasons", *Mind*, 120 (477), 2011。

[②] 采取我所称之为实质后果主义策略，即采取将作为行动的根本辩护依据的后果主义同作为决策程序的后果主义拆分开来，通过破坏"直接联系"，而提供一种有关道德辩护的目的论思想的当代哲学家，最重要的也参见佩蒂特的"约束性后果主义"（restrictive consequentialism）方案，参见 Philip Pettit and Geoffrey Brennan, "Restrictive Consequentialism", *Australasian Journal of Philosophy*, 64 (4), 1986; Philip Pettit, "Consequentialism and Respect for Persons", *Ethics*, 100 (1), 1989; Philip Pettit, "The Consequentialist Can Recognize Rights", *The Philosophical Quarterly*, 38 (150), 1988; Philip Pettit, "Consequentialism", in Peter Singer (ed.), *A Companion to Ethics*, Oxford: Blackwell, 1991。

关系而获得的。① 因此,一个可能世界是不是具有价值的,取决于我们人类在实际生活中是不是在乎这个可能世界的实现。这样,具体到道德约束上说,一个包含了道德约束的可能世界之所以具有价值,是因为我们人类在实际道德生活中在乎道德平等关系的重要性,期待着能够通过维护道德约束来尊重这种道德平等关系。因此,实质后果主义在价值理论上实际上依赖于一个错误的价值承载者观念。

非后果主义者的上述攻击,指向实质后果主义有关内在价值的最终承载者的思想。这个批评是要害性的,因为事态作为内在价值的最终承载者的思想,是所有能够被称之为后果主义理论的规范伦理理论的最根本承诺。如果丧失在这个问题上的自我辩护权,那么整个后果主义理论企划就将失去其恰当性根基。为此,我们需要去考察,后果主义者能不能赢得这个思想。

我们首先需要注意,内在价值概念实际上针对的是价值源泉的问题。② 因此,这个攻击从一开始就主要是一个元伦理学层面的攻击。按照这一攻击的重要论证者安德森(Elizabeth Anderson)的设想,价值在一般意义上只能是人类行动者或者所有具有情感表达能力的存在者(sentimental beings)所表达的赞成性态度,因此内在价值的承担者只能是人类存在者或有情感能力的存在者。③ 这样,假如后果主义者真的只能把内在价值的承担者理解为某些事实、事态或者后果,那么后果主义也许就确实扭曲了人类价值的最终源泉。

不过,已经有后果主义者论证说,非后果主义者对后果主义内在价值承载者观念的刻画是片面化的,因为针对"内在价值归予事态"这个一般而论的后果主义主张,我们必须立即区分对它的两种不同解读。④ 假如我们将它理解为在表达一种价值抽象论(value abstractism)观点,那么它确实就是在确认一个不可接受的价值论思想,即内在价值的唯一或者首要承担者是某些抽象体(abstracta),比如"事态"等。然而,"内在价值归予

---

① 参见 Elizabeth Anderson, *Value in Ethics and Economics*, Cambridge, Mass.: Harvard University Press, 1993, chap. 2。
② 参见 Christine Korsgaard, "Two Distinctions in Goodness", *Philosophical Review*, 92 (2), 1983。
③ 这个有关价值本质的理论现在发展为所谓的"价值的匹配态度理论"(fitting attitude theory of value)在安德森第一次采用价值论策略来攻击后果主义时,它还处于它的较早形态"表示论"(expressivism)阶段。"价值的匹配态度理论"和"表示论"都来自于艾耶尔(A. J. Ayer)在20世纪较早的时候发展起来的"伦理感性论"(ethical emotivism)。此处,我要特别感谢安德森教授就这个问题同我的多次讨论。
④ 参见 Torbjörn Tännsjö, "A Concrete View of Intrinsic Value", *Journal of Value Inquiry*, 33 (4), 1999。

事态"也可以获得一个价值实质论（value concretism）的解读。据此，内在价值的基本承担者是包括人、动物甚至生态系统在内的实质实体，并且事态概念在先地蕴含了将这些实质实体作为内在价值承担者的思想。这样，一旦采取价值实质论的思想，实质后果主义不仅可以保留"内在价值归予事态"的观点，而且可以容纳下价值论攻击所包含的"内在价值必须由具有情感能力的实质实体承担"的主张。这样，实质后果主义甚至还可以进一步宣称说，如果道德约束确实因为表达了人类基本平等关系而具有规范意蕴，那么这种平等关系不仅是一个值得偏好的可能事态的构成性部分，而且也是那个可能事态的内在价值的承担者。一旦实质后果主义采取了这个思想，那么它就立即协调于后果主义在历史上的经典形态——密尔式功利主义。[1] 从而就可以认为，实质后果主义实际上所要向我们表明的，只不过是这样一个简单的思想：通过行动来推动实现一个更加繁荣的人类世界，不可能是道德上错误的。这样，实质后果主义者就可以宣称，包括道德约束在内的所有道德上重要的人类生活因素，只要有助于实现人类繁荣，就都应当被我们人类所在乎，并因此成为一个"更好的可能世界"的内在组成部分。如此一来，实质后果主义也就不仅获得了辩护上的可信性，而且也获得了内容上的丰富性。[2]

第三节 福祉与约束：一个价值二元论

假如实质后果主义确实采取上述策略，在价值论上坚持一个价值实质论的主张，同时坚持将后果主义思想在根本上看作一个体现了目的论式道德思维方式的辩护思想，那么它是否就因此而能够最终赢得对包括道德约束在内的所有道德因素的解释力呢？对此，非后果主义者确实不可能针对目的论式道德思维方式提出根本质疑，否则我们日常经验到的道德心理学和道德现象学就会变得格外不可理解。因此，唯一能做的，或许就是针对实质后果主义所宣传的解释完备性本身发起挑战。换句话说，为了否定实质后果主义的过分乐观，非后果主义者需要表明，由于作为后果主义最可

---

[1] 参见 Daniel Jacobson, "J. S. Mill and the Diversity of Utilitarianism", *Philosophers' Imprint*, 3 (2), 2003; Daniel Jacobson, "Utilitarianism without Consequentialism: The Case of John Stuart Mill", *Philosophical Review*, 117 (2), 2008。

[2] 这个方案就好比是将后果主义的"事态"概念当作了一个"吸尘器"，只要批评者指出一个据认为有价值的事物（比如友谊、美德等），并认为"价值抽象论"意义上的事态概念无法解释其价值，后果主义者就可以诉诸一个"价值实质论"思想来将其吸收化。当前一些理论家正试图通过这个方案发展后果主义理论。

信形式的实质后果主义并不能解释道德约束所反映的那种规范意蕴，因此后果主义在根本上不可能成为一个完备的道德理论。假如非后果主义能够做到这一点，那么即便后果主义者放弃了标准形态，转而采取实质后果主义的形态，他们也不会因而获得彻底成功。

我们已经看到，通过诉诸价值实在论的思想来理解"事态"概念，实质后果主义一方面严格地将自己当作一项道德辩护设置，另一方面则追寻这样一个价值理想，即"一个更加幸运、更有助于实现人类繁荣的可能世界"总是值得偏好的。现在，为了真正成为一项可靠的辩护设置，实质后果主义必须说服我们去相信：为什么这个理想的内容本身是可以获得辩护的。

为了使得自己所承诺的价值理想本身获得辩护，实质后果主义诉诸"不偏不倚性"的思想。因为，为了避免后果主义退化为理性利己主义，有关一个"可能世界"是不是"更好"的评价，必须从一个不偏不倚的视角上来做出。不过，需要注意的是，实质后果主义者这里所需要的"不偏不倚性"概念，不同于前面所提到的标准后果主义的"不偏不倚性"思想。对标准后果主义来说，"不偏不倚性"思想首先是一个道义式（deontic）思想。一个义务式思想，是指一旦行动者占据了这个思想，那么他就被指令了一个行动，如果他不根据这个指令充分开展那个行动，那么他就违背了这个思想的要求，因而是不被允许的，或者说是错误的。① 但是，对实质后果主义来说，它所承诺的"不偏不倚性"，仅仅只是一个价值论立场。这个立场所表达的，只是"同等考虑每一个人""每个人都只能算一个，没有人可以算得更多"这么一个边沁式主张。

这样看来，由于承诺了一个"同等考虑"（equal considerations）的思想，实质后果主义似乎已经非常接近于道德约束表达的那种道德平等关系了，难道不是吗？情况并不如此乐观。因为，我们必须针对这个边沁式主张问一个至关重要的问题："究竟每个人的什么要被算一个，究竟每个人的什么可以被算得更多？"即所谓的"平等的通货"问题。如果没有针对这样一个问题的回答，那么作为一个价值论立场的不偏不倚性就只是一个纯粹形式的概念。

一个最可能的答案实际上已经被密尔所提到。在《功利主义》中，密尔告诉我们："那种塑造了功利主义的行动正确性标准的幸福，不是一个

---

① 在这个意义上，现代道德理论中的非后果主义思想和标准后果主义思想，实际上都是义务式理论。非后果主义思想的特点不在于它体现出了义务性特征，而是在于它将某种人类基本平等关系当作义务性标准的源泉。

行动者自己的幸福,而是所有人的幸福。"① 今天,当代后果主义者用了一个更加个人主义、更加客观的概念——福祉——来指代密尔所说的那个"幸福"概念。就像雷尔顿所说,后果主义有一个引导性的观念,即道德评价的最终根据必须取决于对人或者所有具有情感能力的存在者的福祉所产生的影响。② 尽管福祉概念本身具有高度的复杂性③,但雷尔顿提供了一个广为接受的理解。按照雷尔顿的论证,某一个体的福祉并不是这一个体在信息充分的条件下所将欲求的,而是指一个信息充分版本的他在他现时事实上所处的情况下所将欲求的。④ 现在,一旦采取一个可信的福祉概念,实质后果主义就可以首先通过论证"为什么将每个个体的福祉及其实现条件同等考虑是具有规范意蕴的",来论证"为什么那些对这种同等考虑加以违背的道德约束本身是具有规范意蕴的",从而最终获得对道德约束的规范意蕴的完备解释。这样一来,实质后果主义是不是因此就获得了它想要的对道德约束规范意蕴的那种解释完备性呢?

并非如此。为了搞清楚这一点,我们就需要再次回到元伦理学层面上。福祉的概念对古典功利主义者和当代后果主义者来说,不管是被定义为一种对个体心灵状态的描述(边沁式的快乐或痛苦),还是被定义为更加客观的实际经验(知识的满足或者对幸福的实际经验),从一开始就是一个彻头彻尾的非道德(non-moral)概念,或者说是经由一系列非道德善好(non-moral goodness)概念来获得定义的。现在,如果实质后果主义将同等考虑的规范意蕴理解为,在占据了不偏不倚立场的基础上针对每个个体的福祉而言的东西,那么它的规范意蕴究竟是来源于那些非道德善好的重要性,还是来自于不偏不倚观点本身的规范意蕴,就成了一个至关重要的问题。现在,如果实质后果主义打算说,同等考虑的规范意蕴源于非道德善好的重要性,那么它就必须给出一个理论来说明为什么非道德善好具有解释上的首要性,换句话说,它必须说明为什么非道德善好的重要性能够解释道德因素(包括道德约束)的规范意蕴。如果实质后果主义打算说,同等考虑的规范意蕴源自于不偏不倚立场的规范意蕴,那么它就必须给出了一个理论来说明这个立场本身源自何处,以及它是如何同非道德的

---

① John Stuart Mill, *Utilitarianism*, Roger Crisp (ed.), Oxford: Oxford University Press, 1998, p. 120.
② 参见 Peter Railton, "How Thinking about Character and Utilitarianism Might Lead to Rethinking the Character of Utilitarianism", *Midwest Studies in Philosophy*, 13 (1), 1988, p. 398。
③ 格里芬对这个概念及其复杂性做出了系统探讨,参见 James Griffin, *Well-Being: Its Meaning, Measurement, and Moral Importance*, chap. 1–6。
④ 参见 Peter Railton, "Moral Realism", pp. 171–184; Peter Railton, "Facts and Values", p. 17。

善好纠缠在一起并最终将一个非道德解释"转译"为道德解释的。接着，我们来分别考察实质后果主义可能采取的这两个策略。

如果实质后果主义打算采取前一策略，那么它就需要承诺一个解释上的道德实在论。① 作为一种"解释上的道德实在论"，这个策略不需要去论证，任何对道德因素的解释在根本上都可以还原为有关非道德善好的"事实"，但是它必须承诺，道德价值确实至少随附于非道德事实。这样，一个针对道德实在论的著名异议立即就会被非后果主义者援引来针对实质后果主义的这个主张：设想存在两个具有完全一致的相关"事实"信息的行动者，他们同等地知道关于"动物生命""疼痛""遭受苦难"等知识，为什么其中一位会在道德的意义上成为素食主义者，而另一位甚至根本无法理解前者所持理由的道德资格？确实，道德理由不一定非得是一个非自然主义的理由，因为也许我们可以通过进化论、历史学和社会心理学等理论来发展出一个完完全全自然主义式的理论，来说明道德和道德情感的本质，但是这并不意味着这种解释在根本上等同于对非道德善好的重要性的解释。换句话说，一个彻头彻尾的自然主义式道德，仍然不同于一个彻头彻尾的通过非道德善好来解释道德约束的规范意蕴的策略，因为后者所需要的，不仅是一个自然主义纲领，而且更需要一个彻底通过描述性来解释规范性的解释雄心。除非实质后果主义首先证明这个解释雄心是可行的，否则非后果主义者无法不提出质疑。

假如实质后果主义打算采取后一策略，那它就需要告诉我们，作为一个价值立场的不偏不倚性究竟源自何处。实质后果主义或许可以从霍布斯那里继承一个回答。它可以说，不偏不倚的立场是一个社会发明，因为它有助于我们协调社会生活从而保证每个人自我利益的实现。但是，这个霍布斯式回答会立即将道德与自我利益先验地撕裂为对立关系，从而使得反对者合理地问"假如我不需要道德，为什么我要遵循道德"这么一个问题，从而根本性地将道德的权威性放到了一个无法理解的位置。② 进一步地，就像我已经表明的，即使道德确实应该获得一个彻头彻尾的自然主义式解释，即使道德约束的规范意蕴确实可以通过某种进化论、历史学、政治学的方式来获得理解，甚至即使人类之间的基本平等关系本身可以不依靠诸如康德所主张的一般而论的理性本质就可以获得经验上的说明，那么也许我们确实可以说，不偏不倚的价值立场确实是一个社会发明。但是，

---

① 雷尔顿也对这个理论的可能性做出了迄今为止最重要的发展。他的论证的核心，就在于通过强化有关非道德善好的事实性，来软化包括道德约束在内的道德因素的价值性。

② 参见 Christine Korsgaard, *The Sources of Normativity*, pp. 7–31。

这完全不同于说，对这个价值立场的自然主义式规范说明依赖于对非道德善好的规范意蕴的说明。

非道德善好的规范意蕴，或者说福祉概念的规范意蕴，当然是实质后果主义思想中包含的无法拒绝的真理。但是即便如此，作为后果主义的最可信形式，实质后果主义也无法完备解释道德约束及其所反映的那种人类基本平等关系的规范意蕴，因此也许后果主义者就不得不面对一个解释上的二元论。从而，我们也就面对着重构规范伦理学中后果主义和非后果主义争论的任务，因为一个恰当的规范伦理理论不得不是一个全局性地反映了福祉和道德约束双重规范意蕴的东西。如果我迄今的分析具有合理性，那么在规范伦理学层面，我们就应当致力于寻求发展一种调和后果主义和非后果主义（特别是道义论）的新型规范伦理理论。

第四部分
遭遇具体：道德理由的公共应用

第十三章 自由

在公共领域,道德理由被用以辩护一系列重要的人类价值。在当代西方哲学语境中,自由特别是政治自由,在这一系列人类价值中显得格外重要,被认为是公共生活基本制度安排和基本政策设计的重要的道德性辩护理由。这个见解在许多持自由主义立场的道德哲学家和政治哲学家中已成为一个共识。那么,什么是公共领域中的自由呢?对这个问题的看法却分歧众多。有的学者认为,公共领域中的自由,就是在做某事时"不受干涉",因此自由是一种负面道德理由,关注的是"他人在道德上不应该对行动者做什么"的问题;也有学者认为,公共领域中的自由,指的是行动者要具备某种能力以便能够成功做到某事,因此自由蕴含了一种正面道德理由,要求关注"他人在道德上应该促进行动者去做成什么"的问题。这两种观点,构成了公共领域中自由概念的"消极"涵义和"积极"涵义。晚近以来,另一些哲学家则试图超越这两种自由,来达到所谓的"第三种自由"概念。在这一章中我们就将对此做出考察。我们试图表明,以伯林为代表的自由主义者所设想的"消极性"自由概念是建立在某种错误的人类生活想象基础上的。以此为基础,在下一章中,我们将进一步分析,自由概念为什么必须和责任概念联系在一起,而自由主义者的错误究竟在哪里。

第一节 自由的两种面向

1958年,伯林在就任齐切里讲座教授时,发表了著名的演讲《论两种自由概念》。在这篇演讲中,伯林提出了一个对至少此后五十年间学术界有关自由概念的讨论都产生了重大影响的思想:消极自由和积极自由的二分法。

就政治自由这个主题而言,就像伯林提醒的那样,我们并不特别关注人类是不是在根本上受制于自然能力的约束,因为这样的约束大概并不对人类的政治自由构成特别突出的威胁。按照伯林的思想,就政治自由来说,最大威胁乃是来自于他人或者他人组成的集体对行动者行动的故意干涉(intentional interference),来自于他人或者他人组成的集体有意采取某种方式打断行动者正在开展或者正在慎思开展的一个行动或者行动意图。

伯林在论证他的著名的自由二分法时有一个重要的思想起点,那就是,对他来说自由是一种价值。那么,我们当然立即要问,自由价值到底是一种什么样的价值? 搞清这个问题,对我们当前的论证,是极为重要的。虽然伯林确实把自由价值当作构成人类生活完整性的诸多价值(比如幸福、友谊、忠诚等)中的一个,但是自由价值并不是一种一般而论的价值。对伯林来说,尽管他后来也确实承认,自由价值虽然不是完全不可违背的,但是这种违背只是发生在一些"不正常的条件中"。① 在这类情况下,对自由价值的违背本质上是对它的一种牺牲,而不意味着自由价值本身的善性(goodness)受到了削弱。因为,自由价值据说具有内在善性只是出于这样一个事实:任何行动,只要它是我的行动,那么光是这个事实就足以决定它是具有一种不可替代的价值的行动。② 虽然伯林在这里并没有清楚地意识到一个行动是不是自由的行动这个问题,不等同于一个自由的行动是不是有价值的行动这个问题,但无论如何,伯林都确实前后一致地把自由视为了一种不可替代的根本价值(ultimate value)。

当伯林说自由价值是一种根本价值,他的意思是说,只要一个行动是出于个体行动者自己的掌控,它就构成了上述的那种不可替代的价值,因此诸如这个行动在品质上是否高贵这类问题,并不对它的那种价值构成相关性。③ 根据伯林的意思,我们大概可以总结,当伯林说自由价值是一种根本价值的时候,他的意思其实是在说,自由价值体现了人类行动者个体是自由行动者的这么一个根本特点,而正是出于这个特征,自由价值就是一种自我完备(self-completeness)的价值。但是,自由价值是一种自我完备的价值,不代表自由价值是一种自我充分(self-sufficient)的价值。这里,说一种价值是自我完备的价值,意味着这个价值的善性是独立的;但是说一种价值是自我充分的价值,就意味着这种价值不依赖于任何条件就可以实现。如果说自由价值是一种自我完备的价值,是因为这种价值根源于"我们人类行动者在根本上是自由的"这一事实,那么自由价值不是一种自我充分的价值,则根源于"我们人类行动者并非可以全能地实现我们

---

① 参见 Isaiah Berlin, *Liberty: Incorporating Four Essays on Liberty*, Oxford: Oxford University Press, 2002, p. 52。
② 关于自由价值是一种"不可替代"的价值的观点,伯林说:"我的行动之所以具有一种不可取代的(自由)价值,只是因为它是我的行动,而不是任何人强加给我的东西。"(Isaiah Berlin, *Liberty: Incorporating Four Essays on Liberty*, p. 36.)
③ 参见 Isaiah Berlin, *Liberty: Incorporating Four Essays on Liberty*, p. 36。

的全部社会性目的（socially omnipotent）"这一事实。举例来说，如果没有某些必要的能力，我大概就不可能在实际生活中充分例示伯林所说的自由价值的那种善性。大概也正是在这个意义上，伯林后来确实注意到，说自由价值是自我完备的价值，不等于说自由价值不需要依赖于行动者对某种基本能力的掌握，也正是在这一点上，伯林才反对把自由价值的根源理解为出于行动者欲望的独立性。无论如何，在自由价值的自我完备性和非自我充分性之间的张力，突出地体现了个体行动者作为他自己的行动的作者的事实，与个体行动者必须参与社会生活来成就许多对自由价值来说必要的各种各样的目的这一事实，这两者之间的张力。但是，伯林更进一步的焦虑在于，人类一旦参与到社会生活之中，目的的协调就成了一件格外困难的事情。根据伯林的观察，为了让真实世界的人类目的体现出和谐性，哲学史上有无数的思想企划，试图通过诉诸某种高阶自我（higher self）或者理想自我（ideal self）的思想，来统一其实最终根源于行动者个体的那些目的和价值。从此类哲学思想路线出发而对自由价值造成的理解，按照伯林的观察，就是在把自由从一个只是因为个体对自己行动的独立掌控而存在的价值，一变而成为一个据说因为具有了某种外在于个体行动者经验特征的哲学概念（比如理性能力、高阶目的等）才得以存在的价值（虽然对我们来说，就像我已经提到的，即便我们承认个体行动者确实是行动的独立根源，我们也远没有搞清楚能否直接地认为这样的行动具有价值）。伯林强烈地批评这种他称之为"积极自由"的对自由价值的理解进路。这种哲学思想之所以是危险的，据说就在于，那种寻求高阶自我和理想自我的哲学思考，很容易被一些政治实体利用，从而变成政治生活中对个体生活特别是个体价值生活的强制（coercion）。

比方说，伯林提醒道，政治体或许会通过驯化行动者的方式来体现这种强制：它宣称自己代表和体现了某种客观价值的要求，或者体现某种理性能力的必然性的要求，通过某种社会化机制，政治制度强迫个体行动者把它所宣称的那种客观价值内化为自己的价值观念的一部分，使得那种本来外在于个体行动者的客观价值被当成了有待行动者自我实现（self-realization）或者自我引导（self-direction）的东西。此外，如果个体行动者已经具有某种价值考虑，那么通过排挤行动者的既有目的来体现这种强制也并非不可能：在行动者将那种据说普遍和客观的目的内化之后，那些所谓的客观价值观念就构成了对行动者既有目的的一种否定，并且对已经内化了这一目的的行动者而言，它对既有目的的否定表现得像是行动者在自我否定（self-denial）一样。

为了避免这种危险，伯林就推荐我们采取他所坚持的那种消极式理解，也就是按照"没有他人故意干涉"这样一个内容来理解自由价值，因为据说只有这个内容才充分体现出对个体行动者是他的行动的真实作者这样一个事实的尊重。

但是，能不能接受伯林关于自由价值的思想，关键取决于能不能接受伯林关于人类个体作为价值的唯一源泉（包括自由价值）的思想，或者更准确地说，能不能接受伯林对"价值源泉"这一思想本身的那种独特理解。比方说，如果我们认为，人类个体在本质上既是他自己的某种价值的唯一源泉，又必须参与到社会生活之中以便实现这种价值，那么我们大概就会认为，在"个体行动者作为自己某种价值的源泉"和"社会生活作为那种价值实现的途径"两者之间没有什么必然的紧张。这样一来，伯林对自由价值的积极式理解就是过分偏执的：因为在这一理解下，我们大概找不到合适的理由说，社会生活对那种价值的实现也同时必然地构成了对那种价值的威胁。

对伯林来说，他之所以要坚持对自由价值的积极式理解是威胁性的，而消极式理解是唯一可靠的，很大程度上是因为他坚定地认为，只有个体行动者自己才是自己的价值源泉。因此自由作为一种价值，它的源泉也在行动者自己，正是从这个意义上来说，不存在任何独立于行动者自己的价值起源，行动者是行动者自己的最高权威（sovereign）。同时，诸如"客观理性"或者"客观价值"这样的思想，因其注定在政治生活中要导致悲剧而在哲学上破产。坦率地说，伯林的这个充满焦虑的思想是极度过虑和古怪的。

在后面的部分，我将试图表明，伯林的对以消极方式来理解自由价值的论证不仅是不令人信服的，而且在根本上建基于一系列重大误解之上。

第二节　自由价值

自由对人类来说具有价值，这个论题对伯林来说是一个定见。因为他已经认为，自由之所以有价值只是出于我们人类行动者是自己行动的作者这么一个事实。他的工作所要处理的，因此就只是如何理解这种价值这样一个问题，以及在这个理解的基础上如何说明这个价值的源泉。当伯林劝告我们接受他所提供的消极式理解时，他实际上是指派给我们一个关于自由价值的理解进路。不过，就算伯林所主张的那种极强形式的非决定论是真的，我们人类行动者确实是自己行动的作者（在伯林的意义上），这一点也仍然是成问题的。①

我们显然需要区分描述一种行动状态或者行动者能动性的"自由概念"和伯林在做出二分法时所采取"自由价值"这一独特理解。日常上，我们使用"自由"这个词也许是为了描述行动者的行动、意愿，或者更一般地说，来描述行动者能动性的某种本质特征。比如说，在一个人意愿去做一件事 A 的时候，对某些哲学家来说，如果这个人能够去做可供取舍的事，那么他的这一意愿就是自由的；对另一些哲学家来说，如果这个人在意愿去做 A 这件事时，除非是物理上不受决定的，否则就不能称为自由地去做了那件事；此外，或许也有哲学家会说，无论这个人是不是在物理上受到决定，只要他在心理上可以去做可供取舍的事，那么对人类行动者的行动（而不是上帝的行动或者某种超自然力量的行动）来说，这一点就足以使得我们把自由这个描述归予他的那个行动。不论在意志的自由（或者自由意志）问题上的哲学主张有多么复杂，我们至少需要理解，作为一种价值的自由概念在这里是一个独立于意志的自由或者行动的自由问题本身的：行动自由的问题是要问，什么样的条件对一项行动得以成为自由的行动来说是充分必要的；而自由价值的概念要处理的问题或许是，自由作为人类价值的一部分（无论它被宣称得有多么特殊），它的源泉在哪里，或者它究竟是怎么一种价值、怎么理解这种价值。当然，我并不是要否认说，这两个问题在根本上是不相干的；恰恰相反，对自由价值源泉的探索和回答，部分地构成了对意志自由本质的探索的一部分。因此，我们需要搞清楚的是，伯林对消极自由观念的构想，并不一定特别针对任何关于自由意志条件的问题。

现在的问题是，就算我们承认伯林的预设是一个"自明之理"（truism），承认说自由对人类来说是具有价值的，自由价值的消极式理解也并不自动就能从这个"自明之理"中推论出来。对自由价值的消极式理解，看起来要求我们承诺的是这样一个观点：自由价值的实现要求行动者处于一个特定事态之中，在这个事态中，行动者不受任何来自他人的故意干涉。不过，对这个观点来说，可能存在有两种不同的理解方式。由于"意志和行动的自由"与"自由是不是具有价值以及如何理解自由价值"是两个分立的问题，因此如果那个特定事态被打破，那么为了理解接下来究竟发生了什么，我们或许可以问两个并不一定在内涵上等同的问题：到底是行动者失去了自由，还是新的事态丢失了自由价值？这两个问题是不

---

① 参见 Isaiah Berlin, *Liberty: Incorporating Four Essays on Liberty*, p. 1 – 43。

一样的，因为如果伯林的回答是行动者失去了自由，那么他就需要告诉我们，他是如何确认作为一种对自由价值的理解方式的消极自由观念，能够一步跨越而成为对一般而论的意志或行动自由条件的注解。

如果伯林告诉我们的是前者，消极自由既是对自由价值的一种理解方式，也是对意志或行动自由充分必要条件本身的说明，那么他实际上就是在说，意志或行动自由的实现所需要的，就是意愿和行动的历程中不受他人故意干涉这么一个条件。进一步地，在这个理解下，我们就需要搞清楚，到底什么是"不受他人故意干涉"，以及它据说的那种重要性究竟在哪里。一个瘾君子虽然有"不要继续吸毒"的一阶欲望，但是当毒瘾发作时，他还是无法听从"二阶意愿"的引导，而按照"二阶欲望"的怂恿吸了毒。在这个过程中，假设没有任何来自他人的故意干涉，但是就像法兰克福（Harry Frankfurt）已经指出的，这个瘾君子在根本上是不自由的，因为他无法按照"二阶意愿"所推荐出的构成了"人"的条件的价值要求来欲求自己应该欲求的事情。① 所以，这个要件既不是意志或行动自由的必要条件，也不是它的充分条件。当然，对法兰克福的思想解读也可以有另一个方向。比如我们或许可以说，如果一个行动者能够在二阶意愿起作用的情况下欲求一个他应该欲求的事情，那么由于二阶意愿所具有的那种价值承诺的涵义，"不受他人故意干涉"或许恰恰构成了在这个场景中这个人能够行动和行动的自由具有价值的一个充分条件。不过，即使如此，我们也需要在意志和行动自由的唯一条件和偶然地构成意志和行动自由的条件这两者之间做出区分。在这个意义上，即使我们要把法兰克福的那个例子朝有助于伯林的方向解释，我们大概也不能按照伯林自己的思想，在根本上确立起那个条件作为意志和行动自由的唯一条件的地位。

为了使得一个行动得以成为自由的行动，能动性的概念也不仅仅只是要求行动者的行动历程免于"他人的故意干涉"。相反，一个恰当的能动性概念，需要对行动者本身的能力有一个恰当的关切，它不仅要关注行动者能不能在选项间做出选择，也要关注行动者的能力状况是不是允许它实际地达到各种可能的选项，并且关注是不是有足够的选项是实际上向行动者开放的。② 当然，如果伯林确实把"不受他人故意干涉"当作意志和行动的自由的唯一条件，那么他的理由或许就在于，只有当行动者"能够做

---

① Harry Frankfurt, "Freedom of the Will and the Concept of a Person", *The Journal of Philosophy*, 68（1），1971, pp. 5 – 20.
② 参见 Philip Pettit, "Agency-Freedom and Option-Freedom", *Journal of Theoretical Politics*, 15（4），2003。

可供取舍的事情",行动者才是自由的。在这个根本观点的基础上,伯林也可能会修正说,虽然作为意志和行动实现自由的要件就在于"不受他人故意干涉",但是行动者可资利用的能力和资源对自由的实现来说也具有重要作用。然而,就算"能做可供取舍的事"确实是行动者自由的主要标志,我们大概也很难把这个标志与自由所据说具有的价值必然地联系在一起。比方说,假设凯利就是想溺死她的孩子,且凯利是不受决定的,在那一刻她同时也能够去给孩子洗澡。在这种情况下,按照"做可供取舍的事"是自由行动的标志的思想,凯利好像是自由的,但是大概没有人会说凯利的这一自由是一种价值。同样地,假设菲力坚持相信一个在所有人看来都是幻觉的信念,那么假设他的持信动机是完全独立形成的,那么他或许具有持有那个幻觉的自由,但是那个自由本身很难说是具有价值的。一种东西具有价值,是站在一个评价性立场来说的,是针对合理性而言的。如果伯林确实是打算在作为意志和行动的自由与自由价值的消极理解之间建立一个紧密的联系,这个联系肯定不是直接推导出来的,而必须补充许多细节论证,特别是,这些细节要说清楚为什么"做可供取舍的事"本身一般而论地构成了一种对行动者而言的价值。不管怎样,就目前来说,即使是伯林的支持者,也很难论证伯林所要求的"自由行动"内在地就具有"自由价值"。就凯利的例子来说,即便她的行动失掉了"溺死自己孩子"的自由,伯林大概也不能就说他自己所鼓吹的那种一般而论的自由价值受到了损害。所以,对伯林来说,在他自己关于自由意志的思想与关于自由的消极价值的思想之间,不是那么容易就能跨越的。

如果在这里伯林坚持要告诉我们说他所设想的"自由行动"本身就一般而论地构成"自由价值",那么他实际上要告诉我们的是,自由价值在根本上是独立于来自他人的评价的。这个思想会显得很古怪,因为按照这个思想,那么自由就被设定为一个独立于人类生活的社会化要求的一种东西,先验地构成了与这种要求之间的冲突。如果伯林没有更好的证据表明这种冲突的先验性,那么他不过是在他所反对的积极论证提出关于人的本质的乐观主义独断论的地方,给出了一个关于人的本质的悲观主义独断论。倘若如此,我们并没有更好的理由去接受伯林的思想。

如果伯林的意思是想从后一个方面来设想问题,即认为自由价值是一种针对事态而言的东西,一旦新的事态失去了"不受他人故意干涉"这么一个要件,新的事态就失去了自由价值。那么,我们也可以从两个方向上发现,他的这一可能解释仍然存在问题。

如果自由价值属于事态,那么当伯林说,自由价值是一种出于它自己的缘故而具有善性的东西的时候，他实际上是在说，虽然自由价值的源泉在于个体行动者，但是自由价值的善性独立于每一个具体行动者。因此，在这个意义上，就自由价值的善性的相对于个体的那种独立性来说，这种价值是第三人称的价值。这样，消极自由价值对伯林这样的自由主义者来说的地位，就好像效用或者福祉概念对后果主义来说的那样。我在这里并不打算探讨如果伯林这么做的话他是不是得在根本上接着去承诺一个后果主义思想或者后果式思维，而是想立即指出，如果伯林真这么设想的话那么他仍然会遭遇严重困难。

一种价值是第三人称观点上推荐出来的，意味着这种价值具有独立于任何具体行动者的地位，但这只是第三人称观点的价值的表面要求。更深层的要求在于，作为一种价值，第三人称的观点要求，至少在行动者识别到它的价值地位的情况下，行动者"应该"去促进那种价值的实现。促进那种价值实现的"应该"和这种价值本身一样，也是独立于所有具体行动者的。设想一个例子。在一个王国里，除了一个人仅有一只眼睛功能完好外，所有的人都是全盲人。因为历史的原因，这个王国实际上按照一种有利于那位仅有一只眼睛功能完好的人的体制运作。现在，所有的盲人都在这个体制内从事生产，唯独那个人尽享大部分的消费品。有一天，一位叫伯林的哲学家来到这个王国，并且顺利地将他刚刚研究出来的和我们这里探讨的伯林思想完全一样的叫作"消极自由"的价值，推荐给这个王国的每一个成员，作为一种被每一个人分享的价值观。按照这个第三人称的"消极自由"价值的要求，所有的人只要不受他人故意干涉就都是自由的。在这种情况下，对这个王国中的每一个人来说，就享有自由价值这一点而言，大家都是均等的。显然，自由价值在这个例子中构成了对不平等和剥削性制度的一种维护，而且"应该"的要求还敦促王国中的每一个人自觉自愿地去维护这种制度。直觉中我们感到有些不妥。不过，该王国中的伯林也许会冷峻地提醒我们说："大家注意，自由价值确实是这么要求的，但是完整的人类生活也还有博爱、平等这些价值的要求，所以为了各种价值的均衡发展，我们可以收缩自由价值。"但是，这个回应是非常不可靠的，因为为什么别的据说对人类生活来说重要的价值构成了对收缩自由价值的一种要求，这一点并不清楚。如果伯林认为自由价值是一种根本价值，那么收缩的必要性就必须是独立于人类生活的价值体系的某种平衡性要求的，除非伯林首先表明有一系列价值都是根本价值。但是如果伯林确实设想过有一系列价值都是根本价值，那么要求为了实现那些价值而收缩自由价值，或者为了实现自由价值而收缩其他价值，本质上来说都只是情势之下的权宜之计，不构成一种人类生活的必然要求。所以，按照这种理解，伯林所说的"最小限度的自由价值"不仅在内容上显得十分空洞，而且面对人类实际生活的极端复杂性，伯林甚至也很难对自由价值的"最小限度"给出一个可操作的量度说明。因此，如果伯林只能提供一个有关自由具有价值的宣称和有关自由价值必须具有"最小限度"的断言，那么根据这种纯粹质性（quality）的解释，在很多情况下，也许我们大概只要为其保留一丁点空间，我们都可以说这是出于平衡各种根本价值的需要而采取的某种权宜之计。

依赖于这种第三人称的观点，将自由价值理解为一种"行动者中立"价值的做法，就会导致自由价值的精确性受到损害，并最终被抽空。更严重的是，如果自由价值是这样一种价值，那么在伯林担心对自由价值的积极式理解会给强制行动者接受某种客观价值的行径提供口实的地方，这种消极理解中所嵌入的"应该"思想所要求的是行动者去过一种冷漠自私、无视他人的生活。这样一种生活，大概并不比"被迫幸福"有任何可贵之处。

当然，可能会有反对者说：你过虑了，因为伯林不需要像你设想的那样把自由价值理解为一种"行动者中立"的价值，他可以从第一人称出发来理解自由价值。换言之，伯林似乎可以说，自由价值的源泉在于行动者自己，因此只是相对于具体的行动者本人而言，自由才相对于他自己而得以成为一种价值。反对者也许会接着说：这么理解的一个好处就在于，一旦把自由价值理解为一种出自第一人称的价值，那么不仅上述担忧会烟消云散，而且对作为一种价值的自由的理解，立即就与行动者的行动历程所例示的意志和行动的自由联系起来，从而使得消极自由作为一种对自由价值的理解方式，与作为一种对意志和行动的本质的描述概念统一了起来。不过，我想说的是，如果伯林确实打算采取反对者所推荐的这个方案来设想问题的话，那么风险可能来自于两个方向。

首先，如果自由价值是一种发源于第一人称的价值，那么不清楚的是，如果一个行动者决定放弃这种价值，转而去过一种自我洗脑以便崇拜领袖的生活，那么即便是伯林本人，究竟在什么样的意义上能够对这个人的选择开展批评和反思呢？第一人称价值的典型特点就在于，它的作者和最终权威都来自行动者本人，因此行动者即使放弃对这个价值的承诺，那也是免于批评的。如果这个方向的风险不能化解，那么伯林将自由价值理解为第一人称价值的做法，就会导致消极自由观念本身的稳定性出现问题。

其次，即使自由价值确实是一种发源于第一人称的价值，也就是说，行动者本人是这种价值的唯一源泉和终极权威，那么究竟有什么样的理由使得行动者不能以交换这种价值来获得别的价值的实现呢？究竟有什么样的理由，使得行动者必须要最终承诺这样一种价值的不可取代的地位呢？或许伯林会说，如果行动者对自由价值的不可取消地位的承诺出现松动，那么他或许就是一个不自由的行动者。并且，按照伯林所坚持的那种不相容论的观点[1]，在这种情况下，我们或许就不能把他看作道德和政治共同体中的恰当成员。针对这一点，就算我们不对相容论问题做出评价，我们大概也可以通过区分"对自由价值的放弃"与"行动的自由与否"这两个不同的事情来指出这个思路的无效。一个人的意志或者行动是不是自由的，与这个人是不是承诺自由为一种内在价值，这两件事之间的关联并不是乍看之下那么紧密的。假设我的意志和行动在根本上是自由的，那么承诺自由价值或者撤销这个承诺，恰恰是我的意志和行动自由的表现，因此如果消极自由同时也是一种对意志和行动的自由条件的描述，那么只要没有任何来自他人的故意干涉，我完全可以撤销对自由价值的承诺。所以，就算我们承认说消极自由确实是对意志和行动的自由条件的要求，从这个要求所对应的关于人的形而上学图示中，我们丝毫看不到人类行动者个体究竟有什么理由不能放弃他对作为一种价值理解方式的消极自由的承诺。

因此，依赖于第一人称的理解，伯林就无法融贯地设想自由价值据说的根本性和不可取代性，因此也就无法融贯地提出一个有关必须保存"最小限度的自由价值"的主张。为了使得讨论更加深入，我们也需要对这个特定事态本身做一个分析，看看它究竟有没有伯林所设想的那种重要性。

第三节　在正面理由与负面理由之间

既然我们现在要把关注的焦点，放到伯林所推荐的且说出于它自己的缘故而具有内在价值的特定事态上，那么我们的着眼点实际上就是要进一步地去考虑，体现了"不受他人故意干涉"的事态究竟是不是真的一般而论地具有正面价值，或者换个术语，是不是一般而论地具有善性。

"干涉"这个概念本身至少可以有两种不同解读。[2] 就像佩蒂特（Philip Pettit）已经指出的，干涉至少可以区分为"专断干涉"和"非专

---

[1] 参见 Isaiah Berlin, *Liberty: Incorporating Four Essays on Liberty*, pp. 36–63。

[2] 参见 Philip Pettit, *Republicanism: A Theory of Freedom and Government*, Oxford: Oxford University Press, 1997, pp. 1–16。

断干涉"两类。对一个人采取专断干涉，就意味着在不倾听那个人的主张，罔顾那个人的预期利益的情况下对那个人的行动加以故意的干涉。非专断干涉在定义上是对专断干涉的直接否定。佩蒂特对干涉在定义上的这一区分，实际上是为了经由干涉的专断性来定义他称之为"无支配的自由"的思想。"支配"意味着，他人的专断意志的存在本身对行动者意愿一个行动构成了一种威胁，即使行动者在意愿和执行这个行动过程中并没有受到他人实际的干涉。对佩蒂特来说，只有免于支配行动者才真正享有自由。

伯林的消极自由观念所针对的那种干涉，是指行动者在行动过程中不受他人的故意干涉。这意味着，他人必须对行动者采取一个实际的干涉行动，否则消极自由观念所要求的那种干涉就是不存在的。但是，这种理解显然忽视了潜在的干涉行动可能对行动者意愿一个行动的能动性所造成的影响，而只是在强调作为一种实际后果的干涉行动。实际上，具有专断性的干涉可以在干涉者不采取实际行动的情况下，通过对行动者采取行动时通过施加潜在的心理威慑这一潜在渠道发挥作用，因而对行动者通过能动性的发挥来实现自己的各种各样的生活目的或者说生活价值造成了巨大妨害。比方说，一个仁慈的奴隶主可能永远不会采取实际行动针对他的奴隶来开展伯林所要求的那种干涉活动，但是奴隶地位的存在意味着，奴隶主永远具有专断干涉奴隶的权力，奴隶自己的行动意志也有被专断干涉的可能性。对伯林来说，只要奴隶主不行使这项权力，那么奴隶就是自由的；但是，从"无支配自由"的视角观察，只要奴隶和奴隶主之间的权力和地位的不对称没有受到挑战，那么奴隶的自由就永远不可能实现。①

或许有人会做如下回应。佩蒂特的思想针对的是行动和意志的自由，而不是针对自由的价值，因此佩蒂特的思想或许不构成对伯林思想的挑战。恰恰相反，佩蒂特对"无支配自由"作为行动和意志自由的必要充分条件的揭示，说明每一个个体行动者都因其自身的缘故而具有一个独立于其他人的地位和资格。正是对这样一个地位和资格的珍惜和尊重，才是伯林强调将自由价值在消极方面加以理解的原因，因此也许佩蒂特的思想补充了伯林思想中没有对意志和行动自由的真实条件提出论证的缺憾，我们也可以说，佩蒂特同时也从不同方向上再次确认了伯林所试图捍卫的自由价值的消极式理解。②

---

① 参见 Philip Pettit, "Freedom as Antipower", *Ethics*, 106 (3), 1996。
② 拉莫尔实际上从这个方向上试图对佩蒂特做出批评，参见 Charles Larmore, "The Moral Basis of Political Liberalism", *The Journal of Philosophy*, 96 (12), 1999。

但是，这个回应是不确切的。实际上，当伯林强调"不受他人故意干涉"的特定事态具有内在的善性时，他同时也确认了任何违背这个特定事态的要件也都是内在地违背自由作为价值的善性的。正是在这个思想的基础上，伯林才把自由价值与包括博爱、平等在内的其他重要价值之间的关系看作竞争性的关系，才把法律和制度的约束看作自由价值出于某种实用考虑而不得不做出的牺牲，才会有在痛心疾首于这种必要牺牲的基础上强调"最小限度的自由价值"的悲情。但是，如果佩蒂特对干涉概念的分析是可靠的，那么一旦法律和制度的存在成为公民及其利益间平等资格的一种确认和保证，它们就不是自由价值的一种牺牲，反而成为自由（请注意，不是自由价值）的构成性要素。① 所以，从这个意义上来说，伯林和佩蒂特的分歧，不在于他们对同一个思想内容提供了不同方向的理解，而在于他们构想的是根本不同的思想。

因为伯林在根本上把自由价值与人类丰富的社会化生活所要求的各种各样的价值之间的关系看作一种此消彼长的竞争关系，在这种敌对情绪的干扰下，他对自由价值的消极式理解，预设了一种离群索居的"自我"图景。对伯林来说，法律和社会制度在根本上是自由价值的敌人，只是出于某种实用的考虑，才在"看门狗"的最小意义上不得已接受它们的存在。② 因此，他所强调的那种对自由价值的消极理解，至少在理论上允许这样两个可能性的存在。第一，如果一种制度把一部分人当作二等公民，那么只要这个制度安排是以一种非直接故意干涉的方式起作用的，那么那些人就仍然是自由的，就像仁慈的奴隶主和奴隶的关系所注解的那样。第二，一个人为了阻止他人对自己的干涉可能会寻求国家的帮助，而国家防止他人干涉的行动本身就构成了故意干涉。因此寻求国家帮助来对抗他人对自己潜在的干涉，按照伯林的思想，则对这个人自己来说是放弃了自由价值的承诺；对国家来说，是赤裸裸地削弱自由价值。更严重的是，由于人们之间实际上始终存的权力不平衡，因而强者对弱者的干涉的可能性是不可避免的，但是如果国家预先通过制度安排来削弱这种权力的不对称，那么它同时也是在削弱强者的自由。这种对自由价值的理解，就像佩蒂特所注意到的那样，最终要求的是对人类生活的一种羞

---

① 参见 Philip Pettit, *A Theory of Freedom: From the Psychology to the Politics of Agency*, Oxford: Oxford University Press, 2001。

② 参见 Isaiah Berlin, *Liberty: Incorporating Four Essays on Liberty*, pp. 208–212。

辱性理解。① 所以，伯林所谈论的那个特定事态，并不是像乍看之下那样具有内在善性的事态，因此在这个意义上，我们确实没有理由默认说那个事态所包含的价值要求就是自由价值的真正涵义。

为了理解自由价值的本质，我们大概需要把这种价值的主体与这种价值的源泉区分开来。伯林也许确实有理由说，自由价值只有成为人的价值，才值得人类如此向往和憧憬。而且，就像从对人类历史的反思中我们确实能够反省到的，只有当自由价值与个体生活联系在一起，它才具有实际的意义。在这个意义上，或许我们可以说，个人主义似乎解释了这样一个"自明之理"：只有个体才是自由价值的可能承担者。但是，就算这些日常直觉在哲学上是能够获得辩护的，它也最多只能表明，人类个体是自由价值的主体。从自由价值的主体，到自由价值的源泉，这一步的跨越并不是非常直接的和必然的。比方说，如果关心自由意志问题的思想家们有充分证据一致表明，我们人类行动者在根本上在意愿行动方面确实是自由的，所有的人类行动都出自个体行动者自己。这也并不意味着，我们在创造出自由行动的同时，就必然地创造了自由行动的价值。价值在根本上是一个评价性概念，它是相对于对事态的评价而言的。比方说，也许上帝注定是自由的，上帝的每一项活动也是自由的，但是即使如此，一般而论地谈论说上帝拥有自由价值，或者说上帝是自由价值这么一个东西的源泉，是没有意义的。只有当我们讨论"如果上帝存在，那么人类的自由意志究竟有什么意义"这类问题时，我们或许会回溯到上帝创造了自由价值并将这种价值赋予人类这样的观点的讨论中。但是，即使在这个意义上，自由价值的源泉也是上帝，只是它的日常担负者成为人类个体，而正是通过它的日常担负者的自由意志的活动，上帝所创造的自由才具有价值。在这种情况下，我们说个体行动者拥有或者不拥有自由价值，是在评价那个行动者所处的某种的既定状态，是不是符合我们根据某种对上帝的理解来设想出的与自由价值相对应的事态的善性。所以，考虑到这个例子，我们也许可以说，在绝对的意义上谈论人类个体是自由价值的源泉，实际上不过是抽空了自由价值的所有发生学基础，在设想一个具有绝对善性地位的事态。这种方法论是误导性的，因为它等于是在断言自由价值的主体就是自由价值的源泉，而这个关键性联系恰恰是不清楚的。

当然，伯林的处理也并不是完全不可理解的。因为，对伯林来说，如

---

① 参见 Philip Pettit, "Freedom with Honor: A Republican Ideal", *Social Research*, 64 (1), 1997；另一项有趣的工作，参见 Sharon Krause, *Liberalism with Honor*, Cambridge, Mass.: Harvard University Press, 2002。

果对自由价值不采取他所推荐的消极方案来理解，某些对客观价值或者价值起源的客观性的强调会导致强制人们接受这一价值的历史悲剧再次发生。这个担心并不是没有道理的。但是，作为一种哲学思考，伯林的这个焦虑完全是过分的。因为，对价值客观性的设想不一定非要像伯林所忧虑的那么极端。在本节和前一节中，虽然我没有正面讨论自由价值的源泉问题，但是伯林也并没有正面论证自由价值的起源为什么是他设想的那样，所以就我此处的论证所试图表明的是伯林的那一设想存在误导这一点而言，我大概也不亏欠读者太多东西。在后一个部分，我将试图通过正面提供一种可能的设想，来指出，伯林对自由价值的积极式理解本身在根本上也是误导性的。

第四节　重思自由价值

伯林对积极式理解自由价值的做法，最大的担忧在于，他认为如果我们采取了这种理解路线，那么我们就创造了这样一个可能性：在个体行动者之外，由于据说存在某种理性能力或者理想本质，人们把自由价值的源泉拱手让出，人类的政治实践最终产生灾难性后果。也许，就像伯林自己指出的那样，在资本主义的时代，在人类曾经按照某种"有机体"方式来构想个人与社会的关系模式的思想史背景下，自由价值的源泉到底是唯一地在于个体行动者，还是最终依赖于某种普遍而基本的"本质"，确实有可能成为一个十分严重的实践问题。但是，如果伯林并不打算把他的思想理解为一个具有历史局限性的观点，而试图向我们表明一个一般真理，那么我确实无法理解，个人与政治体之间的关系、个人对生活形式和生活目的的设想与某种价值客观性之间的关系，为什么在伯林看来会具有那么紧张冲突的对立关系，而且这种对立甚至是总体性和一般性的。

伯林在反驳相容论者的观点时一开始就坚称人类个体是道德评价的恰当主体和对象，在这个意义上，人类共同体是一个道德共同体。也正是出于这个理由，伯林才强烈地批评决定论（对他来说是任何形式的决定论）命题的错误性。[①] 从这个观点出发，我们也许能够引申出一个结论说，伯林所设想的个体人类行动者并不是注定离群索居的。然而，一旦我们去考察伯林对消极自由价值的源泉的论证时，我们又惊奇地发现，即使他承认有时候消极自由价值不幸地需要同某些人类价值做一些妥协，但是他也从

[①] 参见 Isaiah Berlin, *Liberty: Incorporating Four Essays on Liberty*, p. 28。

不动摇这样一个观点：个体，只有个体才是这种价值的唯一和真实的源泉。从这两个思想中，我们似乎发现，对伯林来说，个体参与社会生活，实在是不得已而为之的事情。尽管在他后来的思想中，伯林试图区分"自由的价值"和"自由价值的实现条件"，那种本来要从个体行动者的矿脉中汩汩流淌出的自由价值的宝藏，终于被伯林承认需要有些"条件"帮助才能获得成矿的地质动力。

但是，伯林的这个区分，甚至连妥协都算不上，最多只是对事实的有局限的承认。因为，这个思想并没有根本否认人类个体作为自由价值唯一源泉的设想。因此，我们需要进一步考察，这个设想究竟是不是可靠的。

人类存在者是道德评价的恰当对象，原因或许并不在于伯林所说的决定论命题为假。生物学和神经科学的迅速进步逐渐表明，我们曾一度认为完全取决于一个行动者自己的行动，或许在根本上是神经元某个物理机制的偶然后果。这些科学发现对我们理解人类的自由意志有多大哲学影响并不是本章讨论的关键。我所希望表达的意思是，即使有一天，我们最终痛苦地发现人类的行动在根本上是被物理决定论言中的，那么至少对某些哲学家来说，这也并不意味着我们就要在归予道德责任的适当性问题上做出绝望而悲观的回应，就像沃森（Gary Watson）、斯特劳森、沃尔夫等学者已经给出的非常聪明的回应所指出的那样。[1]

就目前来说，本章试图进一步表明这样一个立场：无论是谈论归予道德责任的恰当性问题，还是一般地谈论实践规范性的源泉问题，虽然我们也许的确需要精巧地说明个体行动者至少在某种程度上是如何"自由"地开展了他的既定行动的，或者是如何成为他既定行动的"真正"（如何理解这种"真正性"是另一个问题）作者的，但是为了体现对个体行动者作为实践理性的真正作者这一地位的尊重，我们并不需要非得特别地认为唯有个体行动者自己才是价值的唯一源泉。换句话说，我们也许需要在"规范性的根源"与"行动理由的作者"之间做出一个区分。价值作为一个评价性概念，它或许暗示着个体行动者的行动与某种实践规范思想之间的契合。但是，为了表明个体行动者的行动是他自己的行动，为了表明个体行动者是"自由"的行动者，同时为了表明个体行动者的行动自由本身

---

[1] 例如参见 P. F. Strawson, *Freedom and Resentment and Other Essays*, London and New York: Rutledge, 2008, pp. 1–28; Susan Wolf, *Freedom Within Reason*, New York: Oxford University Press, 1990。中文文献参见徐向东：《斯特劳森论道德责任》，载中国现代外国哲学学会分析哲学专业委员会编：《中国分析哲学：2009》，浙江大学出版社2010年版；徐向东：《自我决定与道德责任》，《哲学研究》2010年第6期。

具有价值,并不就等于说我们需要立即直接地表明只有个体行动者才是那种实践规范内容的唯一源泉。之所以伯林会担心,某些承诺了"客观价值"的道德理论所体现的规范思想,会导致对个体行动者作为他自己的行动的真实作者地位的践踏,也许就在于,对他来说,规范性的思想意味着一种来自外部的对行动者的引导要求,因此也就开放了"个体行动者的行动需要谁来引导"这么一个问题。在考察对自由价值的积极理解这个问题时,伯林一再担心的是,这个问题注定会导致对"行动受谁支配"这个问题做出一个据说可怕的回答:行动者在根本上将受到外在于行动者自己的某种普遍而基本的客观价值来支配。坦率地说,我认为,这个思想是过虑了。因为,它要求我们从一个非常独特的视角来看待那些据说具有"客观价值"地位的规范要求:把那些"客观价值"看作根本独立于行动者的东西,来自外部的被给定的东西。

虽然,规范性的思想确实意味着一种行动引导的要求,但是这并不意味着规范性的思想在根本上是一个独立于个体行动者的观念。恰恰相反,就像某些康德主义者已经表明的那样,从一种第二人称的视角上来理解,规范在内容上可以通过一种"相互响应"的机制被构建出来,在这种意义上,个体与规范要求之间的关系,是一种第二人称的关系。① 就这种关系模式来说,规范在本质上是一种个体行动者之间的"互相可回答性"(mutual answerability),或者说是一种"互相可说明性"(mutual accountability)。按照这一理解,规范的客观性、合理性的客观性乃至价值的客观性,并不必然要走向一个伯林所宣称的"为规范问题寻求客观的终极解决的道路"②。要知道,即使对理性主义者来说,承认不存在具有实在地位的客观理性或者客观价值,并不等于就把整个实践理性的企划放置到了一种那个错误(error)之上。③ 相反,按照这种对规范性本质的第二人称的解读,理解规范性的源泉,就在于理解两个重要思想的协调:"社会生活与个体行动者值得珍视的生活形式之间的构成性关系"的思想,以及"个体行动者自己对某种'资格'的占据,且在占据这种'资格'的基础上成为规范构建机制中自由平等一员"的思想。不管我们最终如何理解这种"资格"的精确涵义,这种第二人称视角下对规范源泉的理解,都至少不意味着我们在寻求一种独立于个体行动者的对规范性问题的"根本解决"方案。恰

---

① 参见 Stephen Darwall, *The Second-Person Standpoint: Morality, Respect, and Accountability*;张曦:《第二人称观点、规范性与道德可说明性》。
② Isaiah Berlin, *Liberty: Incorporating Four Essays on Liberty*, p. 47.
③ 参见 John Mackie, *Ethics: Inventing Right and Wrong*, New York: Penguin Books, 1977。

恰相反，它最多只是表明一个事实，即因为共同占据着某种"资格"，在社会生活中，我们个体人类行动者作为规范的构建者和作者的地位是应当受到尊重的。在这种图示下，社会生活对个体行动者来说，并不是一种无可奈何的生活妥协，恰恰相反，就它实际上是个体行动者生活形式的构成性要素而言，它也是个体行动者生活意义的来源。因此，如果某些一般而论的价值对行动者来说是值得珍视的，它们的值得珍视，就在于对个体行动者这一社会性特征的潜在贡献。具体到自由价值来说，之所以自由价值是重要的，就在于这种价值最终体现了个体行动者作为某种"资格"的承担者而对社会生活的有意义参与。按照这种理解，如果伯林确实认为只有消极自由价值才是自由价值的真实涵义，那他的立场其实是以误解人类生活的根本特征为基础的。

  对伯林来说，从价值的多元主义事实中，我们可以推论出对自由价值的消极理解。这个思想其实是误入歧途的。一方面，伯林将自由价值作消极理解的思想不仅不构成对价值多元主义的倡导，相反它倒是从根本上削弱了价值多元主义的实际意义。如果对自由价值的消极理解是对的，那么就像我们已经看到的，由于它把个体行动者唯一地视为价值的源泉，那么也许从它之中，我们可以推论出某种形式的"价值多元论"，因为在这个图示下，除非通过比较不同个体设定出的不同价值之间的相似度，我们确实没有更好的理由来论证某种更可靠的价值收敛机制。但是，这种"多元论"只是表面的，因为它只是意味着一种价值混乱。人类历史最近二十年的一些变化特别是"9·11"事件表明，这样一种"多元论"并没有减轻人类社会的某种悲剧性。另一方面，就算价值多元主义的事实确实是需要得到尊重的，这也并不意味着自由价值的那种消极理解本身如何珍贵，而在于价值多元主义尊重了一个根本的前提，即个体行动者或者个体行动者所组成的集体，是具有某种"资格"或者"能力"从而可以参与道德和政治生活之中的自由平等的主体。正是出于对这个事实的发现，价值多元主义才具有它乍看之下的重要性。因此，价值多元主义实际上是对它的根本前提的一种确认。就想我们已经清楚地看到的那样，就"没有来自他人的故意干涉"这个内涵来说，消极自由价值并不特别要求某种行动者"资格"或者"能力"的思想。但是，从价值多元主义中，我们能推导出，也只是对行动者所具有的某种"资格"的尊重，或者用佩蒂特的术语说，是一种"无支配"的要求，而不是那种不对"资格"有任何考虑的消极自由价值。

第十四章 责任

在上一章中，我们已经看到，某些理论家一直试图提醒我们：自由就在于行动者能够在不受他人故意干涉的前提下进行选择和按照选择来开展行动。他们把自由理解为一种负面道德理由，是有着深刻的哲学理由的。在他们看来，进行选择和按照选择来执行行动，在根本上是行动者的一项能力，也就是我们称之为能动性的那种东西，必须得到他人和社会制度的尊重和保护。那么，能动性是不是一个不受约束的东西呢？谈论"能动性的约束"，究竟是在谈论什么？在这一章中，我们将就这两个问题展开论证，并进一步对将自由看作负面道德理由的那种观点做出审视。

第一节 自由的形而上学

能动性首先就意味行动者有能力去做出选择。这里所说的选择是这样一种活动：如果至少有两种行动方案 A 和 B，而且就它们的自身特征而言，对行动者来说是同等可达的（accessible）。也就是说，如果行动 A 和 B 都是在行动者自身的控制之下，行动者可以独立决定采取哪一种行动方案，那么行动 A 和 B 对行动者来说，就都是行动的选项（options），在这个意义上，行动者相对于行动 A 和 B 来说，就拥有了"选择自由"。[1] 因此，根据这种"选项视角"的理解，自由就意味着行动者在选择做一件事的同时，做可供取舍的其他事的可能性是实际向他开放的：行动者要有能力去选择做可供取舍的事。[2]

立即会有人说，"有能力去做可供取舍的事"意味着行动者在做 A 的时候，要有能力去不做 A，因为如果行动者只能做 A，那么在某种意义上他就是被决定着去做 A 这件事的。这个异议的威胁就在于，据说如果行动者在根本上是被决定去做 A 这件事的，那么至少在做 A 这件事上，他是

---

[1] 参见 Philip Pettit, "Agency-Freedom and Option-Freedom"。
[2] 之所以强调做另一件事的可能性要实际向行动者开放，是因为这两种行动方案都必须处于行动者的能力可达性之中的。就好像一个聋哑人即使面临着在公众场合发表演讲和不发表演讲的"选择"，但是他的实际能力阻碍了这些选项实际向他开放，因此在这个意义上，这个聋哑人仍然是不具有选择自由的。

不自由的。因此,按照这个异议,如果行动者要能够自由选择做可供取舍的事,那么就等于是在说行动者的行动是非决定的,只是在这个意义上,行动者才是自由的。而一旦某些自由意志的悲观主义者能够充分表明,我们人类的行动在根本上是被决定的,那么自由能动性就是一个幻觉。接着,持此异议的人或许会进一步说:我们人类的行动在根本上取决于各种各样的在先于这个行动的因素,解释一个行动的源泉,或者说追溯这个行动的源泉,不可避免地会最终依赖于某些外在于行动者的因素,因此在这个意义上,决定论是真的,所以自由能动性是一种幻觉。某些类似这一异议的非相容论论题也许不会这么极端,但是在根本上他们都分享这一异议的一个基本主张:决定论和自由能动性,或者和自由意志,在概念上是不相容的。

也许要回应这个异议,就不可避免地会涉及理论家们在自由意志与责任归予的可能性问题上的争论,不过考虑到场合的问题,我也许不能对此说得很多。然而,就像沃尔夫通过"上帝设计与看电视的洛丝"以及"铁骨人心的机器人"的故事所试图表明的,不相容论者或许过度夸大了物理决定论对自由能动性与责任的可归予性所可能造成的危害。① 实际上,如果心理决定论不意味着对行动者行动的心理层面的解释最终都要还原为某种物理层面的法则和事态,如果心理上不受决定只是意味着行动者在心理上能够不受干预地去施展某种行动相关的能力和技能,那么即使行动者在物理上是被高度决定的,他在心理上却依然有能力去选择做可供取舍的事。所以,我所需要的"去做可供取舍的事"的能力、我所试图使用的"自由能动性"概念,并不会因为不相容论者的反例或者人类神经生物学研究的某种新进展,就注定要走向悲观的结局。

但是,另一方面,就人类自由而言,"有能力去做可供取舍的事"这一特征对人类能动性的"自由"来说,是必要但不充分的。设想一下:现在,做一名公务员或者做一名秘书的可能性都同等向菲力开放,而且两个行动方案都处于菲力的能力控制之下:他文笔尚佳且字迹工整,很适合文书工作。但是,菲力的某种懒惰导致他找不到任何理由来做出选择:他宁可就这么在那里躺着左思右想"到底做什么才好"。② 时间在不断流逝,

---

① 这两个故事分别参见 Susan Wolf, *Freedom Within Reason*, pp. 103 – 116; Susan Wolf, "The Importance of Free Will", *Mind*, 90 (359), 1981, pp. 395 – 399。

② 需要注意的是,这种心理因素并没有强到会导致约翰选择能力上的受挫,因为在谈论与本文的讨论所相关的选择能力的受挫条件时,我所针对的是来自自然因素的限制和对行动者能动性的外部干预(或者说强制)。

菲力也许终其一生都找不到理由来做出选择。在这个例子中，为了能够做出一个选择，菲力就需要一个理由来说服自己：他需要告诉自己，这两个选项相对于自己而言的价值所在。也就是说，或者他需要有一个优先于选项的价值承诺，然后根据这个价值承诺的推荐从中选择一个更有理由去开展的行动；或者他干脆告诉自己，相对于自己有理由去过的犬儒主义生活，这两个选项都是没有价值的，应当立即被打发掉。如果缺乏这类价值承诺，那么菲力即使具有从两个选项中随机挑选一个选项的能力，那么如果决定论是对的，大概菲力的这项能力最多只能算是一种因果进程的例示，而不是必然体现出自由能动性的能力。所以，我们大概就需要得到"自由"概念的第二个方面特征：行动者要有能力为选择活动设定价值，而且对价值的设定在某种程度上优先于行动者开展实际选择活动。

或许立即会有异议者反对说，至少出于两个方面的考虑，认为选择必须要以价值认知的能力为基础的观点都是太强的：如果要辩护人类能动性的自由特征，那么对一个行动者来说，由于价值设定的能力在根本上或许是被塑造或者被培育出来的，所以这项能力会削弱能动性的"自由"；此外，如果一个行动者即使在根本上是漠视任何价值的，或者说是对任何价值都不敏感的，那么他也仍然可以依据比方说感官冲动、欲望强度这样的因素来做出选择。所以，"一般而论的选择"（choice as such）与价值设定的能力之间并不是必然关联的。

这个异议至少是部分合理的，因为我在此并不打算否认，一般而论的选择与价值设定的能力之间存在必然关联，而只是试图论证，自由的选择与价值设定的能力存在必然关联。那么，为什么这么说是可信的呢？

假设一个人有一种很奇特的爱好，他喜欢走几步就弯腰拣几粒沙子放手里搓一下。如果你问他为什么要这么做，他会想很久然后最终告诉你："不知道什么原因。"如果你问他："拣沙子放手里搓对你来说真有那么重要吗？你可以放弃做这件事吗？"在充分构想了各种可能性之后，他会很慎重告诉你："这件事好像没有什么能想得到的重要性，而且如果真要是到了纽约这样的方圆几平方公里内半粒沙子可能都找不到的地方，那放弃做这件事也没有什么。"现在，这个人恰好在亚利桑那州的凤凰城生活，那地方毗邻沙漠，所以沙子很多。这个人每次上街都还是忍不住不断地拣沙子放手里搓。有一天，在这个人某次搓沙子正起劲的时候，正好路过一个心理诊疗师，这位诊疗师对眼下看到的一幕十分有兴趣。于是他们之间有了这样一段对话：

你好,你为什么要搓沙子?

不为什么。

那为什么要搓沙子?

我想搓。

你可以选择不搓沙子吗?

可以,不过我现在就是想搓,如果你能让我特别去想干点不搓沙子的事,那也不是完全不可能。

随着诊疗师和这个人对话的不断深入,也许他最终会揭示,这个人搓沙子的原因可能是因为从小和他做沙雕的叔叔生活在一起,对沙子在手中滑动产生的某种质感非常偏好;也可能是出于某种神秘的自然或生理原因,这个人看见沙子就是有强烈欲望去搓一下(就像某些稀奇古怪的外物对一些人来说能起到刺激性欲望一样,这个例子中的搓沙子也许就是对这个人来说能产生莫名其妙的某种愉悦感)。但是不管怎么说,既然沃尔夫的说明能够在即便物理决定论为真的前提下捍卫自由能动性和责任归予的恰当性,那么我们可以继续假设说,这个搓沙子的人在心理上是不受决定的:他说的话已经表明,在心理上,他可以不搓沙子,而且他的这一心理可能性也没有受到任何外部干预的阻断。

进一步地,这个人搓沙子乍看之下完全是出于自身的某种强烈心理偏好的结果,而且他也明确指出,搓沙子这件事对他来说是根本没有意义的。所以,他不能为搓沙子这件事赋予任何价值。在这种情况下,就心理上能够做可供取舍的事而言,这个人是具有选择能力的,但是这个人又好像不具有我所说的设定价值的能力。所以,异议者确实成功地表明,一般而论的选择与设定价值的能力并不是必然相关的。然而,就像我已经表明的,我所说的设定价值能力,只与自由选择的能力必然相关。

这个人不断选择去做搓沙子这么一件他自己无法设定价值的事,这是不是一种自由呢?这个问题的要害就在于,我们究竟如何来理解心理非决定论所要求的自由概念。如果在这种情形下,我仍然要坚持说,选择做搓沙子这件事本身不是一种自由的行动,那么我大概就立即需要补充说,自由的实现依赖于一些进一步的条件,以使得自由的行动与不自由但是仍然是被选择的行动区别开来。或者,更直接地讲,沃尔夫对物理决定论基础上的不相容论的拒斥,一方面对选择的可能性提供了更融贯的说明;另一方面,这一说明也并不拒绝去承认说,在选择之外,自由的实现条件还有另一个来源:选择只是实现自由的必要而不充分条件。

之所以哲学家们会对选择的重要性投以极大的热忱，一个重要的原因就在于，如果选择在根本上是不可能的，那么人类就好像是漂泊在宇宙中的断线木偶，冥冥之中的某种机制注定了人类的生而不自由。对选择与自由之间关联的焦虑，在很大程度上是人类试图通过哲学的方式来确证自由这一根本性理想的体现。上述异议就典型地体现了这种焦虑，也典型地表现了这一理想。然而，不幸在于，当上述异议以乍看之下合乎情理的面目出现时，有一些东西被无意忽略了。

沃尔夫对人类能动性的自由条件的说明，第一个优势就在于，无论从形而上学上看，人类在本质上受到什么样的限度，如果人类在心理上是不受决定的，那么自由就仍然是可能的。因此，人类自由的敌人，就不是一般而论的外在于行动者的各种因果限制，而是那些企图对人类心理构成实际干涉的因素。

但是，异议者要做的或许不是停留在"选择自由是不是自由的唯一条件"问题上，而是企图质疑这样一个根本的主张：我们有什么样的理由说，出于最强烈欲望或者偏好的选择不必然是自由的选择？异议者可能会说，正是因为那些偏好和欲望是行动者自己的偏好和欲望，并且进一步地，假设确实有一些欲望和偏好可以是行动者自己的偏好和欲望（不考虑在这个问题上的可能争议的话），那么出于这样的偏好和欲望而行动，就是行动自由的体现。异议者因此就会进一步指出：所以，问题的关键不在于选择自由是不是自由的唯一条件，而在于你的论证需要说服我们为什么这样的偏好和欲望不能必然导致自由的行动，或者你需要告诉我们为什么不存在这样的偏好和欲望。

我要说，在这个问题上，异议者确实构想了一个与我所构想的自由概念完全不同的图景。对异议者而言，自由是针对个别行动而言的：如果行动者选择一个既定行动时没有受到因果上的外部影响，那么对异议者而言，那个行动就是自由的行动。但是，异议者对自由的理解是有缺陷的，因为他们的理解所具有的"相对于行动"的特征要求我们将自由与人的生活分离开来：我们需要将自由理解为一个"就事而论"的描述性概念，使用它来描述一个既定选择活动的某种状态或者事态。但是，在这一点上同沃尔夫一样，我所要求的自由概念，是一个"相对于人的生活"而言的概念，需要将自由理解为一个"针对生活状态"而言的概念。

对异议者来说，人的自由就好像是人的每一个选择行动的自由在时间维度上的叠加，但是这个图景恰恰是完全不能轻易接受的。因为，即便对个体而言，人类生活也从来不是一个个孤立事件的组合。五十岁的菲力并不是之前每一分每一秒的菲力的简单堆积。假设菲力是一个不幸患有严重遗忘症的人,他只能持续地做五分钟事情,然后会忘记自己刚才所要做的事情。假设在每一个五分钟时间里,在心理非决定论的意义上,菲力都是有选择能力的。如果有人认为选择不依赖于价值设定的能力就能够构成自由的条件,那么他们大概很难在这个例子中表明,从一种全局的观点(比如菲力的一生)看,菲力是一个"自由的人"。如果那些反对者所要求的是这样一个自由概念,那么这种概念和他们的最初理想之间大概就没什么关系了。所以,异议者所要求的那样一种碎片化的人类生活,无法满足我们日常对人类生活与人类自由理想本身的设想。

为了使得我们对自由概念的理解,与丰富而完整的人类生活建立起密切而必要的联系,我们对自由概念的考察和设想,就需要与人类生活的意义联系起来。因此一个正常的成年人在根本上是不是具有价值设定的能力,对他自己的生活来说是至关重要的。而这一重要性,不仅在于他是不是能过一种有意义的生活,而且还在于他是不是能够自由地过这样一种生活。否则,一只不受干扰地不断收集松果又不断忘记把松果放在哪里的心理健全的松鼠所拥有的自由,就一点也不比人类来得少。

有些人可能会担心,我对设定价值的能力的说明在如下这种意义上太强了:它会否定不按价值来开展的生活是自由的生活;而且它还会导致行动者被迫按照某种被外在于行动者自己的因素而指派给行动者的价值来开展生活。对前一方面的担忧,也许我不得不说,不设定价值而只根据欲望的推荐来开展选择的生活确实不是自由的生活。在异议声此起彼伏之前,请让我进一步来说明这一点。没有人可以否认,人类与比方说海龟这样的物种之间有一个明显的区别,那就是人类具有一种很特别的官能:理性。无论理性的概念在这里如何理解,为了防止不相干的异议出现,我们只需要假设这是一种基本的慎思和反思能力。经验上来说,人类能够从满身是毛的猿猴进化到每年在巴黎和纽约举办奢华时装节的高级猿猴,适应能力大概是所有人都能承认的一个定论。但是,适应并不等于模仿,适应要求个体的猿猴在进化中对外部环境有一个基本的慎思和反思。进化的事实足以表明,人类在这个意义上确实具有某种被称为"理性"的官能。人类具有理性官能这个事实,意味着人能够设定目的和达致目的所需要的手段,能够调整资源分配的状况来实现既定目的,能够在成功或失败于实现既定目的时反思所采取策略的恰当性。因此,对任何一个正常的成年人类个体来说,过一种没有目的的生活,是无法想象的。而且,看起来我确实无法构想这样的生活是一种人的生活,假设有人要坚持说这种生活确实是一种根本上自由的生活，那么我只好说，这种"自由"与人的生活之间大概没有什么关系。

对后一种担忧，也许它才是对"设定价值"的能力的值得重视的担心所在。不过，需要指出的是，我们必须在设定价值的能力与识别某种被断言有价值的事态之间做出区分，设定价值的能力根本属于行动者自己，它是否被充分运用、如何运用，是行动者自己的事。但是，另一方面，就像后面将要看到的，行动者并不是离群索居的单子式存在，他对价值的设定，并不免疫于道德批评和第一人称反思。识别被断言有价值的事态，也并不就必然意味着这种事态的价值是被人为建立以满足某种道德、宗教或者政治利益的，因为，人类生活特别是人类道德生活的第二人称特征所建立起来的价值客观性，本身就构成人类生活的某种行动引导。所以，"价值设定"的能力的敌人并不必然就是自由多元主义，而最多只是价值虚无主义。

为了更为全面地理解我的上述说明，现在让我们来设想一个例子。假设下个月某一天就是你和你妻子的结婚周年纪念日，所以你打算做一个小挂件送给她。你家附近恰好有一间"自制艺术品体验店"，如果你愿意，可以在那里自己动手做些玻璃工艺品。于是你去那个体验店花了点钱，在艺术师的帮助下，做成了一个小挂件。毫无疑问，你做小挂件的整个过程都致力于做成这个挂件，然后在周年纪念那天给你的妻子一个惊喜，所以做小挂件这件事对你来说有工具性的意义，因为它满足了你的工具性目的。当然，在做小挂件的过程中，你得到了艺术师的帮助，而且你并没有直接把手伸到烧得通红的玻璃上操作，因为你知道你的手没有被设计出抵抗一千摄氏度高温的功能。也就是说做小挂件的过程充分表明，你没有能力来不经指导就创造出个玻璃艺术品，或者是直接用手触碰高温物质。所以，在这个意义上，整个过程都表象了你的某种能力。此外，你参与这个过程，是因为你希望做出这个小挂件的是你自己，所以即使这个小挂件有些不太精致，但是由于你的亲自参与，当它呈现给你的妻子时，她或许会格外激动：因为你非常忙，做小挂件的这一整个下午是你精心安排了好几个月才得到的。所以，做小挂件的过程也具有某种象征上的意义。或者，为了简洁性的需要，让我们用斯坎伦的概念来分别表示这三种意义：工具性意义、表象意义和象征意义。①

---

① 参见 Thomas Scanlon, *What We Owe to Each Other*, pp. 251–256。我与斯坎伦的观点不同之处在于，按照斯坎伦的观点，"设定选择的意义"对自由概念来说就已经是充分的，但是对我来说，"选择"和"设定价值"的能力是"自由"概念的拱顶石。

就这个例子而言，为了实现送个小挂件给你妻子当周年礼物的目的，你当然面临着一些选项：你或许可以去体验店隔壁的艺术品店买一个精致的小挂件；你或许可以去雇个人（比如那位艺术师）去制作一个精美的小挂件；你或许还可以让艺术师做主要工作，你自己只是观摩全过程并少量参与，以便使得挂件尽可能精美一些，同时使其多多少少具有一点象征意义，有所不同；你当然也可以选择如你最终选择的那样去行动，全程自己动手，制作一个虽然粗糙但是却对你来说具有极大象征意义的挂件。毫无疑问，正如这个例子所预设的，这些选项对你来说是能力上同等可达的。但是，由于你如此深爱你的妻子，以至于就像例子中所说的，尽管你工作繁忙，但是你安排了好几个月来努力调整工作日程，就是为了让自己能够沉浸在做小挂件的过程中以显示你对你妻子的爱——或许我们可以浪漫地说，融入你的爱。因此，做小挂件这件事的整个象征意义，使得你选择最后一个选项成为某种不可避免的事，尽管实际上你确实有能力选择别的行动方案。

这个例子表明，正是某种对价值和选择意义的设定，导致了行动者对行动方案的选择受到了约束：你如果对你的妻子的爱没有那么浓烈，而恰好又是个工作狂，那么大概上述四种行动方案的前三种就会作为突出方案被你加以考虑。因此，正是行动者对选项价值和选择意义的设定，使得选择方案在相对于"选择能力"所具有的权重没有变化的情况下，其相对于"设定价值"所有的权重上却发生了偏移：有些选择方案被行动者的价值考虑当作一种突出方案被推荐出来，而另一些方案被作为默认排除方案沉默下去。这个约束性表明，选择能力在例示行动者自由能动性时未必就是居于首要的解释地位，或者直接点说，相对于选择能力来说，自由能动性的例示也需要某种具有某种程度的优先地位的因素。打个比方来说，假如一个有意识的机器人在平面上行驶，它当然可以随机地选择朝向哪个方向行驶，但是如果有什么因素能够把这个有意识的机器人对行驶路线的选择，与一个所有程序完全被设定但是程序执行完全随机化的机器人对行驶路线的选择区别开来，那么这个因素显然就在于，对有意识的机器人来说，它选择的行驶路线与意识内容之间至少在解释上具有某种相关性：我们或许可以说，是因为它偏好那条路线。如果有意识的机器人确实有这个偏好，那么它的偏好对路线选择来说，就好像是起到了无形轨道的作用：我们或多或少可以说，它的选择注定地要指向这个路线。

第二节　能动性与行动自由

现在，我需要进一步地考察我所构想的"行动自由"的真实内涵。相比较一个行为而言，行动的概念意味着行动者的意向性在行动中扮演了首要的角色。按照某种经典的行动模型，行动者如果要开展一个行动，那么最起码地就需要具有信念和欲望两个方面的态度，正是根据行动者的信念和欲望，行动才能获得解释。如果行动者在某种情势下持有一个做某事的信念并拥有一个做某事的欲望，那么我们就说，行动者具有做那件事的意向，也正是在这个意义上，行动是具有意向性的。[1] 举个例子，随机地眨眼睛或许是不具有意向性的，但是如果一个人在牌局中试图通过眨眼睛来向盟友作弊并且至少相信自己有能力眨眼睛，那么他的眨眼睛就是一个具有意向性的行动。而且，我们正是通过考察他的行动意向，来理解和解释他的眨眼睛。

要谈论行动的自由，也许就是要谈论持有信念的自由和设置欲望的自由。当然，这个说法或许会引发进一步的问题：比方说，为什么谈论行动的自由就是要谈论信念的自由和设置欲望的自由？为什么对行动自由的实现来说没有进一步的条件是必须满足的？所以，为了搞清楚"行动自由"这个概念的真实涵义，我们就需要来考察：究竟有没有一个融贯的"自由的信念"概念，究竟有没有一个融贯的"自由的欲望"概念，以及究竟在什么意义上这些概念是融贯的。[2]

如何将一个信念 P 归予行动者？大概而言，行动者要持有一项信念，那么他就需要具有一种能力来识别相信 P 所必须的各种各样的外部证据，要有能力对外部证据的改变做出回应，要有能力对新形成的信念与既有信念系统的融贯性给出鉴别，等等。设想一下，菲力现在所能够接触的所有外部证据都指向一个信念"黄石火山不会突然爆发"，那么如果菲力具有识别外部证据的能力，他就应该对证据做出一种积极的回应：采纳这个信念。但是，假设菲力是一个非常不具备科学素养的人，而且他刚看完某部灾难电影，所以根深蒂固地认为"末日就要到来，黄石火山随时会爆发"。

---

[1] 参见 Alfred Mele, *Springs of Action: Understanding Intentional Behavior*, Oxford: Oxford University Press, 1992; Philip Pettit, *The Common Mind: An Essay on Psychology, Society, and Politics*, Oxford: Oxford University Press, 1996.

[2] 佩蒂特和迈克尔·史密斯已经对这个问题有一个深入探讨，参见 Philip Pettit and Michael Smith, "Freedom in Belief and Desire," *The Journal of Philosophy*, 93 (9), 1996.

无论别人如何用科学事实来证明"黄石火山不会爆发",菲力都无法理解那些事实。那么在这种情况下,即使菲力因为最终无法忍受别人喋喋不休的科学说教而妥协说"好吧,我相信'黄石火山不会突然爆发'",我们也不能把这个信念内容归予他。在这种情况下,我们不能说菲力确实持有了那个信念,而只能说菲力实际上相信的是"末日就要到来,黄石火山随时会爆发"。因此,持有信念要以行动者具有某种能力为前提条件。

假设菲力确实持有"末日就要到来,黄石火山随时会爆发"的信念,他恰好又住在一个主要由从事科学工作的人所组成的社区中,社区中每一个人都试图用证据来劝说菲力相信他所持有的这个信念是假的,并试图说服菲力放弃他既有的那个信念,转而相信"黄石火山不会突然爆发"。在邻居们的劝说过程中,有两件事是值得我们注意的。一是,邻居的劝说实际上构成了一种证据主张(claims of evidences),如果菲力始终不打算采纳邻居们的劝告,那么面对这些证据主张带来的压力,他就需要给出说明:为什么这些证据的压力是可以被抵消的。二是,如果菲力具有基本的反思能力,那么他自己的态度结构在证据主张的压力面前会发生变化,在证据主张的压力面前,菲力需要回应自己,为什么这些证据带来的压力不足以导致自身信念的变化;根据这个回应,菲力的既有信念要么会受到削弱,要么会得到强化。这样,我们就看到,来自证据主张的压力实际上带来的是一个辩护要求:在证据主张的压力面前,菲力必须面向邻居和面向自己同时给出一致的辩护。一方面,如果菲力因为智力方面的问题,面对着从最基础的地质学知识到最前沿的地质学研究成果,完全不能理解其中的哪怕是只言片语,那么即使经过劝说菲力仍然坚称他原有的主张,我们大概也认为菲力的行为是可理解的(intelligible),因为他在根本上是一个不通过理由的可说明性来开展行动的人。或者挑明了说,我们大概认为,因为存在着某种智力缺陷,菲力在根本上不适用于可辩护性、可说明性概念所暗示的那样一种评价条件:在大多数情况下根据理由来开展行动的能力。[1] 在这种情况下,对菲力来说,并不存在一个"持有信念的能力"问题,因为他对信念的持有独立于正常人类一员所应当具有的基本认知能力,他无法自由地将自己导向一个为真的信念,而只能受制于某种随机的

---

[1] 在这里,对理由和行动、理由和持信的内在主义,我暂时持中立的观点。但是,即使如此,反对者似乎也不能反驳说,我因此就没有权利谈论"在大多数情况下按照理由来行动"的问题,因为就日常实践而言,诉诸理由不仅是行动和信念持有获得解释的一个有效途径,而且也是行动和信念持有能够获得辩护的一个必要条件。此外,也参见 Philip Pettit, *A Theory of Freedom: From the Psychology to the Politics of Agency*。

甚至是受神经活动支配的因果过程。另一方面，如果菲力没有智力方面的问题，并且他已经隐隐约约理解了某些证据的力量，或者在很大程度上理解了那些证据的力量，但是仍然拒绝承认那些证据能够挫败自己的既有信念。那么在这种情况下，即使菲力能够假装自己不接受证据的力量从而继续抵抗来自邻居的辩护要求（比如说假装成自己好像智力上有缺陷的样子），我们也很难设想他到底如何一致地面向来自第一人称反思的辩护要求给出说明，因为他大概不可能既在第一人称反思的意义上意识到证据的力量，又同时在第一人称反思的意义上不接受那些证据主张的压力。所以，在这种情况下，菲力要么就是个从根本上试图逃避理由的要求的人，要么第一人称反思所要求的那种一致性就会迫使他修改自己的信念态度，因为他在假装不理会证据的压力时，实际上已经对证据的压力给出了一个判断，那就是承认那些证据确实多多少少具有挫败既有信念的力量。① 于是，如果菲力的心智结构能够正常启动这个第一人称判断，那么菲力的既有信念态度或许是敏感于这种判断的，也或许是不敏感于这种判断的，但不管怎么说，一旦菲力的既有信念敏感于这种判断，那么第一人称反思的压力就会启动一个信念与判断的一致化程序。即便菲力的既有信念态度不敏感于这种判断，我们大概也只能说菲力或许需要一些信念之外的东西（比如勇气之类的某种情感）来促使这个一致化程序的启动，而不能立即就说，菲力的既有信念在根本上是可以独立于第一人称反思的。

如果我迄今的说明是恰当的，那么菲力的例子表明，"持有信念的能力"受到了一个约束。但是，反对者可能会说：迄今你所有的论证不过是在说明持有信念这件事是受到辩护压力的，但是信念的可辩护条件并不等于信念的自由条件，因此仁慈地讲，你的论证就此亏欠我们一个说明。不过读者很快将在第四节看到他们所需要的初步说明。

如果说持有信念的活动在本质上是"世界导向心灵"的过程，那么设置欲望的活动在本质上就是"心灵导向世界"的过程。持有信念的约束根本上来自于信念持有者受到事实世界的约束：你相信一个命题 P，你的这个信念在根本上能不能获得辩护或许就取决于在事实世界中 P 所对应的事实是否存在（也就是说，在事实世界中，命题 P 是否为真）；如果在事实世界中 P 为真，那么不断揭示出来的证据主张就会对你造成压力，使得你最终接受内容为 P 的信念。正是在这个意义上，你持有信念的能力是受到

---

① 正是在这个意义上，我们或许应该说，菲力的信念在根本上是一个"敏感于判断的态度"（judgment-sensitive attitude），参见 Thomas Scanlon, *What We Owe to Each Other*, chap. 1, sect. 2。

约束的。设置欲望的能力是"心灵导向世界"的过程,按照某种理解①,这个过程至少在部分程度上是要将主观目的投射到世界之中以寻求解决,并通过采取手段、调用资源来实现这个目的。

不过,欲望寻求解决的事实世界不是旷渺孤寂的,行动者在事实世界的欲望解决受制于欲望本身的可解决性,也受制于他人欲望的可解决性。让我通过两个例子来进一步说明这个观点。

假设有一天,你仰望星空,突然很想爬到月亮上去看看,即使这个欲望是一个纯粹自我指涉的欲望,你也因为这个欲望是根本上不可解决的(请注意,你所欲望的是爬到月亮上去看看,而不是以别的什么办法到月亮上去看看),而在事实上设置了一个不可解决的欲望。因此,由于你所设置的目的的不可解决性,无论你欲望什么样的手段,你也最终不可解决你的这一欲望。在这个意义上,你的欲望受制于你的欲望本身的可解决性。因此,当你面向自己提出一个纯粹自我指涉的欲望时,你实际上就需要对自己的欲望主张给出一个辩护,这个辩护来自于欲望可解决性的要求,如果你无法回应这样一个要求,那么你的欲望在根本上就是不可解决的。

假设有一天,凯利跟其他五个人来到沙漠里旅行,因为导航设备在路上因高温损坏了,所以他们迷路了;更加不幸的是,他们只剩一瓶水了。无论最终是否能够幸存下来,就还剩一瓶水而言,他们中的一些人至少暂时不会有生命危险。现在,因为随身带着的养了很久的宠物小兔子出现了脱水的情况,凯利产生了一个欲望:让小兔子喝一点水。她当然可以试图立即抓起那个水壶,然后往兔子嘴里灌点水来解决自己的这个欲望。但是,这个解决方案是不是有问题呢?由于沙漠中高温难耐,虽然别的五个人目前没有产生喝口水的欲望,但是很明显地,他们会在很近的将来分别产生这样的欲望。换句话说,包括凯利在内的每一个人都有一个很迫近的欲望主张:喝口水。假设凯利现在确实正试图抓起水壶往小兔子嘴里灌水,那么其他五个人立即会异口同声地说:"等一下,为什么要给兔子灌水?就剩一瓶水了,而我们还根本没有找到离开沙漠的路!"凯利可能会说:"我心爱的小兔子脱水了。"不管接着发生了什么,现在我们需要的一个信息已经到手:一旦行动者设置了一个他人指涉的欲望,那么行动者就需要就这个欲望面向来自他人的主张给出理由,以便说明为什么自己的欲望主张是可说明的、为什么自己的这个欲望是可以在他人主张同样存在的

---

① 当代休谟主义者是这种理解的捍卫者,例如参见 Simon Blackburn, *Spreading the Word*。

情况下获得辩护的。如果面对凯利给出的这个理由，其他五个人说："你的小兔子喝完水之后倒是没事了，问题是我们不久就会脱水！"不管凯利接着怎么回答，她都需要给出个回答，否则如果她一言不发坚持往小兔子嘴里灌水，其他五个人可能会说："她疯了，她正在丧失理智，让我们把她捆起来。"现在，不管接下来发生什么，我们需要的另一个信息也已经到手：对行动者的欲望主张来说，如果她的这一主张是他人指涉的，那么这项主张就必须是满足可相互回答性条件的。她必须面向所有关涉到的他人主张给出回答，说明自己的理由所具有的分量；其他人要以她的回答所提供的理由，与自己所主张的理由做出权衡，以便决定是驳回她的理由还是收缩自己既有理由的分量；其他人对她所回答的理由所给出的权衡，要面向行动者再次具有可回答性；如此等等。在这个意义上，对欲望的主张确实具有第二人称的相关性①，正是经由可相互回答条件，出自行动者的主张才获得了成为一项可分享理由（shareable reason）的可能性。②

至此，我大概就已经表明，"设置欲望的能力"在面向自我和面向他人的两个维度上分别受到可辩护性要求的约束：在面向自我的维度上，行动者要辩护这个欲望的可解决性；在面向他人的维度上，行动者要辩护自己欲望的可相互回答性。这样，设置欲望的能力是受到可辩护性要求约束的。

第三节　自由的约束

然而，也许立即有人会针对我迄今的论证说：你迄今的所有论证都是不切题的，一个可理解的"持有信念的自由"概念并不特别要求一个

---

① 参见 Stephen Darwall, *The Second-Person Standpoint: Morality, Respect, and Accountability*。
② 请注意，我在这里并没有使用理由的"普遍可理解性"（universal intelligibility）概念，而是使用的"可分享性"（shareability）概念。为了理解我对这两个概念的区分，不妨设想一个例子。假设有一天你和你所在的社区的其他人商量一个行动方案，你针对自己的方案提出了一个理由。现在，假设你的社区的道德文化有这么一个要求：解决道德异议的办法就在于所有人的道德理由在普遍可理解的基础上收敛。那么，除非社区中的其他人把你的理由理解为一般而论的理由，也就是把你的理由当作相对于每个人来说都得以成立的理由，否则你的理由就不能获得作为道德理由的地位。这个思想对公共理性的构建和收敛来说是非常强的。相反，我所主张的可分享性概念，只要求提出道德理由的行动者具有一个资格，根据他的这项资格，行动者可以提出一个道德理由，只要这项道德理由不对任何其他行动者的道德利益（moral interests）构成收缩，那么只是出于尊重行动者的那个资格的缘故，任何其他行动者都不能提出恰当主张来忽略行动者的这项道德理由。在这个意义上，即使其他人无法将该行动者的道德理由理解为在内容上受到自己支持的理由，但仅仅是"这是他的一项理由"这一点就已经保证了所有人都需要将这项理由视为"理由"（而不是"一般而来的理由"）来加以严肃对待，并且在这个意义上来分享这个理由作为理由的地位（而不是达到对这个理由的内容的普遍理解）。这个概念所要求的公共理性收敛机制是较弱的和较温和的。

"持有信念的能力"概念,因为"持有信念的自由"就意味着行动者在持有信念的内容上是有选择自由的:他有自由选择为真的信念,也有自由选择各种各样别的信念,甚至有自由选择虚构的信念。按照这个异议,即便行动者不具有"持有信念的能力",也并不就意味着行动者没有"持有信念的自由"。而且,更重要的在于,"持有信念的能力"也明显不同于"持有为真的信念的能力":也许"持有信念的自由"一开始就排斥那种"持有为真的信念的能力"概念,而即便是持有一个虚构的信念也意味着行动者具有某种"持有信念的能力",虽然他并不具有"持有为真的信念的能力"。按照这个异议,那么换句话说,迄今的论证不过是模糊了持有信念的辩护条件与自由持有信念的条件之间的界限,因而在路线上根本是错误的。

反对者会继续说:同样地,从行动者自己的视角来看的个体欲望的合理性,与从第二人称视角来看欲望得到满足的合理性,之间是有明晰界限的。因为,就个体欲望的合理性而言,即便行动者确实持有一个不可解决的欲望,但是这个欲望也许并不要求它自己必然地能够转化为行动。换句话说,对个体欲望而言,从行动者自己的视角来看,是不存在辩护要求也不存在合理性问题的。只有从第二人称视角来看,在讨论欲望的满足条件问题时,欲望的合理性或者说可辩护性才得以成为一个问题。

果真如此的话,那么此前第二节的整个论证都建立在模糊了信念的辩护条件和自由持有信念的条件之间界限的前提下,也建立在模糊了是否存在针对个体欲望的合理性问题和欲望得到满足的合理性条件之间界限的基础上。因为,如果菲力确实相信"黄石火山会爆发",而且这项信念内容确实是不可辩护的,但是它的不可辩护性并不削弱菲力持有它的自由。同样地,就算凯利确实采取了一个从第二人称视角看不合理的欲望,它的不合理性也并不削弱凯利持有它的自由。所以第一人称视角的持有信念的自由和设置欲望的自由独立于第二人称视角所特有的辩护要求。

然而,回想一下我在第一节论证自由选择和价值设定的关系时所采取的一个思路,那么这个异议或许有些夸大其词。因为,也许菲力确实可以在所有证据构成的巨大压力下继续我行我素地相信"黄石火山会爆发",也许凯利确实可以始终坚持自己的"给小兔子喂水"的欲望而同时意识到这项欲望是根本不可满足的,也就是说,即使从第二人称视角来看,第一人称视角的某种自由仍然是独立于辩护要求的,但是问题在于,菲力和凯利的这种自由在根本上是没有意义的。

为了说明这一点,让我们设想一个例子。假设菲力和凯利有两个不足五岁的孩子，约翰和伊曼纽尔。有一天，菲力和凯利打算带两个孩子去黄石公园度假，但是约翰和伊曼纽尔根本不打算去：因为约翰相信如果他去黄石公园，就会有灾难发生在自己的玩具小熊身上；而伊曼纽尔强烈地要求留在家里以便晚上去爬月亮。菲力和凯利于是最终只得把约翰和伊曼纽尔放在汽车后座上，然后给他们系上安全带。在这种情况下，尽管约翰和伊曼纽尔非常不情愿，但是他们只能顺从菲力和凯利的安排。约翰说："我告诉你们，不管你们相信不相信，反正我相信我不能去黄石公园。现在随便你们怎么样。"伊曼纽尔说："我告诉你们，就算我们去了黄石公园，但是在我心里我还是只情愿今晚去爬月亮，不然我不会罢休。现在随便你们怎么样。"

我们因此可以说，约翰和伊曼纽尔拥有某种自由吗？或许可以。但是，那样一种持有信念的能力和设置欲望的自由，必须通过某种自我坚称和幻想行动来得到践履。我们大概因此也就不能说，这样的"自由"对约翰和伊曼纽尔来说是他们当下生活意义的构成要素。也许有人会说，对不足五岁的约翰和伊曼纽尔来说，相信自己所相信的和想要去爬月亮，本身就构成了自己生活的意义。就像我们谁没有在四五岁的时候玩过"过家家"呢？也许这就是那个年纪小孩子的生活意义所在，或者说，某种早期社会化的要求。

但是，问题恰恰在于，如果约翰和伊曼纽尔不打算终其一生地生活在这样一种能动性不充分的幼儿心理之中，如果菲力和凯利确实不打算如此溺爱他们，那么他们看起来就需要去告诉约翰和伊曼纽尔，他们的信念和欲望是如何不可辩护的，尽管这么做可能会摧毁他们的某种幻觉，但是无论如何，生活在幻觉之中对他们未来的成人生活而言是灾难性的。因此，人类生活就要求行动者去按照一种能动性能够充分例示的生活方式来行动，按照一种能够体现人类能动性的本质的方式来行动。

就像在第一节已经提到的，无论某些人如何鼓吹动物平等主义之类的观点，我们人类的一个显著特殊性就在于，我们是一群有理性能力的存在者（请注意，我在这里并没有说人类一定是按照理性的要求来生活的存在者）。这个事实足以表明，理性能力的运用在人类生活中、对人类文明的延续来说，都是至关重要的。如果自由的持有信念是可以和信念的辩护要求完全区分开来，且不说如何理解这一割裂的"完全性"，至少这一割裂本身就已经动摇了信念作为理性官能活动内容的一部分的地位，因此如果这一割裂是可以实现的，那么"信念"究竟在什么意义上仍然是我们日常所说的那个概念，就变得一点也不清楚。

所以，反对者的质疑，与其说是挑战了第二节论证的有效性，不如说挑战的是第一节论证所隐含的"理性观点"（the reason view）。现在，提出证据的负担落到他们身上，因为他们需要表明，为什么理性官能对人类自由的实现来说是那么的不重要？或者，幽默一下，他们需要表明，在什么意义上，仰望星空构成了人类的特殊性，而不只是人类和猴子的共同爱好之一，因为毕竟猴子也经常抬头看天。①

就像此前两个部分所有的讨论都涉及行动者的某些"能力"，那么现在，实际上的问题是：对"能力"的这些讨论与自由的概念有什么关系？

"持有为真的信念的能力"和反对者所理解的"持有信念的能力"有什么根本区别呢？毫无疑问，区别在于"真理"的概念本身。反对者的异议所隐藏的观点在于，如果持有信念的能力在根本上是受到独立于行动者自身的某种外部因素（比如世界状态中的某些事实）的影响，那么"持有为真的信念的能力"在概念上就已经排除了行动者能动性的充分角色。他们可能会继续说：如果行动者对一项信念内容的持有在根本上是取决于独立于行动者自身的外部因素的，那么他们的能动性在持有这项信念时本身就是没有充分例示的。他们可能接着会说：除非你在根本上预设了一个与我的理解完全不同的能动性概念。

面对这个立场，我大概需要立即表明，我对能力和能动性的理解在根本上是采取了一种相容论的立场。② 按照相容论的观点，自由从来就不是相对于不受约束而言的，从来就不是相对于独立于原因而言的，从来就不是相对于能动性的彻底无拘无束而言的。恰恰相反，一个融贯的自由概念就在于，即使我们人类的行动在物理上是被决定的，但是责任的概念仍然与自由的概念相兼容。所以，现在的问题关键只是在于，相容论意义上的责任概念和自由概念是什么样的，以及是怎么样互相作用的。

---

① 雷尔顿对此提供了一个有趣的说明，参见 Peter Railton, "Moral Camouflage or Moral Monkeys?", *The New York Times*, July 18, 2010。
② 简单地说，相容论的观点蕴含了这样一个思想：决定论的真实性并不带有对道德责任的威胁。因为自由是与逼迫或强制相对立而不是与有一个原因相对立的。从我的行为是因果决定的这一事实，并不必然能够衍推出我被强迫这么做，也衍推不出我不是自由的。因此，不论决定论是不是真的，自由都是可能的。关于相容论和它的竞争者的观点，参见徐向东编：《自由意志与道德责任》，江苏人民出版社2006年版。关于责任归予与决定论是否为真是否直接相关的问题，斯特劳森、安格拉·史密斯（Angela Smith）、斯坎伦已经取得的一系列工作足以充分表明，放弃在决定论是否为真问题上的形而上学争论，并不会导致责任归予的不可能。此外，沃尔夫在反思斯特劳森工作基础上做出的一项论证也值得充分注意，参见 Susan Wolf, "The Importance of Free Will"。

我已经表明，持有信念的能力和设置欲望的能力，都受到可辩护性要求的约束。不过，对持有信念的能力而言，可辩护性的要求在根本上是"证据响应"的：对持有一项信念而言，来自证据主张的压力约束了行动者的这项能力；对设置欲望的能力而言，可辩护性的要求在根本上是"理由响应"的；对设置一项欲望而言，来自目的的可解决性和与他人主张之间的可相互回答性约束了行动者的这项能力。

在论证可相互回答性时，我已经提到，行动者在辩护自己的他人指涉的主张时，需要满足可相互回答性的要求，而可相互回答性所导致的，是行动理由的可分享性。作为激发行动的必要设置，欲望在很大程度上扮演了将行动者的意向例示为行动的角色，或者至少是在行动例示中扮演了重要角色。① 但无论如何，欲望主张的可分享性都导致行动本身受到一种约束，如果我们愿意把可分享的欲望主张称作"规范"的话，那么我们可以挑明了说，行动最终受到规范的约束。②

当然，这里所说的规范，与行动者的"真实自我"（如果有的话）之间不是一种相互疏离的关系。因为照此理解的规范本质上是可分享的欲望主张，是可分享的理由，是满足可相互回答性条件后确立起来的共同行动理由。在这个意义上，规范的概念本身已经蕴含了"共同心智"（common mind）的涵义③，所以不仅不构成对行动者"真实自我"的某种疏离，反而恰恰是它的某种构成要素。

但是，规范并不是一经确立就永世不变的，因为行动在根本上取决于信念持有和欲望设置，所以信念和欲望的改变将对规范的修正和重造构成动因。正是在这个意义上，规范本身既是行动的约束，也是受到可辩护性约束的：既然规范本身蕴含了"共同心智"所包含的那种公开性要求，那么规范本身就面向所有参与这种"共同心智"的塑造过程的行动者敞开，并面向他们提出辩护主张。

---

① 按照某种比较常见的理解，相对于行动而言，信念具有惰性，因此行动的激发源泉单纯地在于欲望；也有人论证指出，信念本身具有激发力量，而且这种激发力量不是通过欲望而间接起作用的，例如参见 Michael Smith, *The Moral Problem*, Oxford: Blackwell, 1994。还有人试图论证说，在欲望与行动之外，行动还有第三个构成要素，那就是"信欲"（besire），例如参见 J. E. J. Altham, "The Legacy of Emotivism", in Graham Macdonald and Crispin Wright (eds.), *Facts, Science and Morality: Essays on A. J. Ayer's Language, Truth and Logic*, Oxford: Blackwell, 1987。

② 斯特劳森的"反应性态度"思想深刻地揭示了"规范"的起源，以及为什么这一理解最终要求接受一种温和相容论，参见 P. F. Strawson, *Freedom and Resentment and Other Essays*, pp. 1 - 28。

③ 关于这个概念的完备哲学涵义，参见 Philip Pettit, *The Common Mind: An Essay on Psychology, Society, and Politics*。关于这个思想的政治哲学重要性，参见 Philip Pettit, *Republicanism: A Theory of Freedom and Government*。

这样，我们就看到，就持有信念的能力而言，它是受证据约束的，因此是证据响应的（evidences-response）；就设置欲望的能力而言，它是受理由约束的，因此是理由响应的（reasons-response）；就行动本身的能力或者说能动性本身而言，它是受规范约束的，因此是规范响应的（norms-response）。它们的共同特点在于，都是依赖于响应的，或者说响应依赖的（response-dependent）。

信念、欲望乃至行动本身的响应依赖特征，都指向一个经验事实，那就是：我们人类的信念、欲望和行动都是评价上相关的（evaluate-relevant）；也就是说，我们人类的信念、欲望和行动，都是可以作为评价对象的。为什么？因为它们在根本上是依赖于响应的，是受到约束的；正是这些约束的存在，信念、欲望才有合理不合理的问题，行动才有道德不道德的问题。

迄今都是在正面上讨论响应依赖的思想，那么现在我们就来在反面上看看这个思想排除了些什么。我们已经看到，信念是证据响应的，并且是评价上相关的。假设菲力对"末日终将到来，黄石火山会突然爆发"的采信，在根本上是因为他刚被注入了一种迷幻剂，从而面对证据和第一人称反思的压力无动于衷，那么我们就必须说，菲力的这项信念免于评价。假设凯利的欲望是因为她刚不小心被一种沙漠毒虫咬了一口，以至于她脑子里突然产生一个幻觉：如果不照顾好那只小兔子，他们就都走不出沙漠。那么不论凯利的欲望和行动多么疯狂，我们都必须说，凯利的欲望和行动是免于评价的，当然免于评价的还包括她的那个疯狂信念。

我们之所以认为在上面两个例子中菲力和凯利的信念、欲望和行动是免于评价的，是因为我们清楚地意识到，相对于那些信念、欲望和行动来说，菲力和凯利都不是真实作者；换句话说，他们对那些信念、欲望和行动的权威并不存在，他们所具有的那些态度和采取的行动，是药物和毒虫分泌物所施加的外部强制的结果，而且这种强制是恶性的。①

但是，为什么行动者对态度和行动的权威受到破坏时，他们的态度和行动就是免于评价的呢？因为在这种情况下，行动者就不是恰当的证据响

---

① 对我正在论证的那样一种自由概念来说，某些强制（比如来自法律和某种道德的）可能不会妨害行动者能动性的发挥，在这个意义上，它们就不是恶性的，参见 Philip Pettit, "Negative Liberty: Liberal and Republican", *European Journal of Philosophy*, 1 (1), 1993; Philip Pettit, "The Domination Complaint", *Nomos*, Vol. 46, 2005; Quentin Skinner, "A Third Concept of Liberty", *Proceedings of the British Academy*, Vol. 117, 2002; Quentin Skinner, *Liberty before Liberalism*, Cambridge: Cambridge University Press, 1998。

应对象、理由响应对象和规范响应对象。所以，为了成为恰当的响应对象，行动者就必须是对自己的态度和行动拥有权威的。也正是基于这一点，我们得到了一个"实质性责任"（substantive responsibility）①的概念：如果行动者对自己的态度和行动拥有充分的权威，那么他就是响应的恰当对象，也是评价上相关的主体，所以责任（或者此处用"可响应性"可能更恰当一些）对他来说是一个恰当的概念。于是，我们就发现，响应依赖的特征所约束的行动者能动性，并不逃避责任的概念。恰恰相反，责任的概念从一开始就通过这个特征嵌入能动性的思想之中。因此到这里，我们就毫无理由去拒绝接受一种相容论的观点，那就是：不论决定论是不是真的，自由的概念与责任的概念都是相容的。

或许有人会说，我对相容论的采纳，是一种实用设置（pragmatistic device），因为我并没有正面表明相容论本身为什么是可接受的。不过，即便如此，我也不认为这是一种理论上的缺陷，而毋宁说目前的论证是一项有待完成的宏大论证计划中的一个片段。

我已经提到，我所设想的责任概念是一种实质性的责任概念，也就是说，正是因为人类的信念、欲望和行动在根本上具有评价上相关的特征，响应依赖和在这个概念基础上所确立起来的责任概念才显得十分重要，因此我大概也就可以说，实质性责任概念是一个"评价设置"（evaluative device）。

作为一个"评价设置"，责任概念并不是单纯描述性的，它实质性地对能动性施加了约束。假设"看到有人落水，而你又恰好处于不用做出巨大个人牺牲就可以施以援手的位置，那么就应该去救那个落水者"是一个社会中具有"共同意识"地位的规范。在这个意义上，它也就是你所应该担负的责任。有一天你恰好处于这个规范所描述的境地，但"特殊"之处在于，作为一个娱乐记者，你约了一位重要的难得一见的明星接受你的采访，而你服务的报社明天将会在头版刊登你的专访，所有的准备工作就绪，排印部门在等着你的稿件。就在你左思右想到底要不要错过这次采访去跳入水中挽救那个落水者的过程中，不幸发生了：那个落水者被突然袭来的一阵风浪卷走，无影无踪。事后，你感到很沮丧，即便别人安慰你说"如果不是那阵浪打来，你会去救他的"，你也

---

① 这个概念来自于斯坎伦的一项工作。不像归予性的责任概念，实质性责任概念是一种针对评价而建立起来的设置，而并不要求必须在因果进程上最终探究因果触发者并认为只有当行动者在行动的因果进程上起触发作用时，才对行动历程承担责任。参见 Thomas Scanlon, *What We Owe to Each Other*, chap. 5。

感到格外难过，因为你自己对自己说"如果我没有犹豫那么久，那个人就不会被卷走"。

这个例子表明，即使在这种情形下，责任的概念虽然不要求施加给行动者一个来自他人的负面评价，它也或许多多少少会对行动者施加一个来自行动者自我的负面评价。这恰恰就是我们日常道德生活中不断经验到的"负罪感"的现象学特征。①"负罪感"的概念所立足的是一个响应依赖的责任概念。如果响应依赖的概念在根本上是错的，那么"负罪感"的道德现象学特征就会变得不可理解："负罪感"的产生需要人类情感对某种该做而未做之事的识别，从内部对这件事产生一种消极评价，并把这种消极评价拓展到对自我开展的一般性评价之上。这整个过程所依赖的，是行动者对该做而未做之事所隐含的规范性的回应，并将这种回应引申为一种评价上相关的要素。

所以，责任的概念对能动性的约束既来自行动者外部，也来自行动者内部。通过生活实践的开展，经由不断的第一人称反思和外部规范的约束，行动者也就逐渐确立起自己价值设定的边界，到这一点上我们也可以说，行动者所逐渐确立起的是生活的意义。所以，行动者的设定价值的自由，在根本上受到它所承担的责任的约束，但是这个约束并不是行动者所拥有的自由的障碍，或者说行动者拥有自由所必须承担的某种可接受的牺牲②，而是行动者所拥有的自由的源泉。另一方面，如果行动者不能对自己的行动拥有充分的权威，那么行动者的自由能动性就受到了破坏，他就因此而不能成为响应的充分主体和对象，不能成为评价的主体和对象。在这个意义上，他既不能成为责任的担负者，也不能成为自己生活意义的作者。

行动者对价值的设定依赖于责任的约束，这一观点如果成立的话，那么对我们理解选择自由概念而言，就有了显著的重要意义：就像第一节那个自制玻璃挂件的例子显示的那样，价值的设定有时候会使得对一个选项的选择成为不可避免的事情，即使其他选项的存在确实说明了选择自由的存在。那么，因此在这个意义上我们可以说，选择自由相对于设定价值的自由来说是不可替代的，因为它例示了自由的一种形式，即使它的实际存

---

① "负罪感"对人类道德生活的重要性，甚至对人类道德起源的重要性，参见 Allan Gibbard, *Wise Choices, Apt Feeling*, Cambridge, Mass.: Harvard University Press, 1990; Richard Joyce, *The Evolution of Morality*。

② 霍布斯主义的传统或许认为，法律和社会契约这样的设置多多少少是一种自由的"妥协"，乃至是一种"必要的恶"，这种观点显然是我的论证所部分针对的。

在对最终行动不会产生根本性影响。但是如果它不存在，那么我们甚至都无法去说行动者在选择方面有自由可言。而针对设定价值的自由来说，我们可以说，它相对于选择自由也是不可替代的，因为设定价值的自由暗含了有约束的能动性思想和责任的概念，它实质地说明了与生活意义相联系的自由概念的重要性所在。这样，我们就鉴定出自由能动性在概念上相互依赖的两重根：设定价值的能力和选择的能力。

第四节　政治自由再思考

那么，从我们现在已有的对行动自由的理解出发，我们能得到什么样的政治自由概念呢？①

1958年，伯林在就任齐切里讲座教授时，发表了著名的演讲《论两种自由概念》。一方面，伯林认为由于政治自由不仅是政治哲学的价值，而且也是道德哲学的价值，因此"行动者是否具有获得自由的能力"与"自由价值是否有意义"是两个没有必然关联的问题。换句话说，即使行动者在实际上并无能力实现自由，但是由于作为一种价值的政治自由是不能被剥夺和覆盖的，因此就政治自由而言，行动者仍然不能被视为缺乏自由。伯林所做的这个区分对支撑他在《论两种自由概念》中的核心论证是十分重要的，因为它是理解消极自由和积极自由观念区别的起点。正是将自由概念限定在政治自由范围内，伯林认为，不论是消极自由观念还是积极自由观念，都不能否认存在着某种最低限度上的个人领域，而任何对这个领域的故意干涉都是强制。政治自由或个人自由，在这种意义上，就意味着摆脱强制。因此，伯林实际上已经将消极自由等同于个人自由意义上的自由观念，而积极自由由于突破了那种"最小（或最低）自由"的界限，滑向了将自由在"去做……"的意义上加以理解，因而就明显区别于消极自由的基本主张。

另一方面，伯林同时认为，积极自由观念包含了一种将人的本质理解为具有自我引导特征的理性寻求者的倾向。在这一理解下，人是按照合乎

---

① 本章和前一章构成一对相关的讨论。但或许有人会认为，行动自由和政治自由是两个分立的问题，政治自由的问题意识在根本上独立于我们的形而上学探索。在这里，或许没有足够空间针对这个问题本身开展讨论。不过需要表明的是，就我的理解来看，无论是为了更为恰当地理解霍布斯对自由和强制的一些富有张力的观点，还是为了更为清晰地理解哈耶克对自由意志主义重要性的强调，或者是为了搞清楚为什么当代新罗马共和主义者要恢复"无支配自由"的概念，关于能动性本质问题的探讨都不能不成为问题的关键。由于篇幅所限，我确实无法足够充分地表明为什么政治自由问题在很大程度上是行动自由理论的实践结论。如果本章第四节的观点对某些读者来说是过分突兀的，那么他们可以暂时忽略我在此的一些观点。

某种理性的方式生活的社会动物。因此，对自由价值的积极式理解，就更多是在强调我通过我的理性所选择的目标与策略来达至某种合乎理性的生活的过程。可以发现，这种人性假设暗示，某种理性能力的具备与否是自由能否实现的前提条件。伯林向我们展示这样一个逻辑：一旦相信理性的生活方式能够通过行动者的某种努力而获得，那么行动者在获得与这种"理性本质"相对应的生活方式的同时，也就同时获得了自由。不过，由于人的发展和先天素质的不均衡，将不可避免地出现某些拥有这个意义上的自由的人和某些不拥有这个意义上的自由的人共存于一个共同体的情形。按照积极自由观念的内在逻辑，由于拥有自由意味着理性的获得，而获得了那种理性本质的行动者在道德上乃至事实上都要优越于以非理性方式生活的行动者，因此前一类人有理由也有义务为了后一类人的"被改善"而采取行动，甚至采取某种强制行动。这种对后一类人所采取的改善行动，本质上并不要求得到后一类人的认可，因为后一类人由于缺乏充分的理性本质，因而在实际上并不能"认可"这样一个由拥有充分理性本质的行动者所发出的改善行动。并且，前一类人在理性的名义下对后者的改善或者说强制，在根本上是符合人的本质的，所以这种改善行动并不存在私人领域之类边界的限制，只要那个改善行动是着眼于人性本质在充分意义上的获得。由此，我们可以很明显地发现，按照积极自由观念的理解，强制并不全然是自由的反面。相反，只要那种强制行为在目的上是着眼于"提升"强制对象的理性本质的，那么那种强制甚至就成为积极自由本身在概念上所要求的东西。在这个意义上，积极自由观念将不可避免地导致在个人领域出现强制，而这一点恰恰是将自由价值单一地加以消极式理解的伯林最不能予以容忍的。

因此伯林实际上就秉持如下两种信念：（1）认为存在这样一个领域，在其中主体（一个人或由个人"聚合"成的群体）能够不受干涉地做任何他（或他们）有能力做的事，成为他（或他们）愿意成为的人，此即消极自由观念；（2）认为可以存在一种人为干涉，使得某人做这个、成为这样，而不是做那个、成为那样，并且认为这种干涉是自由价值实现的基础性条件，此即积极自由观念。

伯林将自由主义的自由概念单一地在消极意义上加以理解的做法，显然不能解决这样一个基本困难：人类行动者在实际经验中总是发现，自由不仅仅意味着在开展行动时所拥有的一种显著的不受干涉的状态，而且似乎总是还必须伴随着一种显著的行动能力。否则，假如自由仅仅在于行动者的不受干涉，那么这个单一条件并不足以导致行动者可以真实地采取一个行动来实现这种自由。① 比方说，尽管事实上不存在任何故意的行动使得聋哑人在公共论坛上开展辩论的自由受到妨碍，但是假如没有任何程序上的安排或者设备上的辅助，一个聋哑人仍然由于能力上的缺失而不能真实地经验这种自由。所以，那种将自由单一地在消极的意义上加以理解的做法，实际上着眼的只是行动环境（或者更准确地说是政治安排）对行动者政治自由的实际践履的一个限制条件。然而就像我之前充分论证的，行动自由不仅在于行动环境必须对自由的实际经验有一个基本的保障，而且行动者自身必须具有经验那种自由的一些基本能力：行动者要有能力来实践有约束的能动性。

而且，我的论证还表明，就算当谈到行动环境对行动者自由的约束时，伯林实际上针对的是来自他人的故意干涉，从而把来自自然因素和非故意干涉所造成的限制排除出去，但是他的这个强调是不清楚的。因为，尽管伯林对理性主义的某种担忧是可贵的，但是对自由的积极实施条件的要求是附着于我们对自由能动性的约束性理解基础上的，而不是必然就会走向伯林所担心的那样一种理性主义梦魇之中。干涉如果是建立在尊重行动者权威的基础上，是致力于完善行动者实施这种权威的条件，那么它就并不必然构成一种"恶"。哲学家必须把秉持有约束的能动性这一哲学思想，与秉持对这一思想的歪曲而去论证一种不可接受的政治制度安排，严格区分开来。担忧后一方面可能给人类生活带来危险，不等于就必须要把整个有约束的能动性思想都去除掉。

而且，就算消极意义上的自由概念强调的是行动者在行动过程中外部故意干涉的阙如（absence），而强调故意干涉的阙如是行动自由得以实现的前提条件，因此在这个意义上，强调消极自由本身并没有错。就算消极自由的拥护者妥协说他们强调的是自由得以享有的这种最小意义上的条件，它仍然看起来显得可怜。就像泰勒敏锐指出的，消极自由依赖于一个"机会概念"。② 也就是说，在消极自由理解下的自由，将行动者与他人以及外部环境的联系理解成是一个类似于撞大运的事态概率：你之所以得以

---

① 对自由的经验必须是一个真实的行动过程所导致的结果，此处的强调十分重要，因为一旦忽略对经验自由的那种"真实性"的强调，则自由有被等同于"自由感"的危险。我们人类存在者如果只是在"感到自由"的意义上宣称说自由的价值值得捍卫，那么诺奇克所提供的那个"经验机器"假设就可以被用来证明说自由其实并不具有任何内在的价值。尽管诺奇克的那个假设实际上直接针对的是伦理学上的主观快乐主义，但是一般而言，那个假设可以被用来攻击一切将客观价值等同于主观感受的论证策略，参见 Robert Nozick, *Anarchy, State, and Utopia*, pp. 42–45。

② 参见 Charles Taylor, "What's Wrong with Negative Liberty", in *Philosophy and the Human Sciences: Philosophical Papers*, Vol. 2, Cambridge: Cambridge University Press, 1982。

享有自由,是因为你在时刻 T 中采取了一个恰好没有受到干涉的行动 A。但是,人类存在者的价值和尊严,并不在于人类在实际生活中总是能够得到好运气的庇护。恰恰相反,人类自由之所以高贵,或许就在于人类行动者的自由蕴含了设定价值的能力:我们经验自由,在某种程度上就是要经验我们所创造的生活意义,就是要经验我们作为作者所描绘的生活蓝图,就是要经验我们人类的不完美本质所带来的某种因为彼此误解而造成的各种各样的脆弱性,就是在通过一次次震撼人心的自然和社会的灾难来反思能动性的完善条件。因此,在这个意义上来说,人类自由在根本上是一个有尊严的、蕴含了"荣耀"思想的概念。① 消极自由论者在根本上主张了一个对人类来说具有羞辱性的自由概念。② 所以,就像泰勒所指出的:从

---

① 对此的一个细致论证,参见 Sharon Krause, *Liberalism with Honor*。
② 可能会有人说,响应依赖的思想所确立起来的责任概念以及与它相适应的自由概念,为这样一个异议留下了可能性:在非理想的真实世界里,人类个体面临着因为各种各样的原因而丧失实践那种有约束的能动性的巨大可能性。比如说,设想一下极端的广场综合征的症候:深处某种绝望和对人群的恐惧之中的行动者,或许没有任何主观上的动机去开展一个体现了响应依赖要求的行动,他唯一能够活下去的条件,也许就是自我隔绝地生活在一个小空间里作自我冥想。在这个例子中,行动者或许在根本上拒绝按照证据响应的要求去持有一个信念:因为鉴于他的处境,持有信念的为真或者为假对他的生活来说已经无关紧要。但是,如果没有任何对他的冥想生活的实际干预,行动者本身的"冥想自由"似乎并没有受到任何破坏,因此在这个意义上,他仍然享有某种程度的自由,也正因此,他的享有某种程度的自由与他的有约束的能动性得到践履之间并不是必然联接的。异议可能进一步指出,倘若在这个例子中,行动者依然享有某种程度的自由,那么伯林式论证所要关注的,恰恰是这个方面的自由:即使对深处绝望从而放弃了过那种有约束的能动性积极开展所带来的丰富的人类生活的人来说,他们仍然应当受到制度安排的保障,从而享有他们所意愿的那种最后形式的自由,所以伯林对消极自由的强调,就没有什么可道歉的地方。对此,我要说,考虑到这个例子,情况或许确实如此。但是,我们需要进一步区分三个不同的场景:(1)行动者所遭受的那种心理绝望是某种自然疾病的结果;(2)行动者所遭遇的那种心理绝望是因为他人的个别故意行动而造成的结果;(3)行动者所遭遇的那种心理绝望是政治制度运行所导致的后果。第一种情况似乎不构成我对伯林的批评的威胁,因此我不打算进一步讨论。第二种情况和第三种情况的区别在于,行动者的心理绝望虽然都是他实践自己能动性的愿望受到不恰当的限制的结果,但是这种限制的来源不一样。对由于他人个别故意行动所带来的对能动性实践的限制,我们可以说,因为响应依赖思想表征了人类生活的一个一般而论的交往模式,所以即使在行动者因为能动性受到他人的不恰当限制时,产生了放弃实践能动性的愿望,并实际地逃避运用这种能动性,来自旁观者的抱怨仍然能够对那些不恰当的干涉构成挑战,而那些干涉他的人在这种抱怨面前,需要给出辩护。而且,重要的是,旁观者的抱怨并不仅仅是一种情感活动的后果,它也可能是通过某种外化机制成为政治共同体的制度安排的一部分,也就是说,成为法律或者风俗的一部分,并反作用地通过公民教育的内化机制,成为共同体成员的信念的一部分。对第三种情况,假设整个政治共同体因为某些原因其本身已经构成对行动者实践能动性的一种全局性限制,比如我们在小说《1984》或者《美丽新世界》中看到的那样,那么抱怨就可能会来自于世界中的其他政治共同体中的个体旁观者甚至是某些集体性旁观者。当然,我并不是在这里要论证一种"人权高于主权"的思想,而是要指出,就每个人都应该能够在恰当的能动性约束背景下去过自己的生活这一点而言,所有生活在我们这个星球上的人大概都确实具有某种作为人来说不可被剥夺的东西。尽管它不能那么强地被表述为某些西方学者所设想的"人权"观念,然而如果有人因此说我的论证所指向的是一种要求承认人具有某种普遍地位的思想的话,我也不打算拒绝。伯林对消极自由的强调,之所以是"羞辱性"的,就在于如果伯林试图论证的是第一种情况下行动者应当继续享有的某种限度的自由,那么他几乎就选错了标靶。因为,就好像对狂躁精神病人采取强制措施,不等于对人类一般而论的自由施加了约束一样,如果对不那么(转下页)

自我实现的角度看，如果一个人完全没有真正地自我实现，如果他完全不知道自己的潜能，如果他从未意识到发挥自己的潜能这个问题，或者由于他害怕打破某些已经内化到主观当中去的那一部分规范——其实这些规范并不真正反映他的主张，他无力去实现潜能，这时我们就不能说他是自由的。

因此，与有约束的能动性思想相对应的政治自由概念，就必须超越那种人为制造的自由"二分法"。① 为了体现出这个有约束的能动性思想的

(接上页) 狂躁甚至是对例子中所提到的行动者采取不闻不问的对待，也不等于因此就对人类一般而论的自由加以了尊重。毋宁说，这是个与人类一般而论的自由不相干的主题。如果伯林试图论证的是第二和第三种情况下行动者的自由问题，那么我想说，当伯林强调消极自由时，他确实忽视了我们在这个情境下作为人本身所拥有的一种"抱怨"的资格、所拥有的一种"主张权利"甚至是"替局中人主张权利"的资格，伯林自己的消极自由思想中没有闪现这种资格的影子。也正因此，伯林虽然试图以论证消极自由来突出自由作为一种内在价值的观点，但是他显然没有搞清楚，自由作为一种内在价值要依赖于一种对人的资格的内在地位的说明：正是因为人类受到约束的能动性对各种恶性强迫的内在排斥，正是因为那种能动性对人类个体所追求的价值的实现来说的重要性，自由才对人类来说构成了一种价值，而不是相反。所以，如果我们能够把"自由作为一种价值"和"自由价值的根源"这两个问题区分开来，那么我们大概就仍然可以说，政治自由的概念确实依赖于一种关于人的资格的规范性说明，而且这个规范性说明也确实具有某种实践要求。

① 伯林提出自由"二分法"之后，某些理论家就已经意识到，自由不仅意味着行动者在行动过程中得以享有一种特定的外部环境，而且还意味着行动者自身具有某些特定的能力。麦卡勒姆显然是这一思路的典型代表。在他的著名论文《消极的和积极的自由》中，他宣称说，伯林对消极自由和积极自由两种自由概念的区分是基于"一个严重的混淆"，"将自由概念划分为消极自由概念和积极自由概念两类，以及将论述自由概念的理论家们分化成两个阵营的做法，无助于我们研究那些真正值得争论的关于自由的根本问题"（Gerald MacCallum, "Negative and Positive Freedom", *Philosophical Review*, 76 [3], 1967, p. 320）。按照麦卡勒姆的思想，事实上并不存在两种自由概念，自由的概念应当采取一个"三位一体"式的理解，也就是说，"X 有/没有免于 Y 去做/不做，成为/不成为 Z 的自由"。其中，X 代表行动者 Y 代表行动中可能的各种干扰因素，包括限制、干涉、各种各样的妨碍等；Z 代表行动目的。麦卡勒姆认为，伯林用来划分两种自由概念的两个形式"免于……的自由"和"去做……的自由"，是对这个"三位一体"公式的两种不同的省略形式，因此不存在"两种自由概念"这么一个问题。因此，一个完整的自由概念包含了行动者、行动环境和行动目的三个变量。麦卡勒姆的自由的"三位一体"公式引发了许多自由主义者的关注（参见 John Rawls, *A Theory of Justice*, p. 215）。不过，麦卡勒姆的调和方案并不十分成功，因为当他把自由理解为"三位一体"格局时，实际上恰恰为自由概念负载了很大的包袱。因为有些情况下，一个行动的采取并不一定具有鲜明的或者积极意义上的行动目标：行动者采取那个行动仅仅是为了避免某些消极目标的出现。比方说，一个独身妇女在下夜班时采取绕过虽然是捷径但却充满被强奸的风险的那条马路的方式回家。在她可以采取无数种（因为充分考虑到地球是球体这一物理事实）可能的替代方案的意义上，这个妇女确实享有了行动上的某种自由，但是这个自由行动又确实并不是为了促进某种积极目的的形成，而只是为了避免被强奸这一后果的出现。而且，如果我们采用麦卡勒姆的自由的"三位一体"公式，我们实际上已经放弃了一种有关自由的实质性定义，而只是在形式上将我们对自由的日常理解形式化为上述表达。因此，这个公式本身并不是一个负载了实质内容的东西，或者说，它并没有提出一个有关自由概念的清晰表达，而只是提供了一个形式化的表达。不过，麦卡勒姆的自由的"三位一体"公式，确实表达出后来的自由主义理论家在调和两种自由概念时所必须考虑到的问题：一个充分的自由概念，不仅要意味着行动者在行动环境中得以享有一个基本的条件来实现自己的各种各样的目的，而且行动者本身必须拥有某些能力以便设定那个自由行动所导向的目的。换句话说，行动者不仅要拥有选择采取各种各样的行动的自由，而且也要在自身的能动性上拥有采取那些行动（转下页）

基本特征，这样一种政治自由概念大概就需要如下特征。第一，这个概念需要有一个"选项视角"（options-perspective），因为无论行动者的设定价值终究会使得他的选择多么地具有不可逃避性，他也至少要拥有选择做别的事情的机会，从而在能够选择的意义上拥有自由。第二，这个概念还需要有一个"行动者视角"（agent-perspective），因为行动者必须具有必要的能力，来持有为真的信念，来设置可解决的欲望、设定有意义的价值。更重要的是能够拥有这种能力，成为一个政治共同体中负责任的、响应规范的公民。在这个意义上，有约束的能动性思想所要求的政治自由概念，就不仅是一个与选择有关的（choices-related）概念，也必须是一个与资格有关的（status-related）概念。而这个要求，伯林的"二分法"显然无法满足。

（接上页）以导向特定目标的自由。因此，对雄心勃勃地打算提出一个更充分的自由概念的当代共和主义者来说，他们所要确立的自由概念必须是兼顾了"选择自由"和"能动性自由"两个维度的涵义的概念。参见本章第三节。

第十五章 权利

第一节 权利与权利泛化

权利通常被认为是一种负面性道德理由。从"权利本位"这一学术主张提出起，我国法理学界就一直关注权利这个现代法哲学的核心概念。法理学界的这个理论关切，在形成上是有着直接而强烈的现实动因的。我国迈向成熟完善的社会主义市场经济体制的历史进程，内在地引发了建设一个社会主义法治国的基本治理要求。社会主义市场经济体制的总体特点，是既有政策调控层面的"顶层设计"，又有资源配置层面的"摸着石头过河"，政府、市场与个人三大社会活动主体各自在资源配置中的触角边界并没有清晰完备地划定清楚，公权力的手既时不时地要摸到市场活动和个人生活的神经，市场活动和个人生活在诸多方面也时不时热切渴望得到公权力所施展的调控魔力。正是这样一个复杂多样的经济和社会实践形态，使得诉诸权利思想的我国法理学界保持着一种双重期待：一方面，权利被看作警惕公权和特权侵蚀经济生活和个人生活的庇护所，因此人们期待权利发挥限制和控制权力的作用；另一方面，权利又被看作呼吁公权力积极促进经济福祉和人民幸福的助推器，因此人们期待权利发挥敦促和激励权力有所作为的作用。

这种双重期待，实际上也导致了一个非常有趣的问题：就围绕我国法治建设所开展的实践和营造的舆论环境来看，"权利款项"到底是多了，还是少了？一些学者认为，我国法治国建设的一个突出现象是权利款项太过泛滥，造成了一个所谓"权利泛化"问题。更进一步地，这些学者也忧心忡忡地告诫我们，权利泛化是一个对我国法治国建设起消极作用的现象。让我们将这个观点称为"权利泛化论"。

权利泛化论者认为，权利泛化会导致权利配置的目标与实效相背离，带来权利的"乌龙效应"。所谓权利的"乌龙效应"，从这个概念的提出者陈林林教授的表述来看，主要可以概括为"本来设置权利是为了降低社会冲突，但权利的实际设置却加剧了权利体系的内部冲突，从而造成了权利配置中目的和手段的背离"这样一个效应。权利的"乌龙效应"，据说

"不但对既有权利体系与权利理论提出了质疑和挑战,也与既有权利体系不断发生冲撞,以致权利冲突成为一个普遍的社会现象"①。

权利泛化会带来"乌龙效应",这个思想的涵义在权利泛化论者那里实际上需要得到澄清。一层涵义是理论性的,指的是权利泛化冲击了既有权利理论和权利体系的稳固性。另一层涵义是实践性的,指的是权利泛化在法律操作层面上存在着目的与手段背离的问题。我们逐一来加以分析。

权利泛化会不会在理论上带来"乌龙效应"?这是完全有可能的,法律权利清单的扩展与深化,可能会对既有权利体系和权利理论造成修正压力。但是,这里真正关键的问题,不在于此。真正关键的问题乃是,即便权利泛化在理论上带来"乌龙效应",那又怎样?是不是说明了权利泛化只是一个消极的现象?

为了搞清楚这个问题,我们就需要去理解权利的本质。权利是一个广义概念,从内涵上,又细分为道德权利、政治权利、法律权利等。权利并不是像岩石一样存在于世界构造之中的东西;相反,它是人类在社会生活中逐渐形成的一项重要观念发明。就像一些学者所指出的,权利本质上只是一种符号。② 权利这种符号,表征的是权利主体在社会共同体的公共空间内,针对他人、社会或者国家,所表达的抗争性、论辩性的理由。权利主体使用这种理由,是要主张自己的利益、反对对自己所主张的利益的潜在冒犯或现实侵害。权利这种符号是被制造出来的。权利款项之所以要被制造出来,就是因为诉诸权利是我们现代人的生活方式。按照这种观点,构造权利款项实际上也就是在构造一种具体的法治生活形态。因此,从本体论的角度说,权利这种符号既不是独立于权利主体而存在的东西,也不是独立于社会共同体而存在的东西。恰恰相反,权利作为一种符号,表达的是对一定形态的社会共同体内部的主体关系的调整和规范。经典作家对此说得再清楚不过:"法的关系,是一种反映着经济关系的意志关系。这种法的关系或意志关系的内容是由这种经济关系本身决定的。"③ 所以帕舒卡尼斯正确地认识到,包括权利在内的一切法律规范和法律概念的本质,都必须通过分析相应的社会实践活动,通过理解这一活动过程之中的生产分配交换消费关系才能获得理解。④ 因此,在对法律权利本身的辩护

---

① 陈林林:《反思中国法治进程中的权利泛化》,《法学研究》2014 年第 1 期,第 10 页。
② 参见汪太贤:《权利泛化与现代人的权利生存》,《法学研究》2014 年第 1 期。
③ 马克思:《资本论》(第 1 卷),人民出版社 1975 年版,第 452 页。
④ 参见帕舒卡尼斯:《法的一般理论与马克思主义》,杨昂、张玲玉译,中国法制出版社 2008 年版,第 17—18 页。

问题上，我们要反对一种"权利浪漫主义"的观点，认为法律权利体系好像是一个独立于经济社会活动本身而具有优先的稳固性和规范性的东西，认为谈论法律权利款项的多与少好像仅仅是在理论层面谈论法律权利体系内部的融贯性、一致性和完整性的问题。实际上在经典作家的眼里，任何认为权利可以脱离它的符号化存在的本体论地位，成为一个独立地从外部获得法律规范地位的观点，本质上都是一种把权利当作外部力量来崇拜的"权利拜物教"。

因此，既有权利理论的稳定性、既有权利体系的稳固性，本身最多只是对既有权利理论和权利体系特征的一个描述，而不是证明权利体系和权利理论"金汤稳固"、不可轻易获得增补和变动的理论依据。既然权利是一种符号，而且是一种在社会共同体公共生活中才能得到理解的符号，那么即便新的权利款项的增加会使得既有权力体系和权利理论受到质疑和挑战，我们也并不能因为这种质疑和挑战本身而宣布新增权利款项的不合法。毕竟"权利浪漫主义"和"权利拜物教"不仅指的是认为权利越多越好的那样一种思想，也指的是认为权利清单越稳定越好的那样一种思想。因此，脱离法治共同体的现实利益主张的面貌，从理论上独立地提出"权利到底是多一点好，还是少一点好"这样的问题，并不是一个正确的思路。所以，如果权利泛化论者的第一个理由是建立在"权利浪漫主义"观点的基础上的，那么它是站不住脚的。

但是，权利泛化论也可以在实践性涵义的层面来加以理解。在实践操作层面，说权利泛化会带来"乌龙效应"，是一个非常重要的提醒。这个提醒的要害在于，它注意到了法律权利的创制和确立，是需要成本的。这种成本，不仅包括了经济成本，也包含了诸多重要社会成本。那么，面临法律权利创制和确立需要成本这一事实，我们是不是就能够匆忙得出结论说，权利越泛化、成本越高，权利泛化就越是会背离给权力配置的目标和初衷呢？为了思考清楚这个问题，我们就需要进入一个有些复杂性的问题中去：如何辩护法律权利款项？

第二节 辩护权利款项

对法律权利体系中具体款项的辩护，主要是致力于考察具体法律权利款项的合法性和恰当性。在现代法哲学中，主要有后果主义和道义论这两套辩护思路。

后果主义理论是一个复合结构，其核心架构是由一种特定的价值理论和一种特定的正确性（或者说正当性）理论合成的。① 在价值理论方面，后果主义理论认为，任何一项行动或者一项实践原则是否具有内在价值，都仅仅取决于这项行动或实践原则所能够带来的后果价值的大小。同时，如果存在两个以上可供选择的行动或实践原则，那么只有选择执行能够带来最佳后果价值的行动或实践原则，才能够得到辩护，才是正确的。所以，按照后果主义理论，一项具体的法律权利款项是不是能得到辩护，取决于两个因素：第一，这项法律权利款项的确认或创制，是不是能够给社会带来最大的预期价值；第二，与这项法律款项处于竞争性地位的其他法律款项，是不是能够给社会带来更大的预期价值。

那么，后果主义理论所说的后果价值又是什么呢？不同的理论家对此有不同看法；在伦理学、法理学等不同领域，学者们对这个问题的理解也各自不同。不过，具体到我们现在进行的对法律权利款项的讨论来说，后果价值可以指对包括社会稳定性、人民幸福度、社会治理综合成本-收益比在内的影响社会和个人福祉水平的方方面面因素叠加起来以后所形成的一个总体价值判断。这样，按照后果主义理论，一个法律权利款项是否能够得到辩护，判断依据就在于这个法律权利款项是否是促进社会和个人福祉水平的最佳手段。

可见，对法律权利款项的后果主义辩护，本质上是工具性的。这种辩护方式把法律权利款项看作社会和个人福祉水平的促进器，也把权利从根本上看作一种社会治理的手段设置。因此，在后果主义思想中，法律权利在功能上首先是索取性的，是对某种社会或个体增益的积极主张。这种思想，与我们接下来要谈的道义论思想，是根本不同的。

道义论理论本身十分复杂，在当代西方道德哲学、政治哲学和法哲学研究中也是一个热点问题。我们都知道，在我们日常道德、政治和法律生活中，有一种司空见惯的现象，那就是好像存在着某种规则，禁止我们去干一些事。用哲学术语来说，这些规则是道义性规则。那么，为什么存在这些禁止性规则呢？或者说，为什么我们被禁止去干那些道义性规则所禁止的事情呢？回答这个问题的理论，就是道义论理论。在各种道义论理论中，有两种理论与法律权利款项的辩护问题直接相关。一种是所谓的"牺牲者中心"进路的道义论理论，另一种是所谓的"契约主义"理论。②

---

① 关于后果主义理论结构的一般性分析参见本书第九章以及第十六章。
② 关于"牺牲者中心"进路的道义论理论，详细分析参见本书第十一章；关于契约主义进路的道义论理论的一个分析，参见张曦：《第二人称观点、规范性与道德可说明性》。对道义论理论的另一种进路（即"行动者中心"进路的道义论理论）的分析，参见本书第十章。

在"牺牲者中心"进路的道义论理论看来，一方面，我们每个人都是一个道德、政治或法律共同体中的成员，都存在着被他人或者这个共同体伤害的可能性，因此都是潜在的牺牲者；另一方面，我们每个人，作为一个人，又拥有某种优先于共同体的道德、政治或法律资格，这种资格保护我们免于成为他人或者共同体的潜在牺牲者。这样我们就看到，对"牺牲者中心"进路的道义论理论来说，法律权利款项的创制和确认的根本原因，是非工具性的：不是要促进或提升什么社会福祉水平，而是要去保护权利主体的某种法律资格不受侵害。因此，只要一项具体的法律权利款项是能够保护权利主体的某种法律资格的，那么它就是能够获得辩护的。可见，在"牺牲者中心"进路中，法律权利款项在功能上首先是救济性的、是防范性的、是对免于社会和他人潜在侵害的主张。

"契约主义"进路的道义论理论，与"牺牲者中心"进路一样，也是将法律权利款项在功能上首先看成是救济性的、防范性的。区别在于两点。第一，"契约主义"理论不需要设想一个优先于道德、政治和法律共同体的资格概念。对"契约主义"理论来说，"牺牲者中心"进路的资格概念太过形而上学了。只要我们承认人是自由而平等的共同体成员这个"理性事实"，就足够我们去把人看作有待保护和救济的权利主体。第二，"契约主义"理论在对法律权利款项的具体辩护方式问题上，也与"牺牲者中心"进路不同。从"契约主义"理论的观点出发，一项法律权利款项是否能够得到辩护，取决于共同体成员能不能在某种假设性契约设置条件下予以通过。在假设性契约条件下，作为合乎情理的自由而平等的共同体成员，为了保护和控制他们自己的生活，是必然会通过一些保护和救济基本权利的法律权利款项的。

这样，我们就可以概括起来说，在后果主义理论中，法律权利款项的辩护方式是工具性的，而它的功能，被认为主要是索取性的、正面主张性的；在道义论理论中，法律权利款项的辩护方式是以某种法律"资格"的确立为前提，或者以某种假设性契约设置的成立为前提的，是非工具性的，而它的功能，被认为主要是救济性的、防范性的、负面主张性的。

这样，我们就看到，在辩护法律权利款项时，我们有可供选择的两套基本思路。在当代西方法哲学讨论中，相关文献汗牛充栋，两派学者各执一词。那么，我们到底用哪套思路去评价权利泛化论者的观点呢？我们认为，后果主义辩护思想和道义论辩护思想，各有合理的地方，需要综合起来加以看待和评价。因此，在运用它们之前，我们首先需要去搞清楚，为什么说这两种思想对我国法治国建设来说，都构成我们考察和辩护法律权利款项的基本标准？

　　法治国建设，在我国总体治理格局中是一个基本组成部分，也被认为是现代国家治理体系一个基本治理方式。我国法治国建设，不是在真空中进行的。从国家治理体系的角度来看，我国法治国建设，是处在一个从人治向法治、从道德约束向法律约束、从传统治理向现代治理转变的这样一个历史阶段，被作为基本治国方略提出来的。这个历史阶段的总体特点，是权利意识兴起、权利保护缺乏，是权力话语充斥、权利内容不清，是对权利功能期待过高与权利款项设置模糊。基本宪法权利得到创制和确认，但缺乏执行监督的具体操作方案。围绕人的基本尊严和基本价值，全社会已经形成了一些基本共识。但是如何才能保护人作为公民免于他人特别是公权力所代表的社会的系统性剥夺和凌辱，还没有真正切实形成可行的操作方案。因此，作为现代国家治理体系的重要内容，我国法治建设必须要创制和确立起能够维护人的尊严和人的价值的法律规范体系。在这样一个法律规范体系中，救济性的、防范性的、负面主张性的权利款项设置，是基础性的和不可或缺的。

　　对我国法治国建设的具体实际来说，道义论辩护思想的实质在于，它在理论上确认了这样一个事实：在我们真实的法治生活中，我们每个人都潜在地存在被伤害的可能性，因此也都有得到法律权利体系保护的现实需要。

　　当然，我国法治国建设，与现代市场经济体系的形成和完善是联系在一起的。市场的繁荣和扩张创造了人的欲望和需要。个体的欲望和需要不是静态地等待被满足，而是动态地在市场中获得培育和塑造，并且面向社会以权利的名义主张出来。有些十几年前可能不算合理主张的期待，现在可能就是不仅合理而且合法的利益主张，比如公共体育设施的使用权（所谓"体育权利"），比如说对"美丽中国"的主张权（所谓"环境权利"）和对良好工作机会和休息条件的主张权（所谓"工作机会权利"和"休闲权利"）。利益、欲望和需要的多元化、多样化和多层化，是造成个体利益主张的"泛化"现象的根本原因。那些看起来或多或少有些"泛化"的权利主张，实际上体现的是人们对自己所设想的美好生活的期待。因此，如果把促进"好生活"当作现代国家治理的一个基本目标，那么法治国就有责任通过创制和确认能够促进"好生活"实现的法律权利款项的方式，用国家强制力来加以保障和维护。在这个意义上，后果主义作为一种法律权利款项辩护理论，也是有合理性的，因为它能够说明为什么面对人们的"好生活"期待，法律必须有所作为。

所以，后果主义和道义论，并不是像西方法哲学家所想象的那样，是两个截然对立的法律权利款项辩护思想。恰恰相反，它们到底是对立的还是统一的，首先取决于我们如何看待我们的法治共同体本身。如果我们把一个法治共同体看作脆弱者的松散联盟，那么法律权利款项主要就是要致力于消除这种脆弱性，救济性、防范性和负面主张性的权利在创制和确认上就具有首要的紧迫性。如果我们把一个法治共同体看作幸福度不断得到提升的美好生活空间，那么法律权利款项就不仅要保护我们免于成为脆弱性的牺牲者，而且更要通过创制和确认法律权利内容来积极地促进人民生活幸福度的增长和提升。这样，我们实际上就得到了检验和辩护法律权利款项的两层验证原则：后果主义原则和道义论原则。

第三节 重新理解权利泛化论

回到权利泛化论者的批评上来。权利泛化论者认为，权利配置在实践操作层面需要成本，使得一旦权利泛化，就会使权力配置的成本大幅增加，从而引发权力配置内部的冲突，并导致权力配置手段和目的的背离。这个忧虑显然是有合理性的。比方说，考虑到社会资源的稀缺性事实，在权利主张存在冲突的情况下，我们当然就需要去在不同的权利主张之间开展取舍，承认和创制一部分权利并使之进入法律权利清单，否决或延缓一部分权利以避免不必要地增加法律权利体系的维系成本。这些考虑，用我们上面鉴定出来的两层验证原则来说，是后果主义式的，也是合理的。

此外，现代国家治理体系建设和现代市场体系建设之间也不是没有矛盾的。在现代市场体系建设的过程中，一些权利是早一些得到法律确认，还是晚一点得到法律确认，可能会对市场体系的建设和完善产生关键影响，比如某种更为充分的"劳动休闲权"、男性与女性同等的"产假权"等。对这些权利款项，我们仍然是要采取一个后果主义的验证，来判断它们的创制和确认是否有助于社会总体福祉水平的提升。

但是，我们要注意的是，在我国法治国建设中，后果主义验证原则的启用，是第二位的。考虑到我们国家轻权利重权力的长期历史传统，考虑到权利观念还并不是一个深入人心的法律观念，我们要始终把法律权利款项的创制和确认看作对基本人类尊严和人类价值的维护。换句话说，除非启用后果主义验证之前一项有待验证的权利款项已经通过了道义论验证，否则即使它得到后果主义验证，也不具有进入法律权利款项清单的资格。同时，一项从道义论验证标准的角度来看十分紧迫的权利款项，即使会带来从后果主义验证标准的角度来看的巨大社会成本，也应当得到法律确认。在二层验证标准中，道义论验证具有"词典式优先"的地位。

这样，对权利泛化在操作层面会不会导致"乌龙效应"的问题，就需要采取两方面的思考。一方面，我们要去考察那些据说属于泛化范围的权利，到底是不是道义论验证所要求的权利。如果是，那么毫无疑问，这些权利必须得到法律确认，即使创制和确认这些法律权利的成本十分高昂。在这种情况下，如果既有权利体系与新增权利款项出现冲突，那么既有权利体系必须得到修改。换句话说，在这种情况下，"乌龙效应"恰恰是一个指示器，它说明了重新思考既有权利体系和权利理论的必要性和紧迫性。另一方面，我们也要看到，一些从道义论标准来看处于同等地位的原则，彼此之间不互相排斥，同时也具有同样的紧迫度，那么在这样的情况下，如果社会资源和法律配置不能够同时容纳它们，就应当采取后果主义标准，允许那些成本-收益比高的权利主张优先得到创制和确认，成为法律权利。当然也是在这种情况下，如果权利配置中出现"乌龙效应"，那么才说明权利泛化在一个消极的意义上影响了既有权利体系，需要得到纠正和警告。

总之，在思考和评价权利泛化问题时，我们非常仔细地鉴别权利泛化批判的真正涵义。既要避免陷入"权利浪漫主义"和"权利拜物教"的误区，又要正确理解实践操作层面权利配置的"可行性"。通过后果主义辩护和道义论辩护的两层验证，来判断一个具体的法律权利款项是否应当被纳入法律权利清单之中。

最后，必须指出的是，权利泛化问题之所以值得我们高度关注，是因为我们正非常认真地对待权利及其社会功能。在我国法治国建设的过程中，我们还将面临国家、社会和人民的更多权利期待，法律权利清单的扩展和延伸，不可避免地将贯穿于法治国建设的全过程。在面对权利泛化现象时，必须保持高度警惕的是，不能把权利清单的稳定当作社会法律秩序本身的稳定，相反，社会法律秩序本身的稳定依赖于我们正确地创制、确认和拓展那些聚合了社会和人民利益期待的新的权利款项。"中国法治话语中的权利"，是表征我们自己所生活的这样一个社会中的利益关切的法律概念符号，它的多与少，不能脱离这个社会中的具体利益考虑来理解，更不能脱离这个社会中的具体利益考虑来评价。

第十六章　援助贫困

在最后一章中，我们来处理一个相对具有些独立性的问题：我们是否有一个道德理由去帮助全球穷人？如果有，这样的理由究竟是正义的要求，还是慈善的要求？

虽然哲学工作通常以其抽象和思辨著称，但是哲学家们却无时无刻不生活在真实世界之中。作为当代哲学反思的一个重要主题，全球正义（global justice）问题受到了哲学家们的广泛关注。[①]"反对全球贫困"是全球正义问题的基本议题之一。如果我们确实认为全世界每时每刻都有数以百千万计的人正遭受着各种各样的因贫困而导致的苦难是一件坏的事情，那么消除那些苦难看起来就是好的事情。在这样一个基本预设的基础上，对道德哲学家来说，寻找一个恰当的道德基础来回答"我们究竟亏欠了全球穷人什么"这样一个问题，不仅有助于我们更好地理解"什么样的世界是好的"，而且也有助于我们去将我们现在所处的这样一个并不完美的世界引向那个更加美好的状态。

第一节　贫困与正义

就援助贫困而言，按照某种日常的理解，如果一个人生活在极端贫困之中，那么进一步地：（1）如果他的遭受贫困是我的某种行为直接导致的，那么我就需要对他所遭受的苦难负有道德上的责任；（2）如果他所遭受的苦难不是我要在道德上负责的（也就是说，我的行动并不是他遭受苦难的直接原因），但假如他恰好与我有切近的特殊关系，比方说他恰好是我的外甥，那么作为一个已经过着体面生活的人，因为这种切近关系的存在，我就大概也在某种程度上负有一个要去向他提供援助的责任。[②] 但

[①] 目前已经有一些文集有主题地汇集了"全球正义"领域一些重要的论文，例如 Thomas Pogge and Darrel Moellendorf (eds.), *Global Justice: Seminal Essays*, St. Paul, MN: Paragon House Publishers, 2008; Gillian Brock and Darrel Moellendorf (eds.), *Current Debates in Global Justice*, Dordrecht: Springer, 2005。中文学术界已经有一个有关博格的相关工作的文集，参见博格：《康德、罗尔斯与全球正义》，刘莘、徐向东等译，上海译文出版社2010年版；此外，中文世界也出版过一个相关主题的文集，参见徐向东编：《全球正义》，浙江大学出版社2011年版。

[②] 我们看到，由于特殊关系的存在，道德责任的指派就表现出了一种不对称性。具体到全球正义领域，主要有基于同意的理论和基于自然责任的理论两种进路来说明这种不对称性。参见 Jeremy Waldron, "Special Ties and Natural Duties", *Philosophy and Public Affairs*, 22 (1), 1993。

是，日常道德观点并不要求我对某个远在加勒比海、素不相识、遭受了严重地震而导致肢体残缺、终日处于极端饥饿之中的海地人，承担一个一般意义上的道德责任，虽然日常道德的观点确实允许我出于"高贵的同情心"而向国际红十字会捐款。因此，对于行动者的行动不对遭难者的苦难负有因果上的责任、遭难者与行动者又不存在切近的特殊关系的那些情况，日常道德虽然确实允许行动者去做某些道德上看来不失为正确的事情，但是它无法要求行动者去承担一个责任意义上的负担。也就是说，日常道德在事实上并不能说明行动者是不是在被要求（required）的意义上需要去承担某种道德责任，因此对"我们亏欠全球穷人什么"这样一个问题来说，日常道德就只能回答说，我们最多亏欠全球穷人一些必要的同情心。①

　　道义论的道德理论要求行动者的行动理由体现出"行动者相对"的特点。② 因此，道义论的道德理论就在"做出伤害别人的事"和"任由伤害发生"之间做出了严格区分。"做出"和"任由"之间区分的关键，就在于"做出"的行动中体现着行动者的主观动机，在这个意义上，行动者的能动性构成了行动历程的一部分。因此，就全球贫困而言，如果那些人遭受的苦难不是行动者所直接意愿的行动所导致的，那么行动者实际上就没有"做出"什么事而只是"任由"那件事发生。根据这种观点，我们即便疏于采取行动挽救海地地震中幸存的苦难的人们，也只是在"任由那些人死亡"，因为地震的发生在根本上独立于我们人类行动者的主观动机。当然，道义论者也可以像日常道德理论那样允许行动者出于仁慈（beneficence）的理由来采取行动挽救那些人。不过同样地，道义论者不能一般地诉诸"道德责任"的观念来回答"我们对全球贫困担负了什么"这样一个问题。③

---

　　① 也有一种理论认为，如果一个人参与维护一个不公正的社会秩序，而这个社会秩序实际上剥夺了其成员的某些基本的人类需要（比如生存权和发展权），那么那个人就有一个间接的责任去改革他所参与维护的社会秩序，或者对因这种秩序的缘由而遭受贫困的人加以补偿（如果他从这种秩序中已经获益的话）。这条论证进路实际上缓解了长期以来横亘在全球正义问题辩论中的政治权利（如自由权）与经济权利（如基本人类需要的满足）的人为对立。参见 Thomas Pogge, *World Poverty and Human Rights*, Cambridge: Polity Press, 2008。
　　② 如果一个理由是"行动者中立"的，那么就意味着这个理由是独立于行动者的能动性而提出的，行动者的能动性之是否例示以及如何例示对"行动者中立"的行动理由来说是不成问题的。相反，行动理由如果具有"行动者相对"的特点，那么就意味着它是与行动者能动性的具体例示相关的。
　　③ 为了表明我们探讨"亏欠全球穷人什么"这一问题时真正的理论涵义，我们就需要在"道德上可允许"和"道德上被要求"之间做出一个区分。日常道德和经典形式的道义论的观点出于"普遍的同情心"或者"仁慈的高贵义务"的理由，或许可以在"道德上可允许"的意义上承认"我们应该给予全球穷人以某种方式的对待"。但是，根本上来说，承认这一点实际上并不是在回答"我们亏欠全球穷人什么"的问题，因为，当我们说到"亏欠"这个词的时候，我们乃是试图在"道德上被要求"的意义上去探讨一种道德责任。

如果对"我们亏欠全球穷人什么"这样一个问题的回答只能到此为止,那么对一个普通人来说,他对全球贫困和全球穷人所要担负的东西,要么只是一个同情心,要么只是一个仁慈的好意。因为对他来说,他既不是全球贫困的首要责任者,也不是某些穷人所正在遭受的苦难的主要制造者。根据同样的逻辑,有人就可以论证说,一个靠继承祖辈积蓄而家财万贯却拔一毛以利天下而不为的纨绔子弟来说,在他乘着游艇四处奢华度日时,他所亏欠全球穷人的,也只是一个同情心或者仁慈的好意。然而,道德理论在严重的全球贫困面前如果只能做出这样的回应,那么这大概是道德理论家自身的不幸。

在这样一个充满了不幸和苦难的世界中,如果存在一种诉诸后果的道德理论,一旦它宣称自己所追求的是"最大多数人的最大幸福",那么毫无疑问,我们立即就会被它的这一主张吸引。因为它实际上也是在要求一个行动者积极地去促进某些事情的实现,而不是像上述道德理论那样,只是在一个消极的意义上谈论行动者面对全球贫困时的某种回应。① 后果主义显然具有这方面的吸引力。

按照标准后果主义所推荐的行动正确性标准,一项特定的行动在道德的意义上成为一项正确的行动,当且仅当它最大限度地促进了事态的总体净善好(overall net goodness)。这就是标准后果主义所主张的"最大化合理性"要求。就我们所生存的这个星球的现状而言,就相对于我们而言或远或近的地方存在的那些因为自然因素或人为原因而严重遭受饥饿和营养不良的全球穷人而言,"最大化合理性"无疑面向每一个道德上体面的行动者②提出了一项富有吸引力的要求:这种道德理论要求每一个道德行动者都去最大限度地贡献乃至牺牲自己以缓解那些不幸者的苦难。

标准后果主义的这项要求是面向所有的道德行动者不偏不倚地加以提出的。采取标准后果主义的道德理论,对道德行动者来说,就意味着要去满足那个不偏不倚的"最大化合理性"要求。所以,我们就看到,在面对"我们亏欠全球穷人什么"这个问题时,标准后果主义的回答就是:如果

---

① "促进某种价值的实现"和"维护或者尊重某种价值"之间存在着显著区分,当我们谈论说我们具有某种"促进一个价值在事态中的实现"的责任时,我们实际上是在"积极"意义上谈论那个责任,而当我们谈论说我们具有一个"维护或者尊重某种价值"的责任时,我们实际上是在"消极"的意义上谈论那个责任。我之所以在这里说日常道德和经典道义论的观点是在"消极"回应全球贫困问题,是因为它们都没有明确地承诺上述"积极责任"。

② "道德上体面的行动者"的概念是指那些愿意服从道德要求的人。这个概念对讨论道德责任的"过分要求"来说是格外重要的,因为,对一道德理论来说,我们有理由要求它不能对那些愿意服从它的人施加过高的负担,换句话说,我们有理由要求那些愿意服从某项道德责任的人不因为他的"体面的"行动而承受过多的个人牺牲。

全球贫困是一件坏的事情的话,那么每一个行动者就拥有一个道德上的责任(而不仅仅是出于同情心或者仁慈的好意)去缓解那些苦难的人所遭受的贫困。一旦标准后果主义向我们揭示说,援助那些正在遭受贫困折磨的全球穷人是行动者所应当担负的道德责任,那么它就正确地吻合了我们的一项重要的道德直觉:做这样的行动,不仅是道德所允许行动者去做的事情,而且也是道德所要求行动者去做的事情。

标准后果主义的这一观点在辛格(Peter Singer)那篇著名的作品中表达得格外清楚。按照辛格的意见,面对与我们同处一个地球的那些苦难的人们,一个道德上体面的行动者所被要求去承担的道德责任的限度是这样的:如果他们再牺牲一点,那么就会导致他自己也陷入巨大的苦难之中。① 我们要注意的是,在辛格的观点中,道德要求没有上限和下限之分,道德只是要求行动者不停地牺牲,这种牺牲只存在一个上限。而且,如果行动者的行动超出了那个限度,由于行动者通过自己的行动实际上给世界带来了更多的苦难(因为他的行动导致他自己也陷入巨大困难之中),那么那个行动者的行动在道德上实际上是一种错误的行动。不过,辛格的观点所导致的这个结论显得格外荒唐。我们也许都记得,有一位身体残疾只能靠乞讨谋生的乞丐,在汶川遭受大地震时将别人施舍给自己的一百多元钱全部捐献给了地震的灾民。一方面,相比于援助和重建所需要的数以百千亿计的庞大资金,他所捐献的那一百多元钱在缓解地震灾民的苦难方面的边际效应实际上十分微弱;另一方面,那位乞丐自己的生活却因此陷入更大的麻烦之中,也许当天或者之后的许多天他的食物来源都会成为问题,这种情况不可避免地会把他自己引向某种生存危机。这样,那位乞丐实际上通过自己的捐款行为将他自己带入了一个巨大的苦难之中。而且,从一个不偏不倚的观点来看,由于他在或然性上很大程度地把自己引向了巨大的生存危机,他的捐献行动事实上给世界带来的是更大的苦难。因此,按照辛格的观点,他实际上做了一件道德上错误的事情。不过,我们对此结论稍作反思就可以发现,辛格的观点一定存在严重的问题,因为如果一种道德理论苛刻到要将打动无数人心灵的事情视为不道德的,那么有问题的必然是那种道德理论本身。

按照一些理论家的意见,标准后果主义的观点之所以存在这种荒诞性,主要地在于它僵硬地将内在价值唯一地指派给事态,并且要求行动者

---

① 参见 Peter Singer, "Famine, Affluence, and Morality", *Philosophy and Public Affairs*, 1 (3), 1972。

在道德思维中首先占据一个不偏不倚的观点，然后根据这个观点推荐出的行动理由来不断促进并最大化那个事态可能实现的善好。① 因此，在两个可供取舍的行动中，行动者只能占据一个不偏不倚的观点，去采取其中那个更有助于最大化总体善好的行动。当然，这并不意味着标准后果主义必然无法在义务的行动和超义务的行动之间做出区分。因为如果后果主义确实承诺了一种不偏不倚的观点，那么对这个观点的采纳也意味着行动者可以考虑他即将采取的行动对自己所造成的影响（因为他自己的价值也是总体事态价值的一部分）。在这个意义上，行动者好像可以将义务的行动和超义务的行动区分开来。然而，进一步的问题在于，一旦标准后果主义采取这个区分，那么它也就导致了自身理论的不连贯。因为，由于那项行动已经具有超义务的特点（这意味着一旦采取那个行动，行动者本人就得付出超额的成本），因此也就对总体事态构成了一种负价值。而按照标准后果主义的要求，任何偏离"最大化合理性"要求的行动都将在道德上被视为不正确的。所以，标准后果主义实际上要么不能承诺义务与超义务的界限，要么就会导致自身的不融贯。

既然如此，我们就可以说，标准后果主义实际上也就混淆了义务和超义务的界限。道德要求实际上规定了道德行动者的义务。我们看到，对标准后果主义来说，就它所承诺的那个根本性的行动正确性标准来说，一旦它面向道德行动者提出了某种要求，它实际上就已经不仅是在提出一项出于义务的要求，而且也提出了一项超义务的要求。标准后果主义的这个弊病，被理论家们称作"过分要求"或者"过度要求"。②

第二节　过分要求与正确行动

道德理论面向行动者提出"过分要求"，从根本上来说，首先是因为那项道德理论与行动者的关系被视为"内外有别"的。进一步地，道德又从外部向行动者施加了要求，并且这种要求被始终当作压倒性的，因此道德行动者自己的各种各样的行动理由据说就遭到了道德理论所提出的那些要求的决定性挤压，这就是道德要求相对于行动者来说"有些过分"的真

---

① 参见 Bernard Williams, "Consequentialism and Integrity"。
② 这里我们需要区分道德要求和"过分要求"这两个概念。一般而论地说，既然道德理论具有"行动引导"的特征，那它当然也就会面向行动者提出一些要求。但是如果道德理论面向行动者提出的要求会导致行动者为尊重那项道德要求而必须付出格外高的代价或者个人牺牲，那么对这样的道德理论来说，就存在所谓的"过分要求"问题。

正涵义。

　　沿着这个方向的理解，威廉斯给出了一个经典的批评，认为标准后果主义的道德要求破坏了个人完整性：由于标准后果主义要求行动者将不偏不倚的观点所推荐出的行动理由视为道德思维中应当始终占据压倒性地位的理由，标准后果主义就对行动者的个人生活企划造成了"分离性"。①从这个方向出发，在考虑"我们究竟亏欠全球穷人什么"这个问题时，有人就可以论证说，标准后果主义看起来要求行动者站在不偏不倚的观点上对全球的贫困者的处境给予关切，就这一点而言，这个要求即便是实践上可能的，心理上也是不可能的。持有这种异议的人会进一步论证说，为了使得援助的道德在心理上具有可能性，相对来说更为可信的观点就应当是：我们最多只是在道德上被要求去缓解我们所熟识和了解的，特别是那些其处境对我们来说具有重要意义的人们所因贫困而遭受的痛苦。

　　就像我们已经看到的，日常道德确实持有这样一种观点，但是这个观点对应着十分低甚至都称不上是一种"要求"的道德水准。如果我们承认后果主义正确地回答了"我们亏欠全球穷人一个援助他们的道德责任"，那么我们最多只需要处理威廉斯等人针对"个人分离性"问题的担忧，而并不需要在根本上放弃后果主义说出了正确意见的那些地盘。舍夫勒为此发展出了一种试图兼容下"个人观点的天然独立性"的"混合理论"。按照舍夫勒的观点，行动者的个人企划由于具有"天然的独立性"，因此在行动理由的慎思中他有一个"特权"赋予自己的"个人观点"所推荐的理由以一个特定程度的优先。也就是说，在实践慎思中，行动者有一个"特权"来放大自己的"个人观点"的行动理由，并将其与不偏不倚的观点所推荐出的行动理由做比较和算计。舍夫勒的"行动者中心特权"相对于标准后果主义来说，不同之处就在于它有两方面的承诺：一方面，它允许行动者"个人观点"的行动理由在实践理由的慎思中获得一个特定比例的放大；另一方面，它允许行动者将这个放大后的理由同行动者一旦占据不偏不倚的观点就会获得的行动理由加以比较。而标准后果主义既不允许这种放大，也不允许这种比较。

　　现在，让我们假设，除了基本生活费外，菲力额外地获得了一百美元，他可以用这些钱来买一个朝思暮想了很久的电动玩具，也可以立即填写此刻就在他面前躺着的一张支票，这张支票将用于救助海地的一个儿

---

① 参见 Bernard Williams, "Consequentialism and Integrity"。

童，使他能够免于饥荒并幸存下来。如果菲力的道德思维完全被不偏不倚的观点占据，那么他立即就可以算计出，一个儿童的生命比起一个朝思暮想的电动玩具来说要重要得多，因此标准后果主义当然要求菲力去填那张支票。不过，按照舍夫勒的设想，菲力也当然地拥有一个"特权"，使得"购买那个电动玩具因为它是我朝思暮想的"（理由 R_1）这样一个行动理由获得一个特定比例的（比如说 M 倍）放大。现在，假设对菲力来说，买那个电动玩具的欲望无比强烈，以至于占据了他的几乎全部心思，如果接受舍夫勒的观点立即就会使我们说，放大了 M 倍的理由 R_1 可以压倒"挽救那个孩子的生命，因为如果我占据一个不偏不倚的观点的话我就会这么做"（理由 R_2），那么我们看起来就得到了一个令所有体面的道德行动者感到羞愧的结论：满足对一台电动玩具的欲望比挽救一个孩子的生命，对强烈欲望着那台电动玩具的人来说更有价值。这个结论是令人羞愧的，因为一个孩子的生命正在遭受严重饥饿的威胁，而菲力说不定刚在购物网站上确认订单就立即会失去对那个电动玩具的兴趣。舍夫勒当然可以回应说，这个理解是误导性的。因为他可以说，人的生命具有无限大的价值，如果菲力知道他的一百美元可以挽救那个孩子，那么他的理由 R_1 无论怎么放大也不会压倒理由 R_2。

那么，让我们变换一个例子。假设菲力是一位罹患不治之症终将死去的老人，但是获得这一百美元就可以多活几天从而能够圆了自己"看马上就要举行的那届奥运会的开幕式"的心愿。这个心愿对菲力的生命意义来说如此重要，因为他的女儿将有望在这届奥运会的开幕式上代表所有的运动员致辞。同时，菲力也可以填写那张支票，用以挽救一个生命正受到饥饿威胁的海地儿童。在这个例子中，M 倍的赋值变得格外艰难。因为看起来，菲力如果捐出那一百美元，那么他的心愿再也不可能有机会实现。而且，那个心愿对菲力来说，可以用"永恒的"一词来形容，因为他很快就会离世。但是，菲力看不看那场开幕式都将在几天内死去，那一百美元会挽救一个孩子的生命，而那个孩子一旦幸存，预期上来说会活得更久。因此，从一个不偏不倚的观点出发，标准后果主义要求菲力捐出那一百块钱，只不过这显得有点苛刻。但是比起标准后果主义的苛刻但不失为坚决的要求来说，舍夫勒的"混合理由"看起来有点手足无措，因为他的赋值方案在这个例子中遭遇了极大的困难。除非舍夫勒能够避免这种赋值上的模糊性，否则由于道德理论的一个根本作用就在于它的行动引导功能，舍夫勒对此的模棱两可会使他的修正方案最终丧失吸引力。

为了避免这种模棱两可，舍夫勒就需要为捍卫他的理论的精确性而提供进一步的说明。舍夫勒必须承认，行动者在确认自己的道德责任时，需要预先确认自己所处的环境的道德形势（moral situation）。而要确认和判断自己所处的环境的道德形势的分量，他就还需要更加预先地具有一个完备的价值度量标准。一旦妥协到这一步，舍夫勒就面临了一个尴尬的问题：他要么得承诺说，这个完备的价值度量标准是客观主义意义上的；要么就得承诺说，这个完备标准是主观主义意义上的。也就是说，他必须要么承诺一个客观主义的价值理论，要么承诺一个主观主义的价值理论。然而，如果舍夫勒承诺一个主观主义的价值理论，人们就可以立即回应说，既然在根本上我对 M 值的判断依赖于我对事态价值的判断，而后者是我的主观预期所设定的，那么如果我根本上不知道全球穷人的处境（比如说，因为我生活在一个富裕国家的富裕家庭，每天只看卡通节目），我是否可以正当地对"我们亏欠全球穷人什么"这个问题给予一个"没有"的回答？如果舍夫勒诉诸客观主义的价值理论，那么尴尬之处就在于，舍夫勒为了避免理论的模糊性大概就需要具体地对各种道德形势中的 M 值有一个设想，而这个策略实际上为道德行动者施加了另一种"过分要求"，即要求行动者具有过分的道德敏感性，因为它要求行动者必须熟练地理解和掌握相对于具体情境的那些赋值。并且，如果那些赋值最终来源于客观主义基础上的价值理论，那么舍夫勒同样必须说明为什么行动者采纳那个赋值方式所对应的客观主义的价值理论就不会导致标准后果主义据说会带来的"个人分离性"问题。[1] 所以，舍夫勒的策略在处理"我们亏欠全球穷人什么"时，并不能在根本上避免"过分要求"问题。

而且，舍夫勒的策略本质上来说是试图保存标准后果主义所采纳的"最大化合理性"主张，又打算容纳进反理论的思想家和道德论者对标准后果主义所持的不满。根本上来说，他的论证仍然是在个体性道德理论（individual moral theory）的框架内开展的。[2] 换句话说，对舍夫勒来说，他所主张的那种"混合型"的道德理论在根本上仍然只是着眼于个体行动者所采取的行动。因此舍夫勒的策略实际上只能就"我亏欠全球穷人什么"给出一个模糊不清的回答，而根本无法回答"我们亏欠全球穷人什

---

[1] 如果一项道德理论表面上看起来允许"个人观点"在实践慎思中占据一个分量，但最终却要求行动者对某种形式的客观主义价值理论所推荐的道德善好（moral goodness）保持高度的道德敏感性，那么我认为，它在根本上仍然是"过分要求"的。

[2] "个体性后果主义"的概念出自马尔根，参见 Tim Mulgan, *The Demands of Consequentialism*, Oxford: Oxford University Press, 2001。

么"的问题。

或许有人会说，即便承认说标准后果主义和舍夫勒的混合理论在根本上是个体性的、只是针对"我"的，但是由于相对于道德理论的最终关切而言，个别行动者的道德行动最终具有一个积聚（aggregative）效应，因此仍然能够回答一个有关"我们"的问题。根据这种设想，虽然这种个体性道德理论确实只面向具体的行动者提出了道德要求，但是一旦那些行动者都履行了道德所要求的义务，那么这些履行道德要求的行动堆积起来所形成的积聚效应看起来仍然可以被视为在回答"我们亏欠全球穷人什么"的问题。

但是，这个反驳是似是而非的。即便我们退一步说，积聚效应确实能够通过回答"我亏欠全球穷人什么"的问题最终间接地对"我们亏欠全球穷人什么"的问题给出说明，然而这种积聚效应对舍夫勒的"混合理论"来说是不能出现的，而只有在标准后果主义框架内才有希望产生。让我来对此做一个详细说明。舍夫勒的"混合理论"在根本上缺乏标准后果主义所隐含的那种自我与他人的对称性。① 按照标准后果主义的主张，道德要求是面向每一个行动者提出的，这项要求如此简单，以至于并不在自我与他人之间做出区分：标准后果主义对行动者自己所提出的要求，也同样地面向所有的他人提出。换句话说，对标准后果主义来说，道德可允许性（moral permissibility）的思想在内容上相对于每一个行动者来说都是一致的，在这个意义上，道德要求施加给行动者自己的也同等地施加给每一个他人。然而，当舍夫勒诉诸"个人观点的天然独立性"时，他实际上就已经放弃了标准后果主义所预设的这种对称性，因为按照混合策略，行动者具有一个特权去赋予个人观点所推荐的行动理由以 M 倍值的放大，但是行动者生活企划的多样性和对生活意义的各种各样理解，使得这个 M 倍值的放大高度依赖语境和形势，因此不管促使他们赋出哪样一个数值的价值理论基础是客观主义的还是主观主义的，行动者 A 和行动者 B 所赋予的 M 倍值都可能是不一样的。这样，道德要求行动者 A 去做的事情，相对于行动者 B 来说，就可能不再构成一项道德义务至少不构成同样强度的道德义务。于是，我们就看到，在舍夫勒的策略下，道德对行动者 A 和行动者 B 提出的要求并不必然具有一致性，正是在这个意义上，自我与他人之间的对称性不复存在。但是，道德归根到底不能依赖于一种主观的判

---

① 关于自我与他人的对称性观点，参见 Michael Slote, *Common-Sense Morality and Consequentialism*, London: Routledge and Kegan Paul, 1985。

断来支撑它的正当性。道德要求与道德主张（moral claims）之间存在着根本区别，一个人完全可以从道德的观点上向他人提出一项主张，但是这项主张并不直接就能成为一种道德上所要求的事情。① 当然，如果一个道德共同体中存在着一种类似于"客观化"的机制来约束道德主张的正当性，那么道德主张也就获得了转化为道德要求的可能性。但是，如果没有类似机制的约束，道德面向不同行动者所提出的要求具有不一致性，并且这种不一致性在根本上是据说由于行动者的"个人观点"的"天然独立性"，那么它实际上就蜕化为一种类似于高度依赖于主观判断的东西，因而不仅格外地随意，而且也完全有可能被忽略。所以，要想通过行动的"积聚"来合理地解释道德责任在"我"与"我们"之间的过渡，自我与他人的对称性是一个必须预设的前提。因为，比方说，如果菲力是一个道德品质极其高贵的人，在他的实践慎思结构中，个人观点所推荐的行动理由与不偏不倚的观点所推荐的行动理由高度重叠，因此对他来说，道德允许他也要求他同样地回答"我亏欠全球穷人什么"这样一个问题：我亏欠全球穷人如此之多，以至于我必须捐出尽可能多的财产，直到再继续多捐一点我就会对自己造成严重牺牲。然而，在"混合理论"的框架下，菲力对"我亏欠全球穷人什么"采取的这个回答，除非被补充进"每一个其他行动者在道德品质和动机上都一致于菲力自己"这样一个决定性的条件，否则丝毫不可能"积聚"成为对"我们亏欠全球穷人什么"的回答，而那个决定性的条件，恰好是一个预设了自我与他人的对称性的道德理论所隐含要求的。

第三节　公平分配责任

我们已经看到，个体性的后果主义道德理论面向每一个行动者提出了道德要求，但是这些道德要求就好比是一个"理想的道德世界向我提出的律令"。面对这样一个律令，个体性后果主义只为行动者在逻辑上预留了一个接受或者不接受它的空间，而且如果行动者不接受那个律令，那么他实际上就违背了道德的要求，从而做了一件道德上错的事情。但是，在我们真实身处的世界之中，当我们考虑"我们亏欠全球穷人什么"这样一个问题时，如果我们采纳了个体性后果主义的"最大化合理性"的要求，那

---

① 道德主张在什么样的意义上具有道德要求的涵义，或者道德主张依靠什么样的机制而成为一种道德要求，是一个格外复杂的问题，出于篇幅的考虑，在这里我无法做出更为精致的说明，这个任务有待稍后完成。

就意味着我们需要在缓解全球贫困方面始终要个体性地去采取个别最优化行动。不过，由于我们所身处的这个真实世界中，许多富人和富有优势的国家实际上很少按照这样一个要求来行动，甚至令人羞愧地长期对全球贫困保持冷漠，因此真实世界中的"反对全球贫困"的负担就不合理地落到了那些恰恰愿意承担后果主义道德要求的行动者身上。并且，尴尬之处看起来恰恰就在于，如果你是一个愿意承担这份道德责任的"体面的道德行动者"，那么道德要求你承担的负担实际上是那些不愿意承担这份责任的人所遗留下来的。按照个体性后果主义的逻辑，如果你疏于承担本该由不愿意承担这份责任的人担负的那些责任，那么从后果主义的观点看，你就做了一件道德上值得责备的事情。对这样一个观点，我们立即就会感到它是不公平的。这样，我们看到，一个可信的后果主义道德理论需要去考虑责任分配的公平性问题。

有人可能会反驳说，既然标准后果主义的道德可允许性思想在自我与他人之间预设了一个对称性，那么它实际上不也就在自我与他人的责任分担问题上预设了一个公平的要求吗？然而，我们在这里要对理想世界中的道德要求和真实世界中的道德要求做出严格区分。标准后果主义确实可以合理地要求在自我与他人责任分担问题上预设一个公平的要求，但标准后果主义的这个预设实际上是站在一个理想世界中提出的，在那样一个理想世界中，每一个道德行动者可以被视为完全地服从了标准后果主义所推荐的道德理由和它所指派的道德责任。而一旦进入真实世界中，标准后果主义在理想世界中所预设的那样一个"完全服从"就不复存在了，同时由于标准后果主义的个体性特征，它本身也根本无法要求行动者在真实世界中服从道德要求时对他人是否服从的问题给予一个关注。所以，"不公平"问题对标准后果主义来说，是它进入真实世界后必然面临、无法消解的。当然，如果采取更强的说法，我们实际上也可以说，标准后果主义归根到底是不关注真实世界中的不完全服从问题的，一旦它在根本上采纳了一种个体性的立场，它也就同时主动放弃了在"关切他人行动"的道德必要性问题上为自己提出可信说明的机会。

可能有人立即会问，舍夫勒的混合理论能不能处理得了这个"不公平"问题呢？因为，舍夫勒的混合理论既然也是一种个体性道德理论，并且总体上是一种修正形式的后果主义策略，那么如果舍夫勒能够回应这个批评，他就不仅处理了"不公平"问题本身，也从根本上挽救了个体性后果主义理论据说注定要导致这个结局的命运。

为了回答这个问题，我们就需要进一步澄清"不公平"问题的本质：

一旦后果主义预设了自我与他人的对称性并且对不偏不倚性有一个承诺①，那么不管是在理想世界还是在真实世界中，后果主义都对每一个行动者提出了同等的道德要求，但是这种同等的道德要求在理想世界和真实世界中给行动者带来的负担是不一样的。在理想世界中，由于每一个行动者都完全服从那些道德要求，因此这些道德要求施加给每一个行动者的负担是一样的，在这个意义上，道德要求施加给了每一个行动者"公平"份额的负担。但是，在真实世界中，由于并不是每一个行动者都完全服从那些道德要求，然而后果主义在理想世界中鉴定出来的那些道德要求，一旦进入真实世界之中，又仍然要求行动者促进后果事态的"最大化"或者说"最优化"。于是，在真实世界中，恰好是那些更愿意服从道德要求的行动者需要去承担额外的负担，正是在这个意义上，道德要求施加给了那些更愿意服从的行动者以"不公平"的负担。

舍夫勒的策略在根本上并没有考虑理想世界与非理想世界的区分。对舍夫勒来说，他只是要在标准后果主义的结构中嵌入一个"个人观点的天然独立性"，以便使得个人观点所推荐的行动理由在实践理由的慎思中拥有一个恰当的分量。舍夫勒之所以这么做，实际上是因为他注意到在自我利益的理由与道德的理由之间存在着一个内在的紧张。他在试图给予自我利益的理由或者说个人观点所推荐的行动理由以一个受到"解放"的地位时（在这个意义上，舍夫勒称自己的工作为"解放策略"），也不打算从根本上破坏标准后果主义所承诺的不偏不倚性。因此，舍夫勒实际上就继承了困扰西季威克的所谓"实践理由的二元性"问题。② 如何处理自我利益与道德的紧张，如何说明自我利益的道德资格，对舍夫勒来说是始于他的策略的起点的问题，它们在舍夫勒的整个策略中既占据着一个辩护的地位，也占据着一个解释的地位。同时，就像我们前面所说的，舍夫勒的策略具有语境上或者说道德形势上的高度敏感性，因此他的理论很难像标准后果主义那样鉴定出一个一般而论的，同时又面向每一个行动者的行动正

---

① 预设自我与他人的对称性与承诺不偏不倚性是两个不同的事情。自我与他人的对称性问题是相对于道德可允许性思想而言的，不偏不倚性是相对于形成道德理由所占据的观点而言的。因此，许多道义论者当然可以允诺一个不偏不倚性的要求，但是由于道义论的观点在相对于自我而言的可允许行动和相对于他人而言的可允许行动之间持一个不对称的观点，因此它不预设那个不对称性。

② 西季威克所说的"实践理由的二元性"是指，就实践慎思中构想一个可能行动来说，我们既可以有占据自我利益的观点所形成的实践理由，又可以有占据不偏不倚的观点所形成的实践理由，这两种理由之间既有可能是冲突的，然而我们却又没有根本性的或者说决定性的理由指出哪种实践理由应当具有压倒性的地位。参见 Henry Sidgwick, *The Methods of Ethics*, "Preface", p. xii.

确性标准，因为如果非要这么做的话，那么舍夫勒就得首先预设一个非常强的意义上的客观主义价值理论。当然，如果舍夫勒确实打算诉诸这条路线来避免他的混合策略可能具有的随意性，那么他大概就需要诉诸理想世界和真实世界的区分。不过，在讨论标准后果主义时诉诸这个区分是为了鉴定出一般而论的道德要求，而舍夫勒如果诉诸这个区分，最直接的办法是要鉴别出一个客观主义的价值清单，然后在这个清单的基础上解决他的"混合策略"的模糊性问题。可是这样一来，舍夫勒的混合策略又面临了我们已经讨论过的"过分要求"问题。① 所以，为了排除"过分要求"问题，舍夫勒就必须放弃这条论证路线，也正是在这个意义上，舍夫勒的理论就排斥了在理想世界中鉴定道德要求的做法。但是，这个问题对标准后果主义来说是不存在的，因为标准后果主义在理论上排除了个人观点所推荐的行动理由在道德上的分量。因此，就算舍夫勒可以在他的策略中勉强地降低"过分要求"的程度（我们已经在前面一节指出了这是不成功的），然而标准后果主义在理论起点上就必须加以处理的道德责任分配的公平问题，对舍夫勒来说完全不存在。

就像我已经指出的那样，"不公平"问题实际上是真实世界的道德行动者不完全服从理想世界中所鉴定出来的道德要求的问题。标准后果主义告诉我们，我们亏欠全球穷人一个道德责任，但是这并不意味着这种道德责任是没有限度的，否则后果主义在它看起来最有吸引力的地方恰好丢掉了其理论上的可信性和实践上的可能性。然而，个体性后果主义归根到底是"行动聚焦"（action-focused）的，它对个别行动者的关注最终依赖于它对那个行动者的特定行动的关注。② 不管如何修正，只要个体性后果主义不摆脱掉它的这个"行动聚焦"的根本特点，它在回应"不公平"问题时就是无能为力的，因为它始终无法在以行动为中心的道德评价视角中强加上一个公平分配责任的要素。

---

① 在上一节中我已经对此做出说明。
② 说个体性后果主义是行动聚焦的，既是说它是聚焦于个体行动者的行动的，也是说它是聚焦于行动者的个别行动的。从这个意义上来说，我所讨论的个体性后果主义本质上也是一种行为后果主义。不过，为了避免谈论行为后果主义时必须在作为行动正确性标准的行为后果主义与作为决策程序的行为后果主义做出区分所带来的复杂性，我在这里不使用"行为后果主义"的术语。

第四节　朝向一种集体性公平原则

我们已经看到，在回答"我们亏欠全球穷人什么"这个问题时，要想保存后果主义说得正确的方面，就得恰当地回应"过分要求"和"不公平地分配责任"的指责。在这一节中，我将论证指出，"过分要求"的批评在根本上是误导性的，而"不公平"指责则正确地将辩护后果主义引向了一种集体性道德理论的方向。

后果主义的道德理论遭遇了来自"破坏个人完整性"方向的异议，正是为了避免这个方面的异议，舍夫勒才诉诸所谓的"混合理论"策略，企图将"个人观点推荐的理由"与后果主义的"最大化合理性"要求调和到一起。但是，如我已经指出的，舍夫勒采取这种策略并不成功，而且，更为严重的是，在我看来，当舍夫勒试图正面地去提出调和方案时，他实际上就已经落入了"过分要求"指责所预设的某种理论前提和方法论当中。让我进一步澄清我的这个观点。来自"个人完整性"异议的"过分要求"指责在根本上承诺了一种实践理由的二元论，这个观点认为，相对于一个特定行动者而言，实践理由中存在两个互竞且不可通约的成分：不偏不倚的观点所推荐的理由和个人观点所推荐的理由。因此对一个行动者来说，行动的合理性有两个不可通约的成分：不偏不倚的合理性和自我利益的合理性。由于标准后果主义的一个根本特征是从事态出发，通过对事态所可能实现的价值加以排序，要求行动者采取一个行动来促进那个事态的最大可能价值的实现，并以此判断行动的正确性，因此看起来它就难以兼容下个人观点推荐的理由。特别是，如果我们承认个体性后果主义具有一个"行动聚焦"的特征，那么我们就很容易发现，个体性后果主义的这个特征，归根到底来自于它所采纳的那个"事态聚焦"的视角。对事态之外的东西，标准后果主义并不必然打算赋予它们以一个恰当的关注。而且，后果主义所说的"事态"，并不必然地兼容包括行动者的能动性在内的各种各样的其他因素。这样，批评者通过这个论证路线就向我们表明，标准后果主义或者一般来说的那种个体性后果主义策略，在根本上依赖于一个独立于行动者的真实生活意义的道德标准，因而诉诸一种由外向内的"立法"模式的实践理由结构。因此，那些批评者所持的"过分要求"指责如果成立的话，在根本上来说，后果主义就很难捍卫它的最原始的"事态聚焦"的承诺，后果主义所承诺的在我看来也是其吸引力所在的那个具有客观主义地位的道德标准才真正成了"无源之见"；也正因此，如果不加反思地去试图缓和"过分要求"指责,那么后果主义的辩护者就会落入反对者所设下的理论圈套。

实际上,那种硬要在不偏不倚的合理性与自我利益的合理性之间划出一个截然的界限的做法,是有一个方法论根源的。① 按照被伍德(Allen Wood)称为"西季威克式科学方法论"的思路,道德原则是从一些基础性原则中演绎出来的,当这些被演绎出来的原则遭遇到"日常反思"和"直觉"的挑战时,理论家们的"科学工作"就是通过调和道德原则与"日常道德直觉"之间的张力来完善道德理论的基本内容。我们很容易就发现,舍夫勒显然是采纳了这个方法论策略。但是,这个方法论策略在根本上预设了一个重要的观点,即那些从基础性原则中演绎出来的道德原则本质上必然地会与"日常道德直觉"发生某个方面的冲突。所以,如果沿着这条方法论路线走下去,道德理论家们的工作就好比是非要在灰白色的泥浆中把黑色和白色区分开来,再重新调和到一起形成一种"更恰当"的灰白色一样,这种工作即便不是徒劳无益的,至少也不是道德哲学根本上试图致力于的事业。

与这个方法论不同的是,我们毋宁对道德和人类生活的关系采取一种更加完整的理解。按照这种新的理解,道德理论的方法论就在于,我们首先通过反思将日常道德直觉鉴定为"好"的东西识别出来,然后,我们将那些多元主义式的"好"理论化为道德规则。按照这种"反思平衡"式的策略,道德规则并不必然地与人类生活的日常直觉发生冲突。

就像这个世界的任何一个角落的人或许通过最简单的反思都能发觉的那样,在人类技术如此进步的今天,仍然有如此众多的人面临饥荒、战争和恐怖主义的威胁,这无论如何都是应该被加以避免的事情。正是这些事态的错性或者说邪恶性,使得"采取行动来避免它们"成为一种具有道德重要性的事情。比起其他竞争的道德理论来说,后果主义直接地表明,面对这样一个世界状态,"采取行动来避免它们"不仅是一件道德上相关的事情,而且还是一项直接的道德要求,这是后果主义策略面对这个问题时的最大吸引力所在。那么,既然后果主义具有这个吸引力,只要我们放弃那种"西季威克式科学方法论"的思考路径,跳出不偏不倚的合理性与自我利益的合理性的对峙,转而去思考后果主义在这个问题上究竟说出了什么更为要害的思想,我们就有希望在面对"过分要求"异议时,通过指出

---

① 最近,伍德在批评帕菲特去世前的一项工作时,也讨论了这个问题。不过,我的批评独立于伍德的工作。伍德的观点,参见 Allen Wood, "Humanity as End in Itself", in Derek Parfit, *On What Matters*, Vol. 2, Oxford: Oxford University Press, 2011, pp. 59–65。

这个异议是误导性的，来最终捍卫后果主义的理想。

我们看到，后果主义在坚持"个体性"策略时好像面对行动者提出了不切实际的高道德要求，而且这种道德要求好像在分配时并不公平，在前面的论证中，我都将其暂时地处理为后果主义的失策。现在，我要明确地说，正是后果主义看起来失策的这些地方，恰好构成了后果主义的理想。

就像我们已经在理想世界和非理想世界中做出区分那样，后果主义的"个体性"策略，只有在进入非理想世界时，才会出现那些看起来失策的问题。在一个人人完全服从"最优化"要求的理想世界中，道德世界面向每个人所提出的负担，恰好被降低到了极低的水平，因此"个体性"策略在那个全面服从的理想世界中，不仅不会带来高负担，而且由于人人完全服从，就道德负担相对于具体行动中的福祉的边际效用的水平来说，责任也是被公平分配的。因此，在后果主义的理想世界中，后果主义的理想没有任何问题。

但是，真实世界的部分服从或者说不全面服从的实际道德形势，使得后果主义的理想出现了根本性的问题。不过，这个时候我们就需要去问，在这样一个真实世界中，到底是后果主义的理想出了问题，还是真实世界的人类道德状况出了问题？道德生活当然不是人类生活的全部，但是人类道德确实是人类特殊性的一个重要方面。面对一个不完全服从的道德世界，我们当然可以放弃后果主义的理想，以适应人类道德的现实状况。但是，人类在道德生活上始终致力于实现的那种卓越和人性完善的目标，立即使我们对这一可能的思路感到惭愧。因此，我们就需要在坚持后果主义的理想的同时，去面对后果主义的现实。

就像墨菲所设想的，在这样一个真实世界中，后果主义的吸引力再大，它也不能将那些不服从的人所遗留下来的道德负担强加给（也许是在心理上）那些恰好是愿意服从而且是愿意完全服从的体面的道德行动者。[1] 在面对后果主义的现实时，"个体性"策略就不能彻底奏效；相反，为了使得道德不仅只是作为一种具有感召力的理想，而且也为了人类道德

---

[1] 墨菲对这个问题有一个精致的讨论。在他看来，个体性后果主义实际上可以采取一个预备性的步骤鉴定出道德责任的总量，然后将它公平分配。这个步骤是这样的：假设我们所生活的世界是一个理想世界，也就是说，在这个世界中，每一个人都完全服从正义原则的要求；于是，由于每一个人都在最大化地实现道德的要求，道德要求施加给每一个人的负担就是公平的。在这一理想世界中鉴定出来的那份负担，就是每一个人在真实世界中所要承担的道德负担，也就是"所有的'行动者中立'的道德理论要求行动者公平地予以采纳它的服从条件"。墨菲也将这个原则称为"集体性的行善原则"，参见 Liam Murphy, *Moral Demands in Nonideal Theory*。

共同体本身的稳定和持久，道德需要具有制裁性（sanction）的特点。① 因此，后果主义在真实世界中就必须去诉诸"集体性"策略，通过合理地考虑如何分配道德负担，切实将每个行动者所需要担负的责任的下限标示清楚，对那些疏于承担这个下限的行动者，道德要向他们发出警示直至制裁。②

不过，后果主义在真实世界中诉诸"集体性"策略，就意味着它同时也需要放弃采取"个体性"策略时所隐含的某种"世界主义"理想。也就是说，它必须充分地在作为道德负担承担者的个别的行动者与作为道德负担承担者的制度或者各种各样的制度性安排之间做出区分，责任不仅需要在每一个个别行动者之间划分，也需要在行动者和他们所生活于其中的制度之间划分。相比较"过分要求"的指责而言，这一点才应当是后果主义的道德要求所引发的真问题所在。也正是在这个意义上，富裕国家和新兴经济体国家无条件援助第三世界欠发达国家，努力在全球范围实现人类命运共同体的普遍繁荣，才不仅仅是一个仁慈之举，甚至也是一个义务问题，而且也是一个正义问题。③

---

① 这也就是道德正确性的标准为什么不同于道德义务的原因所在。我们在认定一个行动在道德上不正确时，并不必然需要对那个行动者加以制裁，但是如果一个行动疏于达到道德义务的要求时，那么道德确实就有一个制裁那个行动者的要求。对这个观点的论证，可见 Richard Arneson, "Moral Limits on the Demands of Beneficence?" in Deen Chatterjee (ed.), *The Ethics of Assistance: Morality and the Distant Needy*, Cambridge: Cambridge University Press, 2004。

② 我认为，这个思路兼容于某种共和主义的政治承诺。佩蒂特在讨论他所设想的共和主义式国家时，确实采纳了一种"集体性后果主义策略"的思路，参见 Philip Pettit, *Republicanism: A Theory of Freedom and Government*, chap. 5–8。

③ 在学术界最早指出援助全球正义不只是一种"慈善"而是一个正义问题的是巴里，参见 Brian Barry, "Humanity and Justice in Global Perspective", in J. Roland Pennock and John W. Chapman (eds.), *Nomos*, Vol. 24, 1982。

附录：价值、理由与后果
——与彼得·雷尔顿教授的对谈

对一门学科来说，学术研究的演化史很像地质的演化史。就像一个人在他所生活的年代有幸通过地质遗迹来回望过去一切时代的气候、地理和自然环境那样，当一名初入行的年轻学者站在学术历史的一个具体时空点上，试图进入这门学科开展学术研究时，他所面对的，是已经层累得浩如烟海的错综复杂的文献。这些文献里，不仅有引发过"问题意识转向"的里程碑式作品，而且也有每天都在不断生成的新增文献，讨论各种各样的枝节问题。

20世纪盎格鲁-撒克逊学术世界的道德哲学研究，从世纪初元伦理学一支独大，到世纪末知识版图条块分割局面形成，经历了许多次"问题意识转向"。经过时间的"层累"，今天，盎格鲁-撒克逊道德哲学形成了元伦理学、规范伦理学、道德心理学、社会-政治哲学、应用伦理学五大知识板块。学者中天资不佳者，沉湎于一个板块甚至一个板块中的某个具体问题，皓首穷经，变换技巧，生产一些只有枝节性价值的论著。而学术大师，则通晓各个板块，洞悉知识版图全貌，汇通融合之间，又独辟一条蹊径，朝一个或一组方向发力，形成里程碑式论著。弗兰克纳（William Frankena）、罗尔斯、诺奇克、威廉斯乃至新近故去的帕菲特，皆是此中人。

展示一个在世学者如何全局驾驭整个知识版图，又如何在融会贯通之间独辟蹊径，显然非常有助于汉语学者了解盎格鲁-撒克逊道德哲学的全貌，了解其各个知识板块之间的内在关联。为此，本书收录了此前我与当代著名伦理学家雷尔顿教授的一场对谈。

雷尔顿是美国密歇根大学（安娜堡校区）格雷戈里·S.卡夫卡杰出大学教授（Gregory S. Kavka Distinguished University Professor）、美国文艺和科学学院院士，是世界顶尖伦理学家。2010—2011年任美国哲学学会中部分会主席。他早年在普林斯顿大学攻读博士学位，从事科学哲学研究。获得博士学位后即在密歇根大学工作，在老一辈道德哲学家弗兰克纳的帮助下，完成从科学哲学研究到伦理学研究的转型。雷尔顿教授在道德哲学方面的工作，领域覆盖各个知识板块。自20世纪80年代初开始，他在每一个工作过的领域中都留有里程碑式的论文,甚至在马克思主义道德哲学领域也是如此。他是元伦理学领域"机制论道德实在论"的提出者,是规范伦理学领域"后果主义理论"的主要代表,是道德心理学领域"休谟主义实践理由理论"的扛旗人物;同时,他在社会-政治哲学和应用伦理学领域也有重要论述。近年来,在一种休谟式自然主义精神的鼓舞下,雷尔顿教授的研究逐渐深入自然科学,试图将道德合理性的本质、道德能动性的构成、道德判断的心理机制等传统道德哲学问题,与认知科学等自然科学研究相结合。

2012年夏天,在做了近两年的文献阅读和消化准备之后,我同雷尔顿教授如约开展了这次对谈。这份对谈的结构和话题是精心设计的,并预示了随后几年中我对本书许多学理问题的设想。在某种程度上,这份对谈本身反映了我在博士学习阶段的学术水准。为了使读者了解雷尔顿教授对于我的影响,纪念我在密歇根大学的求学生活,我将它作为附录。在这次对谈中,雷尔顿教授和我就当代盎格鲁-撒克逊道德哲学的知识形态、板块分布、核心议题等问题做了深入的交流。汉语读者从这次对谈中,将能够一窥当代盎格鲁-撒克逊道德哲学各板块之间的系统关系和逻辑构造。此外,这次对谈也对当代盎格鲁-撒克逊道德哲学的方法论做了初步反思。

一、元伦理学与道德实在论

张曦:比起规范伦理学来说,许多学生和学者可能不太熟悉元伦理学这个领域的主题。他们也许并不真正清楚研究元伦理学究竟有什么样的重要性,或者不太了解讨论诸如"道德实在论""规范实在性"这些概念时的背景语境和精确涵义。你在元伦理学领域做了大量工作,特别是你在道德实在论方面撰写了许多里程碑式的论文。所以,我的第一个问题是:研究元伦理学具有什么样的重要性?这方面的研究是如何为我们的规范探寻(normative inquiry)做出贡献的?

雷尔顿:在某种意义上,元伦理学可以被视为我们在探讨规范伦理学问题过程中所自然而然产生的一个学科。假设现在你面对两个在具体规范问题上产生了歧见的人,比方说他们可能对死刑是否是可辩护的,或者对平和主义(pacifism)是不是道德的一项要求具有不同的看法。他们彼此的观点可能建立在针锋相对的论证的基础上,但是他们也完全有可能在论证的某一点上去问这样一个问题:在我们彼此所采取的这些论证中,为什么其中一部分而不是另一部分能够获得辩护地成为决定我们如何开展行动的基础？

现在要注意，这个问题不同于任何特定的规范理论。作为规范理论，社会契约理论可能会说，如果一个行动是符合我们彼此相互同意的社会契约的要求的，那么它就是正确的。功利主义理论可能会说，如果一个行动能够带来最好的后果，那么它就是正确的。但是，无论哪种规范理论，都没有问这样一个问题，即到底是出于什么样的原因，我们才认为一项契约或者一项效用是我们开展道德判断的恰当基础。这个问题并不是规范伦理学层面的问题，而是属于元伦理学层面。

同样，这两个人也可能问：对那些在看法上存在分歧的问题来说，它们是不是从一开始就注定有一个客观的答案呢？或者，我们其实只是不得不在这个问题上简单地表示同意或者不同意？有没有可能说，我们今天所采纳的那些道德观点，比两百年前的人们所采纳的那些道德观点，要更加具有可辩护性，想得更透彻了呢？如果我们确实认为如此，那么到底今天的道德观点是如何获得辩护的？对这些问题，你就需要站在一个不同的探寻层面上，来针对道德现象本身、针对道德术语的涵义、道德真理（如果有这种东西的话）的客观本质以及道德评价和其他类型的评价之间的关系等等问题做出探讨。

比如说，有时候道德要求所指向的行动，看起来与友谊或者忠诚的要求所指向的行动是相反的。那么，当我们探寻"道德要求与其他要求之间的关系究竟是什么样的"这样一个问题时，究竟是在探寻什么呢？诸如此类的问题，我认为是道德推理和道德讨论过程中自然而然的产物。我的学生们几乎总是问他们自己：上帝对道德来说是不是必要的？我究竟如何才能确立起一项道德结论？道德结论会不会不仅仅是主观的？他们显然是在某种意义上去问这些问题。元伦理学就是在尝试着对这些类型的问题加以系统探寻。在这个意义上，我认为，我们确实关切我们所采取的行动是不是能够获得辩护的这一问题，而元伦理学，则是对这个话题的一个自然而然的拓展。

张曦：那么，价值理论呢？它是元伦理学的一个部分，还是具有它自己的独立的重要性？

雷尔顿：价值理论？

张曦：是的，价值论。

雷尔顿：从历史上来看，价值理论实际上是先于元伦理学而出现的。比方说，在19世纪后期以及20世纪早期，欧洲、美国和其他一些地方的哲学家曾经以一种非常具有总体性的方式去思考有关价值的现象。他们不仅仅考察道德价值，而且也考察美学价值、知识价值等。所以，人们曾经在价值的本质这一问题上开展过非常总体性的探寻。曾经人们甚至一度认为，对道德本质的探寻应当在这种探寻所提供的框架内开展。你提到了"价值论"这个术语，价值论就是价值理论。

在 20 世纪相当早的时候，像英国哲学家摩尔这样的人认为，要探讨道德的本质就必须从基本问题"什么是善好"开始，这是一个价值理论的问题。他同时代的欧洲哲学家也开始探讨同样的问题。他们所探讨问题的方式，实际上是古代哲学家探讨问题的某种方式的继续。这些古代哲学家所要问的问题，包括"什么是内在善好""是什么造就了美好生活"。

然而，就像 20 世纪伦理学的发展以及价值理论的发展所表明的，道德判断中涉及许多内容，而不仅仅只有价值判断。有一些判断是关于义务、可允许性、职责或要求的，这些判断被称为"义务式判断"，是有关义务的。它们并不明显地跟关于价值的判断联系在一起。一些被称为后果主义者的人也许认为，他们可以通过行动或者品格特征所导致的好的后果，来解释这种义务式判断的根源。但是，许多人拒绝这种理解，并且通常来说，大家都承认义务式判断和价值判断在概念上是分立的。因此，到罗斯（William David Ross）爵士发表他的著作《正当与善》（*The Right and the Good*）时——他的那部著作不仅仅是一部关于善好的作品，也是一部关于善好和正当的作品——他就已经认为，道德哲学中存在着这两个基本上彼此分立的问题。

在 20 世纪伦理学的发展中，分析风格的道德哲学的真正关注点，实际上是聚焦在正确性（rightness）方面的。其后果是，价值理论变得越来越少有人问津，或者根本就没人讨论了。我想，大概只是近年来，价值理论才开始复苏。根本上来说，这是因为人们开始对比方说道德价值和美学价值之间的关系这样一些经典问题重新产生了兴趣。在这样一个背景下，可以说，价值理论是元伦理学探寻的一个分支，而不是它的全部主题。

张曦：我想分享一个故事。在密歇根第一个学期，我选了你的元伦理学课。之后有一天，我的一个朋友问我在学什么。那时候我们在课上实际上恰好讨论到道德实在论，所以我如实告诉了他。他回答说："元伦理学？规范实在性？你真的相信有这种东西？"也许这是许多人在听说"元伦理学""规范实在性"这些概念时的反应。我接下来的问题就要涉及你的元伦理学上的道德实在论立场。请问，当你坚持道德实在论观点时，你究竟是在坚持什么？你的道德实在论观点的雄心究竟是什么？如何成为一个你那种意义上的道德实在论者？

雷尔顿：非常有趣。当我在 20 世纪 80 年代撰写我的第一篇关于道德实在论的论文时，我想，"道德实在论"这个术语并没有受到广泛的使用。那个时候，可能绝大多数的道德哲学家认为，道德实在论是一种极端的立场。但是，现在也许我要说，绝大多数哲学家试图把他们自己在某种意义上刻画成道德实在论者。但是，他们并不完全同意我的观点，因此这个术语本身显然并不能捕捉到它实际上所要捕捉的意义。

那么，当我们谈论道德实在论时，我们大家到底在谈论什么呢？我想我应当说，这里有几个关键的维度需要把握。第一个维度，是关于我们的道德陈述（moral statements）能否为错或者能否为真的问题。如果这是可以的话，那么在什么样的意义上可以为错或者为真。第二个维度，是关于我们是否能够获得像道德知识这样的东西。如果存在道德真理，那么我们能不能接近它们。第三个维度，是关于我们的那些事实上的实践、事实上的道德实践，如何与有关道德真理和道德知识的那些问题相关联的。比方说，道德知识是不是只是在总概今日之人的流见？或者，道德知识其实在某种程度上是独立于人们的那些流见的？又会不会是这种情况：人们的流见也可以是对的，或者可以是错的？因此，道德实在论的另一个维度，我想就涉及道德作为一种批判性观点的问题，这种批判性观点，是独立于既存的社会风俗、规范和态度的。

因此，如果你将所有这些维度混合放在一起来考察，所有的道德实在论者都会同意说，我们是可以在某种意义上认为道德判断存在为真或者为假这么一回事的；我们能够获得道德知识这种东西。但是，道德知识不仅仅是主观的，并不是说无论我们的流行意见如何，它们都能够决定道德知识的具体内容。道德知识的概念在某种程度上是独立于特定的道德共同体、特定的个人，或者具体的事实上存在的那些规范而存在的。我想，在这个意义上，道德实在论并不是什么不同寻常的理论主张。我想，很多普通人实际上都是这个意义上的实在论者。他们会同意说：是的，道德陈述是可以为真或者为假的；是的，奴隶制是错的，折磨无辜者也是错的；是的，这种判断并不只是我们所生活的社会的流见，而是一种超越一时一地之见的东西，也正是在这个意义上，我们才是可错的（fallible）。

张曦：同时，在你所主张的意义上，道德实在论也具有一种解释雄心。它试图捕捉到我们在做道德哲学和道德理论化过程中所遭遇的所有事实和经验。

雷尔顿：是的，我本人的观点确实如此。就像你所说的，它的雄心是解释性的。但是现在，恰恰是在这一点上，道德实在论者发生了分歧。如果我们要用一种树形结构来刻画道德实在论立场的话，我刚才所说的，实际上可以被当作三个分支：真理、知识和规范的独立性。

第四个分支，就关系到"规范事实是不是在我们的实践中具有解释性作用"这么一个问题。你如果问我的话，那我会说，是的，它们确实有解释作用。但是现在有很多自称的道德实在论者对此分歧严重。那么，一种思考这个问题的方式可能是这样的：你可以考察一个社会，去考察人们所做出的那些判断。然后你可以问：为什么他们认为这些事情是对的或者错的？为什么不是别的事情？有没有一些关于对或者错的事实，根据这些事实他们能做出为对或者为错的回应？打个比方来说，这就好像是你观察很多社会，然后考察各种各样关于经济现象的观点。然后你问：是不是存在有关经济现象的事实，针对这些事实人们能够做出回应？或者去问：经济学是不是只是建立在一系列主观假定的基础上？所以，我认为的一个道德实在论者针对这个第四条分支所涉及的问题会说：道德事实确实能够发挥解释性的角色。

张曦：你提到，道德实在论的整个立场实际上包含了许多分支，其中有一些关系到真理和知识、歧见和客观性，以及诸如此类的问题，此外也有一个分支关系到道德事实的解释力。那么，让我们具体来谈谈关系到道德事实解释力的这个分支。看起来，为了获得一种可信的道德实在论观点，实在论者也许不得不雄心勃勃地去根据某些非道德的事实来解释道德价值。如果确实如此，那么为什么那些道德事实在一开始就可能是道德上相关的？这种道德相关性的根源在什么地方？

雷尔顿：确实如此。这是一个非常好的问题。我们相信，如果有两个情境，它们的所有非道德特征都是相似的，那么它们就具有相同的道德特征。这实际上体现了道德评价的一种特征，当然，这也类似地适用于其他方面的评价。因此，如果你考察两个行动，它们具有相同的动机、相同的后果、涉及人们之间的相同的关系，那么你不可能从中得出判断说，其中一个行动是对的而另一个行动是错的。要达到这样的判断，你必须要发现一些能够对此做出解释的特征，比方说，其中一个行动也许涉及一个坏的意图，或者另一个行动涉及一个好的后果。

所以，在辩护的问题上，道德辩护最终都是要诉诸非道德特征才能获得的。比方说，为什么折磨一个无辜者是错的？因为折磨一个人会引起痛苦，会否定掉那个人所拥有的自由，会在一个社会中鼓励暴力，因此不能产生出好的社会后果。我们考察所有这些特征，就能解释说，为什么折磨一个无辜者是错的。因此，我愿意说，对道德和道德探讨

（moral discourse）来说，一个总的特征就是，决定一个事情为对为错的依据是那些非道德的特征。比方说，是像幸福或疼痛这样的非道德特征，决定了一种生活究竟是好的还是坏的。这是一个有关道德的总体性事实。

一旦你接受这个事实，那么你所提到的那个相关性概念——也就是说非道德事实是如何与道德事实相关的——就成为一个问题。这种相关性，究竟是解释上的相关性，还是辩护上的相关性？我的观点是，这既是一种解释上的相关性，也是一种辩护上的相关性。比方说，我认为，人们之所以认为撒谎是错误的，其理由在于，除非人们能够彼此在某种程度上信任他人，除非人们能够总体上诚实地对待他人，那么所有对人类福祉来说至关重要的那些社会关系就会变得不可能。无论这种关系到底涉及的是家庭关系、友谊关系还是任何在社会中共同生活的关系，我们都必须彼此信任、互相真诚，而撒谎削弱这种信任和诚实。因此，在这个故事中，我一方面已经指出了道德是怎样辩护了"撒谎是错误的"这个观点。另一方面，我也指出了，人们之所以相信撒谎是错的，其理由并非因为大家是这么被教育出来的或者书上是这么说的，而是人们通过发现说实话的重要性、通过理解一个说实话的社会的特征，就能够解释为什么说谎是错的。在这个意义上，非道德特征的这种道德相关性，既是辩护性的，也是解释性的。

张曦：让我们通过考察一个例子来进一步说明：吃动物。假设有两个行动者，他们在同等意义上清楚地知道所有关于疼痛、生命、食物、营养和其他必要的事实，但是结果其中一个行动者是一个素食主义者而另一个行动者则是一个非素食主义者。现在，那个素食主义者试图说，吃动物不是一个什么习惯的问题，而是一个道德上的错误。从这个例子中，我们可不可以看出来吃不吃动物是一件道德上相关的事情呢？我的意思是说，如果我们没有在先地拥有一个有关对错的观念，我们又是如何从有关被吃的动物的那些非道德事实中判断出吃动物是错的呢？

雷尔顿：很好，这是一个非常好的例子。我想说，这里涉及两个层面的问题。如果你倾听人们在是不是可以吃动物这个问题上的辩论，你可以发现，不论是那些认为吃动物是可以接受的人，还是那些观点与之相反的人，他们大部分都同意说，某些特征对决断这个问题来说是相关的。比方说，如果动物遭受疼痛，双方都会同意说，疼痛这个特征是相关的。再比方说，如果人们的存活需要某种营养，那么双方都会同意说，营养这个特征是相关的。如果养殖一个动物之后能够无痛苦地杀掉它，那么双方都会同意说，这个特征是相关的。

所以我认为，一个素食主义者可能说：我们在社会中获取肉类的方式对动物造成了巨大的苦难。非素食主义者可能说：是的，你是对的，我们所采取的某些行动确实引起了苦难。但是另一方面，阻止这种苦难的唯一方式，就是创造一个普通人无法获得蛋白质的制度。比方说，在中国，因为人口和土地面积的原因，人们能够负担得起的摄取蛋白质的方式，可能就是在圈养的环境下养殖动物。那么，辩论的一方可能说，这种养殖方式对日常饮食和经济运行来说都有很大的好处，另一方可能说，这种方式造成了动物经受很大的痛苦。没有哪一方说，这些考虑是完全不相干的。所以，在这个意义上说，他们分享了道德相关性的观念。

当我们考察某种情境并且试图做出决断的时候，我们实际上是要采取某种观点来考察和评价这个情境，道德观点就是这种观点之一。就这个观点不是我们自己的观点、不是我们的个人观点这个意义来说，我愿意说，这个观点是在先的。当我宣称我不喜欢某种东西时，我可以仅仅从我个人的观点来谈论问题。但是，当我宣称说某件事情在道德上是错误的时，我必须采取一个不同于我的个人观点的观点，这种观点必须是响应于某些特定的考虑的。

所以，"在先"的东西是这样一个思想：典型的道德探讨，不同于纯粹的经济的、政治的或者美学的探讨，因为它涉及道德观点的一些典型特征。这些特征包括：不偏不倚性；一般性，也就是说道德原则必须是一般的；普遍性，也就是说道德原则并不是社会相对的；随附性（supervenience），也就是说你必须对同样的情境做出同样的判断；福祉相关性，也就是说无论一件事是有助于还是有害于人类福祉，它的这个特征都要在道德考虑中具有相关性；绝对性或者非假言性，也就是说道德要求不是针对这一方或者某一个欲望或目的而提出的，它必须是非假言的。所有这些特征，都是道德观点的特征。如果你和我具有某种道德歧见，我们就要试着将一些特征或者性质（properties）逐一加以考察，看看它们是不是属于道德观点的范畴，只有这样，我们所形成的差异才是道德歧见。否则的话，如果你谈论的是道德观点范畴内的事，而我谈论的是美学观点范畴内的事，那我们就没有道德意义上的歧见，而是别的什么歧见。道德观点的概念，作为一种特殊的评价立场，在这个意义上，具有在先性。

张曦：作为一个自然主义哲学家，你如何刻画规范探寻活动的本质特征？或者换句话说，你如何解释这一现象，即规范探寻在根本上是涉及价值的？价值源于何处？它是像当代康德主义者所设想的那样，是被我们人类存在者"赠予"的呢，还是由别的什么机制所造成的？价值和价值评估的本质究竟是怎么样的？

雷尔顿：很好。回到你的那个吃动物的例子。认为价值不仅仅是某种由我们（或者理性存在者）"赠予"这个世界的东西，一个理由就在于，我们相信动物的生命具有价值，或者它们所遭受的痛苦具有负价值，并不是因为这种价值或者负价值是那些创造物自己决定的，或者它们自我设定了某种趋利避害的企划。痛苦是有负价值的，是因为它导致了动物处境的悲惨，它难以经受，它引起巨大苦难，它排除了很多其他体验。所以，你可以说，痛苦的内在品格本身实际上解释了为什么它是一种负价值。这些内在品格，都是自然特征。这些自然特征既适用于动物也适用于人类，甚至它们在适用性上是同等的。

我想，许多哲学家会同意这一点。价值总是存在于能够在情感上受到影响的存在者之中的，这种存在者能够被痛苦、快乐，或者再复杂一点，像友谊、悲伤、成就感这样的东西所打动。但是，对那些能够产生出兴趣和关切的存在者来说，这种兴趣和关切本身也是价值评估的根基。我想，就一个自然主义式说明而言，无论你是看到一种恰当类型的逃避或震惊感，或者试图摆脱饥饿，或者一个人类婴儿试图从他的妈妈那里获得抚慰，或者一个成年人试图找到一份职业，在所有这些情况中，你都能找到一个相似的有关目标的结构，这个目标对这个人来说是内在的，这个目标是不是能够得到满足，对这个人的存在质量来说，是会产生影响的。这是价值评价活动的一个总的过程。

二、道德理由与规范性的本质

张曦：自然主义式说明是否可信的一个关键，是要去说明规范性和实践理性的本质。我接下来会问几个这方面相关的问题。首先，我想问，根据你的看法，到底有没有实践理由这回事？或者，如果有，那么实践理性的内容究竟是什么？

雷尔顿：实践理性通常是针对理论理性而言的。在理论理性中，我们试图去形成某种信念，去决断到底要相信什么。对实践理性而言，我们试图解决开展什么样的行动这样的问题。

现在，我们来看亚里士多德关于实践理性的看法。就实践理性来说，亚里士多德认为，我们总是开始于某种目标的，就像刚才我针对价值所说的那样。实践推理要做的事情——我是说典型的实践理由——是要决断设定什么样的目标、实现这个目标的手段或者必要条件。对亚里士多德来说，实践论证的结论，并不是一个什么古怪的判断之类的东西，而是一个行动的开展。因为，在这个意义上，要想理解实践推理，我们就必须去理解这么一个问题：我如何在一个目标的引导下开展推理，如何慎思原因和后果、手段和其他表达那个目标的方式，并且进一步地从这个目标出发，被激发地开展一个我认为对实现那个目标来说是必要的那种行动。这是一个典型的实践推理的结构。

我本人确实相信实践理由是存在的。这是因为，目标有一些表象内容，因此我们人类存在者能够在这种目标内容的帮助下开展慎思活动。所以，就像在理论推理中认为因为信念有内容所以行动者可以开展慎思那样，我相信欲望和其他目标状态也有内容。实践推理恰恰是从这样的表象内容出发，来达到它的结论。在有关信念的情形中，你的结论是持信或者不持信，而在有关实践的推理情形中，你的结论是形成一个行动的意向，或者撤销一个行动的意向。如果你在这个意义上来理解实践推理，那么也许当代哲学家中许多人所持有的观点就是一种误导，因为他们倾向于认为，任何以道德结论为目的的推理活动都是实践推理，或者任何以回答"我有理由去采取一个什么样的行动"这个问题为目的的推理都是实践推理。但是，使得一个推理真正成为实践推理的，并不是它能回答"我有理由去采取一个什么样的行动"这么一个问题——因为理论推理也完全可以回答这个问题，而是它以行动作为结论。这也是我的实践理性理论的特别之处。

张曦：从你提到的实践推理的结构来看，听起来像是说实践理性的结构只是涉及工具理性的运用。

雷尔顿：并不是这样的。实践推理并不总是工具性的，因为完全可能出现这样的情况，即我有一个目标，我慎思了这个目标的满足所必要的各种条件，但是当我考察满足这个目标的要求时，我开始质疑这个目标。在这个意义上，我可以在实践推理中改变我的动机或者目标，不是因为我发现了一个什么进一步的前提然后从中演绎出了一个新的结论，而因为我的目标实际上一开始就负载了某些价值。我慎思那些价值的要求，我看到了满足那些要求所带来的意向上的冲突，了解了比方说最重要的或者最打动我的那些价值所提出的要求，其实就那个目标本身而言是不相符的，于是这引起了我去改变了最初的目标。在信念中，我同样可能发现，我的信念一旦具有某种我认为非常不可信的涵义，我就会去改变我的信念。所以，实践推理并不总是工具性的，而是它从一开始就是一件将价值注入行动的事情。

张曦：从这个结构来看，也许我可以说，探寻行动理由的活动并不纯粹是一个实践活动，它也涉及理论推理的过程。也就是说，道德推理的结构中实际上有一个理论推理的机制，这个机制能够测试我们的目标本身。

雷尔顿：是的。而且我认为，道德推理中有大量的理论推理，而且实际上康德也是这么认为的。康德认为，为了决定我是否能够行动，我就必须去问，我的行动准则是不是能够被普遍化的。但是他也说，这个普遍化检验的过程实际上是一种理论推理过程，它实际上是一个思想实验：我能不能普遍化这个准则呢？康德认为，道德推理必须要这样开展才能发挥行动引导作用。普遍化检测并不是一个实践推理，因为它并不产生任何形式的行动。它只是得出逻辑相容性或者逻辑不相容性的判断。所以，是的，我同意说道德推理不仅仅是实践推理。

张曦：我们已经提到了工具理性和工具性推理，请允许我问一个与之相关的问题。我在研究实践理性理论的时候，曾经注意到一个针对休谟主义实践理性理论的"谣言"。这个"谣言"说，尽管休谟式说明确实能够解释行动者是如何被工具性原则所激发的，但是它无法说明为什么行动者在根本上能够受到这种原则的引导，或者说为什么工具性原则在根本上具有规范性。因为据说规范或者原则要想具有行动引导力、要想具有规范性，那么它们必须能够满足一个"错误的可能性"，也就是说，行动者要能够疏于被该项规范或者原则所引导。如果这个"谣言"是可信的，那么疏于说明"错误的可能性"是不是休谟式实践理性理论的一个主要缺陷呢？你认为休谟主义真的有这方面的缺陷吗？

雷尔顿：很好。我确实认为，"错误的可能性"是考察一个原则是不是具有规范性问题时的一个有用的测试，也就是说，去考察这项原则是不是可以被违背的。所以，举例来说，现在有两个关于如何拼写一个词的观点。其中一个观点认为，如果我错误地拼写了那个词，那么我实际上根本不是在做拼写。根据这个观点，我就根本不可能犯拼写错误，因为在这种情况下，无论什么时候只要我写下了一些字母，就算我不是在拼写某个特定的词，我也没有拼错那个词，因为在这种情况下我根本就没有在做拼写。所以，这个观点并不是一个实践概念，或者说它并不是一个有关拼写的规范概念。

另一个观点认为，拼写实际上就是尝试着把字母恰当地写下来，因此拼写是可以失败的，或者说拼错是可能的。根据这种观点，我们就可以说，拼写活动是在规范上受到调节的（normatively regulated）。说它是规范上受到调节的，就是说它有一个正确性标准，有一个有关怎么样才算拼对一个词的标准。在这种情况下，就算你的拼写属于满足那个标准，你仍然是在拼写。

这个观点是很关键的。现在我们来考察工具理性，休谟主义者据说在此要遭受批评。根据某种说法——某些当代经济学家所主张的那种说法——为了搞清楚我在价值上有什么偏好，你只要考察我的选择活动就可以了，如果我选择了 A 而不是 B，那么你就可以说：在这种情况下，我的效用算法将 A 排在了 B 之上。那么我接着问：在这种情况下，我可能犯错吗？我能就我自己的评价活动犯错吗？那么，你可能就要回答说：不可能，因为一旦你选择 B 而不是 A 的话，这恰恰说明你真的在评价上更加偏好 B 而不是 A。因此，根据这样一个说法，评价的观念不可能包含行动者疏于根据自己的评价而开展行动的可能性。休谟有时候被指责承诺了一个类似的理论，因为据说对休谟来说，行动者只是有各种各样的动机、最强的动机决定行动者的行动，而行动者总是根据自己的最强动机来行动。如果这样的话，那么行动开展与最强动机之间的关系就是定义性的。在这种情况下，你不可能违反你的最强动机。如果休谟式价值只是关于动机的，那么你就不可能违反你的最强的价值偏好，休谟主义确实就要受到你所提到的"错误的可能性"的批评。

但是，休谟式价值并不只是由动机决定的。对休谟来说，价值和评价活动并不是取决于各种各样的动机，而是各种各样的情感。我是不是认为某个东西是好的这个问题，并不等同于我是不是被激发着去追求它这个问题。我完全可以是这样一个人：我认为健康是好的，但是疏于去追求它。为什么呢？试想，我有一个赞赏健康的情感，但这意味着这种情感必然激发我吗？或许如此，也或许并非如此。所以，根据休谟式观点，以一种情感上不支持的方式来开展行动是完全可能的。我有一个更强的动机不去健身，于是我没去健身。这并不阻挡我在情感上给健身一个更高的排序，或者在情感上给健康一个更高的排序。所以，就我的理解来说，休谟式观点并不受"错误的可能性"批评的挑战。但是，这个挑战对当代的某些康德主义者来说倒还真是个问题。根据他们的看法，一个人根据理由来行动，这是行动的构成性原则。如果我疏于根据理由来行动，那么我根本不是在行动。我在做别的什么事情。我只是在开展一个行为。根据这样的观点，疏于根据理由来行动就变得不可能了，因为如果我有一些理由而疏于根据它们来开展行动，那么我并不是真的在开展行动。所以我认为，对这些康德主义者来说，"错误的可能性"问题倒还真是个问题。

张曦：那么，在你的框架下，实践理由的规范力量又如何呢？为什么它们不具有当代康德主义者所设想的那种"绝对性"？

雷尔顿：绝对性的一个涵义是说，一个理由是绝对的，在任何情况下，每一个理性行动者都要采纳这个理由。不管行动者的具体目标、欲望或者需求，有些事情是行动者总是有理由去做的，不按照这个理由去开展行动，就等于是一种不合理（irrationality）。当代康德主义者就采纳了对绝对性的这种理解。

我的观点则是，这个观点涉及一种对实践理由要求的本质的误解。举个例子来说，如果我从你那借了一本书，那么我就被要求去归还它，不管我愿意不愿意。所以，这种要求是一种非假言的要求。如果我疏于归还那本书，那么我就是在违背这些要求。如果我并没有一个归还它的欲望，那么我也是在违背这项要求。这是不是意味着我有一项绝对律令或者绝对理由来落实这项要求呢？这个问题实际上涉及两个分立的问题。其中一个问题是，这种要求的本质是什么？另一个问题是，哪种理由是我必须去落实的？我并不认为我们有一项绝对理由去落实还书的要求，因为我认为，在拥有一个理由的条件与行动者开展行动的激发条件之间，必须有一个可能的联系。

对一项理论理由来说，如果它与我的信念之间没有任何联系，那么就算这些理论理由可能揭示了什么令人生趣的真理，它也并不就是我有理由去相信的东西。在我的信念和真理之间必须有一个联系，从而使得我可以有一个理由去相信那个真理。否则的话，理论理由就只是专断的。这个道理同样适用于实践理由。为了开展一个行动，在这项实践理由和某些事实之间必须有一个联系，这项理由必须能够使得我受激发地注入这项行动。这就是为什么我不认为实践理由可以是康德主义意义上的绝对律令。但是，我确实认为，实践理由是一些非假言的要求。而且，为了理解非假言要求的思想，我们并不需要绝对律令的思想，因为其实就像某些康德主义者自己所认为的那样，我并不认为道德的内容全部出自实践推理过程。如果这么去设想问题，如果道德的内容确实是非假言要求，那么就一定有一些非假言的实践理由。由于我认为道德的内容不是通过实践推理而获得的，而是通过某种后果主义式说明而获得的，所以我认为刚才提到的两个问题，实际上是分立的。

张曦：威廉斯曾经论证说，对任何理由来说，要想真正成为某个行动者的行动理由，那么它必须是这样的：这个行动者要能够通过某种慎思路径将这项理由内在化，并且因此能够在其主观动机集合中形成动机激发性因素。如果威廉斯的观点是对的，那么所有的行动理由就都必须是内在理由。某些休谟主义者在这一点上同意威廉斯的主张，比如德赖尔（James Dreier）。德赖尔甚至进一步论证说，考虑到行动理由的内在性问题，如果有任何绝对的或非假言的实践理由，那么它必然只能是工具性理由。但是，在这一点上，你否认威廉斯的论证对构想实践理由辩护地位的必要性，也否认了与之相应的关于"给出理由"力量的说明。根据你的看法，为了理解一项理由为什么可以成为一个行动者的行动理由，我们应当考察的只是这项理由的应用性条件。也就是说，一项理由是非假言的，只要它的辩护地位和"给出理由"力量是独立于一个特定行动者的主观动机集合的。在回答我刚才的问题时，你也提到，存在某种规范要求，这种规范要求在本质上是这样的：它独立于行动者的偶然欲望或者主观动机，并且具有一种规范力量以至于能够获得辩护地对行动者提出某种要求。那么，现在我想问，为什么行动理由可以在不必经过内在主义式刻画的情况下仍然具有这样的规范特征？

雷尔顿：有些人试图在激发理由和辩护理由之间做出区分。他们会说，威廉斯的说明也许只是针对激发理由而言的，而不是针对辩护理由。这样一来，我们就好像看起来是在一种模棱两可的方式上使用"理由"这个概念。比方说，假设我刚刚和凯利有一个讨论，彼此之间交换了相关的论证。你问我："你之所以拥有那个论证的理由是什么？"我会回答："哦，我只是被她的一些观点惹毛了，所以我提出了刚才的那个论证。"我给了你一个理由。但是，它不是辩护理由。我所向你指出的，只是说我对某些观点感到生气，但这不同于引起我去形成那个论证的理由。所以，我只是给了你一个激发理由，它只是在动机上解释了我为什么会提出那个论证，但是它没有在辩护上给出解释。

我认为，威廉斯也许并不是针对激发理由而谈论你所提到的他的观点的，而是针对辩护理由本身，因为他所探讨的问题是说，到底是根据哪种辩护使得行动者能够宣称说他们拥有某项理由。他的观点是说，他不认为在不考察一个行动者的动机结构的情况下，能够给出这样的一个辩护。这也是我们俩此时所接受的理解。

在这个基础上，威廉斯的问题就非常类似于我在回答上一个问题时所提到的一些观点了。一项非假言要求的观念到底是什么意思？理解这个问题的一个办法，是针对威廉斯的立场而提出一个相反的主张，也就是说，存在着外在理由这样的东西。也就是说，存在着一种并不植根于行动者的特定动机结构之上的理由，而且，我或多或少能够违背这项理由。

这是什么意思呢？先来考察一下认知意义上的外在理由，也就是有关信念的那些情况。假设我是一个心思非常简单的人，没法考虑很抽象的问题。你现在试图向我解释怎样才能抽象思考一个问题，比方说，为什么我应该把钱存进银行。你会说，因为把钱存进银行能够给我带来收益、避免货币价值的损失。但是，我根本不理解利益、价值这些东西，它们太抽象了。我可能觉得，一旦把钱存进去了，我可能就拿不回来了。你告诉我："不不不，银行是帮你保存钱的地方，他们还会给你利息。"当然，你这样说其实帮不了我什么，因为我还是不理解什么是利息。不过，在你使尽力气之后，你也许会说："你可以说我不能让你相信为什么应该把钱存进银行，但是确实存在着一个完美的理由使你相信这么做是对的。我没法说服你相信这一点，并不等于说这个理由就不存在。它只是意味着，我没有成功地说服你。如果你信任我，我可以保证这是一个完美的理由，即使你不能理解它。"在这个例子中，我们就看到了所谓"外在理由"的存在。

我认为，在实践意义上，情况也是如此。比方说，我有一个孩子，他正在发育。在心智发育的过程中，孩子的动机结构并不总是非常健全的。我对这个孩子说："我知道你不想去看牙医，你讨厌看牙医，但是我保证你有一个完美的理由使得你应该去看牙医。"这孩子可能说："我讨厌牙医，我不去，看牙医会伤害到我。"我说："但是牙疼伤害你更多。"这孩子说："我不在乎牙疼，我就是恨牙医。"我说："我肯定是要带你去看牙医，因为你有理由去看牙医。我不能让你发现那个理由，但是这不等于说它不是一个理由。"这里确实有一个获得辩护的理由，就算这孩子没有将它看出来，它也是存在的。

因此，我认为，无论是在理论理由中还是在实践理由中，都存在着某些理由，一个行动者也许没有能力将它看出来，但是它仍然是完美的使得他们能够据之采信或者开展行动的理由。这些理由是不是存在，并不取决于行动者的特定处境。所以，如果你将理由视作某种能够提供辩护力量的东西，而不是什么具有激发力量的东西，那么你在上述例子中所思考的问题实际上是：有没有什么东西能够提供力量来辩护我应该带孩子去看牙医？有没有什么东西能够辩护我去把钱存进银行的行动？你所获得的，是一个受到辩护的行动或信念。它是这个孩子的理由吗？是心思简单的那个人的理由吗？不是，因为他们根本不理解。这样来看，确实存在着对你来说应该非假言地成为你的行动理由或者持信理由的东西，它适用于你。这个理由只是关于辩护，而不关乎激发性。威廉斯将外在理由的存在设想为可疑的，在这一点上，我认为他的这个观点是错误的。

张曦：在回答如何开展实践推理这个问题时，你否认一种被当代康德主义者所建议的方案，即认为仅仅通过判断的实践，我们就能够开展实践推理获得。因为你认为，单纯的有关判断的实践将会导致所谓的实践推理的无穷倒退问题。另一方面，就像大多人所坚持的，你并不否认人类在根本上具有某种反思性本质，并且我们的行动开展和信念形成机制在本质上是意向性的。从这样一个广为承认的事实出发，某些当代康德主义者，比如说考斯伽会建议一个所谓的构成性论证，通过刻画出一个所谓的"血肉丰满"的能动性的观念，来中止那个实践理性无穷倒退问题。某些非康德主义者，比如你以前的同事威勒曼，也采取了所谓的构成性论证来解决上述问题。那么，你的策略是什么，它有什么样的哲学涵义？

雷尔顿：我当然不否认说，我们意向性地开展行动，以及诸如此类的事情。我认为，对我们这样的道德存在者来说，能反思自己的行动是一件非常重要的事情。我认为这相当重要。但是，我认为在那种据说完全意向性的"血肉丰满"的行动概念中，有一些不融贯的地方。为什么呢？来看一个例子。假设我在阅读康德的作品，我发现其中的思想非常的可信，所以我开始采用他的绝对律令程序。在这种情况下，我是反思性地开展行动的。我也是在意向性地开展行动，因为我的行动有某些观念作为基础。你因此说，我的这个行动是"血肉丰满"的行动，但我会说："不，它不是，因为在这个行动中，有许许多多的因素并不是通过我的意向来注入行动的。"确实不可能，否则的话你就会面对一个无穷倒退问题。

因此，举例来说，当我开展慎思活动的时候，我肯定会考虑许多别的因素。那么，我是不是考虑到所有全部的因素呢？如果血肉丰满的行动概念要求我这么设想问题，那么我就要在我自己从慎思活动中得出结论之前问自己，我是否考虑了足够多的因素，或者我已经考虑的那些因素是不是足以重要到能够促使我立即开展行动？但是，问完这些问题，我实际上还必须去问，在我考虑我是否应该立即行动或者进一步开展慎思活动这个问题时我应该考虑哪些因素这个问题。然后我又得去问自己，我是不是应该就是否进一步开展慎思活动这个问题来进一步开展慎思活动？这样，为了获得一个"血肉丰满"的行动，每一个构成了行动的一部分的那些考虑，都必须明确地运行于意向性之中。我的观点则是，甚至对一个考虑问题飞速无比的人来说，他也不可能按照这种方式来开展行动，因为这个方式实际上要求将无穷无尽的因素注入一个行动之中。

因此，就必须存在一个可能性，也就是说，存在一个恰当回应理由的方式，这种回应是不经由理由所诉诸的某个判断的。否则，就算是康德所设想的那种典型的道德行动,也将不可能获得开展。非常有趣的一点是,康德本人实际上已经清楚地看到了这一点。在他的作品的好几个地方,他清清楚楚地考虑了无穷倒退问题。他指出,出于义务的行动,就是根据某种可敬的态度来开展行动,这种态度并不是一种判断,它也不可能是一种判断。所以,我实际上认为,在这方面,那些正统的康德主义思想,也就是建基于康德本人自己的论证基础上的思想,会同意说,为了回应一个理由,我们需要在判断力的官能之外有一些东西,我们需要康德自己称之为"感受性的官能"（faculty of receptivity）的那种东西。康德认为,对理论理性和实践理性来说,都是如此。

所以,我的策略就是,承认纯粹诉诸判断的实践会导致无穷倒退问题,然后去解决这个问题。我认为,我们需要去搞清楚,到底怎么样才算是在以一种恰当的方式响应理由。所以,我目前有许多工作,是试图去分析能够将行动恰当地与理由联系在一起的那种理由响应现象,但是这种响应方式并不是诉诸一种高阶判断的。这当然是非常复杂的事情,不过我目前正致力于这项工作。我做这样的工作,恰恰是部分地从康德那里获得的启发,我实际上是把他的那些努力当作一个解决这个问题的范例。

张曦:那么,在构想规范性的本质和辩护问题时,康德会同意那些当代康德主义者吗?或者,请允许我用另一种方式提问:在这个问题上,许多哲学家把自己刻画为康德主义者或者休谟主义者,姑且不论亚里士多德主义者,就好像真的存在这些阵营一样。你认为在特别是关系到实践理性和规范性问题的哲学探寻中,这是不是一个恰当的姿态?

雷尔顿:非常有趣。实际上,你可以这么做。你可以创造出一些所谓的理想型。一个观点可能并不是事实上属于康德主义的,也不是事实上属于亚里士多德主义或者休谟主义的,但是你可以创造出一个理想的典型性观点。然后你可以说,这种观点是康德式的,那种观点是亚里士多德式的或者休谟式的。然后你可以说,从一开始的时候,我们就应该明确我们的立场,而不是带着这些观点去开展我们的探寻。这种做法并没有什么特别的错误,除非你认为,那些理想型真的是一些完备的、代表了合理可信的哲学立场的观点。

我本人认为,也许我们更应该采取一个基于问题的进路来探寻问题,而不是急着宣称自己是属于康德主义的、休谟主义的或者亚里士多德主义的。对我来说,我对规范引导的现象感兴趣。我会问自己:休谟对此会怎么说?康德对此会怎么说?亚里士多德对此会怎么说?我能从他们的思想中了解到什么?一个有关行动理由的好的说明,我想应该是一个亚里士多德会同意、休谟会同意、康德也会同意的说明。我自己正在做的工作就是朝着这样一个方向推进。这三位天才思想家，实际上在这个问题上有很多共同的地方，如果仔细研究文本，你会发现文本证据来证明这一点。我本人偏好基于问题的进路，因为否则的话，你好像就会得到一个康德式解决方案，或者一个休谟式解决方案，或者一个亚里士多德式解决方案，仿佛真的好像有三个不同的解决方案一样。但是，由于这些解决方案其实只是一些理想型，它们并不完备，因此你所得到的结论并不是确凿无疑的。所以，我倾向于采取基于问题的进路去思考这个问题，并且因此而把三位哲学家的著作都当作帮助我们解决问题的资源。

张曦：而不是在一开始就把他们分成三个阵营。

雷尔顿：是的，不在一开始就在他们之间划出派别界限。

三、道德心理学

张曦：在道德心理学领域，你也是一位引领性的哲学家。据我所知，你正在撰写一部这方面的作品。你能谈谈如何开展道德心理学的研究吗？比方说，如何进入道德心理学的问题视域，以及它的主题、方法。

雷尔顿：首先是一个定义问题。道德心理学研究的，是在道德判断、道德动机、道德推理、道德评价以及道德批评过程中所涉及的心理能力、心理过程或心理官能的一门学问。因此比方说，在我们考察道德判断、道德方面的自我评价时，在道德方面对他人的评价或者道德上受激发的行动时，会关注到一些现象，然后去考察这些现象中涉及什么样的心理过程。于是，一个经典的问题也就产生了：当人们开展道德判断时，情感扮演着什么样的角色？当人们开展道德判断时，他们到底是在展现（show）一种特殊的情感呢，还是这些情感只是流露（display）出来的？这样，在当代研究中，你可能就要开始关注大脑研究方面的工作，去考察在道德判断中道德涉及了哪些类型的心灵状态。

你可能会说，这确实很有趣，但是道德行为又是怎么回事？考察到底是什么使得一个人道德地开展行动，与道德判断是不是一回事呢？为了搞清楚这些问题，你就需要开展一些实验研究，你就需要找一些人，在他们不得不采取行动的条件下，看看他们是如何开展事实上的道德选择的。进一步地，你就要考察道德判断中所涉及的因素是不是与调节道德行为中所涉及的因素是一回事。

这就是道德心理学。它实际上涉及两个部分。一个部分涉及经验研究、大脑研究、行为研究、社会研究等。另一个部分则是哲学家的工作，它涉及的问题包括：到底哪些现象是道德心理学研究中需要关注的？到底是什么使得一个判断成为一项道德判断而不是别的类型的判断？到底是什么使得一项动机成为道德动机而不是其他类型的动机？心理学无法回答这些问题。这些问题必须以一种更加先验的方式获得回答。为了获得相关答案，哲学家们就不仅必须去探寻心理学机制方面的问题，而且必须去搞清楚在相关心理机制研究中所涉及的那些概念到底是什么意思，或者相关心理机制涉及的因素到底有什么样的性质，这些心理机制到底已经预设了什么样的人类能力。

所以，比方说，为了理解在缺乏任何主观倾向的情况下，绝对律令是如何激发行动的，你就需要采纳一个理论，认为我们人类拥有某种心理能力，使得我们可以仅仅通过判断来获得驱动力，而不需要任何的动机。如果这个理论正确地说明了道德上有价值的行为，那么你就可以认为，除非我们能找到一个类似的心理机制，否则我们就不能把任何行为识别为道德上有价值的。与此同时，一个哲学家可以表示不需要满足这样的要求，然后提出另一种理论来说明道德上受激发的行动是怎么回事。进一步地，你可以问，到底有没有什么事情使我们人类有能力做的呢？这样，你甚至就发现，这两种理论中，其中一种有关道德心理学机制的理论会导致"人类不能够符合道德"的结论，另一种理论则会导致"人类能够符合道德"的结论。由于我们对道德这个领域有兴趣，是因为我们对人类应该做什么这个问题有兴趣。所以，后一个理论，因其所导致的结论，就会更加吸引我们去进一步开展研究。

张曦：有人认为，在当代条件下，通过非常精致的关于神经活动、量子活动或者类似的自然过程的研究，像道德、规范性这样的东西，最终都将能够得到自然科学的解释。你怎么看这个观点？

雷尔顿：我不认为自然科学能够提供这方面的充分的解释，我也不认为自然科学家自己会采信这个观点。因为，自然科学家们所工作的领域，只是涉及道德心理机制所涉及的过程、能力和官能问题，他们自己并不试图回答比如说吃动物是不是道德的这类问题。他们所关注的问题，是诸如"当人们在这个问题上出现争辩时，到底有什么样的心理活动机制""当人们在这个问题上采取了一个立场，或者他们按照某个立场来采取行动时，他们的心灵状态到底是什么样的"这类问题。但是，他们所探寻的问题的主题，并不是"我们是否应该吃动物"或者"吃动物是否是一件可允许的事情"。他们只是试图解释那个事实，如果它是一个事实的话。在这里，你可能就会说，哲学推理和道德反思的独特作用就表现出来了。你提到的观点是希望说，在哲学理论和道德反思中，没有什么因素不能在心理学方面获得解释。但是，心理学只是为我们明白道德判断等等现象在心理上是如何可能的这一问题提供说明，并不能完全确证它。

张曦：你认为一个关于评价活动和道德心理学的自然主义理论，能最终同时覆盖掉元伦理学领域中认知主义和非认知主义所分别试图描绘的东西吗？

雷尔顿：我知道，一些认知主义者（也许也有一些非认知主义者，但肯定主要是认知主义者）认为，自然主义理论不能完全覆盖掉所有方面，因为他们相信，道德性质是非自然的性质，而道德概念是非自然的概念。所以，他们可能会认为，自然主义理论最多只能把我们带得这么远：道德性质可能随附于自然性质，道德概念也许不能还原为自然概念，却可以与自然概念相联系。但是，自然主义理论肯定有一些不能解释的问题，因为自然主义理论中不包含非自然的性质，也不包含非自然的概念。

因此，我不认为自然主义能够覆盖认知主义和非认知主义所分别描绘的东西。我认为道德涉及非自然的性质吗？没有。在这方面，我认为一个认知主义者，比如说我的同事吉伯德（Alan Gibbard），其实是一个非认知主义者。我认为，我们不需要任何超越了有关自然世界的形而上学的道德形而上学。可能存在一些特征上彼此不同的道德概念，这是我们需要承认的。但是，我们不需要任何自然事实和性质之外的东西，我们不需要非自然性质和非自然事实。一些认知主义者和非认知主义者也会同意这一点。

四、规范伦理学

张曦：我现在想提几个关于规范伦理学的问题。作为一个领先的后果主义者，你是否可以告诉中文读者：为什么后果主义是具有吸引力的？后果主义的要点究竟何在？

雷尔顿：思考后果主义背后的基本观念的一个方式是认为，理解我们与自身及他人之间的道德关系，在根本上来说，涉及这样一个问题：对我们自己，对我们影响的人、动物来说，什么样的生活是更好或更坏的。

我认为，这是一个非常有力的垫脚石，因为很显然，即使你不是一个道德家，上述问题所根植的因素对你来说也会是有重要性的。换句话说，对规范伦理理论来说，情况应该是这样：你应当能够在不预设很多道德观念的情况下辩护道德判断。或者也许在事实上一个人没法做到这一点，但我认为这应该是一个人们所致力于的方向。

那么，为了搞清楚我们到底如何开展行动这个问题，后果主义到底要求我们考察什么样的问题呢？你可以考察人们赖以共同生活所涉及的规则体系，你可以考察那些有助于你自己和你的行为所影响的人的生活的动机和态度，你可以考察各种各样的活动模式，然后去问，这些因素对人类福祉来说，到底是建设性的还是妨害性的。在所有这些方面，你从一点考察进去，都能够最终获得彼此吻合的一个系统的道德说明。

在这个说明中，你不需要带入任何像永恒自然权利这样在某种程度上自证的、不需要任何进一步解释的观念。你不需要带入有关特殊直觉的观念来测试道德判断。你可以使用日常的开展道德判断的方式。你也可以将这个理论与我们已经相信的关于理性决策的思想协调起来，因为在理性决策中，你要去评价可能的后果、这些后果出现的可能性、哪些行动是你可以带来的，以及利用信息去决断如何开展行动。因此，后果主义的框架也匹配于理性选择理论。最终，它也匹配于认知的观点，因为认知中你也获有各种事态或然性的信息。

所以，总体上来说，我认为，后果主义是一种有关道德的系统性理论，它不仅将道德与我们的道德确证协调起来，而且也能够与我们的理性决策观念、理性信念形成的观念，以及我们对什么东西对我们来说是重要的这么一个问题的认识相匹配。我想，这种收敛性实际上也反过来支持后果主义进路本身。

特别是，在中文语境中，你们可能也是这样思考问题的。比方说，你们有许多不同的道德传统：你们有儒家传统，它强调血缘关系；你们有佛教传统，它强调对苦难的克服。还有其他许许多多的民间传统以及政治传统。那么你就可以考察它们。你可能会想，我真是不知道到底在哪个传统的基础上来开展道德判断，它们太多了。但是，在这一点上，你也可以想：虽然我不知道确切的答案，但是我确实知道，人类财富是重要的，我也知道，有些人生活得更好有些人生活得更糟。这是不是道德的全部呢？你也许不知道。但是，这些方面却是我们真正知道、理解并彼此同意的地方，我们可以以此为开始来探究到底如何来开展生活、评价品格乃至评价规则和原则。我们不需要认为说，这就是道德的全部，但是对我们来说，这些问题却具有巨大的力量引导我们进一步思考。你可能会逐渐发现，某些传统有助于我们理解一些问题。比方说，你可能就会发现儒家传统很重要，因为它有助于我们理解，人们如何在建立一种互惠责任的稳定关系的基础上共同生活。你可能会说："啊！原来儒家理论其实只是一种比较抽象的东西，它真正的吸引力其实在于在根本上对人类福祉的关切！"而佛教传统关切对苦难的克服，你可能会说："它有助于人们超越个人视角去看待问题，能够帮助人们在一个更加宽广的视角上看待问题。"这样，你就可以看到，这些传统是如何与道德联系在一起了。

因此，在某种意义上，并不需要去考察整个道德的内容，不需要去认为后果主义就是道德的全部内容、唯一内容。但是，我认为，后果主义确实给了人们一些更加人道的、严肃的、广为人知的重要理由，去以一种方式而不是另一种方式生活。

张曦：你曾经向我提到，在规范伦理学方面，你深受密尔和摩尔的影响。出于这方面的原因，你并不认为后果主义在根本上是一个有关如何促进或者给这个世界带进更多善好的理论。相反你认为，后果主义是一个有关如何辩护正确行动，如何在一个充满悲剧的世界回应价值的理论。实现人类繁荣的思想，可能是理解你在规范伦理学领域的思想的关键点。但是，许多道德因素可能对实现人类繁荣来说都是重要的，比方说，道德约束以及其他的东西。那么，为什么你认为后果主义有资源在我们的道德生活中提供一个完备引导呢？或者说，为什么道义论就不是一个好的思考比方说行动正确性标准这些问题的切入点呢？

雷尔顿：我认为道义论可以是一个切入点。如果考察比方说罗斯的理论，在《善与正当》这部作品中他认为，如果你切近地研究道德实践，你会看到道德实践识别了一系列的义务，而不仅仅是某个压倒性的义务。比方说，忠诚的义务、慈善和仁慈的义务、正义的义务等。所以，如果你考察我们的实践，你就会看到这些义务之间具有不同的联系。而且，它们彼此之间以非常复杂的方式互相牵扯。

但是同时，你可以通过理解它们的源头的方式来理解它们，因为它们都是跟我们人类彼此联系的某个具体方式相联系的。因此，比方说，仁慈的义务联系于人类需要和人类不平等，忠诚的义务联系于家庭和友爱，正义的义务联系于并非来自同一个家庭的人们之间彼此的合作——在这样的合作中，人们甚至彼此存有异议、带有不同的价值观。我们可以在任何人类社会发现这种情况。每一项义务都包含一些原则，并且包含一些责任要求。我认为这种思想确实是思考道德的一个很好的开始。

进一步地，我们就可以问，有没有一种方式能够使得这些观点变得更加系统化呢？因为一旦我们认识到，义务之间可能存在冲突，那么我们就需要某种框架，来评价到底哪些义务更重要、哪些并非那么重要。所以我们就需要某种评价框架，而不仅仅是一系列的义务。

所以，我认为你可以从道义论观念开始，它有助于我们去识别价值到底是什么，有助于我们理解义务的重要性及其彼此关联的方式。接着，你可以进一步去思考，这种思考价值的方式是否可以以一种更加综合的方式来获得理解，比方说后果主义的方式，当然也许真实情况未必如此。你也可以思考，是不是存在一种基本价值，或者是不是存在多个不同的基本价值，如此等等。

所以我确实认为你可以从道义论开始，严肃对待它，看看到底它为我们人类存在者的存在带来了哪些洞见，带着它去应对道德所面对的挑战、你所提到的人类悲剧的挑战，以及道德所面临的困难。进一步地，你会发现，你给出了一个框架去思考这些问题，这些框架并非专断或依赖于个人经验，你会思考这个框架的基本要素，这些问题最终引导你去思考一些有关价值的问题。

你可能已经发现这种进路非常类似于亚里士多德讨论美德时所采取的进路。正如亚里士多德所指出的，你可以把每一种美德都设想为对价值的一种回应。

比方说，什么是勇气？勇气是一种为了某些重要之事的缘故而抵抗危险的能力。那么哪些因素会妨害勇气呢？你可能会高估了风险，从而胆怯。你也可能低估了风险，从而鲁莽。你可能会在你正在为之奋斗的东西是否真正具有价值这一点上犯错，从而怀有敌意，如果你所致力于的目标是一种邪恶的话。亚里士多德认为，你可以认为这些美德是一些具有特定特征的品格素质，因为他们所回应的都是一个共同的人类问题：如何在面对风险的情况下捍卫重要之事？

但是，再一次地，思考这些美德，会把你带回一个亚里士多德所引领的价值企划当中去，会把你带回这样一个问题当中去：如何来根据价值而理解美德。所以，我认为我们甚至也可以从美德开始思考，然后被引入价值问题，然后最终被引入某种目的论理论，你并不需要从一开始就预设说，善好是优先于正当的，或者善好是优先于美德的。你只需要遵从你所能理解的那些问题，然后你就会发现他们是否会自然地引导你进入那个评价框架之中。我认为这是一个非常恰当的程序。我不认为我们应该预先知道这种探寻顺序然后再开始。

所以，我们认为道义论也可以是一个思考问题的好的开始。

张曦：所以，这也是一个基于问题的进路：你面对问题，然后发现最精致可信的方式去解决问题。

雷尔顿：是的，你只需要从已经获得的最佳思想（比方说亚里士多德或者罗斯的）开始，然后看它能带我们最终走向哪里。

张曦：因为那些天才哲学家试图解决人类问题，他们不仅仅是在思考哲学化的问题。

雷尔顿：是的。我觉得，有时候有些哲学家认为，这些伟大的历史人物好像只是在探索一个古怪的领域，而不是在讨论事实上与人类关系有关的东西。这是错误的。

张曦：后果主义反映了对我们在开展正确行动和实现有助于人类繁荣的更好世界方面所承担的集体责任的关切，就此而言，我们如何将后果主义的雄心应用到全球正义领域，或者应用到社会正义的主题上呢？

雷尔顿：这个问题涉及一系列非常有趣的挑战。我认为，全球正义和社会正义这两个问题，都需要一个非常长的回答，但是我愿意作一些简短的评论。

罗尔斯在他的《正义论》中建议说，思考社会正义问题，需要想象你不知道你自己处于哪个社会之中，以及你需要为一个你不知道自己在其中处境地位的社会挑选出正义原则。他认为，如果这样做，你就会被引导到某些正义原则上。也就是说，正义应当给予社会所有不同阶层的人以同样的权重，并且它应当是一些能够面向所有这些阶层而获得辩护的规则。

非常有意思的是，这个思想其实并不是罗尔斯本人的思想。罗尔斯是从经济学家海萨尼那里借鉴的。海萨尼是一位功利主义者。你可能知道这个故事。当时海萨尼论证的是，如果你采取这套理论构造，那么你会被论证引导到某种功利主义那里。所以，如果有人问，功利主义如何与正义的主题相关联？你可以说，如果我们把正义当作一种有关社会契约框架的要求，那么在一个理想的社会契约框架内、在一个无知之幕的背后，我们实际上会选取那些功利主义的原则。海萨尼就此给出了一个非常融贯的论证。所以，我认为，经由社会契约框架的论证，效用原则和正义原则可以很好地联系在一起。

全球正义问题与此略有不同，因为在讨论这个问题时，我们要涉及那些并非生活在一个共同社会之中的人。社会契约的图景并不明显地吻合于全球正义的情况。毕竟，在一个社会内部，我们是彼此依赖于他人的，但是在全球框架下，情况并非如此。在全球框架下，有些人富，有些人穷，这种富裕和贫穷也许并不相关联。贫穷和富裕都可能是一个漫长历史条件所造成的后果。因此，这并非显然匹配于社会契约框架。

但是，我认为你却可以问一个类似的问题。我认为这个问题是可以理解的。当我思考全球正义问题时，对我来说，把"基本体面"（basic decency）当作问题的开始点来思考，是一个重要的开始。那么，除了一个社会契约式论证，我们能不能讨论到底对每一个人来说，维系一种体面生活的条件究竟是什么这个问题呢？通过这个问题，我们可以进一步思考，每个人相应所承担的责任如何，以及如何去承担这个责任。在全球正义的情况下，可能就会有一些比方像我们如何给政府施加责任的问题。

因此，如果你思考美国人民同非洲国家人民的关系，你可能会认为，我们每个个体的贡献就可以改变一点什么。但是，真正更为重要的可能是，我是不是能同其他人携手努力，来推动创建一个项目去影响数以百万计的人。所以我认为，相比于思考我个人责任的问题，去思考我个人能够捐献的资源量的问题，为了创造一些有助于最小体面生活实现的条件，我们可能需要某些更为有力的措施。因此，我认为，更为重要的事情是要支持政府为之所作的努力，去支持非政府组织在改善环境、提供体面的医疗、为人们创造赢得体面生活方式的条件等方面的努力。这些问题的思考基础，并不是我们所有人生活在同一个社会，而是像"我们每个人都是人，都生活在同一个星球上"这样的原因。在这个思想中，只要在世界的某个地方，人们还在受到不公正的对待，或者屈辱地生活着，那就是一种失败。

那么我们怎么去讨论这个问题？通过探寻像问题本身一样有力的机制和方式，我们去讨论这个问题。为了做到这一点，我们就需要在一个不同于个体责任的层面上思考问题。因此，我认为思考全球正义问题，我们可能更需要去着眼于制度构建方面的责任。比如说，思考环境问题，你不可能只考虑个人如何为解决环境问题而努力。你知道，我不怎么开车，我所有用过的纸都做了可循环处理。这很好。但是光这样不可能解决得了全球变暖的问题。我们必须想办法来诉诸一种集体性的解决之道，也要做出正确的组织化支援。

张曦：我之所以要提出这个关于社会正义和全球正义的问题，是因为我本人强烈地认为，后果主义的一个主要吸引力就在于它所隐含的关于集体责任及其分配的思想。此外，不偏不倚性的思想是后果主义的核心承诺之一。你刚刚也提到"基本体面"的概念。我是不是能够认为，你的观点实际上是说，后果主义在全球正义问题上实际上可以采有一个这样的论证路线：首先承诺一个有关每一个人类存在者都具有的平等地位（或者人权）的最小概念（也就是所谓的"基本体面"概念），然后在这个基础上，将后果主义的不偏不倚思想加以运用，但不承诺任何更为根本的关于人际间或国家间福祉状况的平等主义思想，是这样吗？

雷尔顿：按照我的观点，这的确是一个合乎情理的目标。如果你是一个后果主义者，你必须明白，你不可能仅仅说要去平等化所有东西，或者坚持类似的观点。你必须去思考诸如人们事实上会如何开展行动这样的问题。所以，即便你自己可能会有这样那样的美好的行动原则，也可以竭尽全力地朝之努力，但是从一个后果主义的观点来看，这么做并不很有建设性。

所以，一个后果主义理论家要做的事情是要去搞清楚，比方说，这个世界到底有没有足够的能力去养活每一个人？显然如此。那么也要去搞清楚，我们有没有能力为世界上的每一个人提供清洁的水？这是不是超出了我们的能力限度？显然没有超出。还要搞清楚，生活在世界上别的地方的人们是不是可以获得一个更好的治理结构？显然这是可能获得的。所有的这些事情，其促成条件都是可能的。

而且，我认为，人权思想和对话背后的观念，部分地讲，含有"让某人受益""让人们的生活更好或者更坏"的问题，也含有"真正对某些事物赋有资格"这样的意思。一项权利就是一项资格。说每一个人都有权利去生活在物质极为丰饶的条件中，这完全是不可信的。如果你真的要这么做，那么就会导致环境灾难。但是，你完全可以说，每一个人都有权利体面地生活。这一点是我们可以做到的。它也不会导致环境灾难。

因此，我们应当全力支持这样的思想：我们不仅仅要依靠自己，更应该在制度设计上，去尊重作为体面生活的基本要求的人权。人权事业的许多方面并不会涉及很昂贵的事情，很多时候，它只是要求言论自由、性别平等之类的事情。要做到这些事情不会让这个世界付出多么高昂的成本，它们只不过是在既存权力中对自由的一种重新分配。并且，很多相关问题实际上都涉及可行性的问题。有些功利主义者主张我们要捐献出全部的资源来实现全球正义和平等，但是不可能存在这样的道德要求。而且，全球正义的企划也必须同合理的经济增长相兼容，你必须去考虑这个问题，必须去考虑如何在促进全球正义实现的同时确保技术革新。所以我认为，在考虑到可行性的基础上所设定的全球正义企划的目标，才是合乎情理的。我们现在的问题，在某种意义上，是人们并没有被上述理想所打动，人们并没有真正严肃地思考这些理想是不是真正可以做到的事情这个问题。

张曦：如你所说，在处理全球正义问题上，始终存在着"可行性"的考虑。但是，一方面，为了促进全球正义，我们要主要地依靠制度安排方面的改进；另一方面，要改变目前全球范围内正义问题上严峻的道德现状，我们可能需要采取一些看起来具有激进性（因而在某种意义上可能不太可行的）的措施。如果后果主义在思考全球正义问题上，需要不断思考成本-收益的问题，并且在这个基础上判断可行不可行，那么它是不是会把全球正义的理想拉得过低？会不会造成某种保守性？

雷尔顿：从我个人的经验来说，除非存在着一种激励机制，道德行为不可能真正获得维系。比方说，如果一个家庭中，父母不能从抚育孩子的过程中获得某种实质性的满足，那么可能就不会存在一种可以维系下去的家庭抚育模式。

如果你非要人们去做某种不能让他们觉得是在履行自己义务的事情，他们就不会坚持下去，或者他们会以一种不好的方式去做，或者他们会因此而变得自我欺骗。你必须找出与人类基本特点相契合的行动方式，并且辅之以正面的鼓励来促成他们落实更好的行动。在这个意义上，我确实强烈地认为，大部分剧烈变革，可能都会在多重意义上造成社会危害，尽管就个体而言它们也许会给行动者本人带来一些满足。你知道，一些后果主义者可能会鼓吹某种极端的自我牺牲，但是我认为这不可能是一个可以维系的图景。因为，如果一个国家的每一个人都捐出自己的一半财产给第三世界国家的人民，那么该国的经济立即就会崩溃。因为在这种情况下我们就不再拥有所谓的社会剩余了。

另一方面，经验研究也表明，人们可以从捐赠中获得激励。事实上，已经有研究表明，捐赠是让一个人感觉良好的最可靠方式。让一个抑郁的人感觉良好起来的方式，就是给他机会去向他人捐赠。这是一个深刻的人类事实。我们也必须考虑到这个事实。此外，我们还必须知道，为了过幸福的生活，我们实际上并不需要目前已经有的那么多的收入和资源。

这样，我们就可以把这两个方面的事实结合起来，然后找出一个具有可行性的制度安排，在这个安排的框架下，也许我们只需要捐赠百分之一的资源就可以给这个世界带来巨大的变化。所以，我认为，可行性问题是一个真正的问题，道德哲学必须考虑这个问题。这意味着道德哲学要给人们提供的是可行的道德理想。人们需要根据能够让他们觉得值得的方式来调整自己的生活。

五、方法论问题

张曦：最后一个问题涉及分析哲学的方法，特别是分析的道德哲学。我愿意在此提到一个个人经历。在我几年前开始研究伦理学的时候，我很关注举例论证所具有的论证力量——我们都知道，在做分析道德哲学特别是规范伦理学时，哲学家们经常举出很多例子来捍卫自己的立场或者攻击对手的立场。不幸的是，我有时候会对举例论证感到非常的不舒服，因为我感觉到，举例论证有的时候不仅没有给我们的哲学思考带来积极贡献，反而妨害了我们发现论证背后所隐藏的真正的哲学问题。幸运的是，在读比方说你的作品以及其他一些哲学家的作品的时候，我能够学习到如何通过精彩而富有启发性的例子来毫不歪曲地论证抽象哲学问题的本领。现在，在中文世界中，越来越多的学生和学者开始喜欢上分析的道德哲学，因此也就当然被举例论证的论证方式所吸引，那么你能够为他们恰当地运用这个方法提供一点建议吗？

雷尔顿：这是一个非常有趣的问题。首先谢谢你对我工作的评价。

在做哲学研究时，存在着这样一个很大的危险：你举出例子，它们帮助你确信你直觉上所试图确信的东西，但是它们并不具有现实性，而且我们并不清楚这些例子到底是如何起作用的。所以，当你思考直觉性的道德思想的时候，我认为它们事实上已经包含了大量信息。尽管例子中会包含了一些特定的直觉性回应，但是这个事实本身并不足以论证出所需要的那些信息。甚至有时候，所举例子的特征虽然能够解释一些回应，但是那种解释也许并不是论证所真正要刻画的东西。所以，我认为，例子必须是具有现实性的。比方说，它们必须能够尽可能全面地说明论证所涉及的情况在各个维度上的问题。因为，举例子本身就已经是在间接、暗示性地起作用，你就不能再以一种大家都看不出来其所以然的方式来让它隐秘地开展工作了。

而且，我也认为，我们所具有的知识，包括直觉性的知识，都是一些复杂的关系性的东西。它们不是一些关于道德真理的某个点上的东西，而是复杂的关系性的东西。这就好像是，你在墙上挂了一幅地图，你投掷一些飞镖上去，那些飞镖会戳到不同的地方。当我们处理道德直觉时，哲学家所举的例子，就像是这些飞镖，他们投掷飞镖，这些飞镖碰到某个地方，然后哲学家就去看看那个地方到底涉及什么样的直觉。如果他不打算要那个直觉，他可能会把飞镖拔下来，然后重新投掷，直到他得到自己所需要的那个直觉。但是，这种方式并不是一种理解地图本身的方式。如果你认为地图本身体现了好的知识，你对这种知识有兴趣，而且正是出于这种兴趣你才试图研究那些飞镖落点的特征，去研究那些落点的特征到底是有助于还是无助于你的研究。那么，你就需要在不同变量的基础上探索尽可能多的维度。因为你所试图研究的地图，是一个非常复杂的知识系统。我最近在开展一项工作，发现了一个有趣的事情，那就是，哲学家在文献中举了些例子，这些例子不仅没有得到很好的理解，反而变成了一个固定的、有待理解的东西，然后哲学家们开始返回例子本身去理解这个例子，去将理论裁剪以适应这些例子。对我来说，这就好像是在实验中获得了一些实验结果，然后裁剪理论去吻合实验结果，而不是思考得更深。但我觉得，每一个哲学家也许都有责任去运作一些实验，获得不同的结果。然后，我们要以一种更加可理解的方式去思考这些结果，而不是去想："哎呀，他搞了个例子，我必须去解释他，我的理论必须匹配这个例子！"

我不认为中文语境中会认为道德思维是排他性的，或者比方说，哲学家只应该把社会关系当作问题的焦点。我想可能中国哲学传统很少会认为，单一的原则能够为你回答所有的问题。所以我想，你们已经有一些领先的资源去在多重维度上思考一个问题，而不是去裁剪出一个处处匹配的哲学理论。

在这方面，我有一个印象非常深刻的经历。你可能知道这事。尼斯比特是我们密歇根大学的一位心理学家，他注意到，在美国所开展的心理学实验，完全都是基于美国人、法国人或者英国人的样本。所以他想，为什么我们不找些印度人或者中国人来开展实验，看看情况怎样？所以他就找了些中国人来做一些心理学实验。

他们将一幅照片分别交给美国人和中国人看。这幅照片包含了许多细节，在照片的中间，有一个非常大的图景，描绘的是一个野餐场景。美国人和中国人分别看了一分钟，然后他问实验对象，在图片中到底看到了什么。结果显示，中国人比美国人更加关注周边环境里的东西。此外，如果你展示给一个美国人看一幅图片，图片中间有一个人在大笑，但是周围的人不笑，然后你让这个美国人描述图片中人们的感受，美国人会说，照片中的人很开心。如果你给中国人看这幅图，他们会注意到情况并非如此，中国人会说：这里面有问题，因为只有那个人看起来在笑，而每一个围绕着他的人看起来并不开心，所以这不是一幅真正表现开心的图片。从这个例子中，我认为，你们在看问题方面，已经具有了一些优势。我很期待能够从中国哲学界的分析性工作中领会更多的思想。

参考文献

博格:《康德、罗尔斯与全球正义》,刘莘、徐向东等译,上海译文出版社 2010 年版。

陈德中:《能动性与规范性——雷尔顿论规范力量与规范自由》,《世界哲学》2011 年第 5 期,第 125—132 页。

陈嘉映:《何为良好生活》,上海文艺出版社 2015 年版。

陈嘉映:《价值的理由》,中信出版社 2012 年版。

慈继伟:《正义的两面》,生活·读书·新知三联书店 2014 年版。

林毅夫:《繁荣的求索:发展中经济如何崛起》,张建华译,北京大学出版社 2012 年版。

万俊人:《寻求普世伦理》,北京大学出版社 2009 年版。

徐向东:《道德哲学与实践理性》,商务印书馆 2006 年版。

张曦:《第二人称观点、规范性与道德可说明性》,《世界哲学》2010 年第 2 期,第 124—134 页。

张曦:《"做"伦理学:"做法"革命与美德复兴》,《哲学动态》2018 年第 5 期,第 60—69 页。

赵汀阳:《论可能生活》,中国人民大学出版社 2004 年版。

Altham, J. E. J., "The Legacy of Emotivism", in Graham Macdonald and Crispin Wright (eds.), *Facts, Science and Morality: Essays on A. J. Ayer's Language, Truth and Logic*, Oxford: Blackwell, 1987, pp. 275 – 288.

Anderson, Elizabeth, *Value in Ethics and Economics*, Cambridge, Mass.: Harvard University Press, 1993.

Anscombe, G. E. M., "Modern Moral Philosophy", *Philosophy*, 33 (124), 1958, pp. 1 – 19.

Aristotle, *Nicomachean Ethics*, Roger Crisp (trans. and ed.), Cambridge: Cambridge University Press, 2000.

Arneson, Richard, "Moral Limits on the Demands of Beneficence?", in Deen Chatterjee (ed.), *The Ethics of Assistance: Morality and the Distant Needy*, Cambridge: Cambridge University Press, 2004, pp. 33 – 58.

Bargh, John and Chartrand, Tanya, "The Unbearable Automaticity of Being", *American Psychologist*, 54 (7), 1996.

Baron, Marcia, "Impartiality and Friendship", *Ethics*, 101 (4), 1991, pp. 836 – 857.

Barry, Brian, "Humanity and Justice in Global Perspective", in J. Roland Pennock and John W. Chapman (eds.), *Nomos*, Vol. 24, 1982, pp. 219 – 252.

Berlin, Isaiah, *Liberty: Incorporating Four Essays on Liberty*, Oxford: Oxford University Press,

2002.

Blackburn, Simon, *Spreading the Word*, Oxford: Oxford University Press, 1984.

Blackburn, Simon, *Ruling Passions: A Theory of Practical Reasoning*, Oxford: Oxford University Press, 2001.

Brock, Gillian and Moellendorf, Darrel (eds.), *Current Debates in Global Justice*, Dordrecht: Springer, 2005.

Cocking, Dean and Oakley, Justin, "Indirect Consequentialism, Friendship, and the Problem of Alienation", *Ethics*, 106 (1), 1995, pp. 86 – 111.

Crisp, Roger, *Reasons and the Good*, Oxford: Oxford University Press, 2006.

Cullity, Garrett and Gaut, Berys (eds.), *Ethics and Practical Reason*, Oxford: Clarendon Press, 1997.

Darwall, Stephen, "Agent-Centered Restrictions from the Inside Out", *Philosophical Studies*, 50 (3), 1986, pp. 291 – 319.

Darwall, Stephen, Gibbard, Allan, and Railton, Peter (eds.), *Moral Discourse and Practice: Some Philosophical Approaches*, Oxford: Oxford University Press, 1996.

Darwall, Stephen, *The Second-Person Standpoint: Morality, Respect, and Accountability*, Cambridge, Mass.: Harvard University Press, 2006.

Davidson, Donald, "Actions, Reasons, and Causes", *The Journal of Philosophy*, 60 (23), 1963, pp. 685 – 700.

Davis, Nancy, "Rights, Permission, and Compensation", *Philosophy and Public Affairs*, 14 (4), 1985, pp. 374 – 384.

Enoch, David, "Why Idealize?", *Ethics*, 115 (4), 2005, pp. 759 – 787.

Enoch, David, "Agency, Shmagency: Why Normativity Won't Come From What is Constitutive of Action", *Philosophical Review*, 115 (2), 2006, pp. 185 – 192.

Feinberg, Joel, "Voluntary Euthanasia and the Inalienable Right to Life", *Philosophy and Public Affairs*, 7 (2), 1978, pp. 93 – 123.

Feldman, Fred, "The Good Life: A Defense of Attitudinal Hedonism", *Philosophy and Phenomenological Research*, 65 (3), 2002, pp. 604 – 628.

Feldman, Fred, "Reply to Elinor Mason and Alastair Norcross", *Utilitas*, 19 (3), 2007, pp. 398 – 406.

Feldman, Fred, *Pleasure and the Good Life: Concerning the Nature, Varieties, and Plausibility of Hedonism*, Oxford: Oxford University Press, 2007.

FitzPatrick, William J., "Acts, Intentions, and Moral Permissibility: In Defence of the Doctrine of Double Effect", *Analysis*, 63 (280), 2003, pp. 317 – 321.

Foot, Philippa, "Morality as a System of Hypothetical Imperatives", *Philosophical Review*, 81 (3), 1972, pp. 305 – 316.

Foot, Philippa, "Utilitarianism and the Virtues", *Mind*, 94 (374), 1985, pp. 196 – 209.

Foot, Philippa, "Does Moral Subjectivism Rest on a Mistake?", *Oxford Journal of Legal*

Studies, 15 (1), 1995, pp. 1 – 14.

Frankfurt, Harry, "Freedom of the Will and the Concept of a Person", *The Journal of Philosophy*, 68 (1), 1971, pp. 5 – 20.

Gibbard, Allen, *Wise Choices, Apt Feelings: A Theory of Normative Judgment*, Cambridge, Mass.: Harvard University Press, 1992.

Griffin, James, *Well-Being: Its Meaning, Measurement, and Moral Importance*, Oxford: Oxford University Press, 1986.

Haidt, Jonathan, "The Emotional Dog and Its Rational Tail: A Social Intuitionist Approach to Moral Judgment", *Psychological Review*, 108 (4), 2001, pp. 814 – 834.

Herman, Barbara, "Agency, Attachment, and Difference", *Ethics*, 101 (4), 1991, pp. 775 – 797.

Hume, David, *A Treatise of Human Nature*, L. A. Selby-Bigge (ed.), Oxford: Oxford University Press, 1978.

Hume, David, "Of the Standard of Taste", in *Essays: Moral, Political, and Literary*, Eugene Miller (ed.), Indianapolis: Liberty Classics, 1985.

Hurley, Paul, "The Hidden Consequentialist Assumption", *Analysis*, 52 (4), 1992, pp. 241 – 248.

Hurley, Paul, "Agent-Centered Restrictions: Clearing the Air of Paradox", *Ethics*, 108 (1), 1997, pp. 120 – 146.

Hurley, Paul, "Does Consequentialism Make Too Many Demands, or None at All?", *Ethics*, 116 (4), 2006, pp. 680 – 706.

Jacobson, Daniel, "J. S. Mill and the Diversity of Utilitarianism", *Philosophers' Imprint*, 3 (2), 2003, pp. 1 – 18.

Jacobson, Daniel, "Utilitarianism without Consequentialism: The Case of John Stuart Mill", *Philosophical Review*, 117 (2), 2008, pp. 159 – 191.

Joyce, Richard, *The Evolution of Morality*, Cambridge, Mass.: The MIT Press, 2006.

Kagan, Shelly, "The Limits of Well-Being", *Social Philosophy and Policy*, 9 (2), 1992, pp. 169 – 189.

Kagan, Shelly, "Defending Options", *Ethics*, 104 (2), 1994, pp. 333 – 351.

Kamm, Frances, "Non-Consequentialism, the Person as an End-in-Itself, and the Significance of Status", *Philosophy and Public Affairs*, 21 (4), 1992, pp. 354 – 389.

Kamm, Francis, "Nonconsequentialism", in Hugh LaFollette (ed.), *The Blackwell Guide to Ethical Theory*, Oxford: Blackwell, 2000.

Kamm, Francis, *Intricate Ethics: Rights, Responsibilities, and Permissible Harm*, Oxford: Oxford University Press, 2008.

Kant, Immanuel, *Practical Philosophy*, Mary J. Gregor (trans. and ed.), Cambridge: Cambridge University Press, 1999.

Kant, Immanuel, *Critique of the Power of Judgment*, Paul Guyer and Eric Matthews (trans.),

Paul Guyer (ed.), Cambridge: Cambridge University Press, 2001.

Kohlberg, Lawrence, Levine, Charles, and Hewer, Alexandra (eds.), *Moral Stages: A Current Formulation and a Response to Critics*, Basel: Karger Press, 1983.

Korsgaard, Christine, "Two Distinctions in Goodness", *Philosophical Review*, 92 (2), 1983, pp. 169–195.

Korsgaard, Christine, "Skepticism about Practical Reason", *The Journal of Philosophy*, 83 (1), 1986, pp. 5–25.

Korsgaard, Christine, *The Sources of Normativity*, Cambridge: Cambridge University Press, 1996.

Korsgaard, Christine, *The Constitution of Agency: Essays on Practical Reason and Moral Psychology*, Oxford: Oxford University Press, 2008.

Korsgaard, Christine, *Self-Constitution: Agency, Identity, and Integrity*, Oxford: Oxford University Press, 2009.

Krause, Sharon, *Civil Passions: Moral Sentiment and Democratic Deliberation*, Princeton: Princeton University Press, 2008.

Krause, Sharon, *Liberalism with Honor*, Cambridge, Mass.: Harvard University Press, 2002.

Larmore, Charles, "The Moral Basis of Political Liberalism", *The Journal of Philosophy*, 96 (12), 1999, pp. 599–625.

Lavin, Douglas, "Practical Reason and the Possibility of Error", *Ethics*, 114 (3), 2004, pp. 424–457.

Lenman, James, "Humean Constructivism in Moral Theory", *Oxford Studies in Metaethics*, Vol. 5, 2010, pp. 175–193.

MacCallum, Gerald, "Negative and Positive Freedom", *Philosophical Review*, 76 (3), 1967, pp. 312–334.

Mack, Eric, "Deontic Restrictions Are Not Agent-Relative Restrictions", *Social Philosophy and Policy*, 15 (2), 1998, pp. 61–83.

Mackie, John, *Ethics: Inventing Right and Wrong*, New York: Penguin Books, 1977.

Mason, Elinor, "The Nature of Pleasure: A Critique of Feldman", *Utilitas*, 19 (3), 2007, pp. 379–387.

McDowell, John, *Mind, Value, and Reality*, Cambridge, Mass.: Harvard University Press, 1998.

Mele, Alfred, *Springs of Action: Understanding Intentional Behavior*, Oxford: Oxford University Press, 1992.

Mendus, Susan, *Impartiality in Moral and Political Philosophy*, Oxford: Oxford University Press, 2002.

Mill, John Stuart, *Utilitarianism*, Roger Crisp (ed.), Oxford: Oxford University Press, 1998.

Millgram, Elijah (ed.), *Varieties of Practical Reasoning*, Cambridge, Mass.: The MIT Press,

2001.

Moore, G. E., *Principia Ethica*, Cambridge: Cambridge University Press, 1993.

Mulgan, Tim, *The Demands of Consequentialism*, Oxford: Oxford University Press, 2001.

Murphy, Liam, *Moral Demands in Nonideal Theory*, New York: Oxford University Press, 2003.

Nagel, Thomas, *The Possibility of Altruism*, Oxford: Clarendon Press, 1970.

Nagel, Thomas, "War and Massacre", *Philosophy and Public Affairs*, 1 (2), 1972, pp. 123-144.

Nagel, Thomas, *The View from Nowhere*, New York: Oxford University Press, 1989.

Nagel, Thomas, "The Value of Inviolability", in Paul Bloomfield (ed.), *Morality and Self-Interest*, Oxford: Oxford University Press, 2008, pp. 102-113.

Nisbett, Richard and Wilson, Timothy, "Telling More Than We Can Know: Verbal Reports on Mental Processes", *Psychological Review*, 84 (3), 1997, pp. 231-259.

Norcross, Alastair, "Varieties of Hedonism in Feldman's Pleasure and the Good Life", *Utilitas*, 19 (3), 2007, pp. 388-397.

Nozick, Robert, *Anarchy, State and Utopia*, New York: Basic Books, 1974.

Otsuka, Michael, "Saving Lives, Moral Theory, and the Claims of Individuals", *Philosophy and Public Affairs*, 34 (2), 2006, pp. 109-135.

Parfit, Derek, *Reasons and Persons*, Oxford: Oxford University Press, 1986.

Pettit, Philip and Brennan, Geoffrey, "Restrictive Consequentialism", *Australasian Journal of Philosophy*, 64 (4), 1986, pp. 438-455.

Pettit, Philip, "The Consequentialist Can Recognize Rights", *The Philosophical Quarterly*, 38 (150), 1988, pp. 42-55.

Pettit, Philip, "Consequentialism and Respect for Persons", *Ethics*, 100 (1), 1989, pp. 116-126.

Pettit, Philip, "Consequentialism", in Peter Singer (ed.), *A Companion to Ethics*, Oxford: Blackwell, 1991, pp. 230-240.

Pettit, Philip, "Negative Liberty: Liberal and Republican", *European Journal of Philosophy*, 1 (1), 1993, pp. 15-38.

Pettit, Philip, *The Common Mind: An Essay on Psychology, Society, and Politics*, Oxford: Oxford University Press, 1996.

Pettit, Philip, "Freedom as Antipower", *Ethics*, 106 (3), 1996, pp. 576-604.

Pettit, Philip and Smith, Michael, "Freedom in Belief and Desire", *The Journal of Philosophy*, 93 (9), 1996, pp. 429-449.

Pettit, Philip, *Republicanism: A Theory of Freedom and Government*, Oxford: Oxford University Press, 1997.

Pettit, Philip, "Freedom with Honor: A Republican Ideal", *Social Research*, 64 (1), 1997, pp. 52-76.

Pettit, Philip, *A Theory of Freedom: From the Psychology to the Politics of Agency*, Oxford: Oxford University Press, 2001.

Pettit, Philip, "Agency-Freedom and Option-Freedom", *Journal of Theoretical Politics*, 15 (4), 2003, pp. 387 – 403.

Pettit, Philip, "The Domination Complaint", *Nomos*, Vol. 46, 2005, pp. 87 – 117.

Pfordten, Dietmar von der, "Five Elements of Normative Ethics: A General Theory of Normative Individualism", *Ethical Theory and Moral Practice*, 15 (4), 2012, pp. 449 – 471.

Pogge, Thomas, *World Poverty and Human Rights*, Cambridge: Polity Press, 2008.

Pogge, Thomas and Moellendorf, Darrel (eds.), *Global Justice: Seminal Essays*, St. Paul, MN: Paragon House Publishers, 2008.

Portmore, Douglas, "Position-Relative Consequentialism, Agent-centered Options, and Supererogation", *Ethics*, 113 (2), 2003, pp. 303 – 332.

Portmore, Douglas, "Consequentializing", *Philosophy Compass*, 4 (2), 2009, pp. 329 – 347.

Portmore, Douglas, "The Teleological Conception of Practical Reasons", *Mind*, 120 (477), 2011, pp. 117 – 153.

Prinz, Jesse, *The Emotional Construction of Morals*, Oxford: Oxford University Press, 2007.

Quinn, Warren, "Actions, Intentions, and Consequences: The Doctrine of Doing and Allowing", *Philosophical Review*, 98 (3), 1989, pp. 287 – 312.

Railton, Peter, "Alienation, Consequentialism, and the Demands of Morality", *Philosophy and Public Affairs*, 13 (2), 1984, pp. 134 – 171.

Railton, Peter, "Facts and Values", *Philosophical Topics*, 14 (2), 1986, pp. 5 – 31.

Railton, Peter, "Moral Realism", *Philosophical Review*, 95 (2), 1986, pp. 163 – 207.

Railton, Peter, "How Thinking about Character and Utilitarianism Might Lead to Rethinking the Character of Utilitarianism", *Midwest Studies in Philosophy*, 13 (1), 1988, pp. 398 – 416.

Railton, Peter, "Some Questions about the Justification of Morality", *Philosophical Perspectives*, Vol. 6, 1992, pp. 27 – 53.

Railton, Peter, "Normative Force and Normative Freedom: Hume and Kant, but Not Hume Versus Kant", *Ratio*, 12 (4), 1999, pp. 320 – 353.

Railton, Peter, "Aesthetic Value, Moral Value, and the Ambitions of Naturalism", in *Facts, Values and Norms: Essays toward a Morality of Consequence*, Cambridge: Cambridge University Press, 2003, pp. 85 – 130.

Railton, Peter, "Practical Competence and Fluent Agency", in David Sobel and Steven Wall (eds.), *Reasons for Action*, Cambridge: Cambridge University Press, 2009, pp. 81 – 115.

Railton, Peter, "Moral Camouflage or Moral Monkeys?", *The New York Times*, July 18,

2010.

Rawls, John, "Kantian Constructivism in Moral Theory", *The Journal of Philosophy*, 77 (9), 1980, pp. 515–572.

Rawls, John, *A Theory of Justice*, Cambridge, Mass.: Harvard University Press, 1999.

Raz, Joseph, *The Morality of Freedom*, Oxford: Oxford University Press, 1988.

Raz, Joseph, The Role of Well-Being, *Philosophical Perspectives*, 18 (1), 2004, pp. 269–294.

Scanlon, Thomas, *What We Owe to Each Other*, Cambridge, Mass.: Harvard University Press, 2000.

Scanlon, Thomas, *Moral Dimensions: Permissibility, Meaning, Blame*, Cambridge, Mass.: Harvard University Press, 2008.

Scarantino, Andrea, "Insights and Blindspots of the Cognitivist Theory of Emotions", *The British Journal for the Philosophy of Science*, 61 (4), 2010, pp. 729–768.

Scheffler, Samuel, "Agent-Centred Restrictions, Rationality, and the Virtues", *Mind*, 94 (375), 1985, pp. 409–419.

Scheffler, Samuel, *Human Morality*, Oxford: Oxford University Press, 1992.

Scheffler, Samuel, *The Rejection of Consequentialism: A Philosophical Investigation of the Considerations Underlying Rival Moral Conceptions*, Oxford: Oxford University Press, 1994.

Scheffler, Samuel, "Prerogatives without Restrictions?", *Philosophical Studies*, 99 (3), 2000, pp. 347–372.

Searle, John, *Intentionality*, Cambridge: Cambridge University Press, 1983.

Sidgwick, Henry, *The Methods of Ethics*, Indianapolis: Hackett, 1981.

Singer, Peter, "Famine, Affluence, and Morality", *Philosophy and Public Affairs*, 1 (3), 1972, pp. 229–243.

Skinner, Quentin, *Liberty before Liberalism*, Cambridge: Cambridge University Press, 1998.

Skinner, Quentin, "A Third Concept of Liberty", *Proceedings of the British Academy*, Vol. 117, 2002, pp. 237–268.

Slote, Michael, *Common-Sense Morality and Consequentialism*, London: Routledge and Kegan Paul, 1985.

Smith, Michael, *The Moral Problem*, Oxford: Blackwell, 1994.

Stocker, Michael, "The Schizophrenia of Modern Ethical Theories", *The Journal of Philosophy*, 73 (14), 1976, pp. 453–466.

Strawson, P. F., *Freedom and Resentment and Other Essays*, London and New York: Rutledge, 2008.

Sumner, Lawrence, *Welfare, Happiness and Ethics*, Oxford: Oxford University Press, 1996.

Tännsjö, Torbjörn, "A Concrete View of Intrinsic Value", *Journal of Value Inquiry*, 33 (4), 1999, pp. 531–536.

Taurek, John, "Should the Numbers Count?", *Philosophy and Public Affairs*, 6 (4), 1977, pp. 293 – 316.

Taylor, Charles, "What's Wrong with Negative Liberty", *Philosophy and the Human Sciences: Philosophical Papers*, Vol. 2, Cambridge: Cambridge University Press, 1985, pp. 211 – 229.

Thomson, Judith Jarvis, *Rights, Restitution and Risk*, Cambridge, Mass. : Harvard University Press, 1986.

Thomson, Judith Jarvis, *The Realm of Rights*, Cambridge, Mass. : Harvard University Press, 1991.

Thomson, Judith Jarvis, "Turning the Trolley", *Philosophy and Public Affairs*, 36 (4), 2008, pp. 359 – 374.

Velleman, David, "The Possibility of Practical Reason", *Ethics*, 106 (4), 1996, pp. 694 – 726.

Velleman, David, *The Possibility of Practical Reason*, Oxford: Oxford University Press, 2000.

Velleman, David, *How We Get Along*, Cambridge: Cambridge University Press, 2009.

Waal, Frans de, "The Chimpanzee's Sense of Social Regularity and Its Relation to the Human Sense of Justice", *American Behavioral Scientist*, 34 (3), 1991, pp. 335 – 349.

Waldron, Jeremy, "Special Ties and Natural Duties", *Philosophy and Public Affairs*, 22 (1), 1993, pp. 3 – 30.

Werker, Janet and Tees, Richard, "Cross-language Speech Perception: Evidence For Perceptual Reorganization During the First Year of Life", *Infant Behavior and Development*, 7 (1), 1984, pp. 49 – 63.

Wiggins, David, *Needs, Values, Truth*, Oxford: Oxford University Press, 1998.

Williams, Bernard, "A Critique of Utilitarianism", in J. J. C. Smart and Bernard Williams, *Utilitarianism: For and Against*, Cambridge: Cambridge University Press, 1973.

Williams, Bernard, "Consequentialism and Integrity", in J. J. C. Smart and Bernard Williams, *Utilitarianism: For and Against*, Cambridge: Cambridge University Press, 1973.

Williams, Bernard, *Moral Luck*, Cambridge: Cambridge University Press, 1981.

Williams, Bernard, *Ethics and the Limits of Philosophy*, Cambridge, Mass. : Harvard University Press, 1985.

Wolf, Susan, "The Importance of Free Will", *Mind*, 90 (359), 1981, pp. 386 – 405.

Wolf, Susan, *Freedom within Reason*, New York: Oxford University Press, 1990.

Wood, Allen, "Humanity as End in Itself", in Derek Parfit, *On What Matters*, Vol. 2, Oxford: Oxford University Press, 2011, pp. 58 – 82.

Woodard, Christopher, "Classifying Theories of Welfare", *Philosophical Studies*, 165 (3), 2013, pp. 787 – 803.

索　引

辩护　1，2，7—11，15，26，27，34，36，46，47，53—55，58，59，67，83，84，87，113，114，116，121，125，126，147，149，152，154，157，158，160，161，164—170，177，189，196，203—208，210，217，221—227，239，241，242，246，247，250，251，258—261，265，266，268；辩护的无穷倒退　58，60

伯林　10，11，177—193，214—219

不可逃避性　26，41—48，51，219

不偏不倚性　20，39，44，115，123，154，165，170，172，239，252，269

促进善　7，10，11，91，131，164

错误的可能性（可违反性）　3，5，66—68，71—73，76，77，255—257

戴维森　61，62，71

道德不可允许性　133，135—137，139，141，143，144，147，149

道德怀疑论　1，4，15，23，34，44—46，49

道德敏感性　22，235

道德能力　5，78—81，83，86，87，149

道德情感主义　3，28

道德权威性　4，35—37

道德慎思　78，80，132

道德实在论　112，172，246，248—250

道德心理学　2，17，20，28，51，52，68，83，131，169，245，246，262—264

道德要求　6—8，24，115—117，122，124—126，148，166，230—233，236—240，242—244，247，252，270

道德约束　8，9，131，132，134—138，144，145，147，150—152，155—158，164—173，225，266

道德正确性　8，80，115，138，164，165，244

道德资格　146，154—157，160，165，172，239

道德主观主义　20，23，27，46，49—51

道德主张　237

动机激发　16，24，53，68—74，76，258

动机效力　20，22，24，27，70

动机整合　21，24

惰性　23，24，28，48，70，210

反思采纳　21，22，74

非假言律令性　4，25，39，42—45，49，52

费尔德曼　97—101

福祉（幸福）　3，11，37，91，102，103，106—111，118，160，164，169，171，173，184，220，223，224，226，243，251，252，270；人类福祉　8，91，92，100，102—112，251，252，265，266

负价值 6, 10, 92, 152, 232, 253
富特 4, 6, 42—49, 51, 154

干涉 10, 177, 180—184, 186—188, 193, 194, 198, 214—218
缸中之脑 96, 103
个人完整性 115, 117, 118, 138, 148, 149, 233, 241
给出理由 1, 33, 43, 49, 50, 54, 78, 135, 258
功利主义 7, 102, 160, 169—171, 247, 268, 270
构成性论证 5, 21, 22, 43, 52, 53, 55, 56, 58—62, 64—66, 69, 260
构成性目标 5, 56—61, 63—65
规范力量 3, 4, 9, 16—20, 24, 27, 39—52, 67—69, 77, 135, 257, 258
规范伦理学 2, 3, 6, 7, 9, 67, 98, 113, 131, 164, 173, 245—247, 264, 266, 272
规范律令性 5, 69—77
规范特征 4, 9, 17—20, 25, 39—46, 48, 49, 52, 258
规范性理由 3, 4, 15, 16, 53—60, 63—65, 69, 74, 87, 113, 114, 123, 133
规范性源泉 3, 5, 9, 19, 20, 52, 66, 70, 74, 192
过分要求 11, 148, 165—167, 230, 232, 235, 240—242, 244

合理性评价 15—17, 22, 26, 46, 48, 49
后果主义 6—9, 11, 98, 113—124, 126, 127, 144, 153, 154, 164—173, 184, 222—227, 230—244, 246, 248, 257, 264—271
怀疑论 1, 4, 5, 15, 23, 24, 31—34,

44—46, 49, 50, 54—65, 68

激发性理由 53, 55, 87
假言律令性 24, 40, 41
价值理论（价值论） 4, 7—9, 18, 19, 25, 27, 47, 92, 101, 103, 105, 106, 164, 167—170, 222, 223, 235, 236, 240, 247, 248
价值实在论 47, 48, 170
绝对律令性 3, 4, 16, 17, 20, 24, 25, 39—42, 44, 45, 48, 51, 52

康德 6, 21, 22, 30, 32, 35, 40, 41, 43, 51, 75, 76, 78—81, 116, 153, 172, 255, 260—262
康德主义 3—6, 9, 17—27, 30—37, 39, 41, 43—46, 48—52, 64—66, 69—78, 81, 87, 161, 162, 163, 192, 253, 256, 257, 260, 261
考斯伽 5, 23, 32, 35, 36, 50, 52, 54—58, 60, 61, 63, 65, 72, 94, 260
科尔伯格 81—84
客观化的主观主义 4, 25, 27, 29, 30
快乐 7, 91, 92, 94—104, 113, 160, 171, 253；快乐主义 7, 8, 92, 93, 97, 99—106, 111, 112, 216；（快乐的）态度理论 7, 93—100, 168；（快乐的）现象学理论 7, 93—95, 97

雷尔顿 51, 86, 109, 171, 172, 209
理性本质 19, 22, 27, 33, 35, 36, 51, 80, 162, 163, 172, 215
理性能动性 5, 19, 21, 22, 74—79, 162, 163
理性能力 5, 18, 21, 23, 27, 28, 30, 34, 56, 75, 76, 78—80, 84, 86, 161, 163,

179, 190, 208, 215
礼仪规则 24, 42—46, 49, 50
罗尔斯 5, 6, 30, 34—36, 78, 80, 81, 245, 268

内格尔 33, 133, 134, 143—145, 155, 157, 161
内在主义 32, 33, 50, 51, 53, 54, 65, 70, 71, 87, 105, 106, 203, 258
能动性的行动观点 9, 137, 138
能动性的意图观点 9, 138, 143—147

帕菲特 91, 94, 133, 134, 242, 245
佩蒂特 167, 186—188, 193, 202, 244
普遍动机 5, 61, 63, 64

契约主义 6, 22, 160, 223, 224
强制 85, 179, 185, 190, 195, 209, 211, 214, 215, 217, 225
情感能力 5, 23, 37, 78, 84, 86, 168, 169, 171
情感主义 3, 28, 29, 86
权利 10, 11, 141—143, 152, 155, 160, 161, 203, 218, 220—227, 229, 265, 270；权利泛化 11, 220—222, 224, 226, 227

不可违背性 9, 120, 141, 151, 152, 154—156, 160—163
人类能动性 4, 11, 27, 33, 34, 36, 37, 46, 51, 74, 163, 195, 196, 198, 208
认知识别 22
认知主义革命 81

善好 7, 8, 79, 116, 117, 122, 126, 165, 166, 171—173, 230, 232, 235, 248,

266, 267
舍夫勒 116, 118—122, 127, 148, 233—236, 238—242
审慎合理性 16, 17
审慎理由 16, 17
实践规范性 5, 52, 64, 66, 68—70, 76, 77, 87, 191
实践理由（实践理性） 3—5, 15—19, 24, 27, 30—35, 39—60, 64, 65, 68, 72, 77, 80, 87, 91, 118, 126, 191, 192, 233, 239, 241, 246, 253—255, 257—261
实践慎思 8, 15—17, 19—22, 37, 39, 42, 46, 47, 49, 50, 70, 113—115, 118, 126, 166, 233, 235, 237, 239
实质论题 137, 138, 140—145, 147—149
世俗化 1, 15, 17, 26
事态 6, 8, 92, 98—101, 104, 105, 107—109, 115, 116, 118, 121, 123, 124, 127, 135, 136, 152, 154, 155, 164—170, 181, 183, 186, 188, 189, 195, 198, 200, 216, 230—232, 235, 239, 241, 242, 265
受益条件 106—108, 110

同等考虑 170, 171
同情共感 26
同情心 26, 228—231

外在主义 50, 87
威勒曼 5, 52, 57—61, 63—65, 260
威廉斯 24, 32, 33, 50, 53—55, 65, 114, 117, 118, 126, 148, 165, 233, 245, 257, 258, 260

牺牲者中心 9, 151—163, 223, 224

心理现实主义　24

信念　10，24，37，61，62，69，73，80—82，98，104，107，183，202—204，206—212，215，217，219，253—255，257，259，260，265

行动引导　58，192，200，232，234，255

行动者中立　115，119，121—124，126，127，134，165，185，229，243

行动者中心　8，9，115，119，123，124，126，127，131—139，141，142，144，145，147—151，223；行动者中心特权　116，118—122，148，233；行动者中心限制　116，119，120

休谟　4，6，17，23，24，27—31，33，38，51，256，261，262

休谟主义　3—6，10，18—21，23—28，30—37，39，46—53，55，66，69—71，73，74，77，91，205，246，255，256，258，261

亚里士多德式必然性　47，49，51

亚里士多德主义（亚里士多德主义者）　4，6，17—20，22—26，39，47—51，261

欲望　6—8，10，16，18，23，26，31，40—43，61，62，79，102，104—112，179，182，196—199，202，204—208，210—212，219，225，234，252，254，257，258；欲望满足　7，8，92，102—113

元伦理学　2，9，17，65，68，84，131，164，168，171，245—248，264

约束恶　7，8，10，11

责任　10，11，137—143，148—150，177，191，194，195，197，209，212—214，217，219，225，228—231，233，235，237，238，240，241，243，244，266，268，269，273

正义　6，11，34，228，244，266，268，269；全球正义　228，229，244，268—271

支配　10，187，192，193，214

自然主义　5，10，25，26，30，31，34，51，84，86，172，173，246，252，253，264

自由　10，11，21，22，79，80，133，177—204，206—209，211—219，224，229，250，270；自由主义　10，34—36，177，184，215，218

最大化合理性　8，115，116，118—122，126，127，152—154，158，159，230，232，235，237，241

做和默许的区分（DDA）　138—143